岩倉使節団の歴史的研究

岩倉使節団の歴史的研究

田中　彰著

岩波書店

凡　例

一、『特命全権大使米欧回覧実記』は、岩波文庫版を使用し、必要な場合には明治十一年刊の原刊本を用いた。

一、『米欧回覧実記』をはじめ、引用史料のルビは、原則として片仮名ルビは原著、平仮名ルビは、とくに断らない限り、著者が付したものである。なお、『米欧回覧実記』の圏点（。）は、そのまま残した。

一、引用文や引用史料の表記は、原文通りを原則とした。ただし、漢字は、なるべく通行の字体、常用漢字に変えるようにした。引用のなかの〔　〕は著者が補ったことを示している。

一、年月日は、明治六年一月一日の前日までの月日は陰暦、以後は陽暦である。年表記は元号表記を主とし、必要に応じて陽暦年を（　）に記した。ただし、序章および巻末の引用・参考文献の刊行年は陽暦を主とした。

一、図版は、とくに断らない限り、久米美術館提供による。記して謝意を表する。

目次

序章　岩倉使節団（『米欧回覧実記』）の研究史と本書の課題

はじめに

岩倉使節団の研究は、その公的な実況報告書『特命全権大使米欧回覧実記』（以下、ときには『回覧実記』あるいは『実記』と略称する。なお、報告書の性格規定に関しては、第二章二参照）の研究と重なるところが大きい。ここでは戦前の研究と戦後の研究とに大きく分け、戦後の研究を四期にとらえ、その研究の流れと特徴を概観しておきたい。

一　戦前の研究

〜一九四五年まで

二　戦後の研究

第一期　一九四五〜六〇年

第二期　一九六一〜七五年

第三期　一九七六〜九〇年

第四期　一九九一年〜現在

一応右のように時期区分し、以下、「一　戦前の研究」および「二　戦後の研究」の各期の諸特徴を瞥見することにしよう。

戦後は十五年おきの画一的な区分のようにみえるが、それは結果であって、ほぼ十五年ごとに研究上の変化がみられるので一応このように時期区分した。

一　戦前の研究

戦前・戦後の研究を貫いている研究史の最大の特徴は、岩倉使節団(この称呼は戦後第三期に一般化した)を外交史的な視点からとらえていることである。大正の初年からこの外交史的研究は始まり、深浅の程度はあれ戦後もその視点からの研究は継続している。(1)

この外交史的研究を第一の特徴とすれば、第二には、この使節団の維新経済史上の意義がいち早く昭和初年に問われていることである。

それを代表するのは土屋喬雄「岩倉大使一行欧米巡回の維新経済史上の意義」(『政経論叢』九の四、一九三四年〈昭和九〉十月、のち、『明治前期経済史研究』一巻、日本評論社、一九四四年、所収)であろう。

同論文は、幕末における幕府の遣外使節と岩倉使節団とを対比して、その使命の相違を強調し、幕府の遣外使節の場合、「幕府はそれ自体封建的経済・政治の中央統制者であつて、全面的に近代的経済・政治を推進すべき使命を帯びたものではなかつた。またかゝるものであり得る筈はなかつた」といい、これに対し岩倉使節団の意義を次のように規定する。

　この遣使の意義は、その一行の人員が日本の近代的発展を使命とする維新政府の最高指導者であつた点において重大であつたのみならず、その目的が単に外交交渉のみならず、広く欧米諸先進国の産業を中心とする制度・文物を視察・調査し、以て我国の制度・文物の改革の基礎とする事にも置かれた点において、極めて重大であつたと云はねばならぬ。しかも、その影響の甚大であつた点においても、その意義は高く評価されなければならないのである(一一五頁)。

この論文の考察それ自体は、「主としてその経済史上の意義」におかれていたが、第二章を『米欧回覧実記』に現はれた感想」に当て、鉄や石炭の産業上の重要性、機械産業の重要性とその移植、あるいは農業および農業技術について分析をしている。と同時に、東西における発想の違いや学問の相違にもふれ、さらに宗教や政治など東洋と西洋との「性情」の違いに言及していることは注目に価する。ただあくまで「経済史上の意義」に視角が限定されているので、そこに大きな制約があった。

もとより、この土屋論文以外の視点からのものが皆無だったわけではない。たとえば尾佐竹猛『明治文化史としての日本陪審史』（邦光堂、一九二六年〈昭和元〉）は、その第二章を「陪審の視察」に当て、その冒頭で『米欧回覧実記』のフランス裁判所の見学の叙述（明治六年一月二十二日条）を引用し、「是れ我邦人にして陪審裁判を傍聴し、其採用の可否を論したる始めである」（二四頁）と、述べていたのである。

第三には、概観的ではあるが『実記』などを史料として、岩倉使節団のアウト・ラインはすでに歴史的に描かれていたことを指摘しておきたい。森谷秀亮「岩倉全権大使の米欧回覧」（史学会編『東西交渉史論』下巻、冨山房、一九三九年〈昭和十四〉、所収）がそれである。

この論文は、岩倉使節団の目的を、「第一は、締盟各国を歴訪して其の元首に我が国書を捧呈し、聘問の礼を修めんとしたこと、第二は、廃藩置県の断行に依り維新鴻業も漸く完成せんと、今後は内政の整備に力を注ぐ要があつたので、欧米先進国の文物を親しく見聞し、其の長を採つて我が国を近代化せんとしたこと、第三は、近く条約改正を為し得べき年限に達するので、先づ我が希望とするところのものに就いて、締盟各国と商議を重ねんとしたこと等の三者、夫れである」（三頁）と明確に指摘した。そして、帰国後の征韓論分裂や副使木戸孝允および同大久保利通の憲法意見書にも言及して使節団の位置づけに意を払っている。

とくに岩倉使節団の目的について、近代先進諸国の制度・文物の見聞・調査を、条約改正予備交渉よりも優先してみていることは留意してよい。これはすでに信夫淳平「明治初年岩倉大使遣外始末」㈠・㈡(『国際法外交雑誌』二五の七―八、一九二六年九～十月)の強調するところであって、「世上往々遣外使節の使命を以て主として条約改正にありと為すも、条約改正のことは臨機出先に於て唯だ大体の瀬践みを為すといふ軽い諒解ありしに過ぎない」(㈠三四―三五頁)と述べていた。

岩倉使節団の目的をさきの森谷論文の規定した第一から第三の問題に即していえば、第二の先進諸国の制度・文物の調査・研究は、第三の条約改正のための大前提であり、むしろ第二の調査・研究に力点をおき、第三の条約改正の問題が意識されるというとらえ方がなされていたのである。

ところが、この相互関連にもかかわらず使節団はアメリカで、第二の問題を飛びこえて第三が可能だと錯覚した。そしてその外交交渉の失敗が逆に使節団の主目的がそこにあったかのように理解され、それが一般化したのである。岩倉使節団の研究がもっぱら外交史的研究に重点がおかれたのもそのためである。そのことが後述するように教科書に反映し、岩倉使節団については条約改正交渉の失敗のみが簡単に記述される結果となった。

このようにみてくると、岩倉使節団への客観的な概括的な言及は、すでに戦前にもあったのである。

しかしながら、『回覧実記』が、条約改正交渉問題をその叙述からはずしていたため(「使節ノ本領タル、交際ノ応酬、政治ノ廉訪ハ、反テ之ヲ略ス、別ニ詳細ノ書アレハナリ」(「例言」岩波文庫版、第一冊一〇頁〈以下、㈠一〇頁と略記〉))、外交史研究に傾斜した研究動向のもとにあっては、『実記』ないし岩倉使節団の包括的かつ本格的な歴史的研究は戦後をまたなければならなかったのである。

二　戦後の研究

第一期(一九四五～六〇年)

この期の特色は、戦前に開始された条約改正問題にともなう外交史的研究の延長線上でもっぱら研究が進んだことにある。

下村冨士男、大山梓、稲生典太郎氏らの研究がそれであるが、なかでも下村氏の研究は次の第二期早々に『明治初年条約改正史の研究』(吉川弘文館、一九六二年)にまとめられる。

もとより、この期に『実記』の思想史的研究の芽生えとして、家永三郎『外来文化摂取史論』(青史社、一九四八年、復刻版、一九七四年)のように、これを日本の「外来文化」受容の一史料として使う著作もあるにはあったが、その内容に立ち入っての分析は第二期をまたなければならない。

第二期(一九六一~七五年)

この期でも、第一には外交史的研究が継続される。右にあげた下村氏の著作の刊行にそれは代表されるが、さらに安岡昭男氏や石井孝氏の研究が加わり、外交史研究にも幅がでてくる。稲生典太郎氏や石井氏の研究は第三期早々に、稲生『条約改正論の歴史的展開』(小峰書店、一九七六年)、石井『明治初期の国際関係』(吉川弘文館、一九七七年)として結実する。

第二には、思想史ないし比較文化史的研究がこの期に登場したことである。これがこの第二期の特徴をなす。

それを代表する論文は、ともに一九六一年に出た。すなわち加藤周一「日本人の世界像」(『近代日本思想史講座』八、筑摩書房、一九六一年、のち、『雑種文化』講談社文庫、一九七四年、『加藤周一著作集』七〈近代日本の文明史的位置〉平凡社、一九七九年、所収)であり、芳賀徹「明治初期一知識人の西洋体験」(島田謹二教授還暦記念論文集『比較文学比較文化』弘文堂、一九六一年、所収)である。

加藤論文は、「外部に「対して」自己主張する面と、外部「から」影響をうける面」との「二重の構造」をもつ

「日本人の世界像」を探るひとつのデータとして、『実記』を分析の対象とした。そして、「岩倉具視とその一行は、その立場の人間として、その時代に見ることのできるすべてのものを見、分析できるすべてのものを分析しつくした。『回覧実記』が近代日本の対外観を要約して余すところがない」といい、次のように結論づける。

使節団の関心は、米欧先進国から何を学ぶかということに集中していたし、使節団を送った明治の指導者たちの関心は、米欧先進国に対して国権を伸長することに集中していた。『回覧実記』そのものも西洋に対して東洋の「道徳の政治」を強調すると共に、西洋から学ぶべきことの技術制度にとどまらず、おそらくはその論理的基礎と歴史的な文化の厚みにまで及ぶだろうことを示唆している。近代日本の最初の組織的な対外観は、第一に米欧観にほかならず、第二に米欧に「対して」と米欧「から」の二面を含み、その二面を統一する原理として「富国強兵」の目標を掲げていたということになろう。「富国強兵」の目標は、一八七〇年代の日本をめぐる国際情勢のもとで、鋭敏で勤勉な一国民が当然生みださざるをえずして、生みだしたものであった。すべてはそこからはじまるのである(二四三頁、傍点原文)。

やや長い引用になったが、この文章からわかるように、加藤氏は岩倉使節団と『実記』を重ねてみている。『実記』の分析から岩倉使節団ないしは岩倉に代表される明治維新のリーダーたちの対外観をみようとしているのである。

これに対して芳賀論文は、そのサブタイトルを「久米邦武の米欧回覧実記」とし、『実記』を「明治初期一知識人」としての久米邦武の「西洋体験」に収斂してしまう。氏の言葉でいえば、「この書(『実記』──引用者注)はこうして元来官の意に出、公刊前におそらく検閲もあったろうし、形式的には官製品である。しかし実質は完全に久米邦武個人であった」(三五二頁)という。(2)

その理由を芳賀氏は、⑴『実記』は「活気に満ちた、ときに詩的感動さえ伴った彼の西洋発見の日記」であること、(2)「久米編纂のきわめてソリッドな西洋文明百科辞書」であったこと、(3)二字下げの「論説」(「例言」(一)一四頁、参照)の部分は、「彼の西洋文明批判、そして同時に祖国の文化と社会に対する反省と立言であ」り、「その当日に書かれた感想もあり、後日米欧全体のパースペクティヴを抱擁してから再び加えられた複眼的評論も多い」し、「いずれにしても、自身の具体的見聞のうちから掘り起され、未来の歴史家久米の全知識を働かせて考量され、彼の良心と愛国心にかけて判断された、責任のある思想である」(三五二―三五三頁、傍点原文)ことに求めている。

加藤論文と芳賀論文の『実記』に対するこの対照的なとらえ方はいずれも一面においてまちがってはいない。しかし、それは前者が政治史とからみ合う思想史の立場から岩倉使節団への広がりをもつのに対し、後者は久米邦武個人の文学的感性に収斂させて『実記』をみようとする方法論の相違ともなってくる。

この問題は、『実記』から何を読みとるかという場合の基本的な姿勢とからむ。そして、それは以後の研究につねにつきまとう問題なのである。

本書は、基本的には加藤氏の立場をとっている。あとでもみるように、たしかに『実記』は久米邦武の手により「編修」され、執筆され、その執筆過程においてはほぼ十回(以上)も訂正・加筆され(第三章参照)、久米の手によって太政官提出の全九十三巻は出来上がると同時に、さらに彼によって補筆・増補され、全一〇〇巻へと増巻されて刊行された。図版(第二章の二参照)をも含めてすべて久米の指示によっている。そのことからいえば、彼の個人的著作の色彩が濃厚であることは否定できない。

しかし、『実記』には「太政官記録掛刊行」と明記されている。そして、明治八年(一八七五)三月の岩倉具視の「観光」(国の文物・礼制あるいは政治や風俗を視察する意)なる題字を冒頭に掲げているように、あくまで岩倉使節団の報告書なのである。使節団は当初から報告書の公刊を意図していた。使節団が国民の代表として各国に迎えられている以上、その視察報告を国民に公表するのはこれまた使節団の義務であることをこの書の「例言」ははっきりと述べているのである（詳細は第二章二参照）。

ともあれ、こうした思想史（政治思想史）あるいは比較文化史的研究が出てきたことは、『実記』の本格的な歴史的研究のひとつの伏線になった。

これに呼応するかのように、アメリカでの研究も始まった。それは一九六六年のマリーン・メイヨ女史の“Rationality in the Meiji Restoration: The Iwakura Embassy”をはじめとする一連の論文である。[(3)] いまその内容にふれる余裕はないが、これは比較文化史的研究にとどまらず幅広い歴史的研究のはしりでもあると同時に、次期の特色に指摘される国際的研究の先陣をなすものでもある。

第三期（一九七六～九〇年）

この期は第二期の研究を受けて、外交史的研究や思想史・比較文化史的研究もさらに進むが、最大の特徴は、本格的な歴史的研究が急速に幅広く展開したことにある。

その画期となったのは、一九七五～七六年に『回覧実記』全五冊の復刻版（宗高書房）が出、とりわけ岩波文庫版（全五冊）が一九七七年から八二年にかけて刊行され、容易に入手可能となったことである。当時の日本のいわゆる国際化の状況と相まって、『実記』の国際的で豊富かつ精細、あるいは洞察力に富んだ叙述は人々に注目された。各巻にそれぞれ付された「解説」は、文語体で格調高い原典への接近をいろいろな分野の人々に容易にさせた、と思われる。また、この文庫版は携帯便利でもあったから、人々をしてこれを旅行案内記として米欧の現地に持参せしめ、一世紀有余年前と現在とを二重写しにして魅了させ、また、現地調査も便となったのである。

さらにさきの復刻版の解説編としての大久保利謙編『岩倉使節の研究』（宗高書房、一九七六年）が刊行されたことは、岩倉使節団派遣の政治史的研究をはじめ岩倉使節団の歴史的研究を大いに刺激した。この研究によって触発された岩倉使節団派遣をめぐっての政治史的研究や、そのほかの分野の研究論文も多く発表されていくようになる。

この歴史的研究のいくつかの特色は、以下のように列挙できるだろう。

その第一は、すでに述べたように、岩倉使節団ないし『実記』を対象とした本格的な歴史学的研究が出てきたことである。それは戦前にその芽生えがあり、とりわけ外交史研究では一貫して岩倉使節団が研究対象となっていたことはすでに述べた。しかし、この使節団が「大国」から「小国」に至るまで回覧し、政治・社会・経済・産業・軍事・教育・宗教・文化・思想等々あらゆる分野にわたって丹念に調査・研究し、かつそのそれぞれに鋭い洞察を加えている事実に着目し、それが全面的に解明されはじめた意義は大きい。

米欧の「大国」はもとより、とくに「小国」を使節団がこれほど精細に観察していることはこれまでの研究ではまったくといってよいほど注目されていなかったし、一行の帰航路において「東南洋」、つまり東南アジアに対する考察が、一行の西欧文明観との対比の上になされていることも、従来の研究では十分分析されてはいなかった。これらの問題がクローズアップされ、解明されてきたことは、使節団の米欧に関する考察の問題とともに、岩倉使節団のアジア観の歴史学的研究のひとつの手がかりとなり、今後なお進められなければならない課題として提出されたのである。

高校以下の教科書においても、従来は明治初期外交の条約改正での失敗ということのみで扱われていた岩倉使節団が、先進諸国の近代的な制度・文物を調査・研究し、日本近代国家形成に果したその役割についても叙述されはじめた。このこともこの期の後半からの特色としてつけ加えておこう。

第二は、右の研究の進展と一体の関係にあるが、岩倉使節団に関する個別研究の論文が次第に発表され、戦前期の経済史上の意義の分析のみならず、使節団の組織や歴訪各国別の検討も開始されたことである。政治史的な研究はいうまでもなく宗教や音楽・科学等々、これまでまったく無視されていた分野にまで分析のメスが入れられ、研究は多面化すると同時にいっそう精緻かつ個別化していったのである。

第三には、岩倉使節団ないし『実記』の研究が、一行歴訪の現地を訪ねて追認されることが多くなると同時に、現地史料とりわけ当時の新聞史料の発掘と分析によって新たな分析がなされはじめたことである。現地に在住する人々(日本人および外国人)の関心をもよんだことは、今後はさまざまな分野での現地史料の発掘によっていちだんと研究が進んでいくきっかけとなっている。

第四には、右のことと関連し、研究の学際化、国際化がみられはじめたことである。共同研究は学際化と国際化という二つの方向を共有しながら進んでいく。

一九八九年九月十八～二十三日、シェフィールドにおける「国際岩倉使節研究学会」(**A Conference on The IWAKURA Embassy in The United States and Europe**)は、その国際化、学際化のひとつのあらわれであった。そうしたなかで、各国における外国人日本研究者からの『実記』への関心はたかまり、たとえば、シェフィールド大学の日本研究所は、一九八七年十二月の序文をもつ『イギリスにおける岩倉使節団の行程』(**D. W. Authony and G. H. Healey**(ed.), *The Itinerary of the Iwakura Embassy in Britain*)を出した。これは現地在住者でなければできない研究である。

また、『日本と東欧諸国の文化交流に関する基礎的研究』(一九八一年九月国際シンポジウム報告集、東欧史研究会・日本東欧関係研究会)のような報告集には内外の研究者を問わず、岩倉使節団(『米欧回覧実記』)を多く取りあげている。

かくして、岩倉使節団ないし『回覧実記』の研究は、しだいに裾野を広げていった。

第四期(一九九一年～現在)

第四期の特徴は次のように要約できよう。

第一は、すでに第三期にはじまっていた『実記』の基礎史料の整備と研究およびこれを「編修」した久米邦武の研究が進展したことである。「久米邦武文書」は一九八二年設立の久米美術館(久米邦武の長男、桂一郎関係の絵画常設館、東京都品川区上大崎二ノ二五ノ五久米ビル8階)に収蔵され、整理が進められていくが、この間における久米邦武および『実記』の史料展示(一九八五年・一九九一年)によって関係史料が明らかになり、多くの関心をよんだ。さらに『実記』所収の銅版画展(「銅版画でみる明治の欧米〈『米欧回覧実記』銅版画展〉」一九九二年)、ならびに特別展「久米邦武と久米桂一郎」(博物館明治村、一九九二年)も開催された。(4)

久米邦武ないし『実記』の関係史料ならびに基礎史料の整理の過程で、久米邦武の研究および『実記』の成稿過程を含む『実記』の研究も進められ、『久米邦武歴史著作集』全五巻と別巻の大久保利謙編『久米邦武の研究』(吉川弘文館、一九八八～九三年)が公刊された。また、『特命全権大使米欧回覧実記』銅版画集』(久米美術館、一九八五年)と二回の展示のカタログ『久米邦武と『米欧回覧実記』展』(久米美術館、一九八五年)、『歴史家久米邦武展』(同前、一九九一年)も刊行されたのである。

この展示カタログをもとに新たに編集された『〈新訂版〉歴史家久米邦武』(久米美術館編集・発行、一九九七年)は、久米邦武研究の手引となる好個のカタログ(全一一一頁)といえよう。

さらに久米美術館編になる『久米邦武文書』(全四巻、吉川弘文館、一九九九～二〇〇一年)が出された。その第三巻(二〇〇一年)は岩倉使節団関係の文書、とりわけ『実記』の刊行前の素稿類や『実記』執筆のための基礎史料(翻訳類を含む)を収め、第二巻(科学技術史関係、二〇〇〇年)にも関連史料を載せている。これらによって「忘れられた歴史家」としての久米邦武の実像がしだいに浮き彫りにされると共に、岩倉使節団の研究がいちだんと進展する道がきり開かれた、といえる。

第二は、これも第三期にはじまった学際的、国際的研究の成果が公刊されはじめたことである。

そのひとつは、田中彰・高田誠二編著『米欧回覧実記』の学際的研究[5]（北海道大学図書刊行会、一九九三年、以下、『学際的研究』と略称）であり、もうひとつは、西川長夫・松宮秀治編『米欧回覧実記』を読む――一八七〇年代の世界と日本[6]（法律文化社、一九九五年、以下『読む』と略称）である。

前者は、北海道大学の各学部所属のメンバーのみならず、アメリカの日本研究者も加わっての学際的、国際的研究の成果であり、岩倉使節団ないし『米欧回覧実記』研究としては最初のまとまった業績として、大きく研究の進展に寄与した。

後者は、「一九世紀ヨーロッパ文化研究会」として共同研究を続けていた、立命館大学を中心とする欧米諸国の歴史や文学の研究者が、『回覧実記』を対象にした研究成果である。『実記』の叙述を、各国（地域）の専門家の立場から分析すると共に、先行の『学際的研究』に厳しい批判の目を向けた学際的研究である。

この二著は、今後の学際的、国際的研究の基礎となる共同研究といってよいだろう。

右の二著の公刊の合間に、『岩倉使節団の見た世界『米欧回覧実記』の風景』[7]（東洋英和女学院大学、一九九四年十二月）が出されている。これは東洋英和女学院大学と横浜社会人大学講座との共催になる、市民と学生対象の「総合講座　社会科学講座」の講義をとりまとめたもので、各専門分野の立場から『実記』ないしその記述に関連することがらについて解説を試み、視野を広げた学際的研究の成果である。

また、一九九五年六月十七日の公開シンポジウム「一八七〇年代の世界と日本――久米邦武編『米欧回覧実記』をめぐって」の記録が出されている[8]（『立命館言語文化研究』七の三、一九九六年一月）。

さらに、国際的なシンポジウムや企画展が、国内外の各地で実施された[9]。

こうした学際的、国際的な『米欧回覧実記』（ないし岩倉使節団）研究は、『実記』や使節団の米欧回覧というそれ自体からの必然的な共同研究といえるが、それは現在の政治・社会・経済・文化などのグローバル化と決して無関係ではなく、それだけにこれらの研究の現代的意義が語られている。

右のことと関連して第三には、『米欧回覧実記』の英訳本刊行の計画の進展が挙げられる。

ヨーロッパの一部の国では、すでに関係部分の自国語による翻訳がはじまっていたが、『実記』全巻の英訳本が刊行されたことは、[10]『実記』の研究が世界的に広がっていくことを意味する。そして、そのことは、明治初期における日本の国家形成＝近代化が、日本の伝統と米欧世界とのいかなる形での接触ないし接合、あるいは取捨選択によってなされたかの具体的史料を提供することになろう。それはまたアジアのなかで、植民地化ないし半植民地化されることなく近代化の道を歩んだ日本のあり方の基礎史料のひとつを世界に示すことにもなる。この英訳本による学際的、国際的研究のいっそうの進展が今後に期待されるのである。

三　本書の構成と課題

以上述べてきた研究史を踏まえて本書は執筆される。いま本書の課題を、きわめて要約的にいえば次のようになろう。

第Ⅰ部は、まず第一章で、岩倉使節団がいかなる国家的課題を背負って、米欧に派遣されたのか。その使節団は、いかなるメンバーによって構成され、その特徴は何であったのか。使節団に同行した留学生は、どのような人々だったのか、などを問うと共に、この使節団は当時の外国側の目にはいかに映じていたのかをみようとする。

ただし、条約改正問題は、本書では簡単にふれるにとどめる。

第二章では、岩倉使節団の報告書『特命全権大使米欧回覧実記』について、その構成、性格、叙述、特徴などを論じると共に、その出版や頒布の実態を明らかにし、第三章で、この『回覧実記』がどのような過程を経て成稿されていったのかを、「久米邦武文書」(久米美術館蔵)の分析を通して論証する。ここでは論争となっている『実記』の性格が分析され、位置づけられる。

そして、第四章では、この『回覧実記』を「編修」した久米邦武の生涯を追い、『実記』は彼の一生の中にいかに位置づけられるのかを念頭におきつつ、その後の久米の経歴に具体的にふれることによって、「忘れられた歴史家」「在野の歴史家」とされてきた久米の実像を鮮明にしていく。

第Ⅱ部は、岩倉使節団の米欧回覧が、当時の世界と日本にいかなる意味をもっていたのかを、『回覧実記』の具体的な記述の分析によってみる。

すなわち、第五章は、使節団を米欧各国、ならびに帰国航路のコースに沿って追い、使節団が何を見、何を見なかったかに言及する。そして、これまでは「大国」に主として関心をもっていたと思われていたこの使節団が、「小国」に対してもいかに深い関心をもって洞察を試みていたかを明らかにする。それは、当時の米欧における「大国」や「小国」という日本のモデル選択肢を、使節団がどのようにみていたかを示すことになるわけだが、そのことは第六章の分析とも重なる。ここでは第六章でふれる部分は簡単にし、他の章で筆が及ばない、例えば七のイタリアの場合などは、その記述を詳しくする。そのため第五章の各節は、必ずしも全体としてはバランスある叙述とはなっていないことを予めお断りしておきたい。

第六章の一―四では、まず『実記』における「人種」論の意味を問い、ついで岩倉使節団の米欧回覧の『実記』の叙述を、政治・社会論、資本主義論としてとらえ直す。そして、これらの米欧回覧の考察のなかで、「西洋」と「東洋」がどのような発想のちがいとしてとらえられているのか、さらに、日本の伝統的発想の特徴やオリジナリティ(アイデンティティ)がどこに見出されているのか、『実記』のなかにみられる日本独自の特性を論じる。

また、五では、『実記』のアジアに関する記述の中から、日本を含む東アジア観と東南アジア観との相違、いうなれば岩倉使節団のもっていたアジア観の特質を、既発表の拙論への自己批判を含めて論述する。それは近代日本にとってはきわめて重い意味をもつことを明らかにすることになる。

第Ⅲ部は、岩倉使節団の歴史的意義をみようとするのだが、第七章では、従来の大久保政権論には、岩倉使節団の問題を前提とする視点が欠けていたことを指摘すると共に、大久保利通が副使として参加したこの使節団に視座を置いて、大久保政権を位置づけるとどうなるかに論及し、第八章の一でもそれを改めて論じる。そして第八章の二では、岩倉使節団のモデル選択肢としての米欧の「大国」と「小国」の問題が、以後の明治天皇制形成過程で、いかなる政治路線の対抗として展開するかをみていく。

「まとめにかえて」では、右の政治路線の延長線上に位置づけられる「大国主義」と「小国主義」が、一九四五年八月十五日の「大日本帝国」の破産まで、どのように対抗し、また、伏流化した「小国主義」は、いかなる形でときに表出しつつも、ふたたび伏流化せざるをえなかったか、そして右の「大日本帝国の破産」後にどのような経過によって日本国憲法へと結実するかの筋道を概観する。と同時に、この岩倉使節団(『米欧回覧実記』)の日本近代化における主体性を含めた広い意味での文化論的な位置を確認する。

本書は、こうした課題を念頭に置きながら、現在の時点で、岩倉使節団ないし『米欧回覧実記』をめぐるこれまで明らかになった事実を確定しつつ、岩倉使節団の米欧回覧の内実と、岩倉使節団の日本近現代における歴史的役割を、私のこれまでの研究を基礎にしつつも、数多くの研究成果に拠りながら、現時点で解明し、総括し、さらに今後の研究へ資したいと意図したものである。

第Ⅰ部　岩倉使節団と『米欧回覧実記』

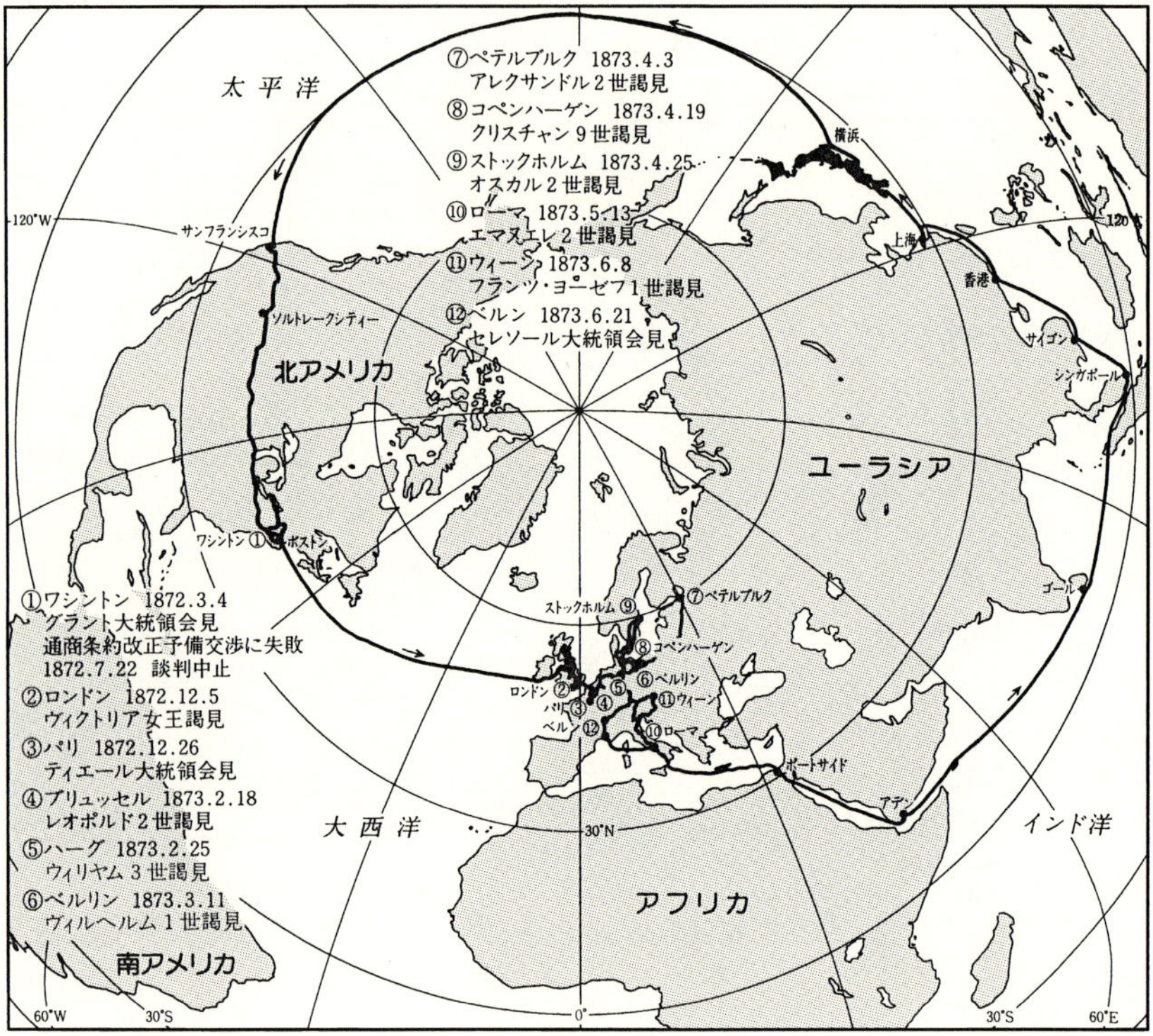
太平洋
⑦ペテルブルク 1873.4.3
アレクサンドル2世謁見
⑧コペンハーゲン 1873.4.19
クリスチャン9世謁見
⑨ストックホルム 1873.4.25
オスカル2世謁見
⑩ローマ 1873.5.13
エマヌエレ2世謁見
⑪ウィーン 1873.6.8
フランツ・ヨーゼフ1世謁見
⑫ベルン 1873.6.21
セレソール大統領会見
横浜
120°W
サンフランシスコ
上海
120°E
香港
ソルトレークシティー
サイゴン
シンガポール
北アメリカ
ユーラシア
ワシントン①
ボストン
①ワシントン 1872.3.4
グラント大統領会見
通商条約改正予備交渉に失敗
1872.7.22 談判中止
②ロンドン 1872.12.5
ヴィクトリア女王謁見
③パリ 1872.12.26
ティエール大統領会見
④ブリュッセル 1873.2.18
レオポルド2世謁見
⑤ハーグ 1873.2.25
ウィリアム3世謁見
⑥ベルリン 1873.3.11
ヴィルヘルム1世謁見
ストックホルム⑨
⑦ペテルブルク
⑧コペンハーゲン
⑥ベルリン
⑪ウィーン
⑩ローマ
ロンドン②
パリ③
④
⑤
ベルン⑫
ゴール
ポートサイド
アデン
大西洋
30°N
インド洋
アフリカ
南アメリカ
60°W
30°S
0°
30°S
60°E

岩倉使節団経路図
——：経路

第一章　岩倉使節団をめぐって

一　岩倉使節団の派遣計画とその使命

岩倉使節団はいかなるプロセスを経て派遣されたのか。

すでに維新政府は、明治元年(一八六八)一月、幕末の条約を継承するとともに、この条約の改正意図のあることを宣言した。そして、その延長線上で、遣外使節問題は翌明治二年からおこっている。明治二年二月の岩倉具視の意見書は、勅使を条約締盟国へ派遣し、条約の改定交渉を協議せよ、と提起しているのである。

さて、明治二年(一八六九)三月、参与兼外国官副知事の大隈重信は、由利公正辞任のあとをうけて会計官副知事をも兼任した。同じころ、フルベッキは長崎から上京、四月から文部省雇いとして開成学校の教師となるとともに、公議所に列席してその諮問に応ずることとなった(のちには正院、さらに元老院雇いとなる)。

フルベッキ(Guido Herman Fridolin Verbeck, 一八三〇〜九八)は、オランダ系アメリカ人で、安政六年(一八五九)来日、宣教師として長崎で教鞭をとったが、その門下生には大隈をはじめ、副島種臣、江藤新平、大木喬任ら後年の明治政府の指導的人物が多く名を連ねている。このフルベッキを政府の招請で上京せしめるために大隈が動いていた。

その大隈に、フルベッキは陽暦一八六九年六月十一日、つまり明治二年五月二日付で一通の意見書を送った。これが「ブリーフ・スケッチ」(Brief Sketch)といわれるものであり、日本から欧米への視察団派遣をすすめたものであった。(1)

「ブリーフ・スケッチ」には、欧米では「およそ考えうるかぎりの統治形態、あらゆる種類の法律、国家財政のすべて可能な管理方法、教育のあらゆる仕組みが数百年にわたって実験されてきており、今日、ヨーロッパやアメリカに現存する国家体系は、これら実験の結果である。こうした多種多様を極めている中に研究し模倣さるべき秀れたものと、欠陥を認識し避けられるべきものとがみてとれる」という観点から、「天皇および国民が、その知性、活動力、高い人格に十分の信頼がおける人物」を、その使節代表として送り出すことの重要性が強調され、その場合、予測される外国側からの要求をはじめ、使節の目的・組織・人員・調査方法・旅程などが具体的に述べられていた。

大隈はこの意見書をえたものの、使節派遣は諸般の事情からなお時期尚早として、秘蔵するにとどまった。だが、版籍奉還から廃藩置県を経て、統一国家が一応成立すると、翌明治五年に迫った条約改正協議期限（一八七二年七月一日・明治五年五月二十六日）を目前にして、ふたたび使節派遣問題は現実の課題として表面化した。

すでに、在米中の大蔵少輔伊藤博文は、明治四年（一八七一）二月二十八日付で条約改正準備と「特命理事官」の各国派遣を政府に建言するが、これと相まって政府は同年四月、外務省の条約改正掛（「改正懸」、はじめは「取調懸」）をして改正条約案「擬新定条約草本」を脱稿せしめていた。(2) これには改正掛の「伺」が付され、現在の実情から条約改正交渉の数年（三年ないし五年）の延期が提案されていたのである。この延期論の延長線上に「事由書」（二通、『大使全書』〈国立公文書館蔵〉所収、第一号、第二号文書）はつくられた。この「事由書」とは、これまで岩倉使節団派遣の基本構想とみられていたものである。

この間の事情を分析・論証し、岩倉使節団派遣のプロセスをはじめて具体的に明らかにしたのは、大久保利謙氏の研究（同編『岩倉使節の研究』所収、宗高書房、一九七六年）であった。

すなわち、明治四年（一八七一）、廃藩置県後の翌八月二十日ころ、大隈は条約改正交渉のための使節派遣およびみずからがその使節たらんことを閣議で発議し、閣議はそれを「一応内決した（推定—原注）」（五八頁）。そのため、条約改正御用掛参議大隈のもとに、外務省の改正掛（田辺太一ら）は、「改正掛の意見（「伺」の延期論など—原注）を基本として、またフルベッキの「ブリーフ・スケッチ」等を参酌して、新しい使節団派遣構想」を起案した。これが「事由書」だというのである（前掲『岩倉使節の研究』五〇頁）。

この「事由書」は、「独立不羈ノ体裁」創出と、よるべきものは「列国公法」、つまり国際公法であることを強調していた。すなわち、国際公法に則って条約改正をしなければならないが、条約を改正するためには、それに抵触する国内の体制を改革・整備しなければならず、そのために一年ないし二、三年を目途とした条約改正延期を各国と交渉する必要のあることを述べるとともに、法律・制度の理論や実際をはじめとして、政治・経済・産業・教育・社会・軍事等の各分野の視察・調査を含めて、使節団派遣を提起していたのである。

その使節団の規模は、欽差全権使節一名、同二等使節一名を含めて二十二名、必要ならこのほかに通訳四、五名を付す、というものであった（芝原拓自・猪飼隆明・池田博編『対外観』日本近代思想大系12、岩波書店、一九八八年、参照）。

ところが、この大隈使節団計画は、岩倉使節団にきりかえられた。きりかえられるとともに使節団の規模は大きくふくれあがった。

この転換の背後には、大隈およびそれを支持した太政大臣三条実美に対抗した外務卿岩倉と大蔵卿大久保利通らによる「謀議」と「策動」があった、とされている（五七—六六頁）。つまり、当時の機構改革とあいまって、しだいに先鋭化しつつあった派閥対立とからんで、薩長を中心とする体制固めを大久保らはねらったのである。いまもし大隈使節団が実現すれば、参議木戸孝允参加の余地があり、木戸が参加すれば、廃藩置県後、条約改正問題へと移りつつあった外交の主導権を、木戸や大隈らに握られることになる。もとより条約改正は同時に内政全般にかかわる問題であったから、いきおい政権のヘゲモニーは彼らに握られる可能性があった。

これをみてとった岩倉・大久保は、大久保とは国内政策をめぐって対立的であった木戸とも謀って、木戸をも含めた岩倉使節団構想とし、参議西郷隆盛、同板垣退助を説得し、大隈使節団プランに同意を与えていた太政大臣三条実美をも翻意せしめて、岩倉使節団にきりかえさせたというのである。岩倉の使節内定は九月初旬ないし十日ころ、三条の最終的同意は九月二十七日であり、以後「『岩倉使節団』は、いよいよ公然と動きだす」。二十九日には「使節方別局」(のち大使事務局)もつくられた(3)(以上、引用は大久保前掲書)。

この間、外務卿岩倉(右大臣就任は明治四年十月八日)は使節団構想をねっていた。岩倉はフルベッキに九月十三日に会い、二年前の意見書の内容の教示を頼み、十六日にはフルベッキから「ブリーフ・スケッチ」を受けとっている。その旬日前には大隈参議あてに、フルベッキの意見書は外務省にないから、大蔵省より回送してほしいと要請しているのである。フルベッキ構想が大隈、岩倉両使節団プランの底流にあったことがわかる。ただし、現実の岩倉使節団は、フルベッキ構想から取捨選択していることはいうまでもない。

一方、大隈は、彼の使節団構想が岩倉使節団へときりかえられて政府内に留まらざるをえないと判断するや、内政処理での派閥抗争をなるべく避けるために、できるだけ多くの人々を海外に派遣しようとした。後年の大隈の回顧談である『大隈伯昔日譚』(4)の表現でいえば、「鬼の留守に洗濯」をねらったのである。

このとき大蔵大輔井上馨や大隈は、ひとつの提案を考えた。それは岩倉使節団派遣後のいわゆる「留守政府」内で、不測の紛擾や変動のおこることに対処して、岩倉使節団と「一の約束」を結ぶことである。使節団もまた留守中の政府の独走をチェックするためこれに賛同した。ここに十一月九日、政府、使節団首脳による「約定」十二カ条が調印された(5)。

この「約定」は、政府と使節団の合意を前提にして、「新規ノ改正」をなるべく避け、廃藩置県後の実効をあげて「改正ノ地歩」を固め、使節団の留守中の官制や人事は現状維持にとどめ、やむなく変更もしくは増員の必要あるときは、照会または決裁をうける、というものであった。

「約定」という形でのこの提案は、「留守政府」の西郷や板垣の中央政府における政治的手腕ないしは動向に対する危惧の反映だったが、結果的にはこの「約定」は守られていない。「留守政府」が次々に機構改革をし、新政策の実施にふみきったからである。

じつは、そのことが使節団帰国後のいわゆる征韓論問題にからむ。征韓論には大久保や木戸、さらに岩倉らが真向から反対したが、このとき、右の「約定」違反は、「留守政府」の責任追及にかっこうの口実となったとみてよい。もし、この「約定」がなかったならば、政府の責任を追及することによって、いったん内定していた西郷の遣韓使節問題をくつがえすことは、あるいは不可能だったかもしれない。その意味では、「約定」は「留守政府」の命取りとなった明治六年(一八七三)十月の政変の底流的要因だったといえよう。

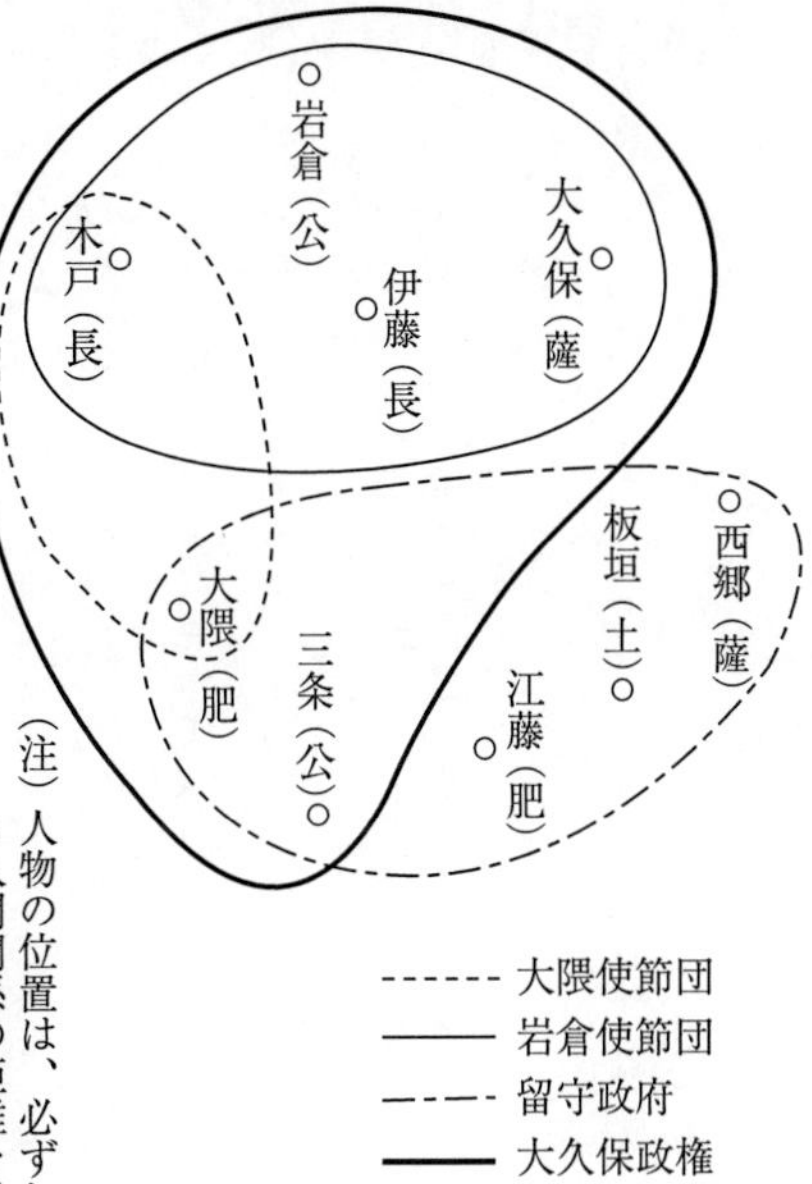

(注) 人物の位置は、必ずしも人間関係の距離を示したものではない。

これまで述べてきたプロセスの人物および大隈使節団と岩倉使節団、ならびに留守政府や大久保政権の関係を誤解をおそれず図式化すると、上の図のようになるであろう。

以上からわかるように、明治四年(一八七一)の廃藩置県直後に構想されたこの使節団派遣計画は、国内情況と国際関係が複雑にからんでいた、といわなければならない。いかなる近代国家をつくりあげていくかは、明治政府の最大の課題だった。そのためにはこの国のかたちをどのようなモデル選択肢のうえにつくりあげていくか、それを具体的に探ることが喫緊のテーマだったのである。その国家目標に集約することによって、国内の矛盾や権力内部の対立・対抗関係の回避ないし克服が図られた。条約改定期限という契機は最大限に活用された。使節派遣という対外的な形式と近代国家創出に見合った内実を伴う使節団構想は練られ、画策され、実行に移された、とみなければならない。新しい国づくりに当たって、使節を派遣し、その先進モデルを現地にみるという発想は、古代国家の先例もある。反対論があればあるだけに、ことは急がなければならない。岩倉使節団が倥偬《こうそう》の間に、慌しい人事のなかで結成されたのは、内部矛盾と国際関係のからむなかで、当面最大の国家目標をふりかざしてのことであったし、その目標をかかげることによってのみはじめて可能だったのである。(6)

かくして、明治四年(一八七一)十月八日、特命全権大使岩倉具視以下副使四名の任命を皮切りに、順次使節団のメンバーは発令された。

この使節団の目的は大きく分けて三つあった。

第一は、条約締盟国を歴訪して各国の元首に国書を捧呈し、聘問の礼をとること、第二は、条約改正の暫時延期を含めて改正打診の予備交渉をすること、第三は、欧米先進諸国の制度・文物を調査・研究することである。やや先走っていっておけば、第一は実行されたが、第二の問題は最初の訪問国アメリカで失敗し、以後はほんの打診程度にとどまった。したがって岩倉使節団の最大の課題は、第三の問題となったのである。

十一月四日、遣外国使祭が神祇省で行われ、おわって同日、岩倉らは参朝して天皇・皇后に謁見して勅語を下賜された。六日、三条実美邸では送別の宴がはられた。そのときの三条の送別の辞は、この岩倉使節団の使命を高らかにうたいあげている。いわく――

外国ノ交際ハ国ノ安危ニ関シ、使節ノ能否ハ国ノ栄辱ニ係ル、今ヤ大政維新、海外各国ト並立ヲ図ル時ニ方リ、使命ヲ絶域万里ニ奉ス、外交内治前途ノ大業、其成其否、実ニ此挙ニ在リ、豈《あに》大任ニアラスヤ、大使天然ノ英資ヲ抱キ、中興ノ元勲タリ、所属諸卿皆国家ノ柱石、而テ所率ノ官員、亦是一時ノ俊秀、各欽旨ヲ奉シ、同心協力、以テ其職ヲ尽ス、我其必ス奏功ノ遠カラサルヲ知ル、行ケヤ海ニ火輪ヲ転シ、陸ニ汽車ヲ輾《めぐ》ラシ、万里馳駆、英名ヲ四方ニ宣揚シ、無レ恙帰朝ヲ祈ル、（『岩倉公実記』中巻）

それにしても、この時点はまだ国内では政府大官の暗殺、脱籍浮浪の徒の横行、農民一揆の頻発等、重層的に内在矛盾が噴出しつつあるときであった。にもかかわらず、岩倉使節団が米欧各国の歴訪に十ヵ月半という予定（実際は約一年十ヵ月となる）で日本をあとにしたのは、すでにみた政治的意図とともに、このくらいの期間ならば、「留守政府」は西郷・板垣らで処理できると思ったこともさることながら、いまや、米欧諸国の実状をこの目でみ、国際社会の現実をくぐりぬけることを通して、「万国対峙」の近代国家の基礎固めをすることが、喫緊至上の課題として意識されていたからである。

この国家的課題と使命を制するものこそが、形成途上の近代天皇制の主役たりうる資格をもつことができた。まさにその意味で、岩倉使節団の発遣は、近代日本史上のエポックをなしている。

明治四年十一月十二日（陽暦一八七一年十二月二十三日）、岩倉使節団は横浜からサンフランシスコをめざして日本をあとにした。そして、アメリカ、イギリス、フランス、ベルギー、オランダ、ドイツ、ロシア、デンマーク、スウェーデン、イタリア、オーストリア、スイスの十二カ国を回覧し、明治六年（一八七三）九月十三日、ふたたび横浜へ帰ってきたのである。[7]

二　岩倉使節団の構成と特徴

右大臣岩倉具視を特命全権大使とする岩倉使節団は、幕末維新期における最大にしてもっとも質の高い、そして最後の遣外使節団である。副使は参議木戸孝允、大蔵卿大久保利通、工部大輔伊藤博文、外務少輔山口尚芳《ますか》で、(8)横浜港出航時の総勢は四十六名（すでに大使・副使と同時に、十月八日付で発令され、現地参加の塩田篤信〈三郎〉を加えれば使節団は四十七名となる）である（表1-1）。

この表1-1のメンバー（詳しくは巻末第一表参照）と『日本外交文書』第四巻（一〇六―一〇七頁）所収の「各国使節一行名前書」（表1-2）とを比較すると、表1-2の×印の人名は表1-1には欠落しており、表1-1の＊印は表1-2にはないメンバーである。横浜出航時の岩倉使節団のメンバーは表1-1の四十六名なのである。

表1-2の×印の人々のうち、塩田篤信（三郎、外務大記）はアメリカで現地参加し、山内一式はいったん発令されたが取り消され、高崎豊麿（正風）と安川繁成は左院視察団の一員として使節団よりあとの明治五年一月二十七日に出発し、藤倉見達は使節団に参加していない。また、現地で久米邦武と共に筆録を担当した畠山義成（杉浦弘蔵）は、いずれの名簿にもない。

しかし、従来は『日本外交文書』所収の名簿（さらにいえば、『実記』の冒頭の記述にも「総テ四十八人」〈(一)四一〉とある）から一般には表1-2の四十八名が岩倉使節団とみられていた。ところが、久米邦武文書中に久米の筆になる『環瀛《かんえい》筆記』があり、そこに載せられた名簿（以下、「筆記名簿」と略称）によってはじめて岩倉使節団の横浜出航時のメンバー四十六名は確定したのである。

ちなみに、菅原彬州「岩倉使節団のメンバー構成」（『法学新報』九一の一・二、一九八四年六月）は、表1-1に示した岩倉使節団の出航時のメンバーが、実際に乗船し、サンフランシスコに到着していることを内外の各種の史料で論証し、使節団のその後におけるメンバーの増減をも示し、「かなり複雑」であるとしている。たしかに岩倉使節団には増減があり、複雑だが、新たに『淳正公事蹟史料（明治三・四年）』三（前田育徳会所蔵）所収の名簿「明治四年辛未冬十一月十二日太平海邦船亜米利加号発航特命全権大使岩倉公等乗込姓名録」（以下「姓名録」と略称）によっても再

表 1-1　出発時の岩倉使節団(明治4年11月12日)

使節団職名	官　名	氏　名	出身(年齢)
特命全権大使	右大臣	岩倉具視	公 47
同副使	参　議	木戸孝允	長 39
	大蔵卿	大久保利通	薩 42
	工部大輔	伊藤博文	長 31
	外務少輔	山口尚芳	肥 33
一等書記官	外務少丞	田辺泰一(太一)	幕 41
		何礼之	幕 32
		福地源一郎	幕 31
二等書記官	外務少記	渡辺洪基	福井 25
	外務七等出仕	小松済治	和歌山 25
	同	林董三郎(董)	幕 22
		*長野桂次郎	幕 29
三等書記官		川路簡堂(寛堂)	幕 28
四等書記官	外務大録	安藤太郎(忠経)	幕 26
		池田政懋	肥 24
†大使随行	兵庫県権知事	†中山信彬	肥 30
	式部助	五辻安仲	公 27
	外務大記	野村靖	長 30
	神奈川県大参事	内海忠勝	長 29
	権少外史	久米邦武(丈市)	肥 33
理事官	戸籍頭	田中光顕	土 29
随　行	租税権頭	安場保和	熊本 37
	租税権助	若山儀一	東京 32
		阿部潜	幕 33
		沖探三(守固)	鳥取 31
	租税権大属	富田命保	幕 34
	検査大属	杉山一成	幕 29
		*吉雄辰太郎(永昌)	肥
理事官	侍従長	東久世通禧	公 39
随　行	宮内大丞	村田経満(新八)	薩 36
理事官	陸軍少将	山田顕義	長 28
随　行	兵学大教授	原田一道	幕 42
理事官	文部大丞	田中不二麿	尾張 27
随　行	文部中教授	長与秉継(専斎)	肥 34
	文部七等出仕	中島永元	肥 28
	同中助教	近藤昌綱(鎮三)	幕 23
	同中助教	今村和郎	土 26
	文部九等出仕	内村公平(良蔵)	山形
理事官	造船頭	肥田為良	幕 42
随　行	鉱山助	*大島高任	岩手 46
	鉄道中属	瓜生震	福井 19
理事官	司法大輔	佐々木高行	土 42
随　行	権中判事	岡内重俊	土 30
	同	中野健明	肥 28
	同	平賀義質	福岡 46
	権少判事	長野文炳	大阪 18

注　『環瀛筆記』(久米美術館蔵)より作成．公＝公家，長＝長州，薩＝薩摩，土＝土佐，肥＝肥前，幕＝幕臣を示す．年齢は数え年．出身(年齢)，氏名欄のカッコ名は新たに追加した．上記史料では†の「大使」は「公使」とあり，「信彬」は欠落している．＊は表 1-2 にないメンバー．

表 1-2　『日本外交文書』所収の各国使節一行名前書

特命全権大使	右大臣	岩倉具視	○
副使	参議	木戸孝允	○
	大蔵卿	大久保利通	○
	工部大輔	伊藤博文	○
	外務少輔	山口尚芳	○
一等書記官	外務少丞	田辺太一	○
	外務大記	塩田篤信(三郎)	×
	外務六等出仕	何礼之	○
		福地源一郎	○
二等書記官	外務少記	渡辺洪基	○
	外務七等出仕	小松済治	○
	外務七等出仕	林董三郎	○
三等書記官		川路寛堂	○
	外務七等出仕	山内一弌	×
四等書記官	文部大助教	池田政懋	○
	外務大録	安藤忠経	○
理事官	陸軍少将	山田顕義	○
	司法大輔	佐々木高行	○
	侍従長	東久世通禧	○
	会計兼務戸籍頭	田中光顕	○
	造船頭	肥田為良	○
	文部大丞	田中不二麿	○
	少議官	高崎豊麿(正風)	×
大使随行	式部助	五辻安仲	○
	外務大記	野村靖	○
	兵庫県権知事	中山信彬	○
	神奈川県大参事	内海忠勝	○
	権少外史	久米丈市	○
	租税権頭	安場保和	○
山田理事官随行	兵学大教授	原田一道	○
佐々木理事官随行	司法権中判事	岡内重俊	○
	司法権中判事	中野健明	○
	司法権中判事	平賀義質	○
		長野文炳	○
東久世理事官随行	宮内大丞	村田経満	○
田中理事官随行	租税権助	若山儀一	○
		阿部潜	○
		沖守固	○
	検査大属	杉山一成	○
	租税権大属	富田命保	○
肥田理事官随行	鉄道中属	瓜生震	○
田中不二麿理事官随行	文部中教授	長与秉継	○
	正七位	中島永元	○
	文部中助教	近藤昌綱	○
	文部中助教	今村和郎	○
		内村良蔵	○
高崎理事官随行	少議生	安川繁成	×
工学質問トシテ英国へ罷越	灯台権大属	藤倉見達	×

註二，右人名簿ハ之ヲ八一ノ附記十一月七日現在ノ分ト比較スルニ異同少カラス

注　『日本外交文書』第4巻，106-107頁．○×は新たに付した．○印は表 1-1 にある人名(本文参照)．

確認できるから、少なくとも出航時のメンバーは確定した（本書巻末第一表参照）。

もっとも人数のみの点からいえば、幕末期、万延元年（一八六〇）の遣米使節団は七十七名だったから、それよりは少ないということにもなる。しかし、この遣米使節団は、外国奉行兼神奈川奉行新見正興以下使節三名、使節随員十六名計十九名のほかは、従者や召使、賄方などである。(9) それに対して岩倉使節団横浜出航時の四十六名（前記塩田を含むと四十七名）は、大使・副使以下書記官・理事官・随行等すべて正式のメンバーだった（従者等はそのほかにいる。巻末第二表以下、参照）。

ところで、いうところの特命全権大使とは、「皇上ニ代テ国事ヲ辨《ママ》理決判スル権ヲ有ス」る者であり、副使は「大使ニ副ス」と規定されている。一等書記官は「使者ヲ代理スル権ヲ有」し、「文書、法案、通辨、会計ノ事務ヲ分掌又ハ兼任」した（二等書記官以下もこれに準ずる）。そして、理事官は「一科ノ事務ヲ担当辨理スルノ権」をもち、その随行書記官（随員）は「理事官ニ代理シ、及ヒ其事ヲ参判スル権ヲ有ス」とされている（『大使全書』第九号文書、国立公文書館蔵。句読点は適宜付した。以下、史料の引用に際しては同じ）。

本書巻末の第二表は使節随従者の一覧表である。前記の『環瀛筆記』は、「使節ノ随従ハ、公使ノ嫡岩倉具綱ヲ始メ十五名ナリ」として個々の氏名は記していないが、前記「姓名録」によった第二表は十八名となっている。この十八名がアメリカ号に乗船して同行していることは菅原彬州「岩倉使節団の従者と同航留学生」（『中央大学百周年記念論文集（法学部）』一九八五年、同「岩倉使節団の従者と同航留学生に関する追考」『法学新報』一〇四の一、一九九七年十一月、以下、「追考」と略称、参照）で確認できる。

巻末第三表は使節団と共に出発した留学生の一覧である。「筆記名簿」には「姓名録」にない松田金次郎（岡山県士族）と水谷六郎（同上）の二名の名がみられるが、水谷には斜線があるから抹消だろう。この水谷と松田は右の菅原論文によれば、使節団より一日おくれて出航し、西回りでヨーロッパへ向かったフランス飛脚船に大山巌らと同船した、とされている。「久米は、おそらく、一行を見送るためにアメリカ号に乗船した松田と水谷を同航留学生と誤認したものと思われる」（前掲「岩倉使節団の従者と同航留学生」五七五頁）と菅原氏は推測している。

第三表の留学生四十三名は「姓名録」を基本にしたものである。これは菅原論文が他の五つの史料を検討して使節団一行と共に出航したと確認している留学生と一致する（次節参照）。

以上のことから、岩倉使節団はそのメンバー四十六名、随従者十八名、留学生四十三名、計一〇七名が同船してアメリカへと発った、ということになる。ただ表でもわかるように随従者と留学生とは必ずしも厳密に区別できないところがあるから、史料によってその区分けによる数は異なってくる（前掲菅原「岩倉使節団のメンバー構成」での内訳は、正式メンバー四十六名、大使・副使の従者十二名、留学生四十九名、計一〇七名となっている。前掲「追考」参照）。これまで必ずしも明らかでなかった使節団同行の随従者や留学生は、内訳の相違はあれ、この巻末の第二表と第三表でほぼ確定できたように思う。

巻末の第四表は後発の使節団員だが、これはまだ確定しがたいところがないわけではない。この第四表でもわかるように発令後現地で参加しているものもいるし、また発令されてすぐ取り消されている者もいるからである。なお今後の検討が必要だろう。ただし、畠山義成と塩田三郎は発令後現地参加の形で使節団のメンバーとなっている。(10)

さて、表1-1の岩倉使節団の特徴を挙げれば、つぎのようになろう。

その第一は、明治四年（一八七一）十一月の横浜出航時使節団のメンバーは四十六名であり、先述のようにそれに大使・副使の随行が十八名加わり、さらに四十三名の留学生を同行していたから、総勢では一〇七名という多彩な大集団だったということである。これは使節団の目的が米欧先進各国の制度や文物の調査ということとからんでいるし、日本の近代国家づくりのための将来の人材養成でもあったことによる。

それにしてもこれだけの多彩な大集団によって出かけていることは、新しい国家づくりへの新政府の意気と意図とが込められていたことを読みとらねばなるまい。そこには幕末以来の幕府使節団の経験も折り込み済みであった。

第二には、そのトップが全権大使岩倉具視であり、薩長の実力者や肥前出身者が副使になっており、土佐出身者は使節団首脳にいないことである。なかでも薩長の大久保と木戸の存在は大きい。使節団の結成までに種々のいきさつはあったが、この大久保・木戸の外遊と留守政府における西郷隆盛（薩）と板垣退助（土）・江藤新平（肥前）らの存在が、使節団帰国後のいわゆる征韓論分裂の伏線となった。それはやがて西郷らの士族反乱派や土肥を中心とする自由民権派と薩長藩閥政府との対立という構図にも連なっていく。

第三には、書記官に多くの旧幕臣がいたことである。一行を乗せて太平洋を横断したアメリカ号の船内状況は、旧倒幕側と旧幕府側との呉越同舟だったが、それにしても討幕派公家出身の岩倉と薩長出身者の実力者大久保と木戸のもとに、書記官が旧幕臣によって固められていたことは象徴的である。

すなわち、書記官には田辺太一《やすかず》や塩田篤信（三郎）、あるいは福地源一郎や川路寛堂のような旧幕臣が多く、また、彼らを含めて随行の一部には、幕末期に遣外使節団の一員あるいは留学生として外国の地を踏んだ経験者や語学にも長じ、外国の事情に詳しい者が選ばれていたのである。

いうなれば、岩倉使節団は明治政府の薩長藩閥実力者をトップにして、幕末以来の国際的な経験や西欧の文化の蓄積をもつ旧幕臣をはじめ有能・多彩な人材によって構成されている、ということになる。その意味では、この使節団は、幕末と維新、幕府と新政府との、歴史的、文化的な「非連続の連続」を体現した存在だった、といってよい。

第四には、各省派遣の理事官とその随行に、各省のそれぞれ専門官（テクノクラート）が含まれており、新国家の体制づくりに必要な技術と知識をもち、かつ受容する能力のある人材が配置されていたことである。その成果の一端は各理事官の報告書、つまり『理事功程』(11)にみられるが、とりわけ文部省『理事功程』（理事官＝文部大丞田中不二麿）は詳細に各国の学制その他を報告している。また、別に理事官山田顕義の「各国ノ兵理」以下諸制度についての建白書（『明治文化全集』軍事篇・交通篇、第二版、日本評論社、一九六七年、所収）にも、それは読みとれる。

第五には、使節団構成メンバーの若さがあげられる。現在表1-1で判明する限りでの年齢（四十四名分）の平均をとるとほぼ三十二歳になる。この使節団は二、三十代を中心に編成されていたのである。最年長の岩倉が四十七歳、木戸、大久保はそれぞれ数え年三十九歳、四十二歳で、山口は三十三歳、副使中一番若かった伊藤は三十一歳であった。最年少の長野文炳は十八歳（佐々木高行理事官随行・司法権少判事）だった。首脳の大使・副使五名の平均年齢をとってみても三十八歳だから、この使節団の年齢の若さに表象される活力と体力は、新しい世界へ対応するにふさわしい、清新にして弾力的な能力を備え、変革期にふさわしい条件を備えていたといえよう。

岩倉使節団の首脳たち．中央のチョンマゲに羽織・袴の姿が特命全権大使岩倉具視，他の4人は，左から木戸孝允，山口尚芳《ますか》，伊藤博文，大久保利通（大久保利泰氏所蔵，久米美術館提供）

だが、このような構成の使節団であったから、逆にそのことが使節団内部に問題をはらむことになった。そこに第六の特徴がある。

書記官や随員のある者が、幕末以来、欧米文明に接し、外国体験をもっていたのに対し、理事官たちは国際的知識に乏しく、必ずしも洋行経験があったわけではない。その点では伊藤を除いて大使・副使も同様だった。

このことが、使節団内部で外国通とそうでない者とを色分けした。そして、ひとたび未知の外国の地を踏むや、大使・副使の権威は色あせ、同じような理事官に対して、外国通の書記官たちはさかんに愚弄するところがあった。この書記官たちが多く旧幕臣であったことから、佐々木高行のことばでいえば、「使節初メ理事官等、維新ノ仇ヵヘシヲ食ハサレタル景況ナリ」(『保古飛呂比』明治四年十二月十二日条)ということになる。理事官の側からいえば、旧幕臣の書記官は、高給目当ての「職人」ごときものであって、その彼らが維新に功労のあった理事官に向かって何たる態度か、というわけである。

不満はくすぶったものの、大使・副使も、外国に出た以上、書記官たちの国際的知識に頼らざるをえないのだから、せいぜい我慢せよ、という以外に手立てはなかった。

同じことは随員間にもあった。一方が外国通をもってその知識をひけらかせば、他方はあえて逆に東洋的蛮カラの行動で対処したのである(拙著『岩倉使節団『米欧回覧実記』』同時代ライブラリー、岩波書店、一九九四年、一五—一七頁、参照)。

歴史的、文化的な「非連続の連続」を体現した岩倉使節団は、同時に伝統と文明、和洋の混淆であり、その不協和音が折にふれてきしむ存在でもあった。大使岩倉が和服、他の副使が洋服、しかも岩倉はチョンマゲと羽織・袴に洋靴といういでたちで写っている有名な写真があるが、それはこの使節団の特徴のシンボリックな姿だったのである。(12) しかも岩倉が、回覧の途中から洋服に転じたところに、この使節団の性格と姿勢が示されていた。

このような諸特徴をもつ使節団の中にあって、右の外国通の書記官が理事官などを愚弄する態度と、他方、サンフランシスコにおける官民を挙げての地元の大歓迎パーティをはじめとするアメリカ側の対応との落差を見て、アメリカ到着旬日後の木戸の感懐は、将来の日本を予見していて鋭いところがある。

つまり、木戸はそこに日本の文明と開化の皮相をみた。だから、このような皮相な「文明開化」であれば、もし将来アジアの諸国が「文明開化」した日本の開化を慕って使節を送ってきたとき、いま岩倉使節団がアメリカの地でうけている厚遇と誘導のような態度をとりうるかどうか、また、このような皮相な開化の治者たちが、被治者たる人民一般に果たしてどのような対処のしかたをするだろうか、と疑問を抱いているのである（明治四年十二月十七日、杉山孝敏宛（カ）書簡『木戸孝允文書』四、三二〇頁）。それゆえに、木戸がこの皮相な開化と、底の浅い日本の文明の克服をめざして、教育制度に関心を払ったのも十分理由のあることだったのである。

三　岩倉使節団同行留学生

巻末第三表の留学生四十三名の名簿の内訳は、十四名の華族、二十四名の士族留学生および開拓使派遣の五名の女子留学生となっている。

ここでは十四名の華族留学生の名簿をまず掲げ、一人ひとり説明しておこう(13)（表1-3、これも『日本外交文書』と異同があり、これまでの誤りをただすことができる（「筆記名簿」には大村純熙が欠落））。

表1-3　華族留学生

私	正四位	鍋島直大	元佐賀藩知事
官	従四位	坊城俊章	
官	従四位	前田利嗣	
私	従四位	黒田長知	元福岡藩知事
私	従四位	前田利同	元富山藩知事
官	従五位	松崎万長	
私	従五位	毛利元敏	元豊浦藩知事
私	従五位	錦小路頼言	
私	従五位	鳥居忠文	
官	〔正四位下〕	清水谷公考	
官		万里小路秀麿	
私		武者小路実世	
私		吉川重吉	
		大村純熙	

注　「官」は官費，「私」は私費による留学の意．〔　〕内は清水谷忠重氏の御教示による．「筆記名簿」を補訂して作成．

鍋島直大《なおひろ》（一八四六～一九二一）は直正（閑叟《かんそう》）の二男、旧佐賀藩主。維新政府では議定、外国事務局権輔、外国官副知事、参与等を歴任、麝香間祗《じゃこうのまし》候《こう》となり、佐賀藩知事となったが、使節団と共に佐賀出身の松村文亮《ふみすけ》、百武兼行、田中永昌を随行してイギリスへ留学した。明治七年（一八七四）、佐賀の乱で一時帰国するが再渡英、明治十一年（一八七八）に帰国。外務省御用掛、ついで特命全権公使としてイタリアに駐在、帰国後は元老院議官、また滞欧経験を生かして鹿鳴館の舞踏練習会の責任者となる。のち、貴族院議員、宮中顧問官等。侯爵。

坊城俊章《ぼうじょうとしあや》（一八四七〜一九〇六）は坊城俊政《としただ》の子として京都に生まれ、侍従、参与等から陸軍軍人となり、山形県知事。軍事研究のためロシアに留学し、のちドイツに転じ、明治七年（一八七四）帰国、日清戦争には近衛歩兵第三連隊長として出征、のち軍職を辞して貴族院議員となる。伯爵。

前田利嗣《としつぐ》（一八五八〜一九〇〇）は金沢藩知事前田慶寧《よしやす》の長男、イギリスへ留学したが明治六年（一八七三）、父の病気のため帰国。明治二十二年（一八八九）再渡欧し、鉄道や育英事業に尽くした。侯爵。

黒田長知《ながとも》（一八三八〜一九〇二）は長博の養嗣子、福岡藩知事。同藩出身の金子堅太郎と団琢磨《だんたくま》を随行してアメリカ・ボストンへ留学、明治九年（一八七六）帰国、明治十一年に家督を譲った。侯爵。

前田利同《としあつ》（一八五六〜一九二一）は加賀藩主前田斉泰《なりやす》の第十一男、富山藩主前田利聲《としかた》の嗣となり襲封、富山藩知事。使節団と同行留学、帰国後は侍従、式部官、宮中顧問官等を歴任。伯爵。

松崎万長《まつがさきつむなが》（一八五八〜一九二一、信麿）は、堤哲長《つつみあきなが》の二男として生まれ、参議甘露寺家に入り、公家にとりたてられて松崎姓を名乗った。当初ロシアへの留学を予定していたがドイツへ変更、建築と土木を研究。明治六年（一八七三）、留学生帰国の令が下ったため官費から私費にきりかえて滞在。明治十七年（一八八四）帰国。のち皇居御造営事務局御用掛、建築局四等技師等となる。男爵となったが明治二十九年（一八九六）爵位を返上した。その後は不詳。

毛利元敏《もととし》（一八四九〜一九〇八）は長門長府毛利氏の元運《もとゆき》の第六男で、豊浦藩知事。イギリスに留学、明治七年（一八七四）帰国。明治十七年（一八八四）に子爵となる。

錦小路頼言《にしきのこうじよりゆき》（一八五一〜八四）は小倉輔季《おぐらすけすえ》の第六男、錦小路家を嗣ぎ、明治十三年（一八八〇）隠居したが、留学先もその後の経歴も不詳。子爵。

鳥居忠文《ただぶみ》（一八四七〜一九一四）は鳥居忠挙《ただひら》の第四男で、下野壬生《みぶ》藩主。廃藩で辞任し、渡英。のち貴族院議員。子爵。

清水谷《しみずだに》公考《きんなる》（一八四五〜八二）は公卿清水谷公正《きんなお》の第六男として京都に生まれる。箱館府知事、開拓次官など歴任し、ロシアへ留学。明治八年（一八七五）帰国。伯爵。

万里小路《までのこうじ》秀麿《ひでまろ》（一八五八〜一九一四）は、権大納言万里小路正房《まさふさ》の第八男。岩倉一行と留学し、ロシア貴族について調査し、明治十四年（一八八一）に帰国。帰国の翌年、分家して名を正秀《なおひで》と改め、明治十七年（一八八四）、男爵。掌典、式部官、主猟官、大膳頭など宮中に仕えると共にロシア貴族の来日には接伴員を務めた。

武者小路《むしゃのこうじ》実世《さねよ》（一八五〇〜八七）は、武者小路実建《さねたけ》の二男。ドイツ留学を命ぜられ、平田東助らと同行。当初はロシアを予定していたがドイツへ変更した、という。のち参事院議官補。子爵。明治十三年（一八八〇）四月、万里小路通房と連名で華族を員外書記官として欧州公使館に駐剳《ちゅうさつ》させよと、三条太政大臣や岩倉右大臣等あての建白書を出している。

吉川《きっかわ》重吉《ちょうきち》（一八五九〜一九一五）は、岩国藩主吉川経幹《つねまさ》の三男。同藩出身の土屋静軒・田中貞吉を伴って渡米。ハーバード大学へ学び、明治十六年（一八八三）帰国。明治二十四年（一八九一）、分家。外務省に入り、駐独公使館書記官などを経て明治二十六年（一八九三）、貴族院議員。華族会館幹事、南洋協会会頭などを務め、英文の自伝もある。男爵。

大村純熙《すみひろ》（一八二五〜八二）は肥前国大村藩主。文久三年（一八六三）には長崎奉行となる。元治元年（一八六四）英国式兵制を採用して改革を行う、戊辰戦争には薩長軍と転戦し、明治二年（一八六九）大村藩知事。同四年、廃藩で辞任。

以上は、岩倉使節団と共に横浜港を出た華族留学生の簡単なデッサンだが、みられるように各地に留学し、その成果のうえに立って帰国後に活躍した人も多いが、消息不詳もしくはそれに近い人たちもいる。

こうした華族留学生（官費あるいは私費）を奨励したのは、明治四年（一八七一）十月、在京の華族を小御所に集めての明治天皇の次の勅諭だった。

朕惟《ちんおも》フニ宇内《うだい》列国開化富強ノ称アル者、皆其国民勤勉ノ力ニ由ラサルナシ。而《しこう》シテ国民ノ能《よ》ク智ヲ開キ才ヲ研《と》キ勤勉ノ力ヲ致ス者ハ固《もとよ》リ其国民タルノ本ヲ尽スモノナリ。〔中略〕特ニ華族ハ国民中貴重ノ地位ニ居リ衆庶ノ属目《しょくもく》スル所ナレハ、其《その》履行固《もとよ》リ標準トナリ、一層勤勉ノ力ヲ致シ、率先シテ之《これ》ヲ鼓舞セサルヘケンヤ。其責タルヤ亦《また》重シ、是今日朕カ汝等ヲ召シ、親《したし》ク朕カ期望スル所ノ意ヲ告クル所以《ゆえん》ナリ（ルビ・句読点は引用者）。

新しい近代国家の創出にあたって明治天皇は、「開化富強」は国民の「勤勉ノ力」がその基本となるといいつつも、華族は「国民中貴重ノ地位」にあるのだから「衆庶ノ属目」するところ、その行動力は国民の「標準」となり、したがって、その責任は重かつ大である、と戒めている。

岩倉使節団も全権岩倉具視は右大臣であり公家であった。その岩倉の大使随行に式部助五辻安仲（二十七歳）がおり、理事官には侍従長東久世《ひがしくぜ》通禧《みちとみ》（三十九歳）が華族としていた。

一九八〇年（昭和五十五）に行われた霞会館主催の「海外における公家大名展」の目録（『海外における公家大名展』霞会館、一九八〇年、前記勅諭はその写真版による）には、海外留学した華族の子孫の座談会が載せられているが、そこで東久世昌枝《まさえ》氏（通禧の五男）は、次のようにいっている。

「むこうの文化にびっくり仰天したんですなあ（笑い）。私の父というのは私から申し上げるのもおかしいですが、新しいものが好きだったんですね」「それほど新しいものが好きだったのですが晩年には百八十度転換してしまいまして、しじゅうお茶などをやったりして西洋のセの字も言い出さなくなりましたことを憶えております」（二六―二七頁）

維新後いち早く洋行して「文明」化のしぶきを浴び、近代天皇制のなかにやがて華族が皇室の藩屏《はんぺい》として定着するや、伝統への回帰をみせる華族のひとつの軌跡がみごとに語られている。

また武者小路実世の孫、公秀《きんひで》氏は、同じ座談会で、「これは父〔公共《きんとも》—引用者注〕が祖父から聞いてそういっていたことで、文献にあたって確かめたことではないのですが、ビスマルクがいったことのなかで非常に重要だったのは、日本人は憲法を真似ることで一生懸命になっているけれど、憲法より大事なのは、むしろ皇室の財産をしっかりしておくことである。たとえば御料林など、皇室の財産を大きく固める方針をビスマルクにいわれて採用した、という話を聞いております」(二九頁)という。

岩倉使節団とドイツ帝国の形成者としてのビスマルクへの共鳴、その共鳴音が華族東久世通禧にどのようなところで大きく響いたかを知りうる一挿話といってよい。そのことは、岩倉使節団帰国後の木戸孝允、さらに岩倉具視の皇室財産の確立をめざす意見とも合わせ考えるべきであろう。

表 1-4 明治初年の華族留学生と一般留学生

〔人〕

出発年	公家華族	大名華族	一般	合計
残留継続			27	27
明治元年	2		9	11
2		1	11	12
3	9	4	146	159
4	10	14	181	205
5	6	12	67	85
6		3	19	22
7		2	8	10
不明			27	27
合計	27	36	495	558

注 「公家華族」は皇族をふくむ．合計は残留継続を含む．石附実著『近代日本の海外留学史』(中公文庫，1992 年)201 頁の第 14 表より作成．

『米欧回覧実記』もヨーロッパ各国の貴族および貴族制度にも関心をよせ、とりわけオーストリアのウィーンでは「墺国貴族ノ顕栄ナル、実況ヲ目撃スルヲ得タリ」(明治六年六月四日条、(四)三九二頁)と記している。[14] 明治初年(明治元〜七年。幕末からの残留継続を含む)の華族留学生の数は、公家華族(皇族を含む)は二十七名、大名華族三十六名、計六十三名が数えられている。これに対して一般留学生は四九五名で、合計すると五五八名となる(年不明も含む。表1-4参照。石附実『近代日本の海外留学史』〈中公文庫、一九九二年〉所収の第14表による)。そうすると、明治初年の留学生の約一一%が華族(皇族を含む)ということになる。

もとよりそこには、さきの勅諭にあるように天皇がそれを奨励し、華族もまたいち早く留学して文明化の波におくれまいとする機敏な対応能力を示しているのである。

その場合、華族であるということが、むこうへ行ったときに多少でもプラスになったのではないか、という感じがします。日本という国は知らなくても、そこの華族だということで尊敬をもっていろいろ便宜を計らってくれたのではないかと思われます。そういう点では、そうでないかたちで留学するよりも楽だったでしょうし、少なくとも効果的な仕事ができたのではないかと思います(さきの座談会の武者小路氏の発言。三〇頁)。

維新変革という時代の転換期に当たって、支配最上層の人々の時代を読む動きがさきの勅諭や数字にはあらわれている。そこには伝統的な支配層としての彼ら自身のプライドと共に、時代転換後の国家のなかでその中枢に生き続けるためには、留学によってみずからを西欧化＝近代化させることだと読みとっていることがわかる。そのためには長期的な教育期間を必要とするから、留学生として主として十代から二十代の華族を中心としてその子弟が送りこまれているのである。

公家・大名華族の大部分は旧体制に温存されてきた支配層であったが、一部の自覚的な公家・華族は、いち早く時代の転換の方向を敏感に受けとめ、若い子弟を世界に送り出したのだ。また、それを実行しうる経済的能力を彼らはもっていたのである(もとより、官費の者もいる)。いうなれば、これらの華族は維新変革の非連続を、留学というバネによって連続へと転化させたのである。その大きなバネをおし進める歯車のひとつが岩倉使節団派遣だったといえるだろう。

同じことは士族留学生にもいえる。彼らのなかには留学する華族の従者という形をとるものもいた。従者という形をとることによって経済的負担を主人に転嫁させることが可能だった。渡辺実著『近代日本海外留学生史』上(講談社、一九七七年)所収の「明治五年三月現在の留学生数」の表によると、全三五六名中「官公費生徒」二五九名に対して「自費生徒」は九十七名である。うち士族二二九名が官公費、六十八名が自費となっている。七七%の士族は官公費で留学していることになる。

これら士族の留学生がどのような方法で選び出されたかは必ずしも明らかではない。しかし、主として官公費で送り出される以上、それなりの人材がさまざまな手段で選考されたと思われる。中江兆民(篤介)のように、奇策を案じて大久保利通の馬丁と親しくなり、大久保に直接売り込むことがなされた、とエピソードは語る。しかし、それとても同じ土佐出身の後藤象二郎や板垣退助の推輓《すいばん》があったからである。維新激動期における人材の登用は、地縁・血縁による伝手《つて》が大きく作用しているのである。そこに藩閥の要因がある。留学生採用とても例外ではない。

そうした留学生のなかでの異色は五人の女子留学生だろう。

五人の女子留学生は開拓使によって送り出された。牧野伸顕の『回顧録』上(中公文庫、一九七七年)は、つぎのようにいう。

これは黒田開拓使長官〔ママ〕(清隆)の建議に基づくものだった。その趣旨は、これからは女子も社会的に相当な役割を演じることになり、外国人との交際ということもあることだろうから、この際に女も留学させるべきだというのであって、この時米国に派遣された女子留学生の費用は開拓使が出した。〔中略〕黒田さんは開拓使の雇いとして北海道に大勢の米国人を招き、その中には相当優秀な人もいて、女子留学生の建議も最初はその人たちから出たことではないかと思う。もっとも黒田さん自身も維新後、暫時渡米した経験があった(二五頁)。

それにしても津田仙(東京府貫属士族)の娘梅(のち梅子)は数え年八歳、静岡県士族永井久太郎養女の繁は九歳、青森県士族山川尚江娘捨松は十二歳、外務中録上田畯《しゅん》(東京府貫属士族)の娘悌《てい》は十六歳、吉益正雄《よします》(東京府貫属士族、同府出仕)の娘亮《りょう》は十五歳だった(15)(出身・肩書等は『大日本外交文書』第四巻による)。

黒田の意図がどうであれ、彼女らはあまりにも幼く、また若かった。かつて私は「彼女らは維新の敗者、もしくはそれに近い立場にある下級官員の娘たちだった。彼女たちは未知の世界への実験台に立つために選ばれた人身御供だった、といえるかもしれない[16]」と述べた。年端もいかない少女を外国に送り出す親は鬼か、といわれた時代である。開拓使は薩藩の牙城であったのだから、薩藩出身の開拓使官僚の子女が送り出されてもよい筈なのに、そうでないところに「人身御供」的色合いが読みとれるのである(この「人身御供」を送り出した側は、それをバネに新しい時代に乗り出そうとする意気込みがあったことも見落してはならない)。しかも、この「人身御供」たちは、帰国したら「婦女の模範になれ」と皇后に励まされた。

天皇が留学生華族に勅諭を下し、皇后が女子留学生に沙汰書を出しているのは、伝統と開化の背中合わせの背後に、維新の敗者を踏み台として勝者の進歩をかちとろうとする構図がすかしぼりのように見えるのではないか。そこには明治維新のあり方の一面が読みとれる。

そうした日本の歴史的背景があったにせよ、この女子留学生はアメリカ人の目にどのように映っていたのであろうか。

一八七二年二月二十日付の『ニューヨーク・タイムズ』紙は、次のような記事を載せている。

今わが国を訪れた日本の女性たちは、平均的に上流階級を代表する女性たちであり、もちろん独身で婚約もしていない。しとやかで上品な立居振舞のため、彼女たちはアメリカ人の女性の間にたくさんの友人を得た。彼女たちと親交を結んだアメリカ人女性は皆、彼女らがとても魅力的だと明言している。彼女たちはとても活発できびきびしているが、その物腰は、人に頼らぬ堂々としたものである。〔中略〕〔観劇と社交パーティに列席後の〕夜会終了後、グランド・ホテルに着くと、彼女たちは歯に衣きせぬ口調で、何時間も歓談し続けた。自分の見たことについて感想を述べるにあたり、一人の女性は(美しく響く日本語で――原文注)「こんな世界があるなんて、全然知らなかったわ」と言った[17]。

ここには、アメリカ人女性を魅了した日本女性の特性と若年にもかかわらず、物怖じせぬ主体性、さらに彼女たちが、未知の新しい世界へ目を開かれていくプロセスが読みとれる。岩倉使節団同行の留学生たちは、公家・華族から女子留学生にいたるまで、新しい時代への突破口を開くエネルギーのシンボリックな存在だった、といえるだろう。

四　外国紙に映じた岩倉使節団

日本は、偉大な貴族の国である。書かれたものがすべて事実だとすると、日本の社会制度は五世紀ほど昔のイギリスの場合と酷似している。封建制度こそがその根幹なのだ。

大名、つまり偉大な貴族たちの収入はイギリスで最も富裕な貴族に匹敵するし、イギリスではバラ戦争以来過去のものとなってしまった領地管轄権も行使している。彼らはまた多数の家臣たちを抱え、小規模の軍隊を編成できるほどだ。事実、その数は総勢合わせると極めて大きなものになる。

これは一八七二年十二月七日付の『タイムズ』紙の一節である。

この『タイムズ』紙はさらに続けていう。

十五世紀当時のイギリス北部三伯爵家の勢力は、今日の日本の大名より強力なものではなかった。この点、自国の慣例が身にしみついている使節団が、実際に体験した以上の歓待と行為をイギリスの大名たちから期待していたことは想像にかたくない。しかし、イギリスにはイギリスのしきたりがあり、貴賓《きひん》一行ももちろんそれに気づいた。ものごとを知り、情報を得るのにはなんの障害もないことが、いずれ彼らにもはっきりと分かったことでもあり、彼らも完全に満足したと考えてよいのではないだろうか。

ここにいう「使節団」あるいは「貴賓一行」とは岩倉使節団のことである。

岩倉使節団は一八七二年八月十七日（陽暦）にリバプール経由でロンドン着。イギリスの工業地帯からエディンバラ、ハイランド地方などを巡遊し、再びロンドンに戻り、十二月五日、ヴィクトリア女王に謁見している。彼らは日本と同じ「島国」イギリスが産業革命発祥の国であり、大工業国家・大貿易国であることを思い知らされると共に、日本との落差をいやというほど痛感したのである。

『タイムズ』紙は、その岩倉使節団を日本の貴族の一団とみ、日本はまだ大名貴族の支配する封建制度の国とみていたようだ。

明治維新による近代国家の創出はまさにこの使節団の双肩にかかっていた。だから、『ニューヨーク・タイムズ』紙（一八七二年一月十七日付）は「使節団は日本の帝国評議会の重要な高位を占める人々によって構成され、大使たちは日本においてすぐれた能力と影響力を持つ人々であり、一行全員が、日本政府の派遣しうる最重要メンバーである」と記した。

そして、「使節団とその一行は、総理大臣を除いて皆、太古以来のいろいろな型の、極めて風変わりなイギリス製既製服を着て当地に到着したが、既にそれらを脱ぎ捨て、当地で手に入る最新の服装に着替えてしまった。総理大臣は、豪華な刺繡《ししゅう》の施された繻子《しゅす》の日本の衣装に、いぜんとして固執している」と述べた。

ここにいう「総理大臣」とは岩倉のことを指すのだろう。事実、岩倉は周知のサンフランシスコ撮影の写真でも、羽織・袴にチョンマゲで、洋靴という和洋混淆のいでたちだった。この記者は日本政府の首相が三条であり、全権の岩倉が副首相であることは知っていたようだから、「総理大臣」という表記は記事の混乱とみなければなるまい。

この記事はサンフランシスコ一月十六日付の「特信」である。つまり、使節団の同地着の翌日である。もし右の記事が事実なら、一行は到着一日にして、日本から身につけていった洋服を最新流行のものへと着替えたことになる。岩倉の日本伝統の和装が目立ったわけである。

それはさておき、この新聞記事は、岩倉を「第二階級の高官であり、一般に天皇《テンノー》の右腕と言われるほどの卓越した能力の持主である」とし、「先の革命とその成果は、他のいかなる人物にもまして彼に負うところ大であり、彼はそれに伴う相応の権力を政府内で行使している」という。

また、一八七二年八月二日付の『タイムズ』紙は、「彼は多分、日本の国運を左右する最も有能でだれよりも知識の豊富な閣僚であろう。〔中略〕彼は頭の回転も速く、鋭い論客でまれに見る魅力を備えているし、態度、物腰もしっかりしている。そのうえ、自国の西洋諸国への仲間入りを、明確な形で果たそうと心から願っているという」と述べている。

木戸孝允については、「長きにわたり天皇《テンノー》の復権を要求して屈しなかった傑出した人物の一人」と、さきの『ニューヨーク・タイムズ』紙（一八七二年一月十七日付）はいう。また、『タイムズ』紙（一八七二年八月二日付）は、「われわれ西洋の人間にとって、木戸は心強く安定感の持てる協力者である。自国が長い時間をかけて育て上げてきた先入観を無視して、外国人と心から親密に付き合おうとする道義的勇気を十分に持ち合わせた、日本人としてはまれに見るタイプの一つの実例である。〔中略〕イギリスで彼と会えばだれしもが、その能力と確かな判断力に強く感銘を受けるだろうことは、間違いない」（片仮名ルビは原文、以下同）とも記す。

大久保利通は「熱血漢」で、「薩摩人ある限り、大君〔将軍〕の不法な天下は、いつか阻止されるだろう」と断言した人物とみられており（『ニューヨーク・タイムズ』紙一八七二年一月十七日付）、伊藤博文は、「三十歳ほどだが、進歩的で開明的な、前途有望な政治家である」（同上）と評されている。

こうした岩倉使節団の高い評価を外国紙の記事のなかに見出すことはさほど難しいことではないが、同時に一八七三年（明治六）一月十六日ともなれば、『ニューヨーク・タイムズ』紙が次のような一節を掲げていることは記憶にとどめておいてよい。

われわれは最も頼もしいできごととして、日本の身分の高い貴族が日本伝統の昔の服装を捨てて、文明の印として、すてきなズボンをはき、丈の高いシルクハットをかぶっていることに喝采《かっさい》を送った。しかし、日本の文明には、これ以上は進んでもらいたくないという限度がある。天皇《ミカド》と日本国民がわれわれのりっぱな習慣をまねることは大いに結構だが、彼らが進歩発展においてわれわれを追い越し、厚かましくもわれわれの教えたことに改良の手を加えようとすることには、とても耐えられない。しかし、恐れていた通り、これらの心得違いの異教徒たちはこうしたことを実際に行おうとしているのだ。

使節団評価には、こうした目のあったことも知っていなければならない。

こうした使節団首脳に対する評価は『タイムズ』紙への投書（一八七二年七月二十九日付）にもある。「使節団は日本で最も影響力があり、数年来国の運命を左右してきた人物で構成されている」というのだ。また、同紙八月二日付の「日本使節団」という記事は、「最も重要な点は、使節団の持つ意義というものを十分理解しなければならないこと、そしてまた日本政府は、彼らが世界の中で自己主張するまでに前進を遂げるうえで支えとしてきた精神とまさに同様の精神をもって扱われるべきだということである」と述べる。さらに八月二十日の『タイムズ』紙は、「現在ロンドンに滞在中の外交使節団の全権らは、日本の政府と国民の「先進諸国によって享受されている最高の文明の果実を手にいれようとする」希望を表明している」といったあとに、「日本国民は、われわれの科学知識と機械技術を十分に理解する能力のあることを自ら証明した。彼らには政治的手腕の面で、われわれと優劣を競い合う能力がないなどと考えるならば、それはわれわれの大きな過ちとなるであろう」とさえいい切っている。(18)

岩倉使節団がパリに着いたのは、一八七二年十二月十六日（明治五年十一月十六日）であり、以後約二カ月間、一行はパリとその近郊を訪れている。

その使節団について、フランスの『両世界評論』誌（一八七三年三月十五日）は、「幕府滅亡後の日本」という一文のなかで、「非凡な大使とその随員は国家の施設のみならず、工房《アトリエ》や工場をも訪れるためにそのパリ滞在を利用した。彼らはたくさんのノートをとり、日本人種の特有のひとつである観衆の能力《エスプリ》を示した。彼らはブリュッセルに赴くために一月《ママ》に私たちの首都を離れた。彼らはオランダ、ドイツ、オーストリア、ロシアにさまざまな文明を研究し、比較するために訪ねる予定である」と述べている。

右に述べられている使節団メンバーの熱心な取材や能力について、『ル・フィガロ』紙（一八七三年二月五日付）は、デュ・ブスケ（Albert Charles Du Bousquet, 一八三七〜八二）の案内でサント・シャペル、裁判所、警視庁を見学した際（この時は総勢六名）の有様を、「ブスケ氏から種々の情報を聞き出すや否や、ノートに書きつけていた。何人かの弁士がこの異国情緒あふれる外国人に同行したが、一行が互いにフランス語で会話をするのを聞いて大層驚いた。警視庁の資料館を見て回った後、使節団はコンシェルジュリを訪れ、マリー・アントワネットが生涯の最後の数時間を過ごした独房を見学した。一行のひとりは、監獄内部をデッサンしていた」と書き、一八七三年（明治六）二月十日、「蜂蜜王社ノ香水製造場」（『実記』㊂一六〇頁）で、香水や石鹼などの生産過程を見学した一行の様子は、「製品の質や成分、使われている方法についてなされた質問は、使節団がこの産業に関するすべてを理解し、学んだことを日本に帰って生かそうとしていることをよく示している。機械の使用は一行に強い印象を与えた。が、特に彼らを驚かせたのは、工場の広さ、労働者の数、事業規模の大きさであった。見学は三時間近くに及んだ」と、『レヴェヌマン』紙（二月十六日付）は報じているのである。(19)

そしてまた、一八七三年三月二十九日号『イリュストラシオン』紙は、岩倉使節団にふれて、「真の革命が日本では実現しつゝある。それぞれまったく平穏な革命である。だが、結果として一層実りの多いものとなろう。ミカドの政府によってヨーロッパに派遣された公使たちのパリ通過の折、どんな知性とどんな敏捷さで、日本人たちが私たちの習慣と文明を同化していたかはすでに認めることができた。この使節たちの派遣はきわめて一連の改革の前奏曲でしかなかった。その改革は実現にとりかかったばかりのことであり、その改革について最近の消息は私たちが簡単に要約している報告を私たちにもたらした[20]」と記している。[21]

第二章　『米欧回覧実記』について

一　『米欧回覧実記』の構成

岩倉使節団が回覧した米欧十二カ国（ウィーン万国博覧会を含む）と、当初予定していたが回覧を中止したスペイン、ポルトガル両国の略記、それにヨーロッパ総論と帰航日程を加えた報告書が『米欧回覧実記』（『回覧実記』あるいは『実記』とも略称）全一〇〇巻（五編五冊）なのである。

これは大使に随行した太政官少書記官久米邦武（丈市、当時、権少外史）が「編修」し、太政官記録掛刊行（奥付日付、明治十一年十月）として御用刊行所の博聞社から発売された（後述四参照）。

その編別構成は次の通りである。

第一編

岩倉具視題字　例言 二七頁

一―二十巻　アメリカ

目次（目録） 一八頁　本文 三九七頁　地図 一〇　図版 五九

第二編

二十一―四十巻　イギリス

目次 一六頁　本文 四四三頁　図版 六六

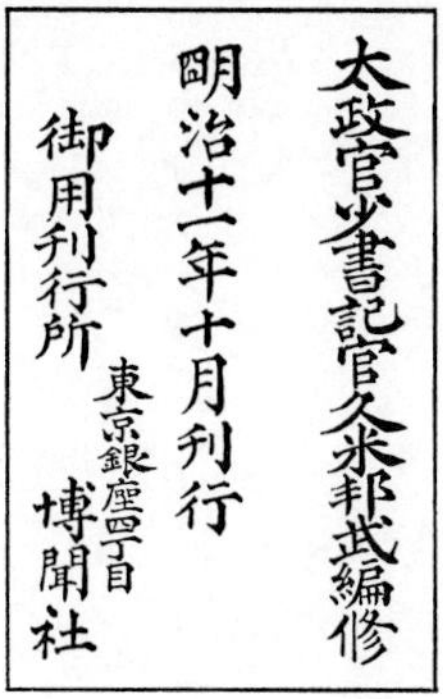
太政官少書記官久米邦武編修
明治十一年十月刊行
御用刊行所　東京銀座四丁目　博聞社

第三編
四十一―六十巻　ヨーロッパ(上)（フランス、ベルギー、オランダ、プロシア）
目次　一六頁　本文　四一二頁　図版　六五
第四編
六十一―八十一巻　ヨーロッパ(中)（ロシア、デンマーク、スウェーデン、南北ゲルマン、イタリア、オーストリア）
目次　一九頁　本文　四六五頁　図版　八六
第五編
八十二―一〇〇巻　ヨーロッパ(下)（ウィーン万国博覧会、スイス、フランス〈リヨン、マルセーユ〉、スペイン、ポルトガル、ヨーロッパ総論）、帰航日程
目次　一五頁　本文　三九三頁　図版　三八
本文合計　二一一〇頁　地図　一〇　図版　三一四（うち、風景図等　三〇九、その他　五）
この原本の大きさは、横一五センチ、縦二〇・五センチ、黒背皮の黒褐色クロース洋装本で、背文字は「特命全権大使米欧回覧実記」と金文字で書かれ、その下に第一編から第五編まで各冊に編数が記されている。原本の入手は困難であったが、現在は復刻本（宗高書房、一九七五〜七六年）と岩波文庫版(一)―(五)の五冊（岩波書店、一九七七〜八二年）があり、後者によって容易に入手可能となった。
なお、右の図版のうち風景等の銅版図は、「文明諸国ノ一斑ヲ国人ニ観覧セシメン」（「例言」、(一)二六頁）という意図から、使節団が回覧に際して現地で購入した写生画を模したり、なかには銅版画をそのまま復刻したものもあった。地図は必要に応じて挿入し、器械図等は必要なのだが、現地で写しとることは困難であり、類似のものでは誤る可

能性もあるから省略した、と「例言」は断っている。とりわけ風景銅版図は当時のものとして出色である（次節参照）。

いま、この全一〇〇巻を、各国別にみると（表2-1）、アメリカ二十巻、イギリス二十巻で全巻の四割を占め、それについでドイツ十巻、フランス九巻で、イタリア六巻、ロシア五巻となっている。ベルギー、オランダ、オーストリア、スイスは各国とも三巻、スウェーデンは二巻、デンマークは一巻である。そのほかにウィーン万国博覧会は二巻、ヨーロッパ総論は五巻、スペイン、ポルトガルは二カ国で一巻、マルセーユからスエズ運河を経由し、紅海・セイロン島・シンガポール・サイゴン・香港・上海、そして長崎を経て横浜港への帰航日程には七巻が当てられている。

この回覧各国の巻数比率は、じつは当時の各国別の留学生数にもほぼ対応するところがあるから（次頁表2-2参照）、『米欧回覧実記』の各国別巻数比率は、岩倉使節団ないしは当時の明治政府の米欧各国に対する関心度のおおまかな比重を示しているように私には思われる。(1)

表2-1 『米欧回覧実記』構成表

	巻数	頁数	滞在日数
アメリカ	20	397	205
イギリス	20	443	122
フランス	9	185	67
ベルギー	3	64	8
オランダ	3	56	11
ドイツ	10	215	33
ロシア	5	108	18
デンマーク	1	25	5
スウェーデン	2	45	8
イタリア	6	125	26
オーストリア	3	65	16
スイス	3	60	27
ヨーロッパ総論	5	126	
万国博覧会	2	40	（ウィーンにて開催）
イスパニア ポルトガル	1	27	（実際には回覧せず）
帰航日程	7	122	（帰路）
計	100	2103 （白紙7） 2110	

注　フランスとドイツの滞在日数は合計数を示す．滞在日数は，アメリカの条約交渉による途中帰国に端を発する日程の変更などがあるが，関心度の一応の参考にはなるだろう．

換言すれば、米欧で岩倉使節団がもっとも関心の深かった国を各国別にいえば、米・英であり、それについで独・仏であり、その次が伊・露ということになろうか。これらのほとんどは

表 2-2　明治初年の留学者（延人員）

	明治 1-7 年	同 3 年	同 4 年
	人	人	人
アメリカ	223	66	86
イギリス	173	53	71
ドイツ	81	31	30
フランス	60	24	17
ロシア	8	3	4
中国（清）	8		5
オーストリア	5		
ベルギー	4	1	2
香港	2		2
イタリア	2		1
オランダ	2		
スイス	1		
欧洲	15	2	7
不明	2	2	
計	586	182	225

注　石附実『近代日本の海外留学史』（中公文庫，1992 年）第 15 表（204 頁）より作成．

〔**原注**〕「欧米」は欧洲と米の 2 つに算入した．また，まったくの「不明」のほか出発年が 3 年か 4 年とか元年から 5 年の間，4 年まで，なども「不明」に入れた．

先進・後進の差はあれ、イタリア以外は当時の「大国」である。対する「小国」は、ベルギー、オランダ、スイス、デンマークなどだが、その各巻数を合計すれば、十巻となる。これにスウェーデン二巻を加えると合計十二巻となるから、「小国」全体への関心度は決して低いものではなかった、といえる（本書第五章六参照）。そうしたなかで、使節団が、そして明治政府がなぜプロシア（ドイツ）に親近感をもち、のちにしだいに傾斜していったかは、あらためて考察しなければなるまい。

と同時に、この岩倉使節団が、彼らのめざした米欧回覧の帰途、アフリカや南アジア・東南アジアなどに寄航した記事とともにその考察に七巻を当てていることのもつ意味は、その内容とともに考えてみなければならない。ここには使節団のヨーロッパ文明に対する視座の何たるかが、逆照射によって浮き彫りにされているからである。いうなれば、『米欧回覧実記』の構成とその内容には、十九世紀後半における米欧およびその対極にある地域に対する、岩倉使節団の文明観ないしは世界観が如実に示されており、そのなかでの各国への関心のあり方を看取することができるのである。それは同時に、幕府（将軍）にかわって天皇をかつぎ出し、廃藩置県という日本の統一国家形成にふみきったばかりの、若い近代日本の政治指導者たちが、天皇制国家という枠組みをもちながら、いかなる近代国家への道を選ぶか、その模索の旅の知的表出でもあったのである。

二　『米欧回覧実記』の性格と叙述

岩倉使節団が収集して、現地から政府あてに送った文書や報告書等は[2]、明治六年(一八七三)五月五日の早朝、皇城(皇居)からの出火で太政官が類焼したことによって烏有に帰した。

そこで、使節団が、同年九月十三日に帰国するや、太政官は使節団の手許にあった原案類や、焼け残った書類などの整理・編纂に大使事務局を当たらせた。

使節団の副使だった山口尚芳が、十月五日、特命全権大使事務取調御用掛になり、栗本貞次郎、小松済治、何礼《がのり》之《ゆき》、久米邦武、安藤忠経らが事務取調を命じられ、さらに畠山義成もこれに加わった。

しかし、編纂は必ずしも順調に進まなかったらしい。ふたたび大使事務局は改組され、明治八年(一八七五)三月から田辺太一(外務省四等出仕、のち外務大丞)、金井之恭(権少内史、のち権少史)、久米邦武(権少外史、のち権少史)を中心に編纂がすすめられ、明治十年(一八七七)一月には一応完了したと思われる[3](ただし、この時点の原稿は全五編九十三巻。後述四参照)。

この編纂記録・文書類は、「大使事務書目」と「理事官視察官取調書目」とに分けられている。その内訳は次の通りである。

大使事務書目　計二十七冊

大使全書一冊、本朝公信一冊、本朝公信附属書類三冊、大使公信一冊、謁見式一冊、条約談判書一冊、在米雑務書類一冊、在英雑務書類一冊、在仏雑務書類一冊、発仏後雑務書類一冊、回覧日記十五冊

理事官視察官取調書目　計四十一冊

司法省理事功程十冊、文部省理事功程六冊、大蔵省理事功程六冊、宮内省式部寮理事功程一冊、肥田為良・吉原重俊・川路寛堂・杉山一成報告理事

功程一冊、内海忠勝報告理事功程一冊、中山信彬報告理事功程一冊、岩山敬義報告理事功程一冊、高崎正風報告視察功程三冊、安川繁成報告視察功程十一冊

（『大使全書』国立公文書館蔵）

これらは現在、国立公文書館に所蔵されているが、このうち、「回覧日記」十五冊のみは欠けている（なお、このほかに国立公文書館には岩倉使節団関係史料が多数保存されており、また、外務省外交史料館にも関連史料がある[4]）。

これに対して、『米欧回覧実記』は太政官少書記官久米邦武「編修」という形をとり、右の編纂書目の中にははいっていない。

いまその「編修」の趣旨を、明治九年一月[5]の久米による「例言」にみると、「本編ハ大使公務ノ余、及ヒ各地回歴ノ途上ニ於テ総テ覧観セル実況ヲ筆記ス」といい、さらに「使節ノ本領タル、交際ノ応酬、政治ノ廉訪ハ、反テ之ヲ略ス、別ニ詳細ノ書アレハナリ」という。ここにいう「別ニ詳細ノ書」というのが、前記の編纂記録・文書類なのである。

だから、その点では『米欧回覧実記』は、岩倉使節団の米欧回覧における政治や外交問題を除いた、あくまで現地の実況を回覧の日付を追いつつ日記ふうに叙述した「目撃ノ実際」の叙述であり、「実録ノ体面」であり、「論説」を加えたもの（「例言」）なのである。それゆえにこそ原稿段階においては「米欧回覧日記」だったものが、最終的には「米欧回覧実記」と名づけられたのである。

では、なぜこれは太政官記録掛刊行として御用刊行所から出版・発売されたのか。

さきにふれた「ブリーフ・スケッチ」はいう。「使節のすべての高官、とくに書記に、みずからの見聞のすべてを詳細に記録し、各部門についてできるだけ、多くの情報を筆写ないし印刷物のかたちで入手せしめること。そうすれば彼らの帰国後、政府は必要と思えば、その使節団（the mission）のすべての成果を、国民の一般的な利益と啓

発のために編集、刊行することができるであろう」（前掲『開国』三六一頁）と。

実際に一行が現地にいってみると、各国は岩倉使節団を日本国民の代表として歓迎するとともに、使節団に各国の実情をすすんで披瀝してくれた。そこに使節としての岩倉は、深く感ずるところがあった。この歓待に応ずるためにも、「吾使節ノ耳目スル所ハ、務メテ之ヲ国中ニ公ニセサルベ《〔ママ〕》カラス」という。そのために岩倉は、久米と畠山を常に随行させて、「回歴覧観セル所ヲ、審問筆録セシメタリ」（「例言」）と『実記』は記しているのである。

ここに『米欧回覧実記』を「編修」する本旨があり、刊行の趣旨があった。もとよりそれは「公務要件ノ一」であったから、使節たちが私的に観遊したことは国に緊要の益がない限り「一一ニ記入セス」と「例言」はいっている。

つまり、『米欧回覧実記』には、岩倉使節団の政治・外交の公式記録・文書類は入っていないけれども、各国で国民の代表として迎えられた使節団の、日本国民に対する公的な実況報告書なのである。[6]

その場合、さきの「大使事務書目」中の「回覧日記」との関係が問われなければならないが、これは現在欠本だから比較検討すべくもない（大久保利謙氏は『岩倉使節の研究』〈宗高書房、一九七六年〉で、この「回覧日記」と『米欧回覧実記』の「きわめて近い関係」を推定し、前者十五冊の欠如もそのことに関連するのではないか、とされた〈一四九頁〉。なお後述第三章参照）。

ただ、国立公文書館所蔵の岩倉使節団関係史料中に、大使事務局発刊になる『大使信報』（刊本）があり、それに「略日記」（第一―第一一号、明治四年十一月十二日より明治五年十月九日まで。途中、若干の日付はとんでいる）なるものが収載されている。これには使節団の行動の一部がごく簡単な日記ふうに記されている。右の『大使信報』の「例言」には、「特命全権大使ハ我　皇上ニ代リ、国民ノ委官トナリ、同盟ノ各国ニ於テ事務ヲ辨理スル全権ヲ有ス、故ニ其談判ノ顚末、接待ノ景況等ハ、皆我国ノ声誉ニ関シ、我民ノ栄辱ニ係ルニヨリ、人々其何如《〔ママ〕》ヲ想像シテ日ニ信報ノ到ルヲ俟ツ、因テ毎便其信書ノ要旨并日記ヲ撮鈔刊行シ、普ク世ニ知ラシム」とあり、使節団から政府あての書簡の一部や現地の新聞の翻訳などを「略日記」とともに載せている。この『大使信報』も一六号までしか実見できないが（終刊か）、『大使信報』の「例言」にいうところと、『米欧回覧実記』の「編修」・刊行の趣旨とはまさに軌を一にしているといわなければならない。

『米欧回覧実記』はそうした線上での使節団の国民への報告書であり、久米のたんなる個人的著作ではないのである。久米は『米欧回覧実記』の日記ふうの記事のほかに二字下げて「記者ノ論説」を注記した。だが、その部分においても「復命ノ後ニ、再三校訂ヲ加ヘ、理、化、重諸科、統計、報告、歴史、地理、政法等ノ書ニ覧シ、且各理事官ノ理事功程中ヨリ抄録シ、或ハ各都府ニテ、博士聞人ニ親炙《しんしゃ》シタル談ヲ討聚シ、類ニ触レテ論説ヲ加ヘ、時ニハ各人各書ノ語ヲ、己ノ辞ニテ闘縫シタル文モ多シ」（「例言」）という。『実記』がたんなる個人の「論説」でなかったことがわかる。

もちろん、『米欧回覧実記』が久米ひとりの「編修」・叙述になる以上、そこに編著者の見聞や感想、あるいは論評が加わることは避けがたい。その意味では、このなかに明治初期一知識人の米欧世界洞察の側面をみることも可能ではあるが、すべての記述を一個人に収斂することはできないであろう。これまでみてきた「編修」の趣旨や叙述形式からいって、この『米欧回覧実記』は、岩倉使節団の公約数的な見聞実録であり、米欧文明考察記であり、回覧中の印象記にほかならないのである。

四節でみるように御用刊行所たる博聞社は、明治十五年十二月、『米欧回覧実記』の一般向け予約出版を計画した際、その広告の趣意書を太政官記録掛へ届け出ている。その一文は、『米欧回覧実記』の特色を示すこと簡にして要をえているので、以下に引用しておく。

此書ハ先年米欧ノ条約国ヘ差遣サレシ全権大使ヨリ我国民ヘ各国実歴ノ景況ヲ報告サル、所ノモノナリ、岩倉大使ノ各国ヲ巡ラル、時ニ当リ、畠山・久米両書記官ヲシテ常ニ側ニアリ、聞見スル所ヲ筆記セシメタルヲ此書ノ原本トナシ、帰朝後ニ太政官内大使事務局ニ於テ、同時派出ノ諸省理事官ヨリ出セシ報告及ヒ各国ヨリ齎帰《せいき》ノ書類ナドヨリ、人民ノ心得トナルヘキコトハ尽ク摘出シテ補ヒ入レ、増訂再三ニ及ヒ、前後六年ヲ経テ卒業ニ至レリ、書中ノ記スル所ハ国毎ニ前ニ総説ヲアケテ後ニ実見ヲ詳録ス、政俗ヲ観レハ人種ニ遡リ、地理ヲ観レハ運漕ニ及ホシ、野ニ農牧、山ニ礦坑、都邑ニ製作商売ノ景況ヲ采訪シ、其他人民ノ居所生計教育ノ模様スベテ我士農工商ノ生業ニ注意スヘキコトハ懇ニ記載シ、幷セテ各都官衙ニツキ文治武備ノ制度ヲ察シ、緊要ノ所ニハ政治、法律、統計、歴史及ヒ理学、化学、重学ノ諸書ヲ参考シ、実際ト理論トヲ兼ネ、之ヲ東洋西洋ノ異同ニ稽《かんが》ヘ、一一ニ論辯ヲ加ヘタリ、而テ巡回ノ途上ニテ山水原野名園勝地ノ風景ヲ記スルニハ、文章ノ精義ヲ発揮シ、宛然トシテ目ニアル想ヒヲナサシム、加之ニ銅版ニテ各地ノ写真三百余種ヲ彫リテ挿入シタレハ、居ナカラ米欧各国ヲ巡ルカ如シ、且、全部一人ノ筆ニ成リタルヲ以テ、前後ニ精神貫通シ、詳略照応ノ所マテ微細ニ心ヲ用ヒタレハ、愈《いよいよ》読ムホトニ愈味アルヲ覚フヘシ、[7]（『自明治九年至同十六年雑書綴込刊行本ニ係』所収、国立公文書館蔵）

ここで『実記』の図版についてふれておこう。

先述のように、『実記』には地図一〇、図版三一四（うち、風景画等三〇九、その他五）が収められている。[8]以下は「久米邦武と『米欧回覧実記』展」（一九八五年十月三日～十二月十七日、久米美術館）に際して作製した『特命全権大使『米欧回覧実記』銅版画集』（同美術館）の「解説」の一部として収められた菅野陽論文「『米欧回覧実記』の挿絵銅版画」および同「銅版画挿画其の他一覧」に主として拠るのだが、さきにあげた図版のうち銅版画は三一一である。つまり、銅版画は、一頁二点ずつが一五一頁（三〇二図）、一頁一点ずつが七頁（七図）、見開き二頁大と一頁分の地図が二点（二図）、計三一一図なのである。

図版の使用は、第三章でふれる「フルベッキより内々差出候書」の報告書公刊に関する項目に、「第七　外国ノ文書類ヲ翻訳スルタメニハ、必ズ適当ノ訳官ヲ命ジテ右ノ記者ヲ助ケシメ、又画図アル所ハ画工ヲモ加フベシ」と

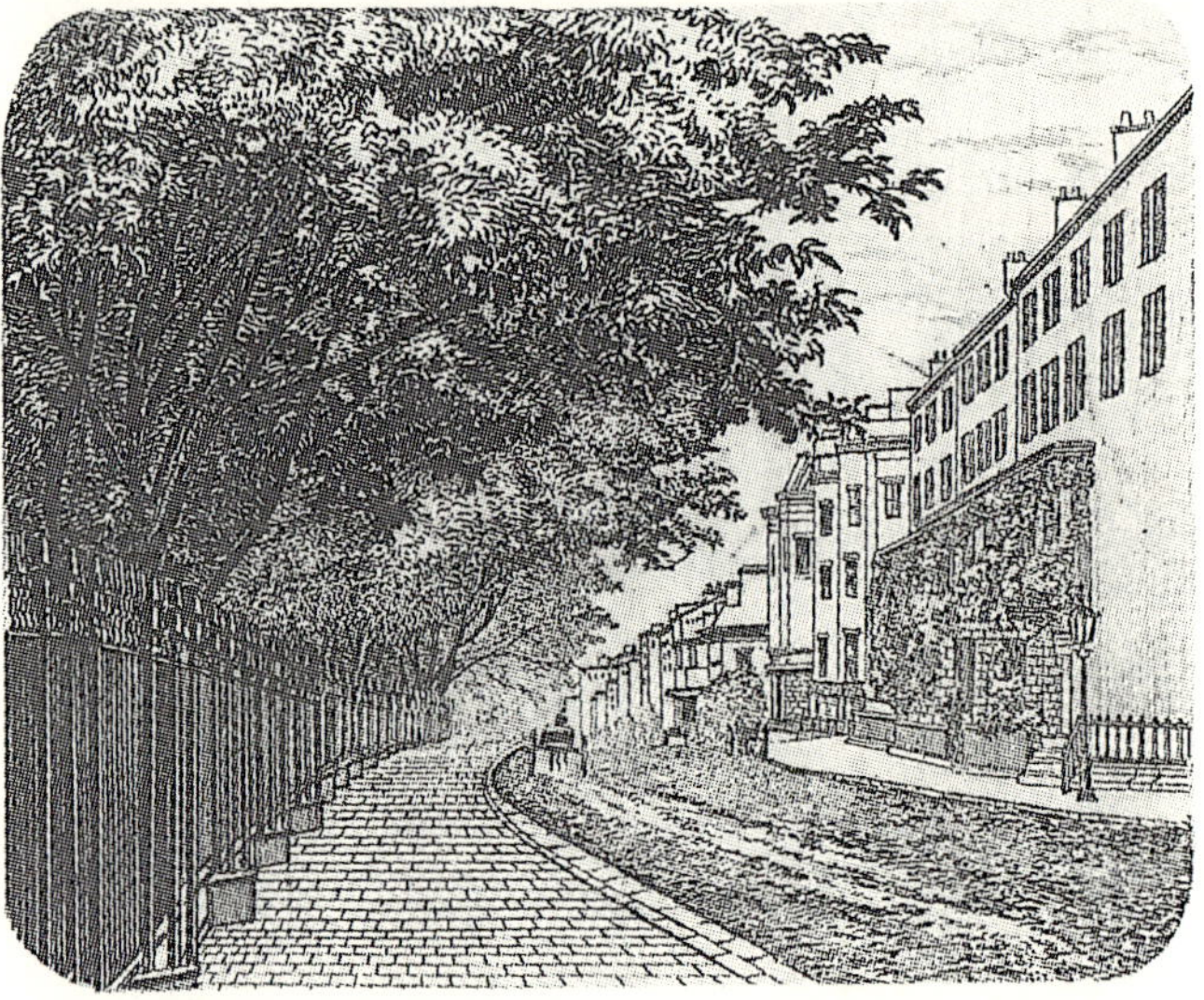

『米欧回覧実記』挿絵銅版画．久米は『実記』刊行の際，多くの銅版画を挿入，文章による情景活写の補助とした．下図では歩道を走る車が削除されている（本文参照）．

あり、さらに「第八」に「文章ノ尽サヾル所ハ画図アリテ之ヲ補フベシ」といい、「第三」には、「人民ヲ啓《けい》牖《ゆう》シ又利益トナルベキ所有ノ公書表記及ビ地図類ハ一モ之ヲ遺スベカラズ」とある。岩倉使節団は画工を連れてはいっていないようだが、図版に使用する絵や地図は現地で収集していた。事実、現在久米美術館には銅版画に使われたいくつかの原図が残されている。

それは雑誌の絵や写真であり、観光地図を囲む四周に配された風景画であり、ときには新聞の図版などさまざまであって、必ずしも原図は学術的に作製されたものばかりとは限らない。

そして、久米美術館に残されている試刷(一三四頁分のものが二九八枚。うち、試刷一枚しか残されていないものの三十八枚、複数で残されているもの九十六枚である。もっとも多いものでは同一の試刷が六枚残されている)のなかには、久米邦武が墨や朱で書き入れた表題や図版の内容に関する指示や注記がみられる。彼がいかに図版にまで十分気を使っているかがわかる。その最たるものは「波士敦《ボストン》の「ビーコン」街」の図(㈠二九一頁)で、試刷の図には車道と歩道に一台ずつの走る馬車が描かれていたが、久米はこれに「此図中、一車人道煉瓦ノ上ヲ走ルアリ、警察規則ニ触ル、、削リサルベシ、原書ニハ此車ナシ」と、自筆の墨書による指示を与えている(前掲『銅版画集』四八頁、参照。前頁図版参照)。その結果、刊行された『実記』の図版では歩道を走る馬車は削除されている。

では、この銅版画の作製者は誰だったのか。三人いたとされる。一人は「中川耕山刀」あるいは「知新堂刀」の刻字のある中川昇(良考、通称長次郎)である。越後柏崎の人という(没年未詳)。「明治七年渡米当時二十四歳といわれているので嘉永四年生れ、渡米は師梅村翠山の意を受けて、同門の打田霞山と共に同年の三月、サンフランシスコに行くが、銅版画の工房はなく、石版の印刷所が軒を並べている有様だったので、銅版技法の研修を断念し、帰国して前述した彫刻会社(梅村翠山(一八三九〜一九〇六)が東京銀座四丁目一番地に明治七年設立した会社—引用者注)の設立に当った」(前掲『銅版画集』二二九頁)[9]。この会社は明治十二年(一八七九)一月、他社に合併された。

もう一人は、「東京大沼鐫」または「大沼刻」と刻字された人物である。この大沼なる人物は、あるいは「神田鎌倉町十四番地　大沼勝蔵ではないか」と菅野氏は推測している。

もう一人いたはずだが、「サインが見当らず確認できない」と同氏はいう(前掲書、二二〇頁)。

今後の研究にまつ以外にないが、この『実記』の銅版画は、明治初期銅版画研究の空白を埋める資料として、今後検討に価するものではないだろうか。(10)

ここで『米欧回覧実記』の文章についてふれておく。

『実記』の文章は、一読してわかるように漢語と片仮名交りの文語体である。そこでは漢学者久米邦武が、みずからの漢学の素養をフル動員し、格調高い凝縮された名文によって綴っている。

例えば、第三十二巻の「「ハイラント」山水ノ記」の次の一文をみよ。

径《こみち》ヲ拾ヒ、落葉ヲ分ケテ、渓水ニ近ケハ、岩石磊磈《らいかい》トシテ、跳立スルアリ、傾仄《けいそく》セルアリ、或ハ横、或ハ縦、水ハ其間ヲ飛灑《ひさい》シ、処処ニ瀑《たき》ヲナシ、黄葉ノ林ニ響ク、跳霧冷冷トシテ衣ヲ浸サントス、時ニ返照峰ニ隠レ、烟霞ハ紫色ヲナシ、半巓《はんてん》ヲ射ル、山陰ノ霞ハ、已ニ蒼茫《そうぼう》トシテ瞑《めい》ニ赴ク、山ヲ仰キ水ニ伏シ、低回スル久クシテ前行スレハ、一ノ石橋ニ逢フ、山谿僻ナリト雖トモ、橋ノ建築ハ奇古ナリ、西洋ノ山水ハ橋ヲ以テ勝ヲマスコト多シ、橋下ノ水ハ、其色玄黒ニシテ、深キヲ覚フ、前岸後岸、ミナ黄葉掩映《えんえい》シテ、奇峰ノ頂ヲ露《あらわ》ス、橋上ノ眺メ亦奇絶ナリ、禹貢ニ黒水ノ名アリ、曾テ以謂《おもえら》ク、水ハミナ藍青ナランノミト、今欧米ヲ回ルニ、英地ノ水ハ玄黒ナリ、瑞西ノ水ハ鴨緑ナリ、瑞典ノ水ハ深青ナリ、水色ノ地ニヨツテ異ナル、此類ナリ、故ニ旅遊ニ老《なれ》タルモノハ、画図ノ天空ヲミテ、某国ノ景ナルヲ知リ、山ノ皴皺《しゅんしゅう》ヲミテ、某地ノ山ナルヲ知ル、諒《まこ》トニ天ノ各地ヲ造ル、到ル処ニ異工ヲ逞《たくまし》クス、其奇変百出シ、端倪《たんげい》スヘカラス、(二)二三〇—二三一頁)

眼前に次々に展開するイギリス・ハイランドの情景が、みごとに描かれているではないか。それのみではない。橋の下の水の色や山のひだに、米欧各地のさまざまな情景を思い浮かべ、「諒トニ天ノ各地ヲ造ル、到ル処ニ異工ヲ逞クス」と述べているのである。

他の叙述のところにも垣間みえることであるが、時にこうした情景描写の場合には、公約数的な報告書にもかかわらず、「曾テ以謂ク」というように「編修」者久米の顔がちらりと表に出ていることもある(前引は「論説」の部分ではない。第二章注(6)参照)。

比較文化・比較文学の芳賀徹氏は、岩倉使節団が米欧回覧へ出発する日(明治四年十一月十二日)の朝の『実記』の一節を引いた上で、次のようにいう。

いったん引用すると、どこまでも書き写したくなるのが久米邦武の文章だ。漢語と片かなの混淆の、文語体の文章は、見た眼の字づらも美しく、読むうちに強いリズムがこちらをとらえてくる。「シハシ動テ静マラス」が、「しばし動きて静まらず」ではないことさえ、ある爽快さを感じさせるようになる。「海上ニ砲烟ノ気、弾爆ノ響、……」といった漢語の名詞止めが適所に用いられて、文中に効果的スタッカートをひびかせる。[11]

さきに長く引用したハイランド紀行の文章も、声を出して読めば、思わずそのリズムに引き込まれてしまう。[12]

さらに、『実記』には片仮名の外国語に対して初めて久米が漢語を当てたものも多々あり(宛字外来語辞典編集委員会編『宛字外来語辞典』柏書房、一九七九年、をみよ)、小学館版『日本国語大辞典』(全二十巻、一九七二〜七六年)の改訂版(第二版、二〇〇〇〜〇二年。五万項目・二十五万用例を増補して五十万項目・一〇〇万用例収録という)に当たっては、『実記』から四〇〇〇例を追加したとされている。[13]

もうひとつ次のこともつけ加えておかなければなるまい。

『実記』原本をさげて、使節団のコースを追跡した体験からいえば、『実記』の本文および数多くの図版は、使節団当時の米欧各地の風景やその時の状況を、現在の時点で追体験できるということである。その意味では過去と現在との尽きることのない「対話」を、この図版や文章を通して現地でなしえる貴重な旅行案内記でもある。『実記』の文庫版はそれを体験せしめてくれるのである。[14]

三 「一種のエンサイクロペディア」としての『米欧回覧実記』

大隅和雄著『事典の語る日本の歴史』(そしえて、一九八八年)は、日本の古代から近代までの「百科事典的な書物」を通して「日本の歴史」を語ろうとしたものだが、「百科事典」それ自体に、それを「生み出した社会と文化そのもの」が「反映」しているとみ(一五五頁)、近代における百科事典の流れが要領よくまとめられている。

いわく、「近代の百科事典の源流は、十七世紀のヨーロッパに発している。それは、新しい哲学に基づいて、それまでの学問の枠をこえた広汎な知識を体系化しようとしたものであったが、十八世紀に入って市民社会が成熟をみせるようになると、物理学や解剖学、航海術や船舶などの新発見の知識を整理するだけでなく、記述の対象は日常の社会生活万般におよぶようになった。たとえば新聞を読むためにというような、実用性をそなえることを重視した事典、辞書が求められるようになったのである。イギリス、ドイツでそうした百科事典がいくつも作られたが、その代表的なものに、エフレイム・チェンバーズの『学術百科事典』があった。この事典は創刊後まもなくフランス語訳が出版され、それが有名なディドロとダランベールの『フランス百科全書』編纂に刺激を与えたことは広く知られている」と。

『フランス百科全書』については桑原武夫編『フランス百科全書の研究』(岩波書店、一九五四年)が詳しいが、右のディドロとダランベール編『百科全書』(桑原武夫訳編、岩波文庫、一九七一年)は、その「百科全書序論」で、「百科全書の樹の形も、学芸の世界を見渡すためにとられる視点に依存して異なるであろう。それゆえ、さまざまな視角投影法の地球全図があるのと同じ数だけの人間知識のさまざまな体系を想像することができる。そして、これらの体系の各々が、他のものにはないようななんらかの特別の長所をもつことさえできるであろう」(六八頁)と述べる。

事実、十九世紀に入ると百科全書(百科事典)の編纂と出版はますます盛んとなった。ディドロとダランベールの

『百科全書』はフランス啓蒙思想の集大成であり、フランス革命運動を準備した一大思想運動とされているが、日本の場合、明治啓蒙思想がそうであったように、百科全書は明治政府の開明性とその正当性のアピールの一環として活用された。文部省編輯寮がイギリスのチェンバーズ兄弟が出版した *Chamber's Encyclopaedia* 十巻の簡約版を『百科全書』として翻訳出版しようとしたのがそれである（福鎌達夫『明治初期百科全書の研究』風間書房、一九六八年、参照）。

これは明治六年（一八七三）、箕作麟祥によって計画されたというが、たとえば「百科全書 植物生理学」（片山淳吉・中村寛栗訳）のごときは同年十二月に訳了、翌年七月、文部省から刊行され、他の項目も逐次出版された。明治十七年（一八八四）一月刊の丸善版『百科全書』上中下三巻はそれを集大成したものだが、その「百科全書序」（明治十六年十月）で敬宇中村正直は、次のように述べている。原文のまま引用しよう。

人之思想、日変日新、而無㆓窮已㆒者也、是故、世之学術、亦日変日新、而無㆓窮已㆒者也、今日賢哲之思想、与㆓其学術㆒、其所㆑至、既近㆓于極㆒耶、猶与㆑極相遠耶、抑猶其初歩耶、均不㆓得而知㆒也、唯吾所㆑知、則人之思想、其必発達而不㆓衰減㆒也、世之学術、其必上進而不㆓下退㆒也、何以明㆑之、即就㆔百科全書之履経㆓改訂㆒、可㆓以証㆒焉、拠㆓原序㆒、曰、此書、自㆓始印㆒、四㆓十年于今㆒、而板五改、其間、学術之変進、人智之開達、実為㆓迅速㆒、故今所㆑印、比㆓諸初板㆒全然不㆑同者多矣、中村子曰、嗚呼欧米之所㆓以文明富強㆒、其在㆓于此㆒歟、蓋由㆓思想之変新㆒、而致㆓学術之変新㆒、由㆓学術之変新㆒、而致㆓邦国之景象、亦由以変新㆒、蒙昧者、浸仮而文明矣、貧弱者、浸仮而富強矣、成迹彰々、可㆓得而徴㆒已、如㆓我邦維新之事㆒、亦人心変新之結果也、思想既已変新、則学術不㆑得㆑不㆓変新㆒、亦其勢也、是以人心喜㆓新事㆒、競㆓新功㆒、或沈㆓酣西籍㆒、或翹㆓企新訳㆒、今此書、世人多㆓需用者㆒、而書舗得㆓以供給㆒焉、謂㆓文明富強之兆在㆑此、豈夸言乎哉、抑此書、博綜㆓百科之竅要㆒、洵為㆓人智之宝庫㆒、専門世業之士、得㆑之、則彼此有㆑所㆓触発㆒、而可㆑免㆓面墻之歎㆒、各般人民、得㆑之、則可㆘以広㆓知識㆒、明㆓

物理一而各効中其用上、然則此書之行、其於レ翼二賛世運之開進一、豈曰レ小二補之一哉、

明治十六年癸未十月

ここには思想の変化と学術の発達および欧米文明との関係、とりわけ維新変革期のそれと百科全書の役割が端的に指摘されている。

さて、『実記』の概略については前述のとおりだが、その内容は「一種のエンサイクロペディア」といってよい。いま『実記』第二編のイギリスの部を例にあげると、その総説では英国連邦の概略、山河道路、気候、農牧産物、礦業、製作、貿易、人種、風俗、学教、宗門、度量衡、貨幣（用語は「目録〈目次〉」の項目に主としてよった。以下同）となっており、ロンドン、リバプール、マンチェスター、グラスゴー、エディンバラ、ハイランド、ニューカッスル、ブラッドフォード、シェフィールド、バーミンガム等、使節団（ときにはその一部）の回覧した順に記述されている。

右のなかからロンドンを例にとると、総説では、ロンドンの概況、貿易統計、ロンドン橋以下十三橋、市街、英人の気性、倫敦「シチー」、「ウェストミニストル」、「ソースウォーク」（現行表記、サザーク、以下同）、倫敦繁華の始末等の文章に、「倫敦橋ノ図」、「倫敦隧道ノ図」、「「レーゼント」街ノ図」、「「チャーリンコロス」駅図」、「倫敦「シチー」廨門図」、「新市場ノ図」、「倫敦運上所ノ図」、「英倫《エングランド》銀行及ヒ商人集会所ノ図」などの銅版画が加えられている。

そのうえでロンドンの三巻（第二十三―二十五巻）にわたる説明では、次のような項目について述べている（主な項目のみ摘記）。

博物館、同図、英国勧工の説、水族室、造船場、転射台甲鉄艦、英国海軍の略説、禽獣園、バッキンカム宮殿、同図、セントジェムス苑図、議会、同図、「ブラッキプレヤス」〔ブラックフライア〕橋図、英国政体の説、上院、下院、政論公党、行政官、ウィンザー城図、ウィンザー橋図、ウールウィッチの武器製作場、ウールウィ

ッチの図、リッチモンド苑図、ベーコンヒルの大繰練、英国陸軍の略説、ロンドン市中の小学校、ロンドン古城、同図、電信総館、英国の電信、郵便総館、英国の郵便、水晶宮、同図、大英博物館等。

マンチェスターの記述も二巻（第二十八・二十九巻）にわたるが、主な項目は、ガラス製造場、ガラス製造の説、ガラス鑑の製造、マンチェスターの総説、棉花紡糸場、「フイット、ウオール」社砲材鋳成場、巡回裁判所、牢獄、水車苦役場、マンチェスター通街図、牢獄の内景図、禁酒烟会社、花布《サラサ》印紋場、紡棉場、棉布織場、染糸の説、「インヂヤラバゴム」製作場、布帛細貨卸売場、警察裁判所、「オウン」学校、商人集会所《ロヤルエキステンチ》、「ムエチロ」社布帛卸売場、マンチェスター新府庁図、商人集会所の図等である。

右は『実記』叙述のほんの一例にすぎないが、このようなさまざまな項目に叙述が及び、図版（銅版画）が挿入されているのである。それは、フルベッキが、使節団に「内々」で渡した文書のなかの四十九項目にわたる調査事項（後述第三章参照）と照合してみれば、1から49までの諸項目のいずれかに該当していることがわかる（もちろん欠落はある）。フルベッキはまた文章の及ばないところは画図で補うことも指示していることもすでに指摘した。

たしかに『実記』を繙いてみれば、すでに引用した（五四―五五頁）一般向け予約出版の計画の際、その広告の趣意書を太政官記録掛に届け出た一文のように、図版もその特色のひとつとしてうたっていたのである。だからこそ科学史の高田誠二氏は、その著『維新の科学精神――『米欧回覧実記』の見た産業技術』[15]（朝日選書五二七、朝日新聞社、一九九五年）のなかで、

『実記』は、このような広い着眼に支えられているからこそ、エンサイクロペディアになぞらえられ得るのであろう。それはまさに、フランス啓蒙主義者ダランベール（J. Le Rond d'Alembert, 1717～83）、ディドロ（Denis Diderot, 1713～84）たちの『百科全書《アンシクロペディー》』（一七五一～七二）の思想に立つ所産であり、技術史の見地からすれば、フランス王立科学アカデミーの『技術の詳述』二五巻（一七六一～八九刊行、一九八四復刻）を連想させるに足りる

states-of-arts 集成なのである。（二四頁、片仮名ルビ・カッコ・欧文表記とも原文）

と断言して憚らないのである。

もとより、『実記』は、ディドロ、ダランベール編『百科全書』の代表項目にあるような網羅性や体系性・哲学性、あるいは『フランス百科全書絵引』（ジャック・プルースト監修・解説、平凡社、一九八五年）にみることができるような詳細な図版にはとうてい及ばないかもしれない。『実記』は各省理事官の報告書『理事功程』やその他の諸書に拠っており、また、編集には大使事務局の人々が参画していると思われるものの、執筆や「編修」それ自体は久米邦武ひとりでやっているわけだから（この点は久米美術館蔵の「久米邦武文書」の諸原稿からほぼ確認できる。第三章参照）、「文学者の協同体《ソシエテ》」（J・プルースト著、平岡昇・市川慎一訳『百科全書』〈岩波書店、二刷、一九八〇年〉「はしがき」）というわけにもいかないだろう。(16)

しかし、この『実記』を、大隅氏の著書にあるような「百科事典的な書物」の流れにおいてみるならば、明治維新という封建から近代への一大転換期における社会・文化の反映（とくに日本の場合、外国の制度・文物の移入・移植の側面が大きな比重を占める）としての一産物としてみることができる。

いや、そうしたエンサイクロペディアの視角からこの『実記』をみ、これを位置づけ、分析することは、明治維新という変革が何であったかを新しい視点から照射するひとつの方法となるにちがいない。

四　『米欧回覧実記』の出版・頒布

『米欧回覧実記』の「編修」が、前述の岩倉使節団関係の記録・文書類の編纂と並行してなされただろうことはこれまで述べてきたことからもわかる。

『実記』の「例言」の日付は明治九年（一八七六）一月となっているが、その一年後の明治十年（一八七七）一月八日付で、大使事務掛(久米邦武、太政官大史、第四科)から大臣・参議あてに、『米欧回覧実記』出版に関する具申書が出された(一月二十八日決裁)。

それによると、その時の『米欧回覧実記』の原稿は全五編九十三巻で、「此節猶又校訂増補ヲ加へ、編集成業致シ候」とある。とすると、現在われわれが手にしうる原刊本の『米欧回覧実記』は五編一〇〇巻だから、刊行されるまでにさらに増補ないしは巻別構成に改訂が加えられたとみなければならない(第三章参照)。

この具申書の出版計画によると、一五〇〇部印刷を予定し、銅版・活字による「西洋本仕立」とし、出版経費は五三九〇円、うち一四五五円(活字組立代、銅版図刻代)を官費とし、三九三五円(紙代、印刷・製本代等)を出版社の自費として、定価は四円五〇銭、版権をもつ太政官記録掛に一〇〇部の無代上納を見込んでいる。

この出版を免許されたのは博聞社(社長長尾景弼、副社長股野潜、東京愛宕下町三丁目、のち銀座四丁目)である。博聞社はその後も『布告全書』『会議便法』『議員必携』『商法復説』など、官版本を刊行した御用出版社だった。

『米欧回覧実記』出版の見積りを出すに当たってこの博聞社は、当初五〇〇部印刷の見積書(経費二七七〇円、定価八円八〇銭)を作成したが、一〇〇〇円の官費下賜があれば定価を五円三〇銭におさえ、部数も増加できるという「口上之覚」を正院第三科へ提出している。

この要請をうけて大使事務掛は、すでにふれたように『米欧回覧実記』をなるべく国中に普及させ、「全国ノ文明ノ進歩、交際、貿易ニ注意ヲ与へ、向来多少ノ利益トモ可相成」という趣旨から、一五〇〇部印刷して定価を安くし、さきの具申書のような出版計画をたてたのである。

しかし、実際は紙代価格の高騰や、最初の見積りより銅版の増加による経費増、また、右の部数では一時の売捌きの目途が立たないことを理由に、博聞社は五〇〇部をまず印刷し、博聞社の自費で鉛版の紙型をとり、いつでも増刷可能なようにした。

こうして、『米欧回覧実記』は初刷五〇〇部が印刷され、[17]明治十一年(一八七八)十二月末近くに発売されたのである。太政官記録掛の出版版権所有の届は十二月二十七日になっている。ただし、奥付による刊行日付は明治十一年十月となっており、五冊は同時に刊行された。発売定価は予定通り四円五〇銭だった。

この本はただちに十二月二十五日、太政官少書記官久米より右大臣岩倉、参議伊藤、あるいは大隈や山口へ送付され、また献本納本分の中から各官省、院使府、さらに英国パークスやその書記アストンをはじめ、各国で世話になった接伴官や在留各国公使館あてに右大臣より一部ずつ贈呈の手続きがとられた。その部数は四十八部となっている(『本邦人ノ外国訪問関係雑件』、外務省外交史料館蔵、参照。なお、久米美術館編『久米邦武文書』三〈吉川弘文館、二〇〇一年〉には「送呈先一覧」が載せられている。ここでは、合計四十七部〈追加記入なし〉となっている)。はじめ明治十一年(一八七八)のパリ万国博覧会(五〜十一月)への出品も予定されたが、会期からみて間に合ったとは思えない。

ところが、この五〇〇部は納本や買上本等でたちまち残部僅少となり、博聞社は至急一〇〇〇部の再刷を予定し、明治十二年(一八七九)二月二十四日、当初見積りよりも増えた銅版の不足代(二四九円五〇銭)や、当時この社の地券紙の厖大な印刷引請けによる資金繰りを理由に、一五〇〇円の拝借金(紙型鉛版価一〇〇〇円、西洋紙価五〇〇円を抵当)を太政官記録掛に願い出た。それとともに、この増刷に当たって納本追加五十部を申し出たのである。一般への発売届は三月二十八日付となっている。

この再刷本一〇〇〇部も、翌明治十三年(一八八〇)九月までには残らず売切れ、そのため同月十八日付で博聞社はさらに三刷本一〇〇〇部増刷を申請した。この三刷本もやがて売切れたと思われる。

そこで、博聞社は、明治十五年(一八八二)十二月、一般読者への予約出版を立案し、同月十八日、その許可をえた。前々節で引用した内容説明はこのときのものである。

予約出版の方法は、明治十六年(一八八三)四月から第一冊目を刊行し、八月で全五冊を完結、申込締切りは三月十五日とした。仮表紙本綴で全巻の代価は三円五〇銭(「原書定価四円五〇銭」とうたい、上製本は一円五〇銭増し、つまり定価五円とした)と定め、予約金として一円を申込みの際に払い、残額を月賦で五〇銭(上製本は三〇銭増し)ずつ支払う規定とした(そのほかに送金方法、書留送料、東京地区のみの配達方法等を定めている)。

この予約出版の部数はわからない。しかし、前掲『雑書綴込』(本節はとくに断らない限り、これによる)の中には、明治十六年(一八八三)六月二十七日付で博聞社より太政官記録課あてに出された「米欧回覧実記印章 千枚」の下渡し願書があるから、あるいはこれが予約出版の部数を示しているのかもしれない(『米欧回覧実記』各冊の冒頭に「太政官記録掛刊行」と印刷された上欄に、「版権所有」の朱印が手捺しされている。「印章千枚」というのがこの朱印をさすのであれば、これは第四冊目か第五冊目のものであろうか)。

もし、この予約出版の四刷が一〇〇〇部ならば、『米欧回覧実記』は初刷五〇〇部、再刷から四刷まで各一〇〇〇部で、合計三五〇〇部印刷されたことになる。これはあくまで予約出版を一〇〇〇部と仮定しての数字である。予約出版は上製本、仮表紙本綴の普及版があり、しかも月賦販売であるから、三刷までと同じ一〇〇〇部とは常識的には考えられない。一部は五冊セットだから、『実記』は少なくとも三五〇〇セット以上出版されたとみてよいであろう。

なお、初刷本も再刷以後のものもすべて奥付では同じ日付だから一見区別しがたいが、再刷以降の増刷過程で、当初の誤植はある程度訂正されている(例えば、岩波文庫版㈠六五頁二行目の「或ハ」は、はじめ「或ツ」、一〇四頁一行目の「金銀汞」は「全銀汞」と誤植されていた[18])。

第三章 『米欧回覧実記』の成稿過程

一 フルベッキの報告書マニュアル

第二章でみてきたような『米欧回覧実記』は、どのようなプロセスで成ったのだろうか。

さきにこの書は「一種のエンサイクロペディア」でもあるといったが、これだけ多分野・多岐にわたる内容執筆に筆が及びえたのはなぜかが当然問題となろう。

そもそもこの使節団の派遣計画の発想は、新政府のお雇い外国人でもあったオランダ系アメリカ人フルベッキの「ブリーフ・スケッチ」(Brief Sketch)の示唆を受け、それとの関連で岩倉使節団の派遣となったということは、第一章一に述べた。

そのフルベッキが使節団に提出したと思われる「米人フルベツキより内々差出候書」という注目すべき史料を、木戸家文書中の木戸孝允関係文書の中に見出すことができた(国立歴史民俗博物館蔵、『開国』〈日本近代思想大系1〉岩波書店、一九九一年、所収)。

それによれば、「大使一行ノ回歴シタル顚末ヲ著述スル法」として、その冒頭に、政府が「此国ヲ開キ且其民ヲシテ宇内現今ノ形勢ヲ明晾〔ママ〕ニ暁通セシメント欲スル」ためには、大使の帰国をまって、「其経歴シタル所ノ利益ト為ルベキ種々ノ事実ト、有名ナル回歴家ノ研究セシ有用ノ結果ヲ著述スルヲ以テ第一義トナスベシ」といい、それはヨーロッパ各国が使節派遣をした際には必ずとる方法である、と述べ、「故ニ往々使節ノ随員中ニ記者工師ヲ加ヘタルハ、特ニ此著述ヲ編輯セシメンガ為ナリ」とうたっているのである。

そして、この著述によってえられる「利益」の第一は、使節団のえたところの知識は人民の啓発に大いに役立ち、「大使一行ノ官員ニ於テ其実践スル所ノ効験ヲ国民ニ分賜スル道理」となるのである、という。第二には、こうした著述は政府と人民との相互の信頼感を高めることになり、第三には、「欧米各国ノ帝王ニ於テ　天皇ノ使臣ヲ寵待シタル儀礼ノ厚キコトヲ人民ニ表示シテ、以テ政府内外ノ威望ヲ高クスベシ」と述べている。

では、そのためには、どのような方法をとるべきか、として、つぎの十項目をあげる（ルビは引用者、以下同）。

(一)　特別の許可がない限り、大使一行の人員中の一人が著述したり、個人的に出版したりしてはならない。

(二)　使節団の各人は、読んだり見聞したりした「要用タルコト」を筆記し、また、あとの「編輯」の便のために、地名と日時を記し、その「記者」の名を書いておく必要がある。

(三)　「人民」を啓発し、また「利益」になる「所有ノ公書表記及ビ地図類」はひとつでも遺してはならない。

(四)　「毎員旅中間断ナク且使節帰国ノ上ニテ此類ノ筆記、官中ノ一員ニ付与スベシ」。

(五)　使節は帰国の上、「老練ノ記者」に命じて「公書筆記」を「採摭」「取捨」して、「一体全備ノ紀誌」を「編輯」すべきである。それは日月の順序を追った形で「編輯」し、あるいは「毎章毎回ヲ限リテ以テ一事ヲ誌シ、附録ニ公書表記等ヲ加フベシ」。

(六)　この「編輯」を専任する「記者」は、大使随行の人であろうとなかろうと、各人の筆記中に疑問があったり、または註釈の必要があるときには、絶えず「筆記ノ者」を呼出して問いただすことができるようにする必要がある。

(七)　外国の文書類を翻訳するためには、適当な訳官を命じて右の「記者」を助け、また、「画図アル所ハ画工ヲモ加フベシ」。

(八)「此著述ノ文体ハ宜ク風味アリテ清麗ナルヲ要ス、且文章ノ尽サヾル所ハ画図アリテ之ヲ補フベシ」。順次これを刊行するが、その値段は安くして、「貧民ト雖モ之ヲ購《あがなう》ルニ難カラズ、只流布ノ衆多ナルヲ旨トスベシ」。

(九) 使節一行が経験したことでも、まったく「公事」に属して「人民ニ益ナキモノ」は載せなくてよい。したがって、一行の長たる者か、あるいは誰かに命じて総裁たらしめたときは、刊行以前に「改正」してその点を「取捨」すべきである。

(十)「各国ヲ経歴スル間ニ実践シテ以テ利益トナルベキ件々、大抵左ノ如シ」。

以上がフルベッキのいう報告書編纂の要項だが、この編纂方針は、『米欧回覧実記』の「例言」にみられる方針の一部と重なるところがある。そして、右記の(十)には、以下のような四十九にわたる項目が列挙されているのである。この項目をみると、『米欧回覧実記』がなぜあらゆる分野にわたって執筆しえたかを理解する上できわめて重要な意味をもつから、煩瑣を顧みず全項目を掲げておく。

1国中家屋ノ建築　2都邑ノ明細　3寓館舗店其他ノ家屋　4著名ノ土地及ビ光景　5山水　6風土及ビ寒暖ノ度　7海陸ニ於テ経験シタル天気陰晴　8道路市街ノ景状　9海陸運輸ノ便否　10全国ノ制度風俗　11全国ノ情態　12教法ノ儀式及ビ祭礼　13人民ノ楽趣　14演劇戯場　15飲食ノ物料　16花卉果蔬　17博覧公会　18市街昼夜ノ景及ビ気灯　19人民交際ノ倫序　20男女ノ交際及ビ礼譲　21幼孩及ビ少年ノ風俗　22会計ノ誌述　23人民ノ制俗　24教育及ビ法教ノ模様　25大小学校　26新機発明、奇巧ノ機械　27新聞紙月刊書類　28書画　29万物庫書庫　30各国帝王謁見ノ式　31受得タル別段ノ懇切及ビ敬礼　32会見ノ節詞令類　33公私往復ノ書信類　34公私讌饗ノ礼式　35財政ノ模様及ビ国債　36農工商業　37救卹ノ模様及ビ病院　38国民性情ノ善悪　39教法ノ制ヨリ起ル所ノ結果ノ良否　40乞食及ビ貧民　41政府ノ体裁　42全国不朽ノ事業　43法律ノ良否　44市政及ビ囚獄　45議院及ビ裁判所　46海陸軍ノ制度及ビ強弱　47城堡武庫　48海港ノ有様　49其他ノ雑誌（仮りに番号

米欧回覧途次の久米邦武のメモ類．回覧中の現地で，あるいは車中やホテルなどで，こうしたメモが書き続けられたのだろう．

を付した)。

さらに、「著述ヲ上梓スル順序」として、つぎのような執筆順序のサンプルを掲げている。

序引　使節ヲ派出シタル旨趣　官吏ノ銓任
進行ノ総綱　発程ノ准備　発軔《はつじん》及ビ航海　米国
「サンフランシスコ」ニ到着　華盛頓《ワシントン》府ヘノ陸路
大統領謁見ノ次第　米国ニ於テ理事官ノ研究シタル
所ノ結果　米国ノ発程　英国ヘノ航海　同到着
等

そして、最後につぎの文章でこの提言は結ばれている。

著述ノ順序大抵右ノ如クナルベシ。尤モ繁劇中ニ之ヲ草シタレバ遺漏スル所多カルベシ。乞フ、之ヲ恕セヨ。

フルベッキ提出のこの要項は、なんと精細かつ配慮の行届いた提言であったことか。これこそが『米欧回覧実記』執筆・刊行の大前提になっていたのである。この方針と要項および細微にわたる諸項目があったればこそ、久米邦武は、畠山義成と共に子細な考察とメモをとりえたといえよう。もとより、それを実行したのは、久米であり、畠山であり、岩倉使節団自身であった。このことは特筆・大書されなければならない(当然そこには取捨選択がある)。

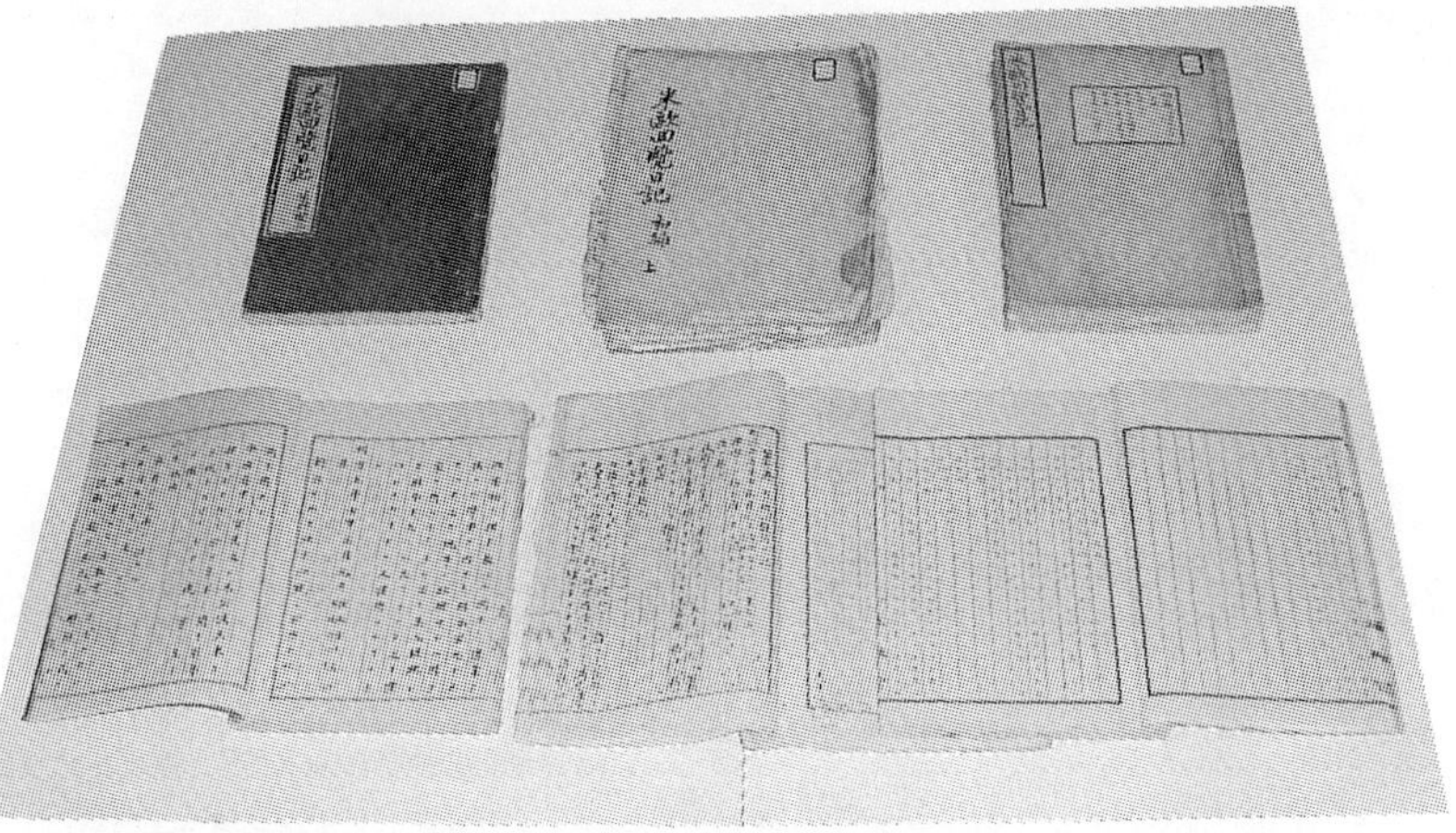

『米欧回覧実記』の成稿過程．いずれも『米欧回覧日記』とあり，太政官の罫紙が使用されている．青表紙本（本文のC，写真左）は「日記」の体裁をとった初めてのものだが，2冊しか残されていない．白表紙本（G，写真中央）は浄書後にさらに久米が加筆したもので，初編から五編までの原稿は大体残されている．黄表紙本（H，写真右）は白表紙本をさらに浄書したもの．この浄書本の全巻が京都府立総合資料館に所蔵されている．久米家本（この久米家本は前半の8冊しか残っていない）はこれに邦武自身の加筆訂正がなされ，全93巻が全100巻に増えていることがその目次の補訂でわかる（本文後述参照）．しかし，刊本ではこの原稿とも文章の異なるところがある．それは，校正の時の邦武の補訂によるものと思われる．この久米黄表紙本の補訂で初めて『米欧回覧日記』が『米欧回覧実記』と訂正された．次頁の図版も参照．

以下にみる久米の米欧回覧中のメモ類や、『米欧回覧実記』「編修」のための数多くの原稿類は、その成稿過程を示している。

二　残されている史料

『米欧回覧実記』の「例言」にもあるように、久米は岩倉使節団の米欧回覧中、昼となく夜となく、鉛筆やペンで、あるいは墨筆で、寸暇をさいてメモ類をとり続けた。

また、帰国後の久米は、「政界の怒濤を避けて太政官内文書の堆中に隠れ」て、「心血の大著」たる『米欧回覧実記』の「編修」と執筆に全力をそそいだ（「文学博士易堂先生小伝」『久米博士九十年回顧録』上巻、早稲田大学出版部、一九三四年、所収）。

いま「久米邦武文書」中に残されている『米欧回覧実記』関係の史料を大きく分類・整理すると、ほぼ以下のようになる。

Ⅰ　メモ・手帳・ノート類

米欧回覧中の現地での現場や車中、あるいはホテルなどでとったと思われる走り書きやメモ・手帳・ノート類が断片的に残されている（七二頁図版参照）。

Ⅱ　ある程度原稿の形となっている未定稿やその原稿の断片、あるいは『米欧回覧実記』「編修」のためにまとめたものと思われる諸史料（七三頁・七四頁図版参照）。

Ⅲ　原稿作成に必要としてまとめられたと思われる関係基礎史料

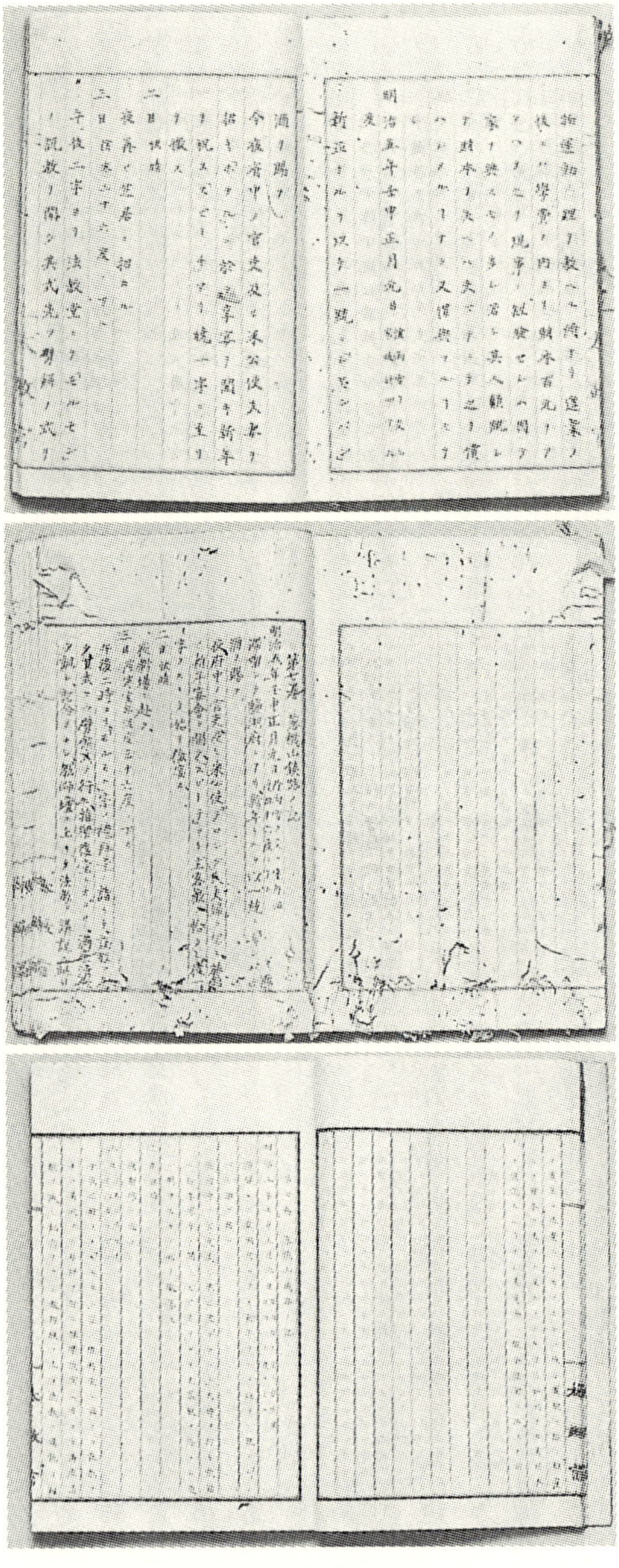

『米欧回覧日記』の3稿本(明治5年1月1日の条)．上段は青表紙本．「米利堅」部分の2冊しか残されていない．和装・太政官赤罫紙・美濃版・墨書．中段は白表紙本．日記に論説も加わり，久米による朱筆，墨筆の書き込みや補訂がある．一応初編から5編までの15冊が揃っているが，虫喰いが多い．太政官赤罫紙・美濃版・墨書．下段は黄表紙本．和装・太政官青罫紙・美濃版・墨書．この浄書本全93巻・15冊が太政官に提出された．これを久米が増補訂正して全100巻・5編5冊として刊行したが，この際「日記」が「実記」と訂正された．久米美術館蔵はその増補訂正の前半8冊のみ．浄書本15冊は京都府立総合資料館蔵．

（翻訳類をも含む）。
例えば、「文明手引草」「〔合衆国政治書訳〕」「外国直接貿易論」「鵬程随筆」（久米美術館編『久米邦武文書』二・三、所収）など。

いま初期からの成稿過程の順を追って整理すると以下のようになる。

この(A)(B)(C)……という以下の各表での一括配列は、「久米邦武文書」の整理を担当していた小森恭子氏の協力を

(A)

文書番号	史料名	副題・内容など	備考
715	環瀛筆記		
716-1	奉使欧米日記	初章 太平海ノ航程	
716-2	（〃）	第二章 桑方西斯哥尓着之船事	部分
716-3	欧米紀行	第五章 波戸場ノ事	
716-4	〃	〃 波戸場	
716-5	奉使欧米記〔ママ〕行	第三～五章 汽車行道ノ記ほか	
716-6		（加利福尼亜州ほか）	
716-7		（英ブラットフォールド）	
25	米利堅・欧州之記～英国・仏国		青表紙
26	普魯生及日耳曼～是斑牙及葡萄牙		〃

(B)

文書番号	史料名	副題・内容など	備考
699	紀行前編	欧米紀行 巻一	茶表紙・小型
123	欧米紀行 二	奉使欧米紀行 巻二	〃
700	米国之部 一	加利福尼亜	〃
701	〃 二	鉄道沿途・華盛頓	〃
44	〃 三	新約克・波士敦・尼亜吉拉・費拉特費	部分 〃
702	英国之部	里味不・蘇格倫・面遮斯的児	
703	仏国之部		
704	北独逸之部	白耳義・阿蘭・日耳蔓	

(C)

文書番号	史料名	副題・内容など	備考
23	米欧回覧日記	米利堅 一 米利堅合衆国之部（上）	
24	〃	〃 二 〃 （中）	

(D)

文書番号	史料名	副題・内容など	備考
1	米欧回覧日記	例言	*
133-1	倫敦逗留記		**
130	白耳義国ノ記(上)		
133-4	(表紙記述なし)	(白耳義国ノ記(下))	草稿　部分
131	普魯士国ノ略説		
133-7	伯林府ノ記(上)		
133-6	魯西亜国ノ記		
18	米欧回覧日記	第四編第六十一巻 北日耳曼前期	
133-8	威尼士府ノ記		
133-2	(表紙記述なし)	(墺地利国ノ総説?)	草稿　部分
133-9	墺地利国ノ略記・匈加利国		
133-11	維也納府ノ記		
133-3	(万国博覧会見聞ノ記(上))		草稿　部分
133-10	(　〃　(下))		〃
133-5	瑞士蘭国ノ記		
128	瑞士蘭山水ノ記		
13	「ベルン」府「セ子ーウァ」府ノ記		
129	仏国里昂馬耳塞児府ノ記		
22	香港上海ノ記		

*　この「例言」のあとに,内容としては(E)48～68が続くと思われる.但し,用紙(無罫)が異なるので,(D)と区別した.

**　同様に,133-1のあとに,(E)60～65が続くと思われる.

えて、成稿過程の順に配列しうると思われるものを仮にまとめたものである。史料は久米自身の筆になるもの、久米以外の者による浄書などさまざまであるが、必要に応じてそのことについては記す。

(A)　もっとも初期のもので、このうち岩倉使節団の出発から米国巡覧までを記述した「環瀛《かんえい》筆記」(文書番号715、以下算用数字は整理のために付した文書番号を示す)には、使節団出発時の名簿(第一章二に掲出)があり、この史料によって初めてメンバーが確定したことは前述の通りである。文書番号25・26は欧米各国について、地勢から産業・文化にいたるまでの概略をまとめたノートで久米自身の筆によるものではないが、『米欧回覧実記』執筆時に参考史料として使用したものか。そうした意味でこの(A)は、『米欧回覧実記』の成稿過程における準備のための史料であり、(B)以下の直接の成稿過程のものとは一応区別すべきであろう。

(B)　叙述の体裁は(A)に近いが、使節団の出発時から一応行程の順を追って書かれており、一部は簡単な日記風の形態をとっている。

(C) 文書番号23・24の二冊しか残されていないが、一九八五年十月の『久米邦武と『米欧回覧実記』展』(会場を久米美術館として十月三日から十二月十七日までの展示会の目録、以下『展』と略記)ではこれを「青表紙本」と名づけた。「日記」の体裁をとる最初のまとまったものである。構成や記述の内容は簡単で、(D)以降とはかなりの隔たりがある。(B)の「欧米紀行」(123)などの「日記」の形で書かれている部分を浄書し、久米が加筆訂正をおこなっている。

(D) 表紙を付した冊子の形をとらずほぼ各巻ごとに太政官罫紙を綴ったもの。この段階で「日記」の体裁が明確

(E)

文書番号	史料名	副題・内容など	備考
48	倫敦逗留ノ記(上)		
49	〃 (下)		
50	里味不の記(上)		
51	〃 (下)		
54	漫識特府の記(上)		
55	〃 (下)		
58	哥羅斯哥府巡覧之記		
67	「ハイラント」山水之記(上)		
59	〃 (下)		
52	新城府ノ記(上)		
53	第三十二巻 〃(下)		53のみ巻数記述
45	ブラットホール府ノ記		
46	舌非力府ノ記(上)		
47	(〃 (下))		
56	北明翰府ノ記(上)		
57	〃 (下)		
66	「チェスター」郡逗留ノ記		
68	英国雑		一束
60	仏朗西国着ノ記		
61	巴黎府ノ記(二)		
62	〃 (三)		
63	〃 (四)		
64	〃 (五)		
65	〃 (六)		

(F)

文書番号	史料名	副題・内容など	備考
84	英吉利国ノ総説		
9	米欧回覧日記	英国利 二 リバフール マンチェストル	
8	〃	英国利 三	
41	(ハイラント山水之記(上)~新城府ノ記)		
16	第六十五巻北日耳曼ノ記(下)		

になり、刊本『米欧回覧実記』の記述のスタイルが確立されたとみてよい。「例言」および第四編と第五編に該当する部分が残されている。

(E) (D)と同種類のものと思われるが、太政官罫紙は使用されていない。第二編と第三編冒頭に当たる部分がほぼ残されている。

(F) (E)の浄書稿にさらに久米が加筆したもので、第二編および第四編の一部が残されている。簡単な冊子形態のものと太政官罫紙を綴っただけのものとが混在する。

(G) 前記『展』で「白表紙本」としたもの。(F)の浄書稿に久米が加筆している。詳細な論評も加わり、朱筆や墨筆の書込み・訂正がみられる。初編から第五編までの原稿がほぼ残されているので貴重である。他に「例言」の

(G)

文書番号	史料名	副題・内容など	備考
35	例言		
2	米欧回覧日記	初編（上） 第一編米利堅合衆国之部	
		第一巻 （巻名記述なし）	
39	〃	第二巻 米利堅合衆国之総説	
36	〃	第三巻 桑方西斯哥ノ記（上）	
43	〃	第四巻 〃 （下）	
3	〃	初編（中） 第一編米利堅合衆国之部	
		第五巻 加利福尼鉄道ノ記～	
37	〃	第九巻 市高俄ヨリ華盛頓ヘ鉄路ノ記～	
38	〃	第十一巻 華盛頓府ノ記（下）	
4	〃	初編（下） 第一編米利堅合衆国之部	
		第十四巻 北部巡覧之記（上）～	
5	〃	二編（上） 第二編英吉利国ノ部 目録	
6	〃	二編（中） 〃	
		第二十七巻 漫識特府ノ記（上）～	
7	〃	二編（下） 第二編英吉利国ノ部	
		第三十四巻 新城府ノ記（下）～	
10	〃	三編（上） 第三編欧羅巴大洲列国ノ部（上）	（フランス）
11	〃	三編（中）	（ベルギー，オランダ）
12	〃	三編（下）	（プロシア）
14	〃	四編（上） 露西亜国之総説	
42	〃	聖彼得堡府ノ記（下）	部分
40	〃	第六十三巻 北日耳曼前記	〃
15	〃	四編（中）（嗹馬国～北日耳曼（上））	
17	〃	四編（中）（下）（第十七巻 以太利国略記）	
19	〃	五編（上）（墺地利国略説～万国博覧会見聞記）	
20	〃	五編（中）（瑞士国ノ記～欧羅巴大陸総論）	
21	〃	五編（下）（地中海航程ノ記～香海・上海ノ記）	

浄書原稿があり、全五編九十三巻の久米自筆の目録が付されている。

(H) (G)をさらに浄書したもので黄色の表紙を付した冊子。『展』で「黄表紙本」と名づけた。この浄書本の全巻(和装、美濃版、太政官罫紙墨書。浄書は複数人の手になる)は京都府立総合資料館に所蔵され、現在のところ全九十三巻が揃っているのはこれが唯一である。「久米邦武文書」中のこの黄表紙本は第一編から第三編前半の八冊(初篇〔ママ〕三冊、二篇三冊、三篇二冊)しか残されていないが(この八冊と京都府立総合資料館本と較べてみる限り同一の手による浄書本と思われる)、これに続くと思われるものがつぎの(I)である。しかし、この「久米邦武文書」中の黄表紙本には久米の大幅な補訂の筆が墨筆または朱筆で入っており、この補訂によって全九十三巻が全一〇〇巻に増補されたことがわかる(後掲の目次一覧表参照)。また、それまでの『米欧回覧日記』がここで初めて『米欧回覧実記』と訂正されている。この段階で名称が確定した。

ちなみに、この黄表紙本が前掲大久保『岩倉使節の研究』(一一二―一一三頁)に指摘される国立公文書館蔵

(H)

文書番号	史料名	副題・内容など	備考
27	米欧回覧日記	初編 北亜米利加ノ部 上冊	
28	〃	〃 〃 中冊	
29	〃	〃 〃 下冊	
30	〃	二編 英国ノ部 上冊	
31	〃	〃 〃 中冊	
32	〃	〃 〃 下冊	
33	〃	三編 欧州列国ノ部 上冊	
34	〃	〃 〃 中冊	

(I)

文書番号	史料名	副題・内容など	備考
113	(米欧回覧日記)	第五十五巻 普魯士国ノ総説	
114	(〃)	第五十六巻 普魯士西部鉄道ノ記	
115	(〃)	第五十七巻 伯林府総説	
116	(〃)	第五十八巻 伯林府ノ記(上)	
117	(〃)	第五十九巻 〃 (中)	
118	(〃)	第 六十 巻 〃 (下) 附「ポツダム」	
119	(〃)	第六十一巻 魯西亜国総説	
120	(〃)	第六十二巻 魯西亜国鉄道及ビ 聖彼得堡府ノ総記	
121-1	(〃)	第六十三巻 聖彼得堡府ノ記(上)	一部欠
121-2	(〃)	第六十四巻 〃 (中)	
121-3		第六十五巻 〃 (下)	
122	(〃)	第六十六巻 北日耳曼前記	一部欠

(J)

文書番号	史料名	副題・内容など	備考
	（米欧回覧実記）	第三十巻　哥羅斯哥府ノ記	一部欠
89	（〃）	第三十一巻　壱丁堡府ノ記	
90	（〃）	第三十二巻　ハイラント山水ノ記（上）	
91	（〃）	第三十三巻　新城府ノ記（上）	
92	（〃）	第三十四巻　〃（下）	
93	（〃）	第三十五巻　「ブラットホールト」府ノ記	
94	（〃）	第三十六巻　舌非力府ノ記	
95	（〃）	第三十七巻　「スタッホルト」及ビ「ウフリッキ」州ノ記	
96	（〃）	第三十八巻　北明翰府ノ記	
97	（〃）	第三十九巻　「チェスター」州ノ記	
98	（〃）	第四十巻　倫敦後記	
99	米欧回覧実記	第三編　欧羅巴大洲ノ部（上）	
	（〃）	第四十一巻　仏蘭西国略説	
100	（〃）	第四十二巻　巴黎府ノ記　一	
101	（〃）	第四十三巻　〃　二	
102	（〃）	第四十四巻　〃　三	
103	（〃）	第四十五巻　〃　四	
104	（〃）	第四十六巻　〃　五	
105	（〃）	第四十七巻　〃　六	
106	（〃）	第四十八巻　〃　七	
107	（〃）	第四十九巻　白耳義国総説	
108	（〃）	第五十巻　白耳義国ノ記（上）	
109	（〃）	第五十一巻　〃（下）	
110	（〃）	第五十二巻　荷蘭佗国総説	
111	（〃）	第五十三巻　海牙鹿特坦及ビ来丁ノ記	
112	（〃）	第五十四巻　奄特坦府ノ記	

であるべき（しかも現在欠落の）『回覧日記』十五冊と同一のものであるとすれば、浄書黄表紙本の一セットが久米邦武の手許に、他の一セットが流出して京都府立総合資料館所蔵本（これは明治三十三年十一月十五日購入となっている。はさみ込まれたカードによると「田中治兵衛」の名があるが、これは購入先か。とすると太政官→岩倉家→田中治兵衛→京都府立総合資料館というルートの可能性もある）となったのかもしれない。

ともかく現在ではこの黄表紙本は二セットがあったことは確認できる（前頁の(I)はこの久米文書中の黄表紙本セットの後半部分に該当すると思われるから二セットは確かに存在した）。もし国立公文書館の太政官欠落本がこの二セットとは別であればもう一セット、つまり合計三セットあったことになるが、これは推測の域を出ない。

(I)　(G)を浄書したもので、これにも久米の加筆・訂正が行われている。各巻ごとに原稿を綴っただけのものであるが、(H)と同種だろう。(H)が第一編から第三編の第五十四巻までであるのに対し、(I)は第三編第五十五巻から第六十六巻までである。(H)に続く部分が製本されないまま残ったものと思われる。

(J)　(H)の増補・訂正部分を含めてあらためて浄書し、さらに久米が加筆・訂正したもの。久米文書中ではもっとも刊本に近い原稿と思われるが、第二編第三十巻から第三編第五十四巻までしか残されていない。

(a)と(b)はいずれも初期の原稿と思われ、(A)~(J)の中に入れることができないものである。このうち(a)はまだ日記の体裁をとっていないで、無罫の和紙に書かれている。(b)は青罫紙などに記され、日記の体裁をとりはじめている。

以上を要約すれば、(A)(B)(C)→(D)(E)(F)→(G)→(H)(I)→(J)となる。(G)のいわゆる白表紙本でほぼ形態が整って九十三巻本となり(H)(I)、この原稿の浄書本がいわゆる黄表紙本である。この黄表紙本を久米が増補してこれが浄書され(J)、さらに加筆・訂正が加えられたのちに刊本に至るという経過を辿っている。

(a)

文書番号	史料名	副題・内容など	備考
72	塩湖府ノ記		
71	荷蘭(佗)国ノ総説		
80	〃　(下)		
77	伯林府ノ記（中）		
78	〃　(下)	附「ポツダム」	
79	聖彼得堡ノ記（上）		
75	〃　(中)		
76	〃　(下)		
74	日耳曼道中ノ記（上）		
73	〃　(下)		
81	瑞典国ノ記（上）		
82	〃　(下)		
70	墺地利道中ノ記		

(b)

文書番号	史料名	副題・内容など	備考
124	以太利道中ノ記		
126	羅馬府ノ記（上）		
125	〃　(下)		
83	那不児府ノ記	その他英国関係	
85-1	草稿	道路ノ関係及ビ改修ノ法	第五編第九十巻該当か？
85-4	草稿	「欧羅巴洲総論」部分に該当か？	部分
132	関係草稿・メモ	米国・英国滞在，地中海航程～香港・上海航程該当部分 路程計算	一束

以上の経過をみると、少なくともほぼ十回（以上）は改稿されていることになる。

三　成稿の実例と一〇〇巻への増補

これまで成稿の段階を一応辿ってみたわけだが、ではこれらの残された『米欧回覧実記』の原稿類から、成稿内容の変化の実例を二、三例示してみよう。久米の加筆・訂正を具体的に知ることができる。

第三十二巻「ハイラント」山水ノ記の例

① （E）59、地の文章および加筆・訂正〈朱書〉ともすべて久米の自筆原稿。九行の縦罫紙〈②以下のような太政官名なし〉に墨書。文中のゞゞは右側の文の抹消を示す）

（上欄1）十七日陰り昼より晴六字に起きて茶を喫し半字ありて黎明なり両方額之たれる馬車を駆りて「テイ」湖の上流の河に遡《そひて》りて走り去る山ます〳〵荒蕪にて一条の路を除くの外大抵鋤痕なし（上欄2）荒寂相重路や険奇なり阪を上りて山駅に達す此処に小湖《の》尾ありて沼の如く地《に》を浸すをミる南方より新に銕道を築きて僅ニ此に至る尤も新開の駅《傍》にかかり《正ニ軌を》駅《しき》より北西の地を開き木を劉て更に北に向ひて銕道をの《架せんとせり》へて山間へ達せんとするをミる時ニ七字半恰も車の発せんとするに逢ふ即超上して南発す仍一副の山路を走る両側なを高山相重り谷に一河の流るゝあり汽《車ハ河》車右をゆき人は河左を歩す行《進むこと》こと三里《マイル》余にて乍ち一湖の水東に一湖開く岡巒環抱して東に際して雲水渺瀰たり是を「エルン」湖とす広さテイ湖に比して其長さハ半ハに及ハす云是より「ロケロンベット」の駅を過く両側高山あり相聳へて立ち景致あり是《より》を経て「ロブナイ」湖の右を走れり

（上欄注記1）「ハイラント山水之記下」とある。

（上欄注記2）「「ロウルス」の山雲を巻き余脈を走らして」とある。

②　(F)41、浄書異筆、太政官十三行縦線罫紙。以下の引用部分にはみられないが、原稿全体には久米自筆の加筆・訂正が加えられている)

十七日陰リ昼ヨリ晴

六時ニ茶ヲ喫シテ「ホテル」ヲ発ス此時ナホ黎明ナリ馬車ヲ駆リテ「テイ」湖上流ノ河ニソヒテ走リ去ル山路マスマス荒蕪ニテ地ニ鋤痕ナシ「ロウルス」ノ山ハ雲ヲ巻キテ峰巓ヲミス其余脈ノ走リテ相重ル処ヲユク路ヤ、険奇ナリ漸クニ阪〔ママ〕路ヲ上リテ山駅ニ達ス小湖尾ノ沼ノ如クニ浸スヲミル南方ヨリ新ニ築ケル鉄道アリ此ニ至テ止ル駅ヨリ北ノ方ニ軌ヲシキ地ヲ開キテ更ニ北ナル山路ニ向ヒテ銕道ヲ架セント経営ノ跡ヲミル此時已ニ七時半ニテ恰モ車ノ将ニ発セントスルニ逢フ即超上シテ南発ス銕路ノ両側ナヲ高山相重リ谷ニハ一河ノ流レサルアリ車ハ河右ヲユキ人ハ河左ヲ歩ス進ムコト三「マイル」ニテ東方ニ一湖ノ濶開スルヲミル岡巒環抱シテ東ハ天ニ際シテ雲水渺瀰タリ是ヲ「エルン」湖トス車走ノ際ニ一瞥シ奇ヲ称セルノミ是ヨリ「ロケロンヘツト」ノ駅ヲ過ク

③　(G)6、②と同様浄書、罫紙同。……部分は②の文章と同じ。ミミは抹消を示す)

(第三十二巻)

ハイラント山水之記下

十七日陰リ昼ヨリ晴

六時ニ茶ヲ喫シテ「ホテル」ヲ発ス……………南方ヨリ新ニ築ケル鉄道アリ此ニ至リテ止ル駅〔此〕ヨリ北ノ方ニ〔向ヒ路線展ヘ〕軌ヲシキ地ヲ開キテ更ニ北ナル山路ニ向ヒテ銕道〔軌〕ヲ架セント〔ント正ニ地ヲ開キ銕軌ヲシクヲ〕経営ノ跡ヲミル此時已ニ七時半ニテ………是ヲ「エルン」湖トス車走ノ際ニ一瞥シ奇ヲ称セルノミ是ヨリ「ロケロンヘット」ノ駅ヲ過ク

④ (H)31、③と同様浄書、罫紙同。以下前に同じ)

第三十二巻　ハイラント山水ノ記下〔朱で抹消〕

十七日陰リ昼ヨリ晴

六時ニ茶ヲ喫シテ「ホテル」ヲ発ス……南方ヨリ新ニ築ケル鉄道アリ此ニ至リテ止ル此駅ヨリ北方ニ向ヒ路線ヲ展ヘ山路ニ向ヒテ銕軌ヲ架セント正ニ地ヲ開キ銕軌ヲシクヲミル此時已ニ七時半ニテ……是ヲ「エルン」湖トス車走ノ際ニ一瞥シ奇ヲ称セル《ト叫フ内ニ車ハ已ニ過キサリ》ノミ是ヨリ「ロケロンヘット」ノ駅ヲ過ク

⑤ (J)90、無罫の紙に十四行浄書異筆。句読点を含めカッコ内は久米の加筆・訂正。その他前に同じ)

十七日陰リ昼ヨリ晴

六時ニ茶ヲ喫シテ(、)「ホテル」ヲ発ス(、)此時ナホ黎明ナリ(、)馬車ヲ駆リテ(、)「テイ」湖上流ノ河ニソヒテ走リ去ル(、)山路マスマス荒蕪ニテ(、)地ニ鋤痕ナシ(、)「ロウルス」ノ山ハ(、)雲ヲ巻キテ峰巓ヲミス(、)其余脈ノ(ヲ)走リテ(ラシ)相重ナル処ヲユク(、)路ヤ、険奇ナリ(、)漸ニ阪路ヲ上リテ山駅ニ達ス(、)小湖尾ノ沼ノ如クニ浸スヲミル(、)南方ヨリ新ニ築ケル鉄道アリ(、)此ニ至リテ止ル(、)此駅ヨリ北方ニ向ヒ(、)路線ヲ展ヘ(、)山路ニ向ヒテ銕軌ヲ架セント(、)正ニ地ヲ開キ銕軌ヲシクヲミル(、)此時已ニ七時半ニテ(、)恰モ車ノ将ニ発セントスルニ逢フ(、)即超上シテ南発ス(、)銕路ノ両側ナヲ(猶)高山相重リ(、)谷ニハ一河ノ流レサルアリ(、)車ハ河右ヲユキ(、)人ハ河左ヲ歩ス(、)進ム(行スルニ)コト三英里ニテ(、)東方ニ一湖ノ濶開スルヲミル(、)岡巒環抱シテ(、)東ハ天ニ際シテ雲水渺瀰タリ(、)是ヲ「エルン」湖トス(、)奇ト叫(督見ノ間ニ、汽)フ内ニ車ハ已ニ過キサリ(、)「ロケロンヘット」ノ駅ヲ過ク(、)

⑥ 刊本(第二編二六四頁〈刊本とは、明治十一年版の刊行本をさす〉。岩波文庫版、(二)二三八―二三九頁)

⑤の原稿の加筆・訂正されたものが刊本の原稿かとも考えられるが、刊本では⑤の「即超上シテ南発ス」の部分は「即チ超上シ南発ス」となっており、刊本は⑤の原稿に加筆・訂正されたものの上にさらに手が加えられている。原稿と刊本とのこのちがいは、あるいは校正に際しての久米のさらなる加筆と考えざるをえない。

以上の①から⑥の変化をみると、いかに久米が『米欧回覧実記』の刊行の最後まで推敲を重ねているかを知ることができる。

つぎに述べる例はこうした修辞の問題は同様ではあるが（以下ではこの点すべて省略する）、叙述の内容においても久米は検討に検討を重ねていることを示すものである。

第二十八巻　漫識特府の記上の例

刊本（第二編一五七頁以下、以下Ⅱ一五七頁と記す。岩波文庫版、㈡一五一頁以下）では明治五年九月二日の条に、使節団が「セントヘーレン」邑を訪れた記事があり、ここでガラス工場を見学する。

このガラス工場では「第一ニ石末《イシノコ》ヲ調合スル場」から「第二ノ場」、つまり第一の工場で調合した「石末」と「玻瓈ノ料ヲ熔ス」過程の工場の様子が述べられ、第三の「磨礲場」への記事に及ぶ。

ところで、この第一の工場と第二の工場の叙述の間に一段下げ（刊本では二段下げ）の論評部分であるガラスについての次のような論評の注記が挿入されている。

[1]玻瓈《ガラス》ハ、西洋ニ於テ羅馬《ローマ》ノ古代ヨリ、既ニ其製法ヲ発明シタレ𪜈後ノ以太利国「ヴェニス」府ノ条ニ載ス、東洋ニテハ、其術ヲシラス、[2]此物透明ニテ清美ナルユ[3]ヘ、我邦ニテハ、人ミナ貴重[4]シタレ𪜈、実ハ格別ニ貴重ノモノニアラス、[5]西洋ニテ[6]玻瓈器ヲ用フルヿ、[7]我邦ニテ陶器ヲ用フルニ比較ス、農作傭工ノ小家モ、[8]玻瓈器ハ用レ𪜈、陶器ハ反テ貴重ノ品ニ属セリ、[9]玻瓈ハ熔シテ後ニ工ヲ施ス、故ニ砕片モ再用ヲナス、陶器ハ施工ノ後ニ鍛化ス、砕片ハ再用ヲ

ナサス、其価アルモ亦宜ナリ、○[10]玻瓈ヲ造ル料ハ、世界ノ地上ニ於テ、尤[11]モ夥多キ硅土《シリケット》《火打石》ヨリ成ル、此原質ハ何国ニモアラサルナク、且地ノ表面ニ露出スル[12]モノナレハ、採用スルニ易シ、但其質ニ、必ス銕、或ハ雑質ヲ含ムモノナルユヘ、之ヲ資用スレハ、透[13]明ヲ損ス、銕[14]ヲ含マサル純硅石ニ至テハ、頗ル採得ニ難シ、因テ価格[15]ヲ増スノミ、酒壜《フラスゴ》[16]ヲ作ル玻瓈《カラス》[17]ノ如キハ、銕[18]ヲ含ミシマ、ニテ熔成ス、青[19]黒色ノ酒壜《フラスゴ》ハ、銕礦ヲ練漉セル渣[20]滓ヲ用ヒ、紫黒色ノ酒壜ハ、銅ヲ練漉セル渣滓ヲ用フルユヘ、其[21]価ノ賤キヿ、我粗陶、竹管ニモ比スヘキ雑用物タリ、[22]透明ノ玻瓈ハ、無色ヲ要スルヲ以テ、石ヲ択マサルヘカラス、米[23]国ニ出ル硅石アリ、全ク銕ヲ含マス、欧洲ノ人買取テ玻瓈《ガラス》[24]ヲ作ル、又有色ノ石ニモ、其色ノ有機質ニテ成タルアリ、是モ用ニ合ス、些[25]少ノ雑質ハ、法ヲ以テ除[26]キ去ル、即チ砒《アルセニック》[27]石、硝石、木[28]炭ヲ和シ、酸素ト抱合シ、熔スルニ従ヒ浮[29]泡ヲナシ、一分ハ気状トナリテ飛去ラシメルナリ、○[30]玻瓈ヲ調和スル法ハ種種ナレ圧、尋常ノ雑[31]玻瓈《ガラス》ハ硅酸曹達《ケイサンソータ》[32]ト、硅酸石灰《ケイサンカルキ》[33]ト、等分ニ和シテ熔[34]ス、是ヲ曹達玻瓈ト云、此[35]調合ナレハ熔解ニ易ケレ圧、些《スコシ》[36]ク青色ヲ帯フ、故ニ稍上品ニハ曹達《ソータ》[37]ニカユルニ「[38]ホッタース」ヲ以テス、是[39]ヲ「ポッタース」玻瓈ト云、熔解ニハ難ケレ圧、純明無色ナリ、玻瓈《ガラス》[40]ノ調合ハ、此二法ニ基ツク、大抵鏡[41]板、窓櫳ノ用ニハ、曹達玻瓈ヲ用ヒ、器皿ニハ「ポッタース」玻瓈ヲ用フ、今此場ニテ製スル玻[42]瓈ノ調合ハ硅[43]石ノ末二袋ト、曹達一袋ト、石灰一袋トヲ用フ、即チ硅酸曹達《ケイサンソーダ》[44]一分剤ニ、硅酸石灰《ケイサンカルキ》[45]一分剤ノ調[46]合ニテ、曹達玻瓈ノ法ナリ、○之ニ炭末ト砒石トヲ和[47]スルハ、硅石、曹達、石灰ノ三[48]品、ミナ純粋ノ精質ニハ非サルニヨリ、其中ニ幾分ノ硫[49]ト銕トナキヿ能ハス、因テ此二品ヲ加ヘテ熔スレハ、熱度ノ加ハルニ従ヒ、炭[50]末ノ化シテ炭酸トナルトキ、他質ヨリ酸素ヲ奪ハント、其酸素ノ結合ヲ壊リ、砒石ハ亦其抱合シタル酸素ヲ分離シ、銕ニアタヘ、銕二酸三ノ気トナリ、火勢ニ従ヒ飛去ラシメル所ナリ、○[51]玻瓈ノ調合ニハ、別ニ高妙ナル深訣ナシ、但[52]シ採用スル硅石ノ質[53]ニヨリ、調合ノ量ヲ異ニス、又参和ノ物モ同量ナラス、此等ハ、工家其時ト地トニヨリテ、商量ヲ定ムルヘキモノニテ、膠柱シテ論シ難シ、○火炉ノ製式ニハ種種アリ、要スル所ハ、火熱罏中ニ平均シテ、白熱以上ニ至ラシメルニアリ、施工ハ修煉ニ頼ル、総[54]テ学術上ノ理ト、聞見上ノ状トハ、其一斑ノ術理ヲ知ルマテニテ、其変通ハ時、処、位ニヨリテ変化シ、人人ノ才智ニ関ス、猶他ノ玻璃製場ヲ照合スヘシ、（刊本Ⅱ一五八―一六〇頁、岩波文庫版、㈡一五二―一五四頁）

前節の「久米邦武文書」の原稿類で成稿の過程を追うと、(E)54→(F)9→(G)6→(H)31がそれを示しているのだが、右に引用した論評の注記は(E)54にはない。これは(F)9で初めて挿入され、(G)6を経て(H)31に至っている。(F)9から(H)31の原稿の過程で、以下にみるように修辞を含め叙述の内容そのものが検討・修正されているのである。いま(H)31の原稿で、訂正されている部分を右の引用に付した番号順に示すと、次のようになる。（以下は(H)31の原稿での訂正部分を示す。さらに刊本で訂正されているものも加えた）

(1) 玻瓈→玻瓈《ガラス》
(2) 且→此物
(3) 物ナレハ→ユエ、我邦ニテハ
(4) スレ𪜈→シタレ𪜈
(5) 西洋ノ人→西洋ニテハ
(6) 玻瓈→玻瓈《ガラス》
(7) 東洋ノ→我邦ニテ
(8) 亦之ヲ用フ→玻瓈器ハ用レ𪜈
(9) 夫玻瓈→玻瓈《ガラス》（「夫」を削除）
(10) 抑玻瓈→〇玻瓈《ガラス》
(11) 尤モ多キ硅土ヨリ→尤モ多キ硅土《シリケット》火打石ヨリ（この「多キ」が刊本では「夥多キ」となっている）
(12) (H)31では「スルモノ多ケレハ」とあるが、刊本ではさらに「スルモノナレハ」と訂正されている。
(13) (H)31「洞明」→刊本「透明」
(14) 純硅ノ銕ヲ含マサルモノヲ→銕ヲ含マサル純硅石ニ至テハ得ルヿ頗ル難シ（刊本では「得ルヿ」を削除して「頗ル採得ニ難シ」となる）
(15) (H)31「価ヒヲ」→刊本「価格ヲ」
(16) (H)31「酒壜」→刊本「酒壜《フラスゴ》」

(17) 玻瓈 →玻瓈《ガラス》

(18) 銕ヲ含ミタル →銕ヲ含ミシ

(19) 故ニ →青黒色ノ酒墁《フラスゴ》ハ

(20) 渣滓モ以テ墁ヲ作ルヘシ →渣滓ニテ作ル紫黒色ノ酒墁ハ銅ヲ練漉セル余ニテ(→刊本「渣滓ヲ用ヒ、紫黒色ノ酒墁ハ、銅ヲ練漉セル渣滓ヲ用フルユヘ」)

(21) (H)31「是ヲ以テ其価ノ」→刊本「其価ノ」

(22) 透明玻瓈ハ無色ナルヲ要スルヲ以テ石ヲ択マザルヘカラス →○透明玻瓈ハ無色ヲ要スルヲ以テ石ヲ択マザルヘカラス

(23) (H)31「米国ニ出ス」→刊本「米国ニ出ル」

(24) 玻璃 →玻璃《ガラス》(刊本「玻瓈《ガラス》」)

(25) 或ハ →些少ノ雑質ハ

(26) 銕ヲ去ル →除キ去ル

(27) 砒石 →砒石《アルセニツク》

(28) 褐石 →木炭

(29) 気状トナリテ →浮泡ヲナシ一分ハ気状トナリテ

(30) 扱玻璃 →○玻璃《ガラス》(→刊本「○玻瓈」)

(31) 雑玻瓈 →雑玻瓈《ガラス》

(32) 硅酸曹達 →硅酸曹達《ケイサンソーダ》

(33) 硅酸石灰 →硅酸石灰《ケイサンカルキ》

(34) 熔スモノナリ →熔ス是ヲ曹達玻ト云(→刊本「熔ス、是ヲ曹達玻瓈ト云」)

(35) 此調合ハ →此調合ナレハ

(36) (H)31「些ノ青色」→刊本「些ク《スコシ》青色」

(37) 曹達 →曹達《ソータ》

(38) 加里 →「ポッタース」

(39) 熔解ニハ →是ヲ「ポッタース」玻瓈ト云熔解ニハ

(40) 玻璃 →玻璃《ガラス》(→刊本「玻瓈《ガラス》」)

(41) 鏡板窓櫳ノ用ニハ曹達玻瓈ヲ用ヒ器皿ニハ加里玻瓈ヲ用フ →鏡板窓櫳ノ用ニハ曹達玻瓈ヲ用ヒ器皿ニハ「ポッタース」玻瓈ヲ用フ

(42) 玻璃ハ →玻璃ノ調合ハ(→刊本「玻瓈ノ調合ハ」)

(43) 硅石ノ末 →硅石ノ末《コナ》(→刊本「硅石ノ末」)

(44) 硅酸曹達 →硅酸曹達《ケイサンソーダ》

(45) 硅酸石灰 →硅酸石灰《ケイサンカルキ》

(46) 調合ナリ →調合ニテ曹達玻璃ノ法ナリ(→刊本は「玻璃」→「玻瓈」)

(47)　和スルハ　→和スルモノハ（刊本「和スルハ」）

(48)　三品其純粋ノ物ヲ用レハ分析ニ価ヲ耗スユヘニ尋常ノ物ヲ採用シ　→三品ミナ純粋ノ精品ヲ用ヒサルニヨリ（→刊本「三品、ミナ純粋ノ精質ニハ非サルニヨリ」）

(49)　(H)31「琉礦銕分ナキヿ」→刊本「硫ト銕トナキヿ」

(50)　(H)31「炭末カ化シテ」→刊本「炭末ノ化シテ」

(51)　玻璃ノ調合ハ別ニ深訣ナシ　→玻瓈ノ調合ニハ別ニ高妙ナル深訣ナシ

(52)　(H)31「但」→刊本「但シ」

(53)　(H)31「質ニヨリテ分量ヲ同クセス」→刊本「質ニヨリ、調合ノ量ヲ異ニス」

(54)　総テ学術ノ理談ト聞見ノ状トハ其一斑ノ理術ヲ知ルマテニテ其変通ハ人人ノ才智ニ関ス　→総テ学術上ノ理ト聞見上ノ状トハ其一斑ノ術理ヲ知ルマテニテ其変通ハ時処位ニヨリテ変化シ人人ノ才智ニ関ス（→刊本には「学術上」以下に圏点を付す）

第四十九巻　白耳義国総説の例

（刊本Ⅲ一七一頁以下。岩波文庫版、㈢一六五頁以下）

いまこの部分の残された原稿類をみると、さきに例示したような詳細は省略するが、(G)11では「第四十八巻」が「第四十九巻」と訂正され、ただちに「二月十七日晴天午後二時半ヨリ」の記述で始まる。刊本にみられる第四十九巻冒頭の「前編ニ於テ……」の叙述はこの(G)11にはない。この「前編ニ於テ」は(H)34で初めて久米の自筆によって挿入されたものである。

また、「白耳義国ハ、幅員一万千三百八十二方英里」（刊本一七二頁以下〈岩波文庫版、㈢一六五頁以下〉）にはじまる一節のなかの「薩撒国ノ繁庶ナルモ、此国ニハ及フ能ハス」（刊本一七二頁一―三行目〈岩波文庫版、㈢一六六頁一行目〉）以下の叙述は久米自筆の補訂によって(G)11のとき初めて加えられたものであり、これが(J)107に及び刊本に至るのである。

これらの加筆は内容を深めると共に量的にも膨大な加筆である。これは『米欧回覧実記』の成稿過程において各巻に同様にみられるものである。そのため稿を重ねるに従って原稿は量質とも増加・充実し、その結果全九十三巻が全一〇〇巻へと増補され、刊本に至るのである。

この一〇〇巻への増補の変化を久米自身の筆による目次の訂正によって示すと、つぎのようになる。

(イ)は久米文書黄表紙本「例言」の浄書、(ロ)は(イ)を久米が自筆で補訂したもの、(ハ)は刊本各巻による目次を示す。

(イ) 全九十三巻目次		(ロ) 全一〇〇巻目次(補訂)		(ハ) 刊本各巻目次	
第一編	北亜米利加洲合衆国ノ部		同上	初編	米利堅《メリケン》合衆国ノ部
第一巻	太平海航程ノ記	同上	〃	同上	同上
第二巻	米利堅合衆国ノ総記	〃	〃	〃	〃
第三巻	桑方西斯哥《サンフランシスコ》府ノ記上	〃	〃	〃	〃
第四巻	桑方西斯哥府ノ記下	〃	〃	〃	〃
第五巻	加利福尼亜《カリホーニア》州鉄道ノ記	〃	〃	〃	〃
第六巻	尼哈達《ネヴワタ》州及ヒ「ユタ」部鉄道ノ記	〃	〃	〃	〃
第七巻	落機《ロッキー》山鉄道ノ記	〃	〃	〃	落機山《ロッキー(モンテン)》 鉄道ノ記
第八巻	市高俄《チカゴ》鉄道ノ記	〃	〃	〃	市高俄《チカゴ》銕道ノ記
第九巻	華盛頓《ワシントン》鉄道ノ記	〃	〃	〃	華盛頓《ワシントン》銕道ノ記
第十巻	閣竜《コロンビヤ》県ノ総説	〃	〃	〃	「コロンビヤ」県ノ総説
第十一巻	華盛頓府ノ記上	〃	〃	〃	〃
第十二巻	華盛頓府ノ記中	〃	〃	〃	〃
第十三巻	華盛頓府ノ記下	〃	〃	〃	〃
第十四巻	北部回覧ノ記上	〃	〃 新約克府ウェストポイント	〃	北部巡覧ノ記上
第十五巻	北部回覧ノ記中	〃	〃 新約克州ナイアギラ	〃	北部巡覧ノ記中
第十六巻	北部回覧ノ記下	〃	〃 波士敦春原	〃	北部巡覧ノ記下
第十七巻	華盛頓府ノ後記	〃	〃	〃	華盛頓府後記

第十八巻	費拉特費《フィラトルフィア》府ノ記	〃	〃	〃	〃
第十九巻	新約克《ニューヨーク》府ノ記	〃	〃	〃	新約克府ノ記
第二十巻	波士敦《ボストン》府ノ記	〃	〃	〃	〃
第二編	英吉利国ノ部	〃	〃	〃	英吉利《(インギリス)》国ノ部
第二十一巻	英吉利《インギリス》国ノ総説	〃	〃	〃	英吉利国総説
第二十二巻	倫敦《ロンドン》府ノ記上	〃	**倫敦《(ロンドン)》府ノ総説**	〃	倫敦府総説
第二十三巻	倫敦府ノ記中	〃	倫敦府ノ記上	〃	〃
第二十四巻	倫敦府ノ記下	〃	倫敦府ノ記中	〃	〃
第二十五巻	里味不《リバプール》府ノ記上	〃	倫敦府ノ記下	〃	〃
第二十六巻	里味不府ノ記下	〃	里味不《リバプール》府ノ記上	〃	〃
第二十七巻	漫識特《マンチエストル》府ノ記上	〃	里味不府ノ記下	〃	〃
第二十八巻	漫識特府ノ記下	〃	漫識特《マンチエストル》府ノ記上	〃	〃
第二十九巻	哥羅斯哥《カラスゴー》府ノ記	〃	漫識特府ノ記下	〃	〃
第三十巻	壱丁堡《エデンボルク》府ノ記	〃	哥羅斯哥《カラスゴー》府ノ記	〃	哥羅斯哥《(グ)ラスゴー》府ノ記
第三十一巻	高蘭土《ハイランド》山水ノ記上	〃	壱丁堡《エデンボルク》府ノ記	〃	〃
第三十二巻	高蘭土山水ノ記下	〃	高蘭土《ハイランド》山水ノ記	〃	**「ハイラント」**山水ノ記
第三十三巻	新城《ニューカツソル》府ノ記上	〃	〃	〃	〃
第三十四巻	新城府ノ記下	〃	〃	〃	〃
第三十五巻	「ブラットホルト」府ノ記	〃	〃	〃	「ブラットホールト」府ノ記
第三十六巻	舌非力《セッフィール》府ノ記	〃	〃	〃	舌非力《セッフィール(ド)》府ノ記
第三十七巻	「ボールトン」河村及ヒ「ユウェントリー」府ノ記	〃	〃	〃	**「スタッホルト」**及ヒ**「ウォリッキ」州ノ記**
第三十八巻	北明翰《バーミンハム》府ノ記	〃	〃	〃	〃
第三十九巻	「チエスター」府ノ記	〃	〃	〃	「チュスター」**州**ノ記
第四十巻	倫敦府ノ後記	〃	〃	〃	〃
第三編	欧羅巴大洲列国ノ部上	〃	〃	〃	欧羅巴大洲ノ部上
第四十一巻	仏朗西《フランス》国総説	〃	〃	〃	〃
第四十二巻	巴黎《パレイ》府ノ記一	〃	〃	〃	巴黎《パ(リー)》府ノ記一
第四十三巻	巴黎府ノ記二	〃	〃	〃	〃

(イ) 全九十三巻目次	(ロ) 全一〇〇巻目次(補訂)	(ハ) 刊本各巻目次
第四十四巻 巴黎府ノ記三	〃 〃	〃 〃
第四十五巻 巴黎府ノ記四	〃 〃	〃 〃
第四十六巻 巴黎府ノ記五	〃 〃	〃 〃
第四十七巻 巴黎府ノ記六	〃 〃	〃 〃
第四十八巻 白耳義《ベルヂュム》国ノ総説	〃 **巴黎府ノ記七**	〃 〃
第四十九巻 白耳義国ノ記上	〃 白耳義《ベルヂュム》国ノ総説	〃 白耳義《ベル(ギー)》国総説
第五十巻 白耳義国ノ記下	〃 白耳義国ノ記上	〃 〃
第五十一巻 荷蘭佗《ホルランド》国ノ総説	〃 白耳義国ノ記下	〃 〃
第五十二巻 海牙《ハーヘ》・鹿特坦《ロットルダム》及ヒ「レーデン」府ノ記	〃 荷蘭佗《ホルランド》国ノ総説	〃 荷蘭陀《ホルランド》国総説
第五十三巻 奄特坦《アンステルダム》府ノ記	〃 海牙《ハーヘ》・鹿特坦《ロットルダム》及ヒ「レーデン」府ノ記	〃 海牙《ハーヘ》鹿特坦《ロットルダム》及ヒ**来丁**《レーデン》ノ記
第五十四巻 普魯士《プロイス》国ノ総説	〃 奄特坦《アンステルダム》府ノ記	〃 奄特坦《ア(ムス)テルダム》府ノ記
第五十五巻 「エッセン」府及ヒ伯林府総説	〃 普魯士《プロイス》国ノ総説	〃 〃
第五十六巻 伯林府ノ記上	〃 「エッセン」府及ヒ**普魯士西部ノ記**	〃 普魯士西部**鉄道**ノ記
第五十七巻 伯林府ノ記中	〃 **伯林府ノ総説**	〃 伯林《(ベルリン)》府総説
第五十八巻 伯林府ノ記下附「ボツダム」	〃 伯林府ノ記上	〃 〃
第四編 欧羅巴大洲列国ノ部中	第五十九巻 伯林府ノ記中	〃 〃
第五十九巻 魯西亜国総説	第六十巻 伯林府ノ記下附「ボツダム」	〃 伯林府ノ記下附「ボツタム」
第六十巻 聖彼得堡《セントピートルボルク》府ノ記上	第四編 欧羅巴大洲列国ノ部中	〃 欧羅巴大洲ノ部中
第六十一巻 聖彼得堡府ノ記中	〃 **露**西亜国総説	〃 露西亜《(ロシア)》国総説
第六十二巻 聖彼得堡府ノ記下	〃 **露西亜銕道並ヒ**聖彼得堡《セントピートルボルク》府ノ**総説**	〃 露**国**鉄道**及**ヒ聖彼得堡《セント(ペ)ートルボルク》府ノ総説
第六十三巻 北日耳曼《ゼルマン》前記	〃 聖彼得堡府ノ記上	〃 〃
第六十四巻 嗹馬《デンマーク》国ノ記	〃 聖彼得堡府ノ記中	〃 〃
第六十五巻 瑞典《スウェーデン》国ノ記上	〃 聖彼得堡府ノ記下	〃 〃
第六十六巻 瑞典国ノ記下	〃 北日耳曼《ゼルマン》前記	〃 〃
第六十七巻 北日耳曼後記上	〃 嗹馬《デンマーク》国ノ記	〃 〃

第六十八巻　北日耳曼後記下
第六十九巻　南日耳曼ノ記
第七十巻　以太利《イタリー》国総説
第七十一巻　「フロランセ」府ノ記
第七十二巻　羅馬《ローマ》府ノ記上
第七十三巻　羅馬府ノ記下
第七十四巻　那不児《ナアブル》府ノ記
第七十五巻　「フェニシヤ」ノ記
第五編　欧羅巴大洲列国ノ部下
第七十六巻　墺地利《オーストリヤ》国総説
第七十七巻　墺地利鉄道幷維納《ウインナ》府ノ記上
第七十八巻　維納府ノ記下
第七十九巻　万国博覧会見聞ノ記上
第八十巻　万国博覧会見聞ノ記下
第八十一巻　瑞士蘭《スイスラン》国ノ記
第八十二巻　瑞士蘭山水ノ記
第八十三巻　「ベロン」及ヒ「ゼネーバ」府ノ記
第八十四巻　仏国里昂《リヨン》及ヒ馬耳塞《マルセール》府ノ記
第八十五巻　欧羅巴洲総論上
第八十六巻　欧羅巴洲総論下
帰航日程
第八十七巻　地中海航程ノ記
第八十八巻　蘇士《シユウエス》運河及ヒ紅海航程ノ記
第八十九巻　阿刺伯《アラビヤ》海航程ノ記
第九十巻　錫蘭《セーロン》島ノ記
第九十一巻　榜葛剌《ベンガラ》海航程ノ記
第九十二巻　支那海航程ノ記
第九十三巻　香港及ヒ上海航程ノ記

〃　瑞典《スウエーデン》国ノ記上
〃　瑞典国ノ記下
〃　北日耳曼後記上
〃　北日耳曼後記下
〃　南日耳曼ノ記
〃　以太利国総説
〃　*仏稜府ノ記
〃　羅馬府ノ記上
第七十六巻　羅馬府ノ記下
第七十七巻　那不児《ナアブル》府ノ記
第七十八巻　「フェニシヤ」府ノ記
第七十九巻　墺地利《オーストリヤ》国総説
第八十巻　墺地利鉄道幷維納《ウインナ》府ノ**総説**
第八十一巻　維納府ノ記
第五編　欧羅巴大洲ノ部下及ヒ帰航日程
〃　万国博覧会見聞ノ記上
〃　万国博覧会見聞ノ記下
〃　瑞士蘭《スイスラン》国ノ記
〃　瑞士蘭山水ノ記
〃　「ベロン」及ヒ「ゼネーバ」府ノ記
第八十七巻　仏国里昂《リヨン》及ヒ馬耳塞《マルセール》府ノ記
第八十八巻　**西班牙葡萄牙国ノ略記**
第八十九巻　欧羅巴洲**風俗**総論
第九十巻　欧羅巴洲地理総論
第九十一巻　**欧羅巴洲農業総論**
第九十二巻　**欧羅巴洲工業総論**
第九十三巻　**欧羅巴洲商業総論**
第九十四巻　地中海航程ノ記
第九十五巻　蘇士《シユウエス》運河及ヒ紅海航程ノ記

〃　〃
〃　〃
〃　〃
〃　〃
〃　〃
〃　以太利《(イタリヤ)》国総説
〃　**仏羅稜**《(フロレンス)》府ノ記
〃　羅馬《(ローマ)》府ノ記上
〃　〃
〃　〃
〃　**「ロンバルヂー」及ヒ威尼斯**《(ヴェネシヤ)》**府ノ記**
〃　墺地利《(オ、トリス)》国**ノ総説**
〃　墺地利**道中並ニ**《(ホンガリー)》 維納《(ウリーン)》 府総説
〃　維納府ノ記**附匈加利国ノ略説**
〃　欧羅巴大洲ノ部下**附リ帰航日程**
〃　**維納**《(ウリイン)》万国博覧会見聞ノ記上
〃　**維納**万国博覧会見聞ノ記下
〃　瑞士《スイス》国ノ記
〃　瑞士国山水ノ記
〃　「ベロン」及ヒ「ゼネー**ヴァ**」府ノ記
〃　仏国里昂《リヨン》及馬耳塞《マルセ(イ)ル》府ノ記
〃　西班牙《(スハニヤ)》**及ヒ**葡萄牙《(ポルチユガル)》国ノ略記
〃　欧羅巴洲**政**俗総論
〃　欧羅巴洲地理**及ヒ運漕**総論
〃　欧羅巴洲**気候及ヒ**農業総論
〃　〃
〃　〃
帰航日程
第九十四巻　地中海航程ノ記

(イ) 全九十三巻目次	(ロ) 全一〇〇巻目次(補訂)	(ハ) 刊本各巻目次
		第九十五巻　紅海航程ノ記
	第九十六巻　阿刺伯《アラヒヤ》海航程ノ記	第九十六巻　阿刺伯《アラ(ビ)ヤ》海航程ノ記
	第九十七巻　錫蘭《セーロン》島ノ記	第九十七巻　錫蘭《セ(イ)ロン》島ノ記
	第九十八巻　榜葛刺《ベンガラ》海航程ノ記	第九十八巻　榜葛刺《ベンガラ》海航程ノ記
	第九十九巻　支那海航程ノ記	第九十九巻　支那海航程ノ記
	第一百巻　香港及ヒ上海航程ノ記	第一百巻　香港《(ホンコン)》及ヒ上海《シャンハイ》ノ記

注

(ロ)　第七十四巻の＊—「仏稜」の稜は抹消、横に「墺国」とある。

(ロ)と(ハ)のゴチックは新たな補訂があった部分を示す。(ロ)の表記全部がゴチの巻、つまり第二十二巻、第四十八巻、第五十七巻、第八十八巻、および第九十一―第九十三巻の計七巻が新たな巻として増補されたことになる。

(ロ)と刊本の「例言」に記された五編一〇〇巻の目次とはほぼ同じだが、左記の点に異同がみられる。

第一編の「亜米利加」に「アメリカ」、第二巻の「米利堅」に「メリケン」、第十六巻の「波士敦、春原」に「ボストン」「スプリンクヒル」、第五十七巻の「伯林」に「ベルリン」、第六十一巻の「露西亜」に「ロシア」、第八十八巻の「西班牙」「葡萄牙」に「スハニヤ」「ポルチユガル」のルビが新たに付されている。

第三十七巻の「「ボールトン」河村及ヒ「ユウェントリー」府ノ記」が「「スタッホルト」及ヒ「ウォリッキ」州ノ記」に変わり、第五十六巻の「「エッセン」府及ヒ」が削除され、第七十三巻の「以太利国総説」に「附墺国「チロリー」州」が、第五編の「欧羅巴大洲」に「列国」がそれぞれ加筆され、第八十九巻の「風俗」が「政俗」に変えられている。

ルビ及び片カナ表記では第三十巻の「カラスゴー」が「グラスゴー」に、第六十二巻の「セントピートルボルク」が「セントペートルボルク」に、第七十八巻の「フエニシヤ」が「ヴエネシヤ」に、第九十六巻の「アラヒヤ」が「アラビヤ」に変えられている。

(　)の付いたルビは、ゴチック体を示す。

四　まとめにかえて

本稿は久米邦武と『米欧回覧実記』、とりわけその成稿過程を、煩瑣をもかえりみず残された原稿類に沿いながら忠実に追ってみた。

お雇い外国人フルベッキの「ブリーフ・スケッチ」に示唆を与えられて、岩倉使節団の派遣計画は進められたわけだが、ここに紹介したフルベッキの報告書作成の懇切な手引きは、取捨選択はなされつつも、『米欧回覧実記』作成に当たってその内容叙述に大いに役立ったと思われる。そして使節団はこれを根気よく実行に移し、帰国後、久米はその全精力を傾けて『米欧回覧実記』の成稿に尽力したのである。

さきにも引用した「文学博士易堂先生小伝」が、「先生米欧より帰朝するや、朝廷には征韓論の沸議あり、藩閥の軋轢《あつれき》あり、其の余沫江藤新平を佐賀に斃せり。而して藩士は分裂し、天下の風雲は変転して熄《や》まざりき。此の間に処し、先生は政界の怒濤を避けて太政官内文書の堆中に隠れ、田園生活を創始して退官帰農の余地を作り、官位競争の場外に超然とし、家居には紳商と談に耽り、傍、維新後廃れたる能楽の振興に努めらる」と述べているのは、あながち誇張ではなかったのである。

『米欧回覧実記』の原稿は推敲に推敲が重ねられ、浄書された原稿にはさらに加筆・訂正がなされ、増補が繰り返された。太政官には全九十三巻として提出されたが、久米はさらに補筆・増巻し、遂に全一〇〇巻として完成・刊行されたのである。しかも久米はこの原稿の執筆と「編修」をほぼ一人で担当した。そして彼はのちの実証的な歴史学者としての片鱗を示すかのように、「日記」の「実録」部分と「記者ノ論説」部分を明確に区別した(『米欧回覧実記』の「例言」参照)。もとより、「日記」の部分にも「論説」めいたものは混入しているものの、彼の区別の意図は明白だった。

こうして『米欧回覧実記』は、のちの歴史学者としての久米の面目の一端を示すと共に、凝縮されたその文章には漢学者としての彼の教養がフルに活用されて、修辞や語勢などにも細心の意が払われ、格調高い名文で書きあげられたのである。

こうして『米欧回覧実記』は最終的には久米ひとりの「編修」・叙述になったが、同時にそれは「例言」からもわかるように、岩倉使節団の公約数的な米欧見聞実録でもあり、維新のリーダーたちの米欧近代国家洞察記でもあり、また比較文明論でもあったのである。久米の筆はそうしたものを包み込みつつ、その稀にみる筆力によって、『米欧回覧実記』という日本近代記録史の上に一大金字塔をうちたてた、といえるのである。

追記 本稿は本文にも記したように小森恭子氏の協力をえた。ここに改めて記し、心から謝意を表する。

なお、本文中の『環瀛筆記』の一部および「ブリーフ・スケッチ」「米人フルベッキより内々差出候書」は、日本近代思想大系第一巻『開国』（岩波書店、一九九一年）に、また、本文中に久米文書分類Ⅲ（関係基礎史料）として例示したものは、久米美術館編『久米邦武文書』二・三（吉川弘文館、二〇〇〇年・二〇〇一年）に所収され、公刊されたこと、さらに二〇〇二年現在では久米邦武文書の整理は一層進められていることを付記しておく。

第四章　久米邦武――「編修」者から歴史家へ

久米邦武（天保十〜昭和六年〈一八三九〜一九三一〉）は、日本近代史学史上にはその名を留めていたが、長い間「忘れられた歴史家」の一人だった。

その久米に新たな光が当てられたのは、明治初年の岩倉使節団の報告書『特命全権大使米欧回覧実記』がクローズアップされてきたからである。彼は使節団のメンバーであり、報告書の『実記』の「編修」を担当した人物である。

邦武は幕末に生まれ、昭和初年に没した。幕末・明治・大正・昭和の四つの時代を生きた歴史家だったのである。

この邦武の歴史家としての特質を浮き彫りにすることに留意しながら、彼の長い一生を追ってみよう。

一　歴史家久米邦武の素地

久米邦武は、天保十年（一八三九）七月十一日、肥前（佐賀）藩士久米邦郷《くにさと》と妻和嘉《わか》の三男として佐賀城下八幡《はちまん》小路に生まれた。幼名は泰次郎、のち丈一郎・丈市といい、後年、易堂と号した。十六歳の時、藩校弘道館に入り、大隈八太郎（重信）と寮生活を共にし、これが晩年の大隈との交友のもととなる。

安政元年（一八五四）、十六歳で藩校弘道館に入り、ここで大隈八太郎と相識り、終生の交友を結んだ。

文久三年（一八六三）、邦武は江戸へ遊学し、古賀謹一郎（謹堂）の門に入り、ついで昌平坂学問所（昌平黌《こう》）に学び、帰藩後は藩主鍋島直正《なおまさ》（閑叟《かんそう》）の近習となった。維新後の明治元年（一八六八）には弘道館教諭となり、翌年佐賀県権《ごん》大属、明治四年、同大属に任じられ、廃藩置県後は鍋島家の家扶として上京した。

邦武が歴史家として成長していく素地は、この藩に生まれ、藩主の近習として勤めていた間に培われた、と思われる。

その第一は、吏務に長じ理財に明るかった父からの影響である。邦武の「泰東史談」の「緒言」(『久米邦武歴史著作集』第三巻、久米美術館、一九九〇年、所収)をみると、実務家だった父の影響がいかに大きかったかがわかる。父は彼の教師であり、また反面教師でもあったのである。「余が父は儒学を駭薬《がいやく》と見做《みな》して、余が読書熱を冷し、実務に心をよせしめんとするにあり。然れ共、余は才智を発達さするには、古の聖師賢友に就《つ》より外に其便りはなしと信じたる反動力の衝突により、斜に史学研究の方針を取りて走りたるなり。教育は親子の間も自由ならぬものなれど、迂闊を警めて経済に注意する要点は実に父の誘導指示に因るものなり」(圏点は原文、ルビ引用者、以下同)と、邦武は後年(明治二十七年)こう述べている。

第二は、藩主鍋島直正の影響であった。それは長崎という外に開かれた窓をもった佐賀という環境と無関係ではないが、彼は藩主との関係を次のようにいう。

老公(直正)の天品、人にすぐれたるは企て及ぶべからずと雖も、其学は大名の学問なりき。其故は史学をなすに考証、鑑識、研究、輳合《そうごう》、比較、批判等より、応用に達するまで、随分精密を要する点に面倒を堪へる事あるなり。公は其面倒を近従に為さしめ、己が心霊界の思想を鍾《あつ》めて判定を下さる。我輩は矻矻《こつこつ》と精を弾じ、其批判の警抜なるを聴き、自ら識見を長ずる益を受けたれど、公も亦よき近従を得ざれば其心霊界には空想の虚転せんのみ(以上、前掲『著作集』第三巻、二〇三頁・二〇八頁)

そしてもっとも影響が大きかったと思われる第三は、米欧回覧体験である。彼は明治四〜六年(一八七一〜七三)、岩倉使節団に権少外史《ごんのしょうがいし》として任命され(明治四年十一月五日発令)、特命全権大使岩倉具視の随行となり(数え年三十三歳)、終始岩倉と行動を共にしたのである（十二月八日、サンフランシスコで、大使付属枢密記録等取調兼各国宗教視察を命じられ、明治五年八月三日、ロンドンで使節紀行編輯専務心得となる）。使節団の報告書『米欧回覧実記』（全一〇〇巻、五編五冊、明治十一年）は久米の「編修」に成る。

二　岩倉使節団への参加――『米欧回覧実記』の「編修」

久米邦武の岩倉使節団参加は、生前の鍋島直正（明治四年一月没）と岩倉との関係（岩倉の子、具定《ともさだ》・具経《ともつね》兄弟らを佐賀藩が世話をした）、直正の子直大《なおひろ》（知藩事）の洋行計画（邦武は同行予定だったが、中止）などとからむが、邦武の使節団入りの直接の要因は、歴史学者重野安繹《やすつぐ》の代わりということだった。

明治四十四年（一九一一）、邦武は語っている。「重野博士が八十歳になりて洋行され、帰て後に「明治の初め岩倉公洋行の時に随行すべかりしに、其頃は大坂に帷《とばり》を下し故ありて応ぜざりしを遺憾とせしに、是《これ》で本望を遂げた」と言はれたと聴き、扨《さ》て余は重野博士の替人であつた事を始めて知《（マヽ）》た。因て思ひ回せば余は其洋行の日記に成功して修史館に入り、亦同じく国史編修に提携して国家に貢献したは、自ら因縁あることにて亦神とも謂《いう》べく（下略）」（「余が見たる重野博士」前掲『著作集』第三巻、一二〇頁）と。彼自身もいっているように、のちの重野と久米とはすでにこの時、目に見えぬ糸でつながれていたのである。

右の引用にいう「洋行の日記」が『米欧回覧実記』である（ちなみに『米欧回覧実記』は、太政官提出直前までは『米欧回覧日記』と題されていたが、最終段階で『米欧回覧実記』と改められたことは前述）。

明治六年（一八七三）九月、岩倉とともに帰国した久米は、同七年、太政官外史記録課長（法例彙纂編輯担当）、同八年三月二十三日、大使事務局書類取調御用、五月二十五日、少外史に昇任、九月二十日、従六位、九月二十二日、権少史となった。この間、『実記』の「編修」に専念し、明治十一年（一八七八）一月二十八日、少書記官となった。

この年、『米欧回覧実記』五編五冊が、「太政官記録掛刊行」として公刊（奥付は明治十一年十月だが、実際の刊行は十二月）されたのである（その功により久米は五〇〇円を下賜される）。[1]

久米は使節団帰国後の数年間、鋭意『実記』の「編修」に専念した。

この間、出身地の佐賀では江藤新平の反乱があり、政情は動き、「天下の風雲は変転して熄《や》まざりき」と、「文学博士易堂先生小伝」は語るが、久米は「政界の怒濤を避けて太政官内文書の堆中に隠れ」て『米欧回覧実記』の執筆・「編修」に渾身の力を尽していたのである（『久米博士九十年回顧録』上巻、一〇頁〈早稲田大学出版部、一九三四年〉所収。『回顧録』と略称）。

すでに本書第三章でみたように、この『米欧回覧実記』の成稿までには、当初の断片的原稿からいえば、少なくともほぼ十回（以上）の改稿・加除が加えられ、推敲に推敲が重ねられたのである。

しかし、それは、使節団の理事官の報告書「理事功程」や、同時期に別働隊として派遣された左院の西欧視察団の報告書「視察功程」、あるいは回覧中に入手した諸資料や聞き書き、また、多くの参考書や統計などを利用して、「時ニハ各人各書ノ語ヲ、己ノ辞ニテ闘縫シタル文モ多シ」と、久米自身（「例言」、日付は明治九年一月）が述べているように、彼の執筆になるとはいえ、使節団の公約数的な報告書にほかならなかった。

ところで、彼は「此編日記ヲ以テ体裁ヲ定メ、務テ目撃ノ実際ヲ録ス」という「実録」の部分と、「注記」した「論説」部分とを区別している。実際には「実録」の部分にも、「論説」が混入していないわけではないが、事実と論評を意識的に区別していることは、のちの歴史家久米邦武の実証的な方法論が、すでに『米欧回覧実記』に胚胎している、といってよいのである。[2]

とすれば、『米欧回覧実記』は、久米の処女作としての編著であり、歴史家久米邦武の誕生を意味する。彼がさきの引用のなかで、「余は其洋行の日記に成功して修史館に入り」といったゆえんである。

しかも、この『米欧回覧実記』の内容は、政治・経済・産業・軍事から教育・宗教・思想・文化などあらゆる分野にわたっている。また、米欧各国の現実の生活から近代国家の原理にいたるまで鋭く考察されており、さらに各国の国民性や東西文明の比較とその落差など、具象・抽象のさまざまな問題に筆は及んでいる。だからそれは、「一種のエンサイクロペディア」でもあった。その意味で『米欧回覧実記』は、明治啓蒙主義時代の所産であり、その「編修」に彼が関わったことは、歴史家久米邦武誕生を大きく特色づけている（第二章三参照）。

三　修史館時代――〝抹殺派〟の久米邦武

『米欧回覧実記』を明治十一年（一八七八）に刊行した久米は、翌十二年三月、太政官の修史館に転じ、三等編修官となり、同十四年十二月には二等編修官となった。

修史館は、明治二年（一八六九）四月、明治天皇の修史の詔が起源で、六国史《りっこくし》を継ぐ官撰日本正史の編纂を目的として、太政官内に史局を設けたことにはじまる。

ついで明治六年（一八七三）、歴史課が設けられ、同八年四月、これが拡張されて修史局となり、重野安繹、川田剛《たけし》らが編修官となり、応永年間（一三九四～一四二八）以降の国史の編修を開始した。明治十年になると、修史局が正院とともに廃され、改めて太政官に修史館が設けられた。さらに明治十四年（一八八一）末から機構が刷新されて、正史の編纂がはじまった。重野が編修副長となり、久米は藤野正啓、星野恒《ひさし》らとともに編修官として編修の中核だった。正史は編年体として「大日本編年史」と題され、重野の主張で文体は漢文とされた。そして、水戸藩編纂の『大日本史』を正史と認めてそれを受けつぐこととなったのである。(3)

このようにして、政府事業として漢文の官撰日本史の編纂は開始された。これは前述のように明治二年の修史の詔によるものだったから、王政復古の歴史観によるものであったことはいうまでもない。それを漢文で書いたのは、重野によると、起稿が簡潔で、いつでも読み下しの和文にすることができるからだ、という。このように史体と文体はいかにも古風であったが、歴史叙述は正確な史料により、あくまでも史実を尊重して、儒教風の勧善懲悪史観、あるいは『大日本史』風の国体史論は排斥された。

いうなれば、それは実証主義史観であり、徹底的に史実の考証が主張されたのである。したがって『太平記』や『日本外史』などの勧懲史観や名分論的な歴史観は排除された。例えば、南朝方の忠臣児島高徳《たかのり》は、その実在すら疑い、否定したのである。そこで重野・久米らは〝抹殺派〟といわれた。[4] 久米がのちに「太平記は史学に益なし」を書き、久米事件を惹起した「神道は祭天の古俗」という論文を執筆したのは、けっして偶然ではなかったのである（後述）。修史館時代が、久米事件の前提をなしていた。この修史館時代の実証主義が、やがて西洋の近代史学の導入と結びつき、日本近代史学形成の基礎になっていることは留意する必要があろう。

さて、明治十三年（一八八〇）六月、久米は明治天皇の中央道地方巡幸の供奉を命じられ、『東海東山巡幸日記』（全十巻、乾坤二冊、久米美術館編『久米邦武文書』一、吉川弘文館、一九九九年、所収。以下『文書』一と略称）を編述した。この『巡幸日記』は、『米欧回覧実記』以上に、いまなお邦武の業績から忘れられた著述である。

この『巡幸日記』について秋元信英氏は、「第一には、『米欧回覧実記』を編纂した経験によって、久米邦武が社会経済を観察し叙述する技法を習得し終った時期に属することである。第二には、修史館が各県別に古文書を採訪して（明治十八年）、古文書により軍記や物語の歴史像を克服する考証史学を充分に発揮する以前の、言わば考証史学・修史館史学前夜に属するものである。そして、本書の対象は木曾義仲や武田信玄の史跡にめぐまれ、諏訪大社や伊勢神宮が鎮座する由緒ある歴史的地域なのであるから、旅行記と言うよりもむしろ歴史地理誌としての特色を有するのが自然なのであり、史学史・思想史の視点から研究対象になり得るのである」（秋元「久米邦武『東海東山巡幸日記』の神社をめぐる書法」〈日本近代思想大系13『歴史認識』付録「月報」21、岩波書店、一九九一年四月〉）と、その特色を指摘している。のちに歴史地誌に関心を向ける久米史学の一端がすでにここにみられるのである。

明治十九年（一八八六）の修史館の廃止に代わって、内閣に臨時修史局が設置された。邦武は引続き編修に従事したが、翌二十年には九州七県の古文書《こもんじょ》採訪に出張し、重野・星野らとともに大量の貴重な古文書の存在を明らかにした（『史徴墨宝《しちょうぼくほう》』第一―第三編、明治二十〜二十七年。「鎮西文書採訪記録」〈前掲『文書』一、所収〉参照）。後年の久米古文書学の基礎となる仕事である。[5]

四　「神道は祭天の古俗」事件

修史館は明治十九年（一八八六）一月、臨時修史局となり、同二十一年十月、この臨時修史局が帝国大学に移管されて臨時編年史編纂掛（明治二十四年三月、史誌編纂掛）となるに伴い、久米は帝国大学文科大学教授となり、臨時編年史編纂委員となった。数え年五十歳のときである。

翌二十二年（一八八九）六月、帝国大学文科大学に国史学科が新設されるや、久米は重野・星野らと学科の陣容を整え、二十三年には、彼らと『稿本国史《こくし》眼《がん》』を刊行した。邦武が主としてその執筆に当たったのである（その未定稿は「日本史略」と題され、久米自筆の八冊が残されている）。また、二十二年十一月の史学会創設にも尽力し、『史学会雑誌』（のち『史学雑誌』）の創刊に努めた。そして、邦武が『史学会雑誌』に「神道は祭天の古俗」（原題は「神道ハ祭天の古俗」）を発表したのは、明治二十四年（一八九一）のことであった（第二三―第二五号、十〜十二月）。

この論文は日本の神道の科学的な検討ともいうべきものであった。神道の諸要素、儀式、形態などを分析し、神道は東洋一般に行われる祭天の古俗にすぎないという見解（後述参照）を述べたものである。

発表当時はなんら問題とならなかったが、田口卯吉がみずから主宰していた『史海』第八号（明治二十五年一月号）に、「古人未発」の卓見と激賞して全文を転載し、それに「若し彼等にして尚ほ緘黙《かんもく》せば、余は彼等は全く閉口したるものと見做《みな》さざるべからず」という、国家神道派に対する刺激的な紹介の辞を付した。『史海』転載後の同年二月の末には、はやくも神道家倉持治休らから皇室への不敬、国体毀損という抗議がでた。そこで、久米は「論文中の章句に付て」は、「取消すことあるべし」(三月三日)とした。

しかし、倉持らは各方面に久米排撃の運動をすでに展開していたから、三月四日、ついに久米は非職となり、三十日、依願免官となった。『史学会雑誌』と『史海』の該当号は、安寧秩序を乱すとの理由で発禁となった。これでいったんは収まったかにみえたが、田口は腹をすえかね、三月二十八日発刊の『史海』第一〇号に「神道家諸氏に告ぐ」の一文を掲げて論陣を張った。これは久米論文の内容には触れないで、古代史の客観的研究や実証主義を唱え、神道者流の古代史論を難じたものである。

神道家は一斉に田口に集中攻撃を加えてきた。なかでも惟神学会の『随在天神』は、反論の特集号を出し、論議は久米から田口に移った。

ところで、さきの久米の「取消」が問題となるが、邦武の倉持らあての書簡を読むと、邦武は彼らの抗議の質問に五時間もかけて弁論したが、なお自分の真意をわかってくれない、それは自分の論文の「章句」がまずいからで、誤解されるところは「取消」すという意味であり、論旨それ自体を「取消」したものではない、と解される。

以上が「神道は祭天の古俗」事件(「久米事件」と略称)の概要である。(6)

ここで「神道は祭天の古俗」論文の内容を、もう少し詳しくいえば、神道とそれに関連する諸祭祀の宗教性の欠如やその習俗性の指摘とともに、伊勢神宮は皇室の宗廟ではなく宮趾にすぎないこと、三種の神器は祭天の祭具であること、新嘗祭《にいなめさい》・大嘗祭《だいじょうさい》は天を祀る儀式であることなどが主張されている。要するに、日本の神道は宗教ではなく、東洋における祭天の古俗のひとつにすぎない、というのがその基本の論点なのである。久米は「君臣上下一体となりて結合したるは国体の堅固なる所にて、思へば涙の出る程なり」と書いているから、日本の「国体」を否定するどころか、それを前提としてこの論文は書かれていたのである。

では、なぜ「久米事件」はひき起こされたのか。久米史学に関わる限りで、いくつかの要因を挙げておこう。

それは、第一に、いわゆる修史館史学と関わる。邦武は重野らとともに「大日本編年史」の編纂を企図し、漢文の官撰日本史に着手し、歴史の史実は正確な史料に基づいた実証を第一とし、儒教風の勧懲史観や名分論的歴史観を排したことは先述した。南朝方の忠臣の存在にも疑問を投げかけ、〝抹殺派〟といわれたこともすでに指摘した。このような忠臣や忠臣美談の否認は、反〝抹殺派〟の風潮をかもし出し、久米事件の底流を形づくっていたのである。

第二は、日本の神道を広く東アジアのなかで比較検討し、神道を絶対的なものとして意義づけていなかったことである。

進歩トハ、旧ヲ舎《す》テ、新キヲ図ルノ謂ニ非ルナリ、故ニ国ノ成立スル、自ラ結習アリ、習ヒニヨリテ其美ヲ研《けん》シ出ス、知ノ開明ニ、自ラ源由アリ、由ニヨリテ其善ヲ発成ス、（『実記』岩波文庫版、㈡一一四頁）

これは『米欧回覧実記』の「論説」部分の一節である。ここには久米邦武の歴史観の一端をうかがえる。引用で明らかなように、久米は「旧」の否定のみに走っていたのではない。「新」と「旧」を相対的に歴史のなかでとらえようとしていたのである。にもかかわらず、彼の論文は神道への攻撃、その特性否定と受けとられた。

第三には、彼の神道批判は、時あたかも近代天皇制イデオロギー確立期に当たっていたから、「国体」毀損とみられたことである。それは学問・研究の次元をはるかに越え、社会的、政治的な問題となった。それだけに神道・国学系の久米攻撃はすさまじく、波紋の広がりも大きかった。もとより、論調のすべてが久米への非難だったわけではない。田口卯吉はいうまでもないが、吉田東伍《とうご》（のちの歴史地理学者、早稲田大学教授）らのように、むしろ久米攻撃の側を批判し、歴史研究の自由の必要性を主張した論評者も存在していたのである。

だが、「問題は、より広く、そして暗々として深」かった、と宮地正人氏はいう(『天皇制の政治史的研究』校倉書房、一九八一年、一七六頁)。第二次伊藤博文内閣の文相井上毅《こわし》は、就任直後の明治二十六年(一八九三)三月、史誌編纂掛の廃止を決定し、明治初年以来の官撰修史事業を停止した。「大日本編年史」は廃絶された。それは大日本帝国憲法発布から四年、教育勅語が出てから三年、日清戦争開戦前一年有余のときである。

久米事件は、久米史学の性格を浮き彫りにするとともに、事件の社会性、政治性をよく示している。久米事件が日本近代史学史上注目され、重視されるゆえんである。

五　在野の歴史家——その多彩な著述

先生の言論には、頗る奇警なものがあつた。ドグマチックな議論が多かつたが、往々にして人の意表に出るやうな事もあり、観察の勝れたものもあり、表現のしかたも変つたものがあつた。祭天古俗説などは、その著しい例であらう。

アカデミズムの歴史学者辻善之助の、後年の「思ひ出づるまゝ」(一九四七〜四八年、明治文学全集78『明治史論集』(2)筑摩書房、一九七六年、所収、三八〇頁)の一節である。

官学アカデミズムから追放され、「奇警」「ドグマチック」と評された久米邦武を迎え入れたのは、同郷での旧友大隈重信の創立になる東京専門学校(明治三十五年、早稲田大学と改称)だった。明治三十二年(一八九九)、邦武数え年で六十一歳のときである。

文学科史学科で「古文書学」や「国史」を担当した久米は、以後、講義をするかたわら、刊行される講義録に「古文書学講義」の連載をはじめた。邦武の古文書学へのこだわりとその体系化の努力は、特筆大書してよい。日本古文書学は事実上彼によってつくられたといえるのである(『久米邦武著作集』第四巻、久米美術館、一九九〇年、および

注（5）参照）。

さらに講義録には、「日本古代史講義」「日本古代史」「南北朝時代史」「奈良朝史」などを順次掲載し、やがてそれらは早稲田大学出版部より単行本として刊行された。

教授会議員になったのは明治四十年（一九〇七、六十九歳）で、教授・講師制度発足に伴って教授になったのは、四十四年（七十三歳）である。この間、四十二年、七十一歳で文学博士となった（博士会認定推薦）。講義は大正二年（一九一三、七十五歳）まで担当した。

浪人時代から早大時代にかけて、邦武は多くの新聞・雑誌に論稿を書き、また多くの単行本を出版した。単行本はさきに講義録であげた書名のほか、『上宮太子《じょうぐうたいし》実録』（明治三十八年、のち訂正・増補『聖徳太子実録』大正八年）、『日本古代史と神道との関係』（明治四十年）、『平安初期裏面より見たる日本歴史』（明治四十四年）、『時勢と英雄』（大正四年）、『国史八面観』（〈磐余《いわれ》朝〉大正四年、〈奈良朝〉同六年）、『裏日本』（大正四年）、『支那大観と細観』（永井柳太郎と共著、大正六年）、『国史講習録　国史の周囲観』（長坂金雄編、大正九年）、『鍋島直正公伝』（執筆編述、全六編・総目録等一、大隈重信監修・中野礼四郎増補校訂、大正九年）などがある。

『久米博士九十年回顧録』（上下、中野礼四郎・石井八万次郎・川副博編、昭和九年）は、邦武の口述であるが、その半ばにして昭和六年（一九三一）二月、邦武は没した。数え年九十三歳だった。(7)

右にあげた書名からもわかるように、久米邦武の歴史学は古代史研究をはじめ独自の特色をもっているが、何よりも多彩である。「裏」という言葉を彼は多用しているが、彼の著作『裏日本』が代表しているように、これまで「裏」とみられていたものを、むしろ「表」としてとらえ返そうとしている。一筋縄ではいかない久米の歴史把握がそこにある。

それは勧懲的、名分論的なものを排除しようとした久米史学の特徴とも関連するし、『国史八面観』という著作の「八面観」という書名のつけ方とも重なる。歴史は「正面」からのみでなく、「背面」からも見なければならないというのであり、「外面」のみならず「内面」もみようというのである。また、「男子」とともに「女子」の存在を認め、さらに「前面」の形式にとらわれず、「後面」に関心をもとうとも主張しているのである。

当然それは、「中央」史のみならず、「地方」史にも目を向けることになる。地方地誌類に彼がいくつも序文を書いているのはそのゆえである。

久米の事実上の処女作『米欧回覧実記』を「一種のエンサイクロペディア」と私はいったが、彼の歴史学の多彩ぶりは、すでにそこに発していた、といってよい。

それと関連づけていえば、残されている「物理学」の手稿をはじめ、彼のメモや漢訳書の蔵書などをみれば、漢学者の久米が、漢訳書を通して、いかに西欧の科学史・技術史に関心をもっていたかがわかる。それは彼が米欧を回覧し、明治啓蒙主義の時代をくぐりぬけた歴史家であったことを如実に物語っている。彼の世界史的視野と合理主義的な思想などがそこにあったことはいうまでもない(『久米邦武文書』二、吉川弘文館、二〇〇〇年、所収の史料および高田誠二「解説」並びに高田『維新の科学精神』朝日選書、朝日新聞社、一九九五年、参照)。

久米はまた、ヨーロッパのオペラの舞台から日本の能舞台に思いをいたした。維新後衰退の一途を辿っていた能楽の再興のために、彼は能楽の歴史を追い、皆楽社を結成するなど力を尽した。邦武は民族的な文化を総合したものとして能楽をとらえ、それが庶民のなかに根ざしている点を重視していたのである(大隅和雄「久米邦武と能楽研究」〈『研究』所収〉参照)。それは邦武の歴史学の伝統への新たなこだわりでもあった。「進歩トハ、旧ヲ舎《す》テ、新キヲ図ルノ謂ニ非ルナリ」という邦武の歴史観の表出のひとつなのである。

そのことは彼の宗教、とりわけキリスト教への接近と、神道へのあくことなき追究とも関わる。神道問題によって久米事件で煮え湯を飲まされた邦武ではあったが、いや、それゆえにこそというべきか、彼は明治三十年(一八九七）に『耶蘇基督真蹟考』（斯定筌《ステイシエン》口述、久米邦武筆記）を刊行し、明治四十年代にはキリスト教にもっとも接近した、とされる。それは、彼の「神道に関する総決算」（久米『日本古代史と神道との関係』〈明治四十年版の改版〉創元社、一九三九年、所収の沖野岩三郎「解題」）の時期でもあり、そこから邦武は、日本の伝統回帰（ひいては自然回帰）によって、改めて神道や宗教のもっとも根源的なものは何なのか、を問いつめようとしたように思われる（山崎渾子「久米邦武とキリスト教」〈別巻『研究』所収〉参照）。

このようにみてくると、綾なす多彩な邦武の歴史家ぶりは、同時に深く伝統へと限りなくつながっていたのである。

「久米事件」は、近代天皇制確立期の天皇制イデオロギーの根幹に関わり、日本歴史学にとっては不幸な事件ではあったが、そのため在野の歴史家となった久米邦武は、それをバネとして多彩な活動をし、多くの著述を残した。「久米事件」と米欧体験を含む『米欧回覧実記』の編修とは、久米史学の特質を、もっとも深いところで規定しているように私には思えるのである。

久米の人生の画期となった前記の「神道は祭天の古俗」について再説すれば、そこには彼の歴史観がよくあらわれていた。久米は藩校弘道館や昌平黌で清朝考証学など漢学の学風を身につけていたが、他方、佐賀藩の洋学やさらには岩倉使節団の一員としての米欧回覧の体験もあったから、合理的、科学的な啓蒙精神をもっていた。それが彼の古代史解釈となり、神道家などの忌諱にふれ、国体に対する不敬の言辞としていっせいに非難を受ける結果となったのである。久米は談話の際、唯々として聞くのではなく、必ず質問を要求したといわれるが、そこにはそうした彼の学風の一端がうかがえる。

だが、その久米も晩年にはかつての欧風礼讃とうって変わり、「西洋の文明は窮極行き詰るべし」と批判し、西洋文明はその文明のゆえに自縄自縛となるとして、その矛盾を説いた、といわれる（前掲「文学博士易堂先生小伝」『回顧録』上巻、一三頁・二〇—二一頁)。

『米欧回覧実記』こそは、そうした久米の前半生を飾る合理的、啓蒙的歴史観の基礎となった作品だったのである。

すでにふれたが、久米には『久米博士九十年回顧録』(上下巻、早稲田大学出版部、一九三四年)がある。これは昭和三年(一九二八)、久米の九十歳の寿に当たって企画され、同六年、九十三歳で没するまで久米の語る回顧談を編輯したもので、その下巻には『米欧回覧実記』に対応する部分が収録されている(ただし、ベルギーの部分までで〈下巻、四八二頁〉、オランダ以降は編者の追補)。これは『米欧回覧実記』とあわせ読まるべき好個の史料である。

既述のように、『米欧回覧実記』が岩倉使節団の公約数的な体験記であり、国民への視察報告書であり、文明印象記であれば、この『回顧録』は、『米欧回覧実記』の「編修」者たる久米が、その「編修」者としての禁欲をとき、個人としての感情や意見、状況描写を随所に綴ったものといってよい。

後年、久米は歴史学者としてつねに史料と史論を区別することを説いた。先述のようにその一端はすでに『米欧回覧実記』の日記部分と二字下げて注記した「記者ノ論説」部分とに分けたところにみられるが(もちろん、この「記者ノ論説」は使節団の公約数的な範囲内のものであることは前述した)、『米欧回覧実記』と『回顧録』との間には、そうした関係をいっそうはっきりと読みとることができる。

その意味で、『米欧回覧実記』と『回顧録』は、岩倉使節団の一員としての久米邦武が、公私を分けた著作といえるだろう。両書をあわせ読めば、『米欧回覧実記』はいっそうヴィヴィッドになるのである。

第Ⅱ部　岩倉使節団の世界と日本

――『米欧回覧実記』を通して――

第五章　岩倉使節団の米欧回覧

一　アメリカにおける「自主」と「自由」

岩倉使節団が最初に訪れた国がアメリカだったということはそれなりの意味をもつ。フルベッキの「ブリーフ・スケッチ」のプランのように、もし使節団がヨーロッパからアメリカへのコースをとったならば、アメリカの印象はもっとちがったものになっていたかもしれない。

使節団の発想の枠組みには、「東洋」に対する「西洋」、日本や中国に対するヨーロッパ各国という対比がつねにある(第六章参照)。そのヨーロッパのなかに、ときにはアメリカも含まれているわけだが、長い歴史的伝統と相互に錯綜した国際関係をもつ西欧に対して、そこから「自由」を求めて独立した、当時建国一〇〇年のアメリカは、使節団にとって明らかに独自の比重をもっていた。そのアメリカから使節団はヨーロッパ文明圏に入ったのである。そこにこの使節団の報告書を『米欧回覧実記』といわしめたゆえんがあった、といえよう。

『米欧回覧実記』第一編第一巻の本文冒頭に、「遣欧米特命全権大使」(岩波文庫版『実記』㈠四一頁)とうたいながら(大使岩倉具視以下の辞令の文言はすべて「欧米」)、叙述のなかではたちまち「米欧」という表現を用いていること(例えば、㈠四二頁・四三頁等。もちろん「欧米」という表現を用いていないわけではない)と、この『米欧回覧実記』第一編の二十巻がアメリカに当てられ、全一〇〇巻中の五分の一を占めていることとは決して無関係ではないのである。

さて、使節団は、明治四年十二月六日(陽暦一八七二年一月十五日)、サンフランシスコに第一歩を印し、雪のロッキー越えにとまどいながら大陸を横断してワシントンに赴き、やがてボストンから明治五年七月三日(一八七二年八月六日)イギリスへと向かった。

サンフランシスコの印象は、一行の多くが、初めてみる異国の地であっただけに、周辺の風景から諸機関・諸施設、さらには生活、習慣まで目にふれるものはすべてみずみずしく映り、物珍しい対象であった。「顔ヲ洗フニ水盤アリテ、機ヲ弛《ゆる》ムレハ、清水迸《ほとばし》リ出ツ、奴婢ヲ呼ニ電線アリ、指頭纔《わずか》ニ触レハ、鈴声百歩ノ外ニ鳴ル、案《つくえ》アリテ書スヘク読ムヘシ、鏡アリテ鑑《かんが》ムヘシ、石鹸《サボン》帨巾《てぬぐい》引火奴《マッチュ》嗽碗火鑪《ストーブ》水瓶便器ノ瑣末マテ各房ニ皆備レリ」(一)八〇頁、片仮名ルビは原則として原文、平仮名ルビは引用者、以下同)というホテルの描写ひとつをみても、そのことは十分うかがえる。

アメリカの予想をこえた大歓迎ぶりにも、一行は目を見張った。

その歓迎会のひとつは、十二月十四日、夜八時から宿舎グランド・ホテルで開かれたが、ここで副使伊藤博文は、「流暢な」(異説もある)英語でのスピーチを試みた。彼は使節団の使命や目的、あるいは日本の現状やその主体的条件等を熱をこめて語り、居並ぶ知事・顕官・将星・市民等三〇〇人に感銘を与えた、という。いわゆる「日の丸」演説である(一)三八〇―三八一頁の九〇注参照)。

使節団はサンフランシスコで一部の留学生(このなかに中江兆民もいた)と別れ、明治四年十二月二十二日(一八七二年一月三十一日)、日本から使節団に同行した駐日米公使デ・ロング(Charles E. De Long)とその家族、留学生等で、五車輛を借りきってワシントンへと出発した。ソルトレーク、オマハ、そしてシカゴ[1]へと大陸横断の旅を続ける彼らは、車窓に展開する広大なアメリカ開拓のパノラマを見た。そのとき、使節団は、アメリカの開拓とは何かをみずからに問うたのである。

『実記』第一編の二十巻に及ぶ使節団のアメリカへの関心をみるとき、アメリカの建国の歴史もさることながら、この国が独立以後一〇〇年間に、いかに統一と開拓をおし進めていったか、そのプロセスの方にいっそうの比重がかけられているように思われる。彼らは、土地の広さからいえばアメリカの一〇〇分の三にも及ばない日本が、建国の歴史はアメリカよりも一〇〇倍も古く、かつ、人口はほぼ同じにもかかわらず、なぜ開拓がおくれ、社会は上下とも貧弱を免れていないのか、と考えた。

そこに思いをいたした『米欧回覧実記』は、この広大なアメリカ開拓の原動力を、「物力」と表現した㈠一六二頁)。いうところの「物力」とはたんなる「貨財」を意味するのではない。それは「営業力」㈡二二頁、次節参照)、あるいは「生理ニ勤勉スル力」㈤二七五頁)にほかならなかった。それが「国民ノ遠謀ト深慮ト両ノ気力」をまって発揮されることを使節団は「米国開化ノ歴史」に見たのである㈠一〇五頁)。

この開拓の歴史を支えたアメリカの「紳士」たちが宗教の熱心な信仰者であることを使節団は知った。いうところの宗教とはキリスト教であり、新教であり、プロテスタンティズムであった。使節団とキリスト教との関係はここで詳しくふれる余裕はないが、少なくとも彼らはアメリカ開拓の背景に「自由」を求めたプロテスタントの役割を見出し、いかにキリスト教が彼らの精神生活の強靭不屈なバックボーンになっているかを思い知らされたのである(2)。

もとより『米欧回覧実記』は、聖書を「一部荒唐ノ談ナルノミ」といい、「瘋癲《ふうてん》ノ譫語《たわごと》」とさえ述べ、教会にみる宗教画に「奇怪」ということばを投げかけている㈠三四三頁)。だが、東洋の儒教や仏教の「人民ノ実信実行スル所」と比較したとき、「西洋ノ基督教《キリシタン》ト、孰《いずれ》カ深浅ナルヤ」(同上)といわざるをえなかった。

使節団の各国回覧の旅の第一歩がこうしたアメリカであったことは、「東洋」と「西洋」の対比のなかで宗教と文明、あるいは信教の「自由」の問題を、いや応なしに使節団の課題にせしめた、といえよう。

使節団はまた、さきの「物力」の背景に、「高尚ノ学」よりも「普通ノ教育」を優先する実学的指向をみた㈠一六二頁）。使節団の教育への関心が強かったことは、『米欧回覧実記』の随所に示されており、メンバーの一人、文部理事官田中不二麿の編になる『理事功程』（文部省、一八七三年、再版、一八七七年）は各国教育制度の調査報告書として著名である。使節団はアメリカをはじめ各国で、とりわけ小学校教育に力点をおいて視察した。

「普通ノ教育」に力をそそぐアメリカの実情をみて、使節団は、アジアひいては日本が、「野ニ遺利アリ、山ニ遺宝アリ、上下貧弱ヲ免レサルハ何故ソ」と自問した。そして、「蓋《けだし》不教ノ民ハ使ヒ難ク、無能ノ民ハ用ヲナサス、不規則ノ事業ハ効ヲミス」と痛烈に反省しているのである（㈠一六二頁、参照[3]）。

しかも、この報告書が、「米国ハ、欧洲人民ノ開墾地ナリ」というとき、使節団は、ヨーロッパにおけるもっとも「自主」「自由」な民が、「不羈独立ノ智力」を伸ばそうとして、新天地をアメリカに求めた、と観察している。だからいう、「欧洲自主ノ精神、特ニ此地ニ鍾《あつま》リ、其事業モ自ラ卓落豁達ニテ、気力甚タ旺《サカン》ナリ」（㈠二四三頁）と。

そこに一行はアメリカの政治の背景をみていた。「米国ハ純粋ノ自主民集リテ、真ノ共和国ヲナス」（㈠二四三頁）と、使節団はこの国の体制の特質を明確に認識していたのである。ホワイト・ハウスを一行が訪れた際、その美しい白堊の殿堂に自由に出入りする外国人をみて、「合衆国ノ法、毎ニ寛裕ナレハ、府中ノ人ハサラナリ、外国ノ行旅ニモ、自由ニ遊覧ヲ許シ、警邏《けいら》ノ設ケナシ、国人常ニ欧洲ノ王宮、諸衙門《がもん》ニ、兵ヲオキ人ヲ禁スルヲ誹笑《ひしょう》シテ、陋習ト言做《いいな》ストナリ」（㈠二〇五頁）と書きとどめている。それは、使節団がアメリカに漂う自由な雰囲気を肌で感じとっていたことを示している。

このアメリカの共和政治の特徴の理解に関しては、『実記』第一編第十一巻や第十七巻などの記述によられたいが（第六章二参照）、同時にこの政治体制に弊害のあったことをも見落してはいない。「共和国ハ自由ノ弊多シ、大人ノ自由ヲ全クシ、一視同仁ノ規模ヲ開ケルハ、羨ムニ足ルカ如クナレトモ、貧漢小民ノ自由ハ、放僻ニシテ忌憚《きたん》スル所ナシ、上下ニ検束ヲ欠クニヨリ、風俗自ラ不良ナリ、加フニ五方ノ移民雑処ヲ以テス」（㈠三三〇頁）と指摘しているのである。

これは、ニューヨークやワシントンなどの大都会の裏側を見たときの使節団の感想だが、その裏面のひとつに黒人の生活を挙げている。

この黒人に対して『米欧回覧実記』は、「痴惷《ちしゅん》不潔」㈠三三〇頁）といい、その住居は「木製ノ屋盧《おくろ》、矮陋《わいろう》不潔ニシテ、修掃《しゅうそう》至ラス、鉛漆《ヘンキ》斑黒ニテ、溝溜臭穢《しゅうあい》ヲ醸《かも》シ、経過スルニ鼻ヲオ、フ」㈠二〇二頁）と述べてはいる。しかし、それは必ずしも黒人への差別観に根ざしたものとは思えない。「愚魯ニシテ、不潔ニ安ン」じるのは「西洋ノ小民」一般であって、黒人だけがそうではないのだ、と記し㈠二〇二頁）、黒人の歴史を縷々《るる》述べた『実記』第十一巻では、黒人のなかには「早ク自主セル黒人」もいれば、下院に選挙された「人傑」もおり、また、巨万の富を蓄えた人物も存在し、皮膚の色は知識に関係ないことは明白だとして、むしろ教育の重要性を説いている。そして、「顧《おも》フニ十余年ノ星霜ヲ経ハ、黒人ニモ英才輩出シ、白人ノ不学ナルモノハ、役ヲ取ルニ至ラン」㈠二一六頁）とさえいいきっているのである。

こうした使節団の黒人観は、『実記』第一編第六巻に主として叙述のあるネイティブ・アメリカン（「インヂャン」）の場合にも共通しているように思われる。それはこのネイティブ・アメリカンが日本人に似た生活文化をもっていると現地で説明されたことによるかもしれない。副使伊藤博文は、ワシントンの宿舎に使節団を訪れた五人の「インヂャン」と面会しているのである㈠二一〇頁）。

使節団は、黒人やネイティブ・アメリカンには差別観よりも、白人種に対する同じ有色人種、先進民族に対する後進民族としての共通性をもった立場で接していた、といえるだろう。

使節団がアメリカで感じとったものはその他にも多いのだが、『実記』が第一編のアメリカの部を閉じるに当たっての次の一節は、使節団の七カ月にわたるアメリカ視察において、どこにもっとも力点をおいていたかがわかる。

桑港《サンフランシスコ》ニ着セショリ、波士敦《ボストン》ヲ出船スルマテ、米国ヲ経歴シ、実境ヲ目撃シタル情実ヲ簡略ニ言ヘハ、此全地ハ、欧洲ノ文化ニ従ヒテ、其自主ノ力ト、立産ノ財本ト、溢レテ此国ニ流入シタルナリ、米国ノ地ハ、欧洲全土ニ比スルトイヘト、欧洲ハ頗ル荒寒ノ野ニテ、其開化繁庶ノ域ハ、三分ノ一ニスキス、王公、貴族、富商、大社アリテ、其土地、財産、利権ヲ専有シ、各習慣ニヨリ国ヲナス、晩起ノ人ハ、其自主力ヲ逞クスルニ由ナシ、因テ此自由ノ境域ヲ開キテ、其営業ノ力ヲ伸フ、故ニ其国ハ新創ニカヽリ、其土ハ新開ニカヽリ、其民ハ移住民ニカヽルト謂フト雖モ、実ハ欧洲ニテ尤モ自主自治ノ精神ニ逞キ人、集リ来リテ之ヲ率フル所ニシテ、加フルニ地広ク土沃《ゆたか》ニ、物産豊足ナルハ、一ノ寛容ナル立産場ヲ開キ、事事ミナ麁大《そだい》ヲ以テ世ニ全勝ヲシム、是米国ノ米国タル所以ナリト謂ヘシ、(一)三六九頁)。(4)

ところで、岩倉使節団の目的のひとつに条約改正問題があったが、『米欧回覧実記』ではほとんどふれていない(「例言」に、「使節ノ本領タル、交際ノ応酬、政治ノ廉訪ハ、反テ之ヲ略ス」とある)。本書では外交史的研究は課題外としたが、若干補足しておく。

条約改正問題の交渉は、ワシントンの国務省で、明治五年二月三日(陽暦一八七二年三月十一日)から始まった。幕末に締結された米国以下各国との不平等条約の改正協議期限は、明治五年五月二十六日(一八七二年七月一日)だったから、使節団は各国を打診して日本側の希望を伝え、その反応を確かめつつ、当面の国内改革に要する期間、条約改正の延期を要請しようと企図していたのである。

だが、使節団は、アメリカでの第一回会談で、国務長官フィッシュ(Hamilton Fish)から使節団がこの交渉に当たって新条約の草案に調印する権限をもつこと、そのための全権委任状の必要を主張され、最初からつまずいた。と同時に、それは使節団の誤算とも重なったのである。誤算はアメリカでの予想以上の歓迎ぶりと、アメリカ側の新条約草案の調印要請に、条約改正問題の前途を甘く判断したところにおこった。その背景には使節団と同行して一時帰国した駐日米公使デ・ロングや、駐米森有礼《ありのり》少弁務使および伊藤博文副使の積極的な調印推進論があった。使節団内部に既定方針に対する動揺がおこったのである。委任状問題を協議した使節団は、第四回目の交渉をおえた段階で、副使大久保利通と同伊藤らを帰国せしめた。彼らは三月二十四日、東京に帰着し、翌日、正院に出向いて改正の要旨を述べ、全権委任状を政府に請うた。

しかし、外務卿副島種臣や同大輔寺島宗則をはじめ、留守政府の反対論は強かった。副島、寺島の反対は、いったん決められていた外交方針が、責任者たる彼らをぬきにして出先きで勝手に変更されることへの不満もさることながら、使節団がワシントンでの対米交渉を妥結したうえ、ヨーロッパにおいて各国合同の会議を開こうと企図していることを知ったからである。副島、寺島はこの海外での合同会議にはあくまで反対であった。しかし、留守政府が大久保、伊藤と妥協して委任状の下付を認めるや、調印する場合の条約（「擬新定条約草案」）の内容にきびしい条件を付した。それはこの条件を固執する限り、対米交渉の中止は必至とみられるようなものだった。委任状の下付には事実上の厳重な枠がはめられていた、とみてよい。

いっぽう、大久保、伊藤の帰国中、アメリカ側との会談は六回行われたが、関税自主権、領事裁判権、あるいは居留地問題などどれひとつをとってみても、日本側とアメリカ側との主張の距離は大きかった。しかも、こうした各国個別交渉自体の是非も問題となった。

というのは、最恵国条項がある以上、アメリカとの調印はたちまち他の条約締盟国へ均霑《きんてん》し、日本の不利が増大する危険性が問われたからである。イギリス留学生を代表して尾崎三良（三郎）、河北俊弼《としすけ》が急遽イギリスから渡米して副使木戸孝允にそのことを訴えれば、この交渉を断念させようとするイギリス代理公使アダムス（Francis Ottiwell Adams）とドイツ公使フォン・ブラント（Max August Scipio von Brandt）は、日本からの帰国の途中、ワシントンに立ち寄って最恵国条項問題を岩倉、木戸らにアピールした。衝撃をうけた岩倉、木戸らは自重論に変わった。

国務長官フィッシュも欧洲会議への全権派遣には不同意を表明したから、事態のゆきづまりは必然だった。

委任状をえた大久保、伊藤は、大弁務使としてイギリスへ派遣される寺島外務大輔（のち公使）を同行して、六月十七日（一八七二年七月二十二日）午前六時、ワシントンに着いたが、もはや事態の打開は不可能な情勢にあった。午前中、使節団は協議し、その日の午後の第十一回会談で対米交渉はうちきられた。木戸はその日記にいう、「種々尽議論、五千里の海上三千里の山陸を往来せしことも、皆水泡に属せり」と。その木戸が続けて、「故に為国に事を処する、其始謹慎沈黙思慮を尽さずんばあるへ〔ママ〕からず、余等此地に到着し、匆卒の際此事に至りし元因、実に遺憾に不堪ものあり」（明治五年六月十七日条、『木戸孝允日記』二、二〇二頁）というとき、彼の胸中には森や伊藤の言を軽率に信用した後悔があった。この問題はやがて木戸と大久保、伊藤との対立感情ともなり、使節団のなかには微妙なすきま風が吹くことになるのである。

ここでやや先走ってイギリスでの交渉にもふれておこう。イギリスでの条約改正問題の交渉は、アメリカでの失敗の経験もあったから、岩倉をはじめ慎重な発言に終始した。それは駐英公使寺島宗則が使節団と共に会談に臨み、事実上の主役を演じたこととも関連する。イギリス側のグランヴィル外相（Earl George Granville）との会談では、帰国中のパークス駐日公使（Sir Harry Smith Parkes）が背後でリードしていた。パークスは日本側の希望する対等条約どころか、かえってより不平等なトルコやエジプト並みの条約を念頭において交渉に臨んでいたのである。ここでは横浜駐屯英兵撤収や下関償金免除問題も出されたが、もとよりイギリス側の壁は厚く、会談は三回以上には進展しなかった。

岩倉使節団の条約改正問題は当初から挫折の連続だったのである。[5]

二　産業革命の国イギリス

ボストンを後にした岩倉使節団が、リバプールを経由してイギリスの首都ロンドンのユーストン駅に着いたのは、明治五年七月十四日(一八七二年八月十七日)午後十一時二十分だった。一行はただちに馬車でバッキンガム宮殿の傍らのバッキンガム・ホテルに入った。

ロンドンの街で使節団の目をひいたのは足早やに歩く人々の姿だった。「時刻ハ金」(二)五四頁)というこの国の格言を彼らは思い浮かべ、もし一日六時間を与えたとき、米・英・仏・独の人々はこれをどのように使うか比較しているのである。

アメリカ人やフランス人が四時間で仕事を片付け、残りの時間を大いに楽しむのに対して、イギリス人は五時間で仕事をおえるが、さらに一時間は別の仕事に励む、というのである。使節団は時間を惜しむ足早やのイギリス人の姿に勤勉さを見たのである。もっとも、他方には、努力しつつも六時間では終わらず、夜までかかってなお仕事を続けるというドイツ人がいるというのだ(二)五四―五五頁)。では、日本人は……。『米欧回覧実記』はそれまではふれていない。

使節団はロンドンを起点に、約四カ月間のイギリス滞在中、帰国中の駐日公使パークスらの案内で、リバプール、マンチェスター、グラスゴー、エディンバラ、ニューカッスル、ブラッドフォード、シェフィールド、バーミンガム等を回覧し、さらに副使木戸孝允らはアイルランドのダブリンをも見た[6]。

当時のイギリスについての概況は、『実記』第二編第二十一巻の「英吉利国総説」に要をえた紹介がなされているが、ここで使用されている統計資料類は、主として一八七〇〜七一年のものだから、おそらくこれらは使節団が現地で入手したものであろう。

一行は、すでにアメリカにおいて、イギリス人がその植民地インドで、「年年ニ其民膏《みんこう》ヲ搾《しぼ》リテ自ラ肥ユ、猶檸檬《レモン》ヲ搾ルカ如シ、力ヲ極メ滲瀝《しんれき》ナキニ至テ止ム」と論評されていることを知っていた。そして、右の「総説」のなかでは、「英国人属地ノ利ヲシボル、其状寔《まこと》ニ之ニ類スルモノアラン」(二)三四頁)と感想をもらしているのである。ヴィクトリア朝繁栄の背景にあったイギリス植民地政策を知ったうえでこの国に臨んだ、といってよいだろう。

ところで、『米欧回覧実記』のイギリスの部の叙述のなかから、一本の太い糸をとり出すとすれば、それは岩倉使節団がイギリスの旅をおえた明治五年十一月十五日(翌日、フランスへ)の条にいみじくもいった、「英国ハ商業国ナリ、国民ノ精神ハ、挙テ之ヲ世界ノ貿易ニ鍾《あつ》ム、故ニ船舶ヲ五大洋ニ航通シ、各地ノ天産物ヲ買入レテ、自国ニ輸送シ、鉄炭力ヲ借リ、之ヲ工産物トナシテ、再ヒ各国ニ輸出シ売与フ、是其三千万ノ精霊カ、生活ヲナスノ道ナリ」(二)三八一頁)という一節になる。それはイギリスの現代史家ジェイムズ・ジョルが、一八七〇年代のイギリスを「依然として世界における指導的貿易国家であった」と規定しているのとも重なっている(James Bysse Joll: *Europe Since 1870—An International History*, Weidenfeld and Nicolson, London, 1973, 池田清訳『ヨーロッパ一〇〇年史』一、二九頁、みすず書房、一九七五年)。

では、『実記』第二十一巻から第四十巻に及ぶ二十巻の第二編の基本的視角はどこにあったのか。それは、「此編ノ主トスル所ハ、其回覧ニ就キ、英国ノ富強ヲ致スニ於テ、四民生理ノ景況ヲ実歴シ、我日本人ニ感触ヲ与フルニアリ」(二)三八二頁)というところに明白である。この視座は、イギリスに限らず使節団の米欧回覧に貫かれていたにちがいないが、とくにここで「我日本人ニ感触ヲ与フルニアリ」とわざわざ断っているのは、次のことと無関係ではあるまい。

「此国(イギリス—引用者注)ノ人ハ、毎《つね》ニ日本ヲ東洋ノ英国ト謂フ」(二)二二頁)と書きとめる。だが、いまや全世界にユニオン・ジャックを翻すこの大英帝国・大貿易国家と、「東洋ノ英国」たる島国日本(「我日本ハ海上ノ孤島」という表現は(一)五五頁にすでにみられる)とは、なぜかくもあらゆる点で大きな落差をもつことになったのか。この問題は、島国という共通性があればあるだけに、より意識的に、より切実に使節団には実感された、と思われる。

だからこそ、さきの日本を東洋の英国だというイギリス人のことばのあとに、「然トモ営業力ヲ以テ論スレハ、其懸殊《けんしゅ》モ亦甚シ」(㈡二二頁)という一文が続いていた。いうところの「営業力」は、使節団が米欧回覧のいずれの国においても着目した指標である。それは西洋文明進歩の起動力となる各国民の総生産力といってもよいだろうが、イギリスの「営業力」は、この国が大工業国であり、大貿易国家であることによって支えられていることを使節団は目のあたりにした。

イギリスはみずからの富である鉄と石炭をフルに活用し、産業革命の先頭をきることによってそれを実現した。一行の行く先々には、そのイギリス発展の相貌が、大工場群として立ち現われたのである。副使大久保利通の次の書簡を見よ。

廻覧中ハ段々珍舗《めずらしき》見物イタシ候、首府コトニ製作場アラサルハナク、其内就中盛大ナルハ「リバプール」造船所、「メンチエストル」木棉器械場、「グラスゴー」製鉄所、「グリノツク」白糖器械、「イヂンハロク」紙漉器械所、「ニユーカツソル」製鉄所(是ハ「アルムストロング」氏ノ所建、アルムストロン小銃大砲発明ノ人ニテ、今ニ存在、同人案内ヲ以テ見ルヲ得―原文割注、以下同)、「ブラツトホール」絹織器械所、毛織物器械所、「セツヒールド」製鉄所(是レハ汽車ノ車輪其外一切ノ道具ヲ製出ス)、銀器製作所、「バーミンハム」麦酒製作所(是ノ製作所ノ続キ十二里ニ達ストイフ)、玻瓈製作所、「チエスター」ノ内イースウヰキ塩山等ハ分テ巨大ニシテ、器械精工ヲ極メタリ、之ニ次クニ大小之器械場枚挙スルニ遑《いとま》アラス、(明治五年十月十五日付、西郷隆盛・吉井友実への書簡、『大久保利通文書』四、四四八頁)

何方ニ参リ候テモ、地上ニ産スル一物モナシ、只石炭ト鉄ト而已《のみ》、製作品ハ皆他国ヨリ輸入シテ之ヲ他国ニ輸出スルモノヽミナリ、製作場ノ盛ナル事ハ曾テ伝聞スル処ヨリ一層増《かさな》リ、至ル処黒烟天ニ朝シ、大小之製作所ヲ設ケサルナシ、(明治五年十一月二十日付、大山巌への書簡、同上、四六八頁。句読点は共に引用者、以下同)

長い引用のなかで大久保が列挙している各地の産業諸施設については、『実記』にそれぞれ詳細な記述がある。だが、この大久保の一見無味乾燥な大工場群羅列の背後に、じつは彼の使節団副使としての目が光っていた。この二つの書簡は、右の引用に続けていずれも「英国ノ富強ヲナス所以ヲ知ルニ足ルナリ」ということばでしめくくられているのである。

『米欧回覧実記』は、その全編を通じて諸機関、諸施設への驚くほど微に入り細にわたっての記述のあるのが特徴的である。とりわけこのイギリスの部の第二編においては、工場の規模や設備、生産の実態、技術的なプロセス、経営者の人物像、あるいは労働者の人数や賃金等、聞き取りを含めてよくぞここまでノートできたと思われることがらまで叙述されている。「編修」者たる久米邦武は「例言」で、こうした場合、「誤謬欠略ナキヲ保チ難」い理由を七つあげて弁明しているが、(7)『実記』の描写は精細かつ生彩に富んでいる。そこにみられる技術上の当否については、それを論ずる資格を私はもたないが、少なくとも『実記』は日本人の見たイギリス産業革命史、あるいは日本の近代科学技術史ないしはヨーロッパ科学技術摂取の歴史のなかで、もっと注目されるべき文献として扱われてよいように思う。(8)

さて、使節団の目の前に展開した大工場群は、十九世紀後半のイギリス資本主義のシンボルであったが、それは同時に、その背後にあらたな社会的矛盾を顕在化させつつあった。

そのひとつとして、イギリス社会に貧民の多いことは、回覧する木戸・大久保らの目にも映じていた。(9)しかし、そのよってくるゆえんの認識について『実記』は、「蓋シ人民ノ利益ヲ競争スルノ情態ハ、貧富、智愚、強弱互ニ相依頼シテ、其情願ヲ全クスルヲ免レス、地主豪農ニ耕丁傭作アルカ如ク、工家ニ職人アリ、商家ニ雇人アリ、皆自然ト分レテ、上下ノ社会ヲナス」という以上のものではない。したがって、政府の対応策は、「上等社会ヲシテ、下等ノ社会ヲ保護救助シテ、其利益ヲ永久ニ保存セシムルヲ要トス」(二一九五―一九六頁)ということにとどまる。「英国ニハ貧民多キユヘ、済貧ノ法ニ心ヲ尽ス、此モ亦其一般ヲシルヘシ」(㈡一四〇頁)というのも同義である。これはリバプールのドックを訪れたとき(明治五年九月三十日)、使節団はドック内の一室につるされた貧民救済のための集金箱に一、二銭ずつ投じながらもらした感想である。使節団がモデル工場村ソルテヤを見て、その創設者タイタス・ソルト(Sir Titus Salt)の職工保護、貧民救済の諸施設に賛辞を送ったのも(㈡二八六頁)、共通するところがある(第六章三および同注(11)参照)。

ところで、この資本主義国家イギリスの貿易の担い手としての商人の実態に、使節団は大きな関心を寄せている。商人の社会における位置づけから政治支配の形態にまでその筆は及んでいるのである(第六章三で後述)。イギリスの議会、内閣、政党、君主制の役割等々、イギリス政治に関する叙述もまた詳しい(第六章二をみよ)。ちなみに、アメリカ滞在中、木戸孝允らはアメリカ憲法の翻訳、研究に意をそそいだが、ロンドンでも木戸は、プロシア留学中の青木周蔵を呼び寄せ、憲法をはじめ地方自治、土地制度、宗教等の諸問題をさかんに議論し、研究している。[10]

こうした使節団は、このイギリスの地において、政治のもっとも根源的な問題、つまりブルジョア国家の基本が何であるかを認識し、その社会の歴史的省察を加えている(次の第六章で詳述)。そして、使節団の歴史的省察の背後には、「東洋」と「西洋」における伝統的なものへの基本的認識の相違があったこともそこでふれたい。

こうして『実記』第二編イギリスの部の結語的な部分は、次のようなことばで結ばれているのである。これは使節団と使節団帰国後の日本の政治改革との関連をみるに当たってはきわめて重要と思われるので次に引用する。

此国ノ幅員、人口、位地ノ、我日本ニ似タリトテ、其営生図利ノ目的ヲ学ハント欲スルモ、未タ得ヘカラス、故ニ英国ニ観察シテ、感触ヲ我ニ与フル所、亦甚タ親切ナラス、只倫敦ハ世界天産物ノ大市場ナルヲ以テ、農利天産ニ富ム国ニ於テハ、其貿易ノ景況ニ深ク注意スヘキハ、方今緊要ノ一ナルヘシ、内部ノ政治、国民ノ景

況ニ於テハ、未タ我ニ緊要ナル所ヲミス、(㈡三八四—三八五頁)

ここには三つのことが指摘されている。

第一は、外形的なイギリスと日本との共通性にもかかわらず、その質的な相違はあまりにも大きく、イギリスの観察からは「感触ヲ我ニ与フル所、亦甚タ親切ナラス」ということ、第二は、しかし、そうしたなかで貿易の問題について注意することは「緊要ノ一」であること、第三は、その政治や国民の景況については、「未タ我ニ緊要ナル所」はないこと——以上である。

第一の問題は、副使木戸孝允がアメリカを発つあたりから、「本朝今日之勢、只々名利に而已《のみ》開化々々と流行し、人心を維持する所におゐては丸に空物に而《て》、米欧などの田舎までも能く教道之行とゞき居候とは、先以此本に雲泥之相違有之申候」(明治五年七月一日付、木戸より杉山孝敏宛、『木戸孝允文書』四、三六九頁。ちなみに、使節団は同月三日、ボストンを発ちイギリスに向かう)という内容のことをしばしば手紙のなかでくり返していることと無関係ではあるまい。つまり、欧米の文明と日本のいわゆる「開化」との、あまりにも大きい懸隔感がそこにはあったのである。

第二の問題として、それにもかかわらず使節団が貿易に多大な関心を示しているのは、「貿易ノ理タル、物産ノ融通、年年ニ数ヲマシ、人民富ニ興ルヲ眼目トス」(㈤二二五—二二六頁)という認識とともに、「英国ノ民ハ、内国ノ炭鉄ニヨリ、棉、毛、麻ヲ紡織ス、仏国ハ、毛ト絹トヲ織リ、葡萄酒ヲ醸ス、蘭ノ牧畜、露ノ農業、以〔イタリア——引用者注〕ノ養蚕、西葡ノ葡萄酒等ハ、其最モ重ナル国産ナリ、之ヲ日本ニテ謂ヘハ、稲米《こめ》、菽《まめ》、麦ハ全国ノ重ナル物産ニテ、絹、茶ハ輸出ノ重ナル物産ナリ、故ニ稲米、菽、麦ノ利益ニツキテハ、全国民ノ喜戚《きせき》貧富ニ関係スレトモ、絹、茶ノ利益ハ、只一部分ニ止ル、是ニテ日本国民ハ、未タ外国貿易ニ注意ヲ生セサルコトモ、徴トスルニ足ルナリ」(㈤二二七頁)といい、さらに続けて、「輸出入ノ景況ハ、全国ノ利益ヲ察スヘキ明証ナレハ、其物ノ全国民ニ関係スル如何ヲ、猛省セサルヘカラス」(㈤二二七頁)といっていることと関連するであろう。

つまり、欧米の貿易の実態と日本のそれとを対比するなかで、それをたんに輸出入額のいかんとしてとらえるのではなく、貿易そのものが実はその背後にある「国民営業力」と密接に関わっていることを見ぬいていたからである。「貿易ノ盛衰ハ、輸出入ノ多寡平衡ニアラス、其利益ノ本タル、国民営業力ノ如何ヲ、輸出入品ニツキテ、常ニ注意スルヲ要ス」(五)二二九頁)とは『実記』の「欧羅巴洲商業総論」(第九十三巻)の一節である。

第三の問題は、第一の問題とかかわるのだが、それは文明度の相違による実情の懸隔の大きさのゆえに、「未タ我ニ緊要ナル所ヲミス」なのであって、使節団がこの国の政治や国民の状況に無関心だったというのでは決してない。それどころか、帰国後の大久保利通は、憲法構想をイギリス・モデルで考えているのである(第七章二参照)。また、使節団をしてそういわしめたものは、アジアとヨーロッパの政治における原理の相違であったが、この点については第六章でふれよう。

以上のことからいえるのは、岩倉使節団はイギリスから強烈な文化衝撃をうけながらも、みずからの視座によって取捨選択しようとしていることがわかる。ここには使節団の主体性の一端が示されているのである。(11)

三　フランスとパリ＝コミューン

岩倉使節団は、明治五年十一月十六日(一八七二年十二月十六日)、ロンドンの街をあとにしてフランスへと向かった。ドーバー海峡からカレー港に上陸した一行は、午後一時、車上の人となり、一路パリへと急いだ。

パリ着午後六時。そこにはすでに夜のとばりがおり、ガス灯が美しく輝いていた。このパリの「清朗な夜景」は、ロンドンの「溷濁《こんだく》な空気」から出てきた使節団にとっては、一入《ひとしお》印象的だったのである。『米欧回覧実記』の「編修」者久米邦武は、次のように述べている。

其の工致を凝した白石造の市街を星の如く耀く瓦斯灯に照されて馬車を走らせ、シャンゼリゼーの広道にかゝれば、全面の繊沙《せんさ》に馬車の一連が颯《さつ》と音して凱旋門前の大使旅館に着いた心地よさは、煤烟黒霧の中に踵が地につかずして狂奔する倫敦《ロンドン》を出て、宛《さなが》ら天堂に入つたやうで、是から復《また》「驚く」の語を連発せねばなるまいと覚悟した（『久米博士九十年回顧録』下巻、四二五頁、ルビは引用者）。

『米欧回覧実記』の「名都ノ風景、自ラ人目ヲ麗《ウルハ》シ、店店ニ綺羅ヲ陳《つら》ネ、旗亭ニ遊客ノ群ル、府人ノ気風マタ、英京ト趣キヲ異ニス」（㈢四〇頁）という一文には、一行のはじめてみる仏都への思いがこめられていたのである。

それは、『実記』第三編の冒頭でフランスについて記された一節——「仏朗西《フランス》国ハ、欧羅巴洲ノ最モ開ケタル部分ニ於テ、中央ノ位置ヲシメ、百貨輻輳《ふくそう》ノ都、文明煥発ノ枢ナリ」（㈢二二頁）と重なる。使節団にとってのフランスは、第一に、この地が「文明煥発ノ枢」であり、その首都パリが「文明ノ中枢」（㈢五五頁）であることを実感をもって確認したのである。

それだけに『実記』のフランスの部では、いたるところに、ヨーロッパの中のフランスもしくはフランス人の位置づけをみることができる。例えば、以下の文章をみるとよい。

英国ノ工業ハ器械ヲ恃ム、仏国ハ人工ト器械ト相当ル、故ニ英人ヲ嘲リ、指頭ニ神経乏シク、巧技ミナ物力ニ依頼スルト謂フ、英国ノ産物ハ、堅牢ヲ以テ勝ツ、仏国ハ、繊華ヲ以テ勝ツ、両国常ニ相抗シ相下ラス、而テ独逸ヲ目下ニ視タリ、独逸ノ工ハ富麗ヲ尚フ、仏人以テ風致ヲ知ラサルモノトス、以太利《イタリー》人ニ技巧多シ、其製作遒美《しゅうび》ナリ、仏人ハ之ニ勝ツニ、華麗新奇ヲ以テス、実ニ欧国工芸ノ叢ト称スヘシ、（㈢三一—三二頁）

欧洲陸地ハ、ミナ仏ヲ艶称《えんしょう》シ、文明国ノ最上等トシ、英国ノ如キハ、富強ナレトモ、内治ノ一般ヘ詳密ニ届キテ、人気ノ都雅ナルコトハ、仏ニ及ハスト謂ナリ、英仏ノ優劣論ハ、其人ノ主トスル所ニヨリテ、軒輊《けんち》アレトモ、内政周密ニト、キタルト謂ハ、或ハ当《まさ》ニ然ルヘシ、近来日耳曼《ゼルマン》ノ政治ヲ察スルニ、仏国ニ学フ所多シ、独逸ノ開化ハ、仏国ヨリ感動サレタルト云モ、信《まこと》ニ然ルヲ覚フ、（㈢一二四頁）

当時のフランスがヨーロッパ文明の中でいかに位置づけられ、使節団もまた「文明国ノ最上等」としての仏国の位置を肯定していたことがわかろう。(12)

それは同時に、使節団が見てきたばかりのロンドンと、ここパリとの相違を確認することでもあった。ロンドンが人をして「勉強」せしむるところであれば、パリは「愉悦」させるところであり、ロンドンが「食倒レ」であるに対して、パリは「衣倒《きだお》レ」の地であった(㊂五二―五三頁)。前者が「世界天産物ノ市場」であれば、後者は「世界工産物ノ市場」なのであり(㊂五八頁)、「英ハ人力ヲ以テ器械ノ及ハサルヲ助ケ、仏ハ器械ヲ以テ人力ノ及ハサルヲ助クル」(㊂一四九頁)という批評をもしているのである。

そして、看過してならないのは、このようなイギリスとフランス、ロンドンとパリとの対比、とりわけその市場の相違を使節団が指摘していることが、二者の相違を認識したうえで、「将来日本ニ於テ、欧米輸出ノ途ヲ開カンニハ、此ニ注意ヲナスコト緊要ナルヘシ」(㊂五八―五九頁)と、これからの日本の貿易に対する提言をこめたものであった、ということである。使節団の考察の背後には、常に日本の前途への問題関心があったことを、ここでも確認することができる。

フランスにおける第二の問題は、使節団のパリ到着が、パリ＝コミューン崩壊後、わずか一年有半後であったこととからむ。使節団は、有名な「凱旋門《アルチツリヨム》」の西北に面した、白堊三階建ての旧トルコ公使館を宿舎としたが、この凱旋門の北側の一面は、パリ＝コミューン攻撃の際の政府軍の砲撃によって毀傷《きしよう》し、ちょうど修復中であった。一行は、この凱旋門内の螺旋《らせん》階段を登ってパリ市内を一望しているが、このパリ市内での「「コンミュン」ノ乱」(㊂四三頁)の生々しいあとには強烈な印象をうけたのであろうか、随所にこれについて言及している(㊂六六頁・一四一頁等をみよ)。

だが、使節団はパリ＝コミューンのよってきたるゆえんが、フランスの国制の流動性と小党分立による政治の激動性というこの国の政治の特色にあったことを見逃してはいない。いわく、「仏国ハ人心ノ協和ヲ保ツコト難ク、八十年ノ間、国制六タヒ改マリ、去年ヨリ又合衆政府ヲ設ケタレトモ、人民ハ数党ヲ分チ、王党、拿破侖《ナポレオン》党、共和政治党、及ヒ「コンミュン」ト名ケル、過激民党《レットレボブリカン》アリ、人気剛厲ニテ、国内臲卼《げつごつ》安カラス、統馭ノ其人ヲ得レハ、勢威四隣ニ振フ、稍《やや》寛慢ナレハ、内訌沸起スルコト、仏国ノ情態ナリ」(㈢二三頁)と。

そして、そこに現出したパリ＝コミューンは、使節団にとっては「賊徒」(㈢六六頁)であり、政府に抵抗する「民党ノ一揆」(㈢四三頁)であったし、それは普仏戦争(一八七〇～七一年)における「普軍ノ禍ヨリ、「コンミュン」ノ禍ヒ尤モ猛ナリ」(㈢一四一頁)という受けとめ方だったのである。

それは使節団より一年八カ月前の明治四年二月(陽暦一八七一年三月)、パリ＝コミューンの成立とほぼ時期を接してパリ入りした西園寺公望の認識と軌を一にしていた。木村毅著『西園寺公望』(沙羅書房、一九四八年)所収の橋本実《さね》梁《やな》宛の西園寺の手紙には、「就中仏は昨年普に打負けしより国内更に紛乱し、遂に解兵之時より事起り、共和政事を必とし姦猾無恥の徒大に愚民を煽動し以て干戈《かんか》を用ふるに至れり。政府は是を鎮定する事不能《あたわず》、却而《かえつて》此賊を避けベルサイユと云ふ地に引移れり、賊は即ち巴理斯《パリス》に蟠《わだかま》り、政府を偽主し頗《すこぶ》る暴威を張る。是より政府両立の形となり、日々砲声止む時なく万民の疾苦実に言ふ可からず。然れども賊は是れ多くは各国浮浪の屯集、其の暴行日々に相増し、人望尽《ことごと》く去れり」(九三頁、ルビは引用者、以下同)とある。

こうしたパリ＝コミューン＝「賊徒」観を、周知のマルクスの『フランスの内乱』(一八七一年)の規定、すなわち「コンミュンは本質的に労働者階級の政府であり、占有階級にたいする生産階級の闘争の所産であり、労働の経済的解放が達成されうる、ついに発見された政治形態であった」(『マルクス＝エンゲルス選集』第十一巻、大月書店、一九五四年、三三二頁)と対比して、岩倉使節団や公卿出身の西園寺公望の階級性を見通すのは、みやすい道理かもしれない。

しかし、当時のフランスにあって、「コミューン党を賊徒とする見方が広く行なわれていた」(井田進也「兆民のフランス留学」〈芳賀徹他編『講座比較文学5　西洋の衝撃と日本』東京大学出版会、一九七三年、三〇頁〉、傍点原文。なお井田『中江兆民のフランス』岩波書店、一九八七年、参照）という指摘を併せ考える必要があろう。そうした雰囲気があったからこそ、あとでふれるように使節団は、その「賊徒」を「掩壅《えんおう》」し、「勦絶《そうぜつ》」した大統領ティエールに絶讃の言葉を投げかけたし、西園寺もまた、さきの手紙の中で、「政府の兵則ち四方に散じて、放火を救ひ、賊を捕ふ。捕ふれば則ち尽く是を誅す。其屍《しかばね》路頭に横れり。欧洲には珍敷愉快の所置なり」（前掲『西園寺公望』九四頁、傍点原文）と述べているのである。

もとより、これは彼らの階級的本質に根ざしたものにちがいあるまいが、むしろここでは、このパリ＝コミューンを通して使節団が、文明社会といえども社会矛盾はまぬがれないし、文明国内部における階級（階層）の問題をぬきにしては、その文明を語りえないことを認識したことに着目すべきだろう。パリ＝コミューンに関連して述べた次の一節はそれを端的に示している。

　文明ノ国モ、中等以下ノ人民ニ至リテハ、猶《なお》冥頑ニシテ鷙悍《しかん》ナルヲ免カレス、西洋各国、上下ニ通シ風俗美ナリト謂《いう》ハ、亦《また》大ナル誤リナリ、（㈢一四一頁）

それは「ボアーデ、ブロン」苑（Bois de Boulogne）と「ビットショーモン」苑（Parc des Buttes-Chaumont）との対比にも通ずる。

日曜日ごとに「ボアーデ、ブロン」に来遊するのは「貴豪ノ家」（㈢五三頁）の人々であり、そこでは「華麗ノ馬車、輪輪相銜《あいふく》ム」（㈢八四頁）のに対して、「ビットショーモン」苑に楽しむ人々は、日頃工場で働く労働者であり、ここには「馬鈴薯、玉蜀黍《とうもろこし》ヲ食ヒ、垢衣《こうい》弊屣《へいし》ヲ穿《うが》チ、烟煤ノ中ニ奔走シテ、場主ヨリ傭給ヲ受ケテ、生計トナス」（同上）人々がいるのだ、というのである。

このように、公園に遊ぶ人々の階級（階層）の相違を確認した上で、使節団はナポレオン三世が「殊ニ傭工細民ノタメニ、勧奨救助ノ良法ヲ与ヘタル功徳」に着目し、中等以下の人民のために作ったこの「ビットショーモン」苑こそは、「其美挙中ノ一」とするのである(㈢八四頁)。

ここに使節団の階級的視座はあった、といえるだろう。彼らは近代国家の社会的矛盾がどこから発したかという視点よりも、その社会的矛盾から発する中等以下の人民に対して、政府もしくは経営者がいかに「勧奨恵恤《けいじゅつ》ノ方法」を設け、いかにその「保護」の「責任」を果たすか、というところに重大な関心をもったのである(13)(㈢八五頁、第六章三参照)。

使節団にとってのフランスの第三の問題は、右にみたパリ＝コミューン＝「賊徒」観と一体の関係にある大統領ティエールへの評価である。

大統領アドルフ・ティエール(Louis Adolphe Thiers, 一七九七〜一八七七)については、使節団がまだイギリスに滞在中の明治五年七月十九日(陽暦一八七二年八月二十二日)、副使大久保利通が西郷隆盛・吉井友実宛の書簡で、「仏国の形勢未何共難申上候得共《いまだなんとももうしあげがたくそうらえども》、大統領チエールなる者はさすかに豪傑之由、一旦人心四分五裂潮之湧か如く物議も有之《これあり》たる由ニ候得共、一々叩キ付、今日ニ相成候而《て》ハ自分圧伏被致《いたされ》よほと折合候趣、同人七十有余之老人ニ而勉励する事壮士も不及《およばず》、議院ニ而《て》手ひとく沸論有之而も、自ら踏込雄辯を振ひ候得ハ、是を犯す者ハ一人も是なしとそ、以て其人物ヲ御承知可被下候」(『大久保利通文書』四、四三四頁)と述べており、十分な関心をもった人物にほかならなかった。

それを反映してか、マルセーユの微賤の家に生まれ、いまや選ばれて大統領の地位につき、パリ＝コミューンを徹底的に弾圧した当年七十五歳のこの老政治家に対して、『実記』第四十三巻はその詳細な経歴を述べると共に、「老練熟達ノ政治家ナリ」という評価を与え、「短少ナル老翁ニテ、言容温温、和気掬スヘシ」と親しみある表現をしている(㈢六五頁)。

それは、エンゲルスが、一八五一年十二月三日（陽暦）のマルクスあての手紙で、「フランスの中でいちばんぬけ目のない狐の老ティエール」、あるいは「偉大なおしゃべり屋、とりわけこびとのティエール」といい（『マルクス＝エンゲルス選集』第五巻、大月書店、一九五三年、四二八―四二九頁）、また、『フランスの内乱』でマルクスが、「あの醜怪な一寸法師のティエール」と記し、「ティエールが終始一貫していたのは、富をもとめる貪欲と、富の生産者へのにくしみという点だけであった」と述べ、さらに「思想のかわりに階級的偏見を、心情のかわりに虚栄心をいだき、公生活は下劣であり、私生活は恥しらずである」とののしり、「こうした彼は、フランスのスルラ（古代ローマの独裁官―訳注）の役をえんじようとしている現在でさえ、こっけいな大げさな身ぶりをすることによって、その行為のみにくさをますますきわだたせざるをえないでいる」（前掲『マルクス＝エンゲルス選集』第十一巻、三〇六頁・三〇九―三一一頁）と痛罵しているのと対蹠的である。パリ＝コミューンの「賊徒ヲ勦絶《そうぜつ》シタルハ、「チエル」君ノ本謀ナリ」（㈢六六頁）という使節団の立脚点は、まさにマルクスの立っているところとは対極にあったのである。

このような大統領ティエールに目をうばわれていた使節団は、ルイ王朝の復活をもくろむ王党派によるティエールの追落し、かわってコミューン退治で軍事的手腕を買われたマクマオン将軍（Patrice de MacMahon, 一八〇八～九三）の大統領選出が、その半年後の明治六年（一八七三）五月二十四日（大久保はその翌々日に横浜着）におころうなどとは夢想だにしていなかったのである。

さて、フランスでも使節団は外相レミュザ（Charles François Rémusat, 一七九七～一八七五）と会見し、条約改正をはじめ信教の自由、横浜駐屯フランス軍の撤退、下関償金の残額免除等の諸問題についてフランス政府の意見をただしているが、さしたる進展はない。序でにいえば、ベルギー、オランダそしてドイツでの条約改正問題の交渉も、似たりよったりで、日本側の一方的な意見開陳か、せいぜい各国側の堅いガードを確認したにすぎない（前掲『条約談判書』、『日本外交文書』第六巻並びに石井孝『明治初期の国際関係』八九―九二頁参照）。

四　プロシアとドイツ帝国

明治六年(一八七三)二月十七日にパリを発った岩倉使節団は、その日のうちにベルギーのブリュッセルに着き、翌十八日、皇帝レオポルド二世(Leopold II)に謁見、二十四日にはこの地を後にしてオランダに入り、ロッテルダム経由で、午後八時三十分、ハーグのホテルに着いた。

翌二月二十五日、一行は皇帝ウィリヤム三世(William III)に謁見し、ロッテルダム、ライデン、アムステルダム等を巡覧後、三月七日、ドイツへ向かった。途中、エッセンに一泊して、ベルリンに着いたのは、九日午前七時のことである。

ところで、こうしたあわただしい移動に際しても、使節団の目はその通過地域の地形や作物、あるいは山林の樹木の種類などの上に鋭くそそがれていた。

一例をあげると、プロシア入り間もなく、『米欧回覧実記』は、「此辺ノ地形ハ、大抵平衍《へいえん》ニテ、只漫坡《まんぱ》ノ起伏スルアルノミ、野ニハ麦ヲ種《う》エ、畔ニハ樹ヲ植エ、時ニ叢林ヲ錯《まじ》ユ、広葉林アリ、針葉林モアリ」(三二八七頁)と述べる。一見、それは車窓に展開する何気ない風景の描写にみえるが、使節団はその自然の風景の背後にあるものを透視していたのである。

つまり、右にいう広葉林と針葉林の背景には、当時のヨーロッパにおける山林の私有・官有という所有形態や、ひいてはそれが近代国家における「自由」の問題に関わっていることを知っていたからである。

『実記』第五十一巻のベルギーの部をみると、次のような叙述がある。

すなわち、人民は、私有地には早く伐採して利をえることのできる広葉樹を植え、また、その地を開墾して農牧の利をえようとする。いきおい材木をえるための針葉樹林は少なくなるから、こうしたことを防ぐためには「山林保護ノ法」が必要となってくる。「方今ハ、欧洲ニ自由政治ノ益《ますます》行ハルニ反対シテ、唯山林樹木ノ制ニ於テハ、往時ノ自由ヲ廃シテ、束縛抑制スルノ政度ヲ立ルニ至リシモ、畢竟《ひっきょう》ハ衆庶ノタメニ、永利ヲ図レル所ナリ」(㈢二一六頁)というのである。

いや、それは山林にとどまるものではなく、政府(国家)と「自由」の規制、つまり権力と「自由」の問題へとその目を向けている(第六章二参照)。

使節団は、風景の背景に、ヨーロッパにおける近代国家の原理に関わる問題を読みとっていたのである。また、オランダからプロシアに入った際、「大陸地ノ土壌ハ、概シテ軟鬆《なんしょう》ナリ、日本関八州ノ野ニ類ス、其瘠薄《せきはく》ナルハ小石ヲ雑《まじ》ユ、日本沿海岸ノ如キ植土ナシ、是欧洲中央野ノ概形ナリ」と、日本と対比しつつ、「故ニ肥糞ヲ用フ分量ハ、概シテ日本ニ六七倍セリ」(㈢二八九頁)と指摘する。そして、ヨーロッパ大陸のこの土地生産力の低さを補うものは、右の肥料と共に「国民」ノ「農耕」に対する「勤労」だ、といい、「普国人民ノ営業ハ、重ニ農牧ニアリ」と述べ、「全国人員ノ半数千二百万人ハ、農ヲ業トスル家ナリ」(㈢二九八頁)と、この国の性格の一端にふれている。

農産物を輸出し、その利益でプロシアは鉱工業を興し、貿易をしているのだから、同じ貿易国といっても、イギリスやフランスの富国政策とは異なっており、むしろ、その「国是」のたて方は却って日本に酷似している。それゆえに「此国ノ政治、風俗ヲ、講究スルハ、英仏ノ事情ヨリ、益ヲウルコト多カルヘシ」(㈢二九八頁)というのである。もちろん、農業人口一〇〇に対する工業人口は、スイスは七六、ベルギーは六〇、ザクセンは六四であり、プロシアの四五に対し、日本は僅かに五ないし六にすぎないことを知っていたから(㈢二九八頁)、プロシアと日本との条件のちがいを十分認識したうえでのことだったのである。

ところで、使節団はプロシアの国都であり、一八七一年に成立したばかりのドイツ帝国の首都でもあるベルリンで、一八〇〇年頃までは一小都市にすぎなかったこの地が、五十年後には四十二万人、七一年にはその約二倍にも達する八二万六三四一人の人口を擁する大都市へと発展したことを目のあたりにして、ヨーロッパ諸都市の盛衰について考察する（㈢三〇九頁・三〇二頁）。

西洋都会ノ盛衰ハ、其原因タル東洋ニ異ナリ、又米国ニモ異ナリ、東洋ノ都会ハ、其生意ノ目的ハ、政府用度ノ管係ニアリ、米国ノ都会ハ、豪商大姓ニアリ、然ルニ、欧洲各都ハ、王侯貴族ニアリ、（㈢三〇九頁）

そして、アジアやアメリカとも異なる、ここベルリンを含めたヨーロッパ諸都市の繁栄の後景を次のように説明している。

是ハ近年欧洲封建ノ余習ヲ除キ、工商ノ自由ヲ寛ニセシヨリ、営業ヲ競ヒ、製鉄器械ヲ興シテ、便利ノ具、滋美ノ味ヲ製シテ、人民ノ嗜欲ニ投シ、奢侈ノ度ハ、年ヲ逐テ増長スルコト、奔馬ノ制スベ〔ママ〕カラサルカ如ク、都府ノ繁昌ハ、之ニ従フモノニテ、倫敦、巴黎ヨリ、伯林ニ至レハ、其都府ノ外貌ハ、猶質素ヲ主トスルニ似タレトモ、奢靡《しゃび》淫侈《いんし》ノ増長ハ、旧面目ニアラストナン、（㈢三〇九―三一〇頁）

ここには都市の繁栄を必然化させるものが「工商ノ自由」であり、その根源に人間の欲望の増大のあることが自覚されている。「人ノ常情タル、一タヒ覚ヘタル便利ハ、又棄ルヲ得ス、一タヒ生シタル嗜好ハ、又洗フヘカラス」（㈢三一〇頁）ともいう。

明らかにそこには、封建的抑圧から解放され、欲望の充足をめざす資本主義的な指向、ないしはブルジョア的人間像が見出されている。いうなれば、使節団は、ベルリンをはじめとするヨーロッパ諸都市の中に、「自由」を必然化させる人間の内なる要因を発見している、といえるだろう。

このように『米欧回覧実記』の記述が、資本主義的世界の根源的な考察にまで筆を及ぼしていることは、すでにふれた「自由」と「国家」に関わる問題にもみられるように、使節団の知的水準の高さやその観察の鋭さの一端を示したものといえる。その背景には、すでに幕末以来、遣外使節団が数度にわたって欧米に派遣され、その幾多の見聞や体験の上に、岩倉使節団が立っていたことを見落してはなるまい。一行のなかには、岩倉・木戸・大久保のようにはじめて外国の地を踏んだものもいたが、幕末の遣外使節団参加者も多数加わっており、また、外国留学体験者もいた。さらにいえば、岩倉使節団の中の旧幕臣たちは、「鎖国」時代の長崎を窓として、「世界」を独占していた旧幕府の文化蓄積の担い手でもあったことを想起する必要があるだろう（第一章二参照）。

このことは使節団の貪婪《どんらん》ともいえる視察とも関連する。いま一行がベルリン滞在中に見学したところを、順を追って列挙してみると、禽獣園・公園・水族館・劇場・宮殿・会議堂・曲馬場・電気機器製造場・病院・博物館・陶器製造場・集画館・武庫・城郭・曹達水製造場・印書寮・天文台・兵営・電信寮・造幣寮・牢獄・小学校・大学校・消防社・漁業会社展覧場・製鉄場などということになる。プロシアの滞在が二十三日間（『実記』第四編と合わせてドイツ滞在は計三十三日）であったことを思えば、驚くべき貪欲さである。岩倉使節団と旧幕臣成島柳北のパリ滞在中の関心の対比から、「回覧使節の側には要塞と工場のパリがあり、柳北の側には劇場と美術館のパリがある」とは、前田愛氏の表現だが（『成島柳北』朝日新聞社、一九七六年、一九一頁）、そうした性格の使節団ですら、右に列挙した視察対象からわかるように、政治・軍事・産業・経済のみならず、文化的諸施設に広く目を配っているのである。使節団がいかにその国のあらゆる機能、あらゆる機関・施設をトータルにとらえようとしているかが理解できるだろう。

ところで、使節団は、三月十一日、皇帝ヴィルヘルム一世（Wilhelm I, 一七九七〜一八八八）に謁見し、翌日、ビスマルク（Otto von Bismarck, 一八一五〜九八）やモルトケ（Helmuth Moltke, 一八〇〇〜九一）と会見した。そして、一行は十五日、ビスマルクの招宴に臨んだ。

『実記』第五十八巻には、ビスマルクの経歴が記述され、プロシアを中心にドイツ帝国を実現したこの「鉄血」宰相について、「此侯ノ威名ハ、方今世界ニ轟キテ知ラレタルカ如シ」（㊂三二九頁）という。そこでの叙述ぶりは、さきにふれたフランス大統領ティエールのそれに匹敵している。いや、その招宴でのビスマルクの演説を詳細に載せているところからいえば、(14)それ以上の力の入れ方といってもよい。

右のビスマルク演説は、彼が幼時から辛酸を嘗めた実歴を語り、その彼がいま現実に立っている世界にいかに対処しているか、を語ったものであった。

そこでビスマルクが強調したのは、「万国公法」に対する「小国」と「大国」との係わり方の相違にほかならなかった。つまり、「小国」は孜々《しし》としてこれを守ろうとするのに対して、「大国」はみずからの利がある時は「公法」に固執するものの、ひとたび不利となるや兵威をもってそれを踏みにじる、というのである。彼は「小国」プロシアがドイツ帝国へと「大国」化するプロセスを、弱肉強食のヨーロッパ国際政治の中で泳ぎぬいたみずからの経験とからめて説いたのである。そして、プロシアの軍事力発動に対する各国の非難に対しては、「我国ハ、只国権ヲ重ンスルニヨリ、各国互ニ自主シ、対当ノ交リヲナシ、相侵越セサル公正ノ域ニ住センコトヲ望ムモノナリ」といい、「欧洲親睦ノ交ハ、未タ信ヲオクニ足ラス、諸公モ必ス内顧自懼ノ念ヲ放ツコトハナカルナラン、是予カ小国ニ生シ、其情態ヲ親知セルニヨリ、尤モ深ク諒知スル所ナリ、予カ世議ヲ顧ミスシテ、国権ヲ完ニセル本心モ、亦此ニ外ナラス」と断言し、「故ニ当時日本ニ於テ、親睦相交ルノ国多シトイヘトモ、国権自主ヲ重ンスル日耳曼ノ如キハ、其親睦中ノ最モ親睦ナル国ナルヘシ」と語を結んだのである(三三三〇頁。なお、三一一六―一一七頁参照)。

波乱激動の時代を生きぬいたビスマルクのこの演説は、それが彼の体験に裏打ちされていただけに、使節団のメンバーの胸にこたえ、とりわけ「万国公法」に関する彼の発言は、使節団には衝撃的であった。なぜなら、使節団は、この「万国公法」に抵触する国内法改革に必要な時間的猶予を求めて、条約改定期限の延期を締盟各国に交渉することをひとつの目的としていたからである。彼らが拠りどころにしようとしたその「万国公法」の内実を、ドイツ帝国創出の当事者よりじかに聞かされたのである。なればこそ『米欧回覧実記』の「編修」者は、「交際ノ使臣、相宴会スル際ニ、此語ハ甚タ意味アルモノニテ、此侯ノ辞令ニ嫻《ナラ》ヘルト、政略ニ長セルトヲヨク識認シテ、玩味スヘキ言ト謂《い》ツヘシ」㈢三三〇頁）という感のこもった一文を副えているのである（なお、本書一五一頁の国際政治に関する『実記』の引用並びに第七章注（16）参照）。

副使木戸孝允は、食事の際すすめられてビスマルクの右側に坐ったが、いま日本との親睦のために、必要なら有能な人材を選んで送ろうというビスマルクに答えて、次のようにいった。

我日本の人民も元より独逸の人民も毫も異なるなし、恨むるところは只数百年国を鎖し、自ら宇内の形勢に暗く、また四方の学問を研窮《マヽ》するの暇なし、依て交通の際遺憾とするものまた不少、希望するところ駑力して速に地位の進むるを祈る而已（明治六年三月十五日条『木戸孝允日記』二、三三三頁）。

ビスマルクに圧倒されまいとする木戸の姿勢がよみとれると共に、そこにはやがてプロシアに似せてアジアのプロシアたろうとする日本の道が予言されているといえなくもない。

副使大久保利通は、ビスマルクはこの国ではますます信任されて「何モ此人之方寸ニ出サルナシト被察候」（明治六年三月二十一日付、西郷隆盛・吉井友実宛、『大久保利通文書』四、四九二頁）といい、ロシア留学中の西徳二郎へは、ドイツでの滞在期間は十分ではなかったが、「ヒスマロク・モロトケ等之大先生ニ面会シタル丈ケカ益トモ可申歟《か》」（三月二十七日付、同上、五〇一頁）と書き送っている。

のちに三宅雪嶺はその著『同時代史』に、「容貌魁偉」な「英傑」ビスマルクに使節団一行が感服するなかで、「大久保が特に暗示を得たり」と述べ、「新たに国家を経営するは彼の如くならざるべからずと頷く」（第一巻、岩波書店、一九四九年、三四〇頁）と記しているが、しかし、この雪嶺のように、ビスマルクと大久保をあまりにも重ね合わせるような評価が当たっているかどうか（これまではこの評価が一般的である）は、あとであらためて考察したい（第七章参照）。ここには木戸と大久保の発言を並べながら引用しているが、そこには微妙なニュアンスのちがいも含まれており、むしろ木戸の傾斜度の方が大きいのではないだろうか。

ビスマルクと共にモルトケにも大久保が関心を寄せたことはさきの書簡で明らかだが、『米欧回覧実記』は、一八七四年二月における軍事力増強に関するモルトケの議会演説を引用する。そこでの要旨の根幹は、「法律、正義、自由ノ理」は国内を保護するには足りるけれども、「境外ヲ保護スルハ、兵力ニアラサレハ不可ナリ」というにあり、「万国公法」も結局は軍事力いかんにあるという力の論理の強調だった。いわく、「局外中立シテ、公法ノミ是《これ》循守スルハ、小国ノ事ナリ、大国ニ至テハ、国力ヲ以テ、其権理ヲ達セサルヘカラス」と（㈢三四〇頁）。

木戸が三月二十日付の三浦梧楼宛の書簡に、「孛国之兵事は一層秀、諸国一目其長短を分つに足り申候、乍去《さりながら》こゝに至る所以之ものは其基一朝にあらず、実に国家之事何事も一事而已隆盛候と中事世界古今其例し無之、只管《ひたすら》我朝之処も後年を期し、後進之ものゝ不為妨之順序肝要歟と致愚考候」（『木戸孝允文書』五、一五―一六頁）と述べているのは、日本の将来に思いをはせての実感だったのであろう。

ビスマルクやモルトケに対する木戸や大久保の関心、ひいては使節団の新興ドイツ帝国に関する印象は、みてきたように確かに強い。そして、大久保はこのプロシア視察後、日本をめぐる内外の困難な問題を処理するために召還の命をうけて、三月二十八日、帰国の途につき、木戸もまたロシア視察後の四月十六日、同じ理由で使節団を離れる。

ところで、この大久保にしても木戸にしても、回覧してきた米・英・仏の文明の高さには圧倒されていた。大久保はフランス滞在中、西徳二郎へ「英米仏等ハ（中略）開化登ルコト数層ニシテ、及ハサルコト万々ナリ」（明治六年一月二十七日付、『大久保利通文書』四、四八四頁）と嘆じた。それは木戸が「本朝今日之勢、只々名利に而已開化々々と流行し、人心を維持する所におゐては丸に空物に而、米欧などの田舎までも能く教道之行とゞき居候とは、先以此本に雲泥之相違有之申候」（明治五年七月一日付、杉山孝敏宛、『木戸孝允文書』四、三六九頁）といい、また、「尊王と云、開化と云、其末多くは雷同流行に陥り、然し而開化家之幣《マヽ》尤可恐と奉存候」（明治五年八月付、内閣員宛、同上、三八三頁）と述べているのと通じる。彼らは高度な文明のよってきたるゆえんの歴史的な深みを現地で感得し、それに較べて日本の「文明開化」のあまりにも皮相な、あまりにも空疎な一種の流行にすぎないことを痛感したのである。

この米欧と日本との開化の落差の大きさを知れば知るほど、木戸の念頭をよぎったのは新興国プロシアだった。木戸は次のようにいう。

　現に如孛国新政比隣に類なし、千八百年之初を推考すれは、国も貧弱にして人民亦未熟なり（国難 屢《しばしば》起り、国政を改革する亦比隣に類なし――原文割注、以下同）、然して其を駕御する進跡するものは之を抑へ、驕奢《きようしや》なるものは之を懲し、軽浮挙動に迷ふものは強而之を沈深着実に帰せしめ、終に今日之招文明致富強所以なりと（中興も）、実に偶然にあらさる也（明治五年九月十四日付、井上馨宛、『木戸孝允文書』四、四〇一―四〇二頁）。

これは木戸がプロシアの地を踏む前のイギリスからの手紙である。大久保は前掲の西徳二郎宛の書簡の中で、さきの引用に続けて「孛・魯ノ国ニハ必ス標準タルヘキコト多カラント愚考イタシ候ニ付、別而此両国ノコトヲ注目イタシ候」と述べていた。プロシアに関する限り、大久保がその「標準タルヘキコト」への思いを強めていたことは否定できないが、木戸はそのドイツへの確信のほどを、ベルリン着のその日、つまり明治六年（一八七三）三月九日付の槇村正直宛に、「終に今日之文明に趣き〔ママ〕、富強に至りしは独逸之開化なり」（『木戸孝允文書』五、一二頁）と書き送っていたのである。

だが、木戸や大久保のこのプロシアに対する関心は、米・英・仏などの高度な文明とその先進性、それに対する日本の皮相な、あまりにも後進的な「開化」との隔絶的な落差の中で、相対的に浮かび上ったものにほかならない。ビスマルクやモルトケの実感のこもった所説がそれに拍車をかけた。

が、いまひとつ見逃しえないのは、使節団がプロシアの地を踏んだ時、これまで回覧してきた国々とはちがった雰囲気を感じとっている事実である。

例えば、使節団は、プロシアの風俗に「英米トハ甚タ異ナル所モ多キ中ニ、婦人ヲ尊フ儀甚タ簡ナリ、伯林ニテハ婦人ト雖モ、亦米英ノ人カ、婦人ニ卑屈スルヲ笑ヒテ、奇俗トスルニ至ル」(三二八五頁)という。かつて一行は、アメリカやイギリスで殊に甚しい「男女ノ交際」や「夫婦交際ノ状」には「最モ奇怪ヲ覚ヘ」、それは、アメリカの「共和政治」やイギリスの「女王ヲ立ル国」の風俗とみて、「東洋ノ教ヘ、婦人ハ内ヲ治メ外ヲ務メス、男女ノ辨別ハ、自ラ条理アリ、識者慎思ヲナサヽルヘカラス」と評していたが(一二四七―二四九頁)、いまやプロシアないしはベルリンにおいて米・英との相違を感知したのである。「婦人ヲ尊フ儀甚タ簡」とか、米英的男女のあり方をこの地では「奇俗」として笑う、と記しているところには、『米欧回覧実記』の「編修」者ひいては使節団の、米英的な男女風俗への反発と、その風俗とは雰囲気を異にするプロシアのそれへの安堵感がこめられていた、とみることができる。

それのみではない。「三尺ノ童《わらべ》モ亦君主ヲ奉スルヲ耻」(一二〇八頁)じ、「米国ノ人気ハ、国王ノ権ヲ憎ムコト毒蛇ノ如」(一五二頁)きだ、というアメリカ人の君主＝国王観に対して、「日耳曼国人ハ、帝王ヲ尊敬シ、政府ヲ推奉スルコト、甚ダ篤」(三三〇一頁)く、しかも皇帝と国民が「君民交和シテ相親ムノ状」(三三五二頁)を目のあたりにして、使節団はいちだんとプロシアへの親近感をもったにちがいない。

岩倉使節団のように各国を順次短期的に回覧する場合、ある国への共感ないし親近感は、その国に足を印した時、そこでの雰囲気の直感的な印象が意外に大きな要素となることは留意してよい。それは長期滞在の留学生のように、「英語ヲ学フ者ハ英風ヲ慕ヒ、仏語ヲ学フ者ハ、仏政ヲ羨ム。自然ノ勢ナリ」(明治十四年十一月七日付、三条太政大臣他宛、井上毅「人心教導意見書」〈『井上毅伝』史料篇、第一、国学院大学図書館、一九六六年、二五一頁〉)というのとはおのずから異なるのである。(15)

これまでみてきたようなプロセスをぬきにして、明治十年代における岩倉具視や伊藤博文らのプロシアを下敷きにした近代天皇制国家形成のプランから、逆に使節団の時点での、日本とプロシア、木戸・大久保とビスマルク・モルトケを二重写しにして、使節団の関心が当初からプロシアを「特別の国」として特別視していた（例えば、加藤周一「日本人の世界像」〈『近代日本思想史講座』八、筑摩書房、一九六一年、二三六頁〉）、と解することは慎みたい。『米欧回覧実記』全一〇〇巻の構成からみても、米・英各二十巻に対してドイツに当てられているのは十巻であり、フランスの九巻とほぼ等しいのである（第二章一参照）。プロシアへの共感や親近感は、こうした米欧へのトータルな関心の中に位置づけてとらえる必要がある。

『米欧回覧実記』の叙述をみても、それは決してプロシア一辺倒とはいえない。いや、ベルリンに関する記述などをみれば、そこにはきびしい批判の目がある。例えば、この「新興ノ都」は「繁華ノ進ムニ従ヒ、次第ニ澆季《ぎょうき》シテ、輓近《ばんきん》殊ニ頽衰《たいすい》セリ」といい、「近年頻《しきり》ニ兵革ヲ四境ニ用ヒ、人気激昂シ、操業粗暴ナリ」という。そして、その理由を「兵隊学生ノ跋扈スルニヨル」と指摘し、学生が「遊園ニ劇飲シ、酔ヲ帯ヒテ高吟朗謡、或ハ路傍ニ便溺《べんにょう》ス」るさまや、兵隊の「暇日毎ニ盛服シテ、遊園ヲ彷徨《ほうこう》スレハ、冶婦《やふ》ノ過ルモノ、ミナ一眄《いちべん》シ情ヲ送ル」情景を述べ、「淫風ノ年々ニ盛ナルハ、政治家モ実ニ蹙頞《しゅくあつ》シ、其制防ノ良法ヲ、宇内《うだい》各国ニ廉訪シ、我寛永年間ニ、江戸ノ吉原ヲ設ケシ規制ヲ賞嘆シ、其意ニ倣ヒ、適宜法ヲ設ケンコトヲ議セシコトアリ」（三）三〇四―三〇五頁）というのである。

欧洲の諸都市のうち、春画を公然と人に売りつけるのは「只此府アルノミ」（三）三〇六頁）という表現には、ベルリンの「集画館」で美婦人の裸体を写生する人々に対して、「此醜状ニ至ル、頗ル厭《いと》フヘキヲ覚ヘタリ」（三）三二八頁）と述べているのと相まって、その世情への非難がこめられていた、といえるだろう。

要するに、使節団はアメリカやヨーロッパ、とりわけその先進諸国を回覧し、欧米資本主義国家の実態と文化にふれ、日本の実情とのあまりにも大きい隔絶感の中で、相対的にプロシアへの共感と親近感をもったのである。しかし、そのプロシアへの関心は、あくまで米欧諸国一般に対するあくことなき貪婪《どんらん》な制度・文物摂取の意欲のなかでの相対的なものとしてとらえなければならない。同時に、それは使節団の使命観が、天皇を頂点とした近代国家創出という大きな国家目標の枠組みにあったこととあわせ考えなければならない。[16]

それゆえにこそ、その相対的な関心が、ある時点で絶対的なものへと転化することはありうることなのである。

条約改正問題については、明治六年（一八七三）三月二十日（『実記』のこの日には記事なし）、岩倉大使は、ベルリン外務省において、鮫島公使陪席、青木周蔵通訳で、仏国「外務大輔バロンドフビー」と協議をし、関税、内地旅行の自由、領事裁判権などを話題にしているが、もとより交渉ではない（『条約談判書』、『日本外交文書』第六巻、一〇〇―一〇一頁、前掲石井孝『明治初期の国際関係』九二頁等参照）。

五　貴族専制国家ロシア

岩倉使節団がロシアの「セントペートルボルク」（ペトログラード、旧レニングラード、現サンクトペテルブルク）へ着いたのは、明治六年（一八七三）三月三十日のことである。

前日、ドイツの接伴掛と別れた一行は、一路「セントペートルボルク」をめざして鉄路の旅を続けた。一行の乗る列車の窓外には、残雪の荒野が展開した。「光景実ニ穢悪《わいあく》ナリ」（㈣四〇頁）とは、その時の感想の一端だが、この荒野に点在する村や人家を見て、「之ヲ亜米利加ノ曠野ニテミタル、印甸《インチヤン》土番〔ママ〕ノ窟宅ニ比スレハ、一等ノ開化ニ近キタルノミ、我邦北海道土人ノ屋モ、カクヤアラント思フマテナリ」（㈣四一頁。片仮名ルビは原文、以下同）と記しているのである。

この岩倉使節団は、すでにアメリカからイギリスへ、そしてパリからベルリンへと、ヨーロッパ文化の花咲いた地を歴遊していた。それだけに、いま見渡す限りの「荒寒不毛ノ野」(四二一頁)を走り続けた時、この「漠野茫茫《ぼうぼう》」「森林榛榛《しんしん》」(同上)たる景観に、あらためてヨーロッパ文明の位相ならびに開化とは何かを考えさせられた。「文明ト呼ヒ、開化ト叫フモ、全地球上ヨリ謂《い》ヘハ、一隅ニ於テ星大地ノ光リニスキス、陸壌ノ広キ十ノ九ハ、猶荒廃ニ属セルナリ」(同上)というのである。

だから、「セントペートルボルク」へ一歩を印し、そこでの市街が「規正ニテ恢宏《かいこう》」、建築は「壮大ナルコト、欧陸ニテ第一」(四四九頁)、そして、各国も及ばない王宮や官衙、あるいは貴族の邸宅を見た際、一行は、はじめて米欧文化に接した時とは別の意味で、ひとしお鮮烈な印象をうけたのである。

いや、それはたんなる風景や建築物の景観のみではなかった。すでにヨーロッパ社会の階級(階層)のあり方にまで鋭い考察をしていた使節団の目は、ロンドンやパリにも劣らないこの「セントペートルボルク」の中に、ロシア社会の構造と特質を見すえていた。「露国ハ全ク貴族ノ開化ニテ、人民ハ全ク奴隷ニ同シ、財貨ハ上等ノ人ヨリ包攬セラレ、専制ノ下ニ圧抑《あつよく》セラル、モ、此ノ成形ニヨル、故ニ露ノ貿易ハ、自ラ振ハス、外国人ノ手ニ、其利孔ヲ専有セラル、聖彼得堡府《セントペートルボルク》ノ商店ヲ観ルニ、属目《しょくもく》スヘキ大店ハ、尽《ことごと》ク日耳曼人《ゼルマン》ノ開店ナリ」(四五三頁)と。

ここにはロシアの貴族の専制体制が指摘されていると共に、普・露二国間の歴史的な関係と、両国人が互いに「敵視」し(四五四頁)、「猜悪《さいお》」し合っている(四五六頁)、その背後にひそむ国民感情のよってくるゆえんにも迫っているのである。

いま、ロシアにおける貴族の専制といったが、使節団がこの国を他のヨーロッパ諸国との対比で、どのように見ていたかは、次の評言からもわかる。

嘗《かつ》テ評ス、英、仏、白、蘭、ハ平民ニ人物富豪ノ多キコト、貴族ニ超ユ、故ニ全地ミナ繁昌シテ、民権モ亦盛ナリ、独逸〈墺国ヲ兼ヌ――原注〉、以太利ハ貴族ノ富、平民ニ超ユ、故ニ文物ノ観ルヘキモ、全国ハ猶《なお》貧ナルヲ

免レス、因テ君権ハ民権ヨリ盛ンナリ、（四五三頁）

さきに引用したロシアの貴族専制を指摘した記述は、右の一文に続くものだったのである。君権と民権、貴族と平民との力関係が、いかに国家の繁栄と関わっているかを使節団は知っていた。

だから、「荒寒ノ野面ニ、聖彼得堡《セントペートルボルク》、及ヒ莫斯科《モスコー》ノ大都ヲツクリ、車馬ノ声、殷殷《いんいん》トシテ地ニ満チ、金玉ノ光ハ、往処ニ目ニ眩耀《げんよう》ス」というすぐあとに、「ミナ豪族ノ府庫ヨリ、溢レテ繁華トハナリタルナリ」（四六八頁）という表現がなされているのは、この二つの「大都」の「繁華」の他方の極に、「僅ニ隷農ヲ免レタレトモ、貧窶《ひんる》自ラ支フニ足ラ」ない「全国ノ民」のいることを（同上）、使節団は念頭においているからである。

そのことは、この『米欧回覧実記』が、一八六一年（文久元年）のロシアにおける農奴解放令にふれつつ、明治五年二月（陽暦一八七二年三月）の日本の土地永代売買の解禁と対比していることとも関連する。日本の土地永代売買の解禁とロシアの農奴解放令とは、一見同じようではあるけれども、ロシアの農民は解放令によって四十九カ年の年賦負債を負担しなければならなかったのに対し、日本の場合は「一令下ニ不動産ノ所有者トナル」（四四三頁）と述べ、実質的にはその内容が異なることを指摘し、それは「西洋人種、貨財ノ慾熾ンニ、下民ヲ虐役スルノ風習ハ、東洋道徳政治ノ国トハ、性情反対ナルコト」（四四二頁）、つまり「東洋」と「西洋」に於ける「政治風俗」の相違に根ざしていることを強調しているのである（四四三頁。なお、この点に関しては第六章であらためて論ずる）。

右にふれたようなロシアの実情は、法教と国帝、法教と国民との関係にも連なっているのであり、「朝ニ臨ミテハ帝トナリ、寺ニ入リテハ「ポープ」トナリ、大教院ヲ政府ノ一大権ニオキ法教ヲ国帝ノ手ニ管轄スルハ、唯《ただ》露西亜国アルノミ」（四七二頁）、あるいは「法教ノ国民ニ緊要ナル管係ヲ有スルコトハ、東洋道徳政治ノ国ニ於テ、実ニ意料シ能ハサル勢力アルモノニテ、殊ニ未開ノ民ホトニ、其管係ハ甚タ重シ」（四七三頁）などという一文にもなるのである。

ところで、こうしたロシアが、英・仏・日(日耳曼)・墺・露の「五大国」中、「最モ不開ナル」(四一〇六頁)国であることを使節団が知った時、彼らは日本がロシアに対してあまりにも先入観をもって「畏憚《いたん》」していたことに思い至ったのである。

> 今ニ至ルマテ、日本人ノ露国ヲ畏憚スルコト、英仏ノ上ニ出ツ、人人ノ意中ニ、英仏ハ荷蘭陀一般ノ商国ニテ、日、墺ハ欧洲ニ強ヲ競フ国ナリト想像シ、只露国ノミ最大最強ニテ、常ニ狼視虎歩シテ、世界ヲ幷呑《へいどん》スル志ヲ抱クモノナリト謂《い》フカ如キハ、衆口一談、曾テ疑ヲイルヽモノナシ、(四一〇七頁)

この「妄想」のよってくるゆえんは何か。『米欧回覧実記』は、それを文化元年(一八〇四)九月のロシア使節レザノフ(Nikolai Petrovich Rezanov, 一七六四〜一八〇七)が長崎に来航し、「全国太平ノ夢ヲ驚カシ、是ヨリ尊攘鎖国ノ論」が「沸然《ふつぜん》トシテ湧起《ようき》」したからだというのだが(四一〇七頁)、そこに端を発するロシアへの「畏憚」は、欧米各国の実情を思う時、「皆鎖国井蛙《せいあ》ノ妄想」(四一〇八頁)にほかならず、「迷夢已ニ醒メタル澄神ヲ以テ」(同上)歴史の実態を見つめよ、と警告するのである。

そして、ロシアが日本を「幷呑スルノ政略」をもち、日本が「虎狼心ヲ以テ露国ヲ憚ルノ妄想」をもったのは、両国人の間で「一ノ奇影ヲ幻出シタルノミ」という(四一〇九頁)。

もし、このように「疑懼《ぎく》」するのであれば、それは「何啻《なんぞただ》ニ露国ノミナラン、五洲ヲ幷呑スルノ志アルモ、何啻ニ露国ノミト謂ハン」といい、「虎狼ヲ以テ外国ヲ疑ヘハ、何国カミナ虎狼ナラサラン、若シ其親睦ヲ以テ相交レハ、欧洲各国ミナ兄弟ナリ」と断言している(四一一〇頁)。

それはこの使節団が、それまで米・英・仏・独を現地に踏み、ヨーロッパ国際政治の一端にふれての実感だったにちがいない。

なればこそ、このロシアの部は、次のような言葉で結ばれているのである。

抑《そもそも》各国ニテ権詭《けんき》ヲ寓シテ、政略ヲ施スヨリイヘハ、我最モ親ムヘキハ英仏ニアルカ、露国ニアルカ、日墺諸国ニアルカ、世界ノ真形ヲ晾知《りょうち》シ、的実ニ深察スヘシ、従来妄想虚影ノ論ハ、痛ク排斥シテ、精神ヲ澄センコト、識者ニ望ム所ナリ、（四一一〇頁）

この言葉に集約される岩倉使節団のロシア観、そしてヨーロッパ観は、さまざまな感懐を、『実記』の読者に与えるといってよいだろう。(17)

なお、ロシアでは、岩倉大使の条約改正に関する簡単な陳述書は提出されたが、交渉はしていない（前掲『条約談判書』参照）。

六 「小国」をめぐって

『米欧回覧実記』の第三編にはベルギーとオランダの回覧記事があり、第四編にはデンマークとスウェーデンの見聞記がある。そして第五編にはスイスに関する叙述がある。

岩倉使節団が回覧したこれらの国々は、「大国」に対する「小国」である。この「大国」と「小国」の区別はいささかあいまいだが、『米欧回覧実記』の表現でいえば、次のようになる。

夫《それ》欧洲列国ノ大小相分ル、、英、仏、露、普、墺ノ大国アレハ、又白、蘭、薩、瑞、嗹ノ小国アリ、（五二三頁）

とすれば、ここにあげられている「大国」「小国」は、当時の常識的区分とみてよいだろう。

ところで、ここにいう「小国」に当てられた『米欧回覧実記』全一〇〇巻中の巻数をみると、ベルギー、オランダ、スイスはそれぞれ三巻、デンマークは一巻、ザクセン（薩撒）は「北日耳曼」中の一部（『実記』第七十一巻の一部）ということになる。これを合計すれば十巻強である。

この巻数の合計のみからいえば、それはドイツ（十巻）とほぼ等しく、フランス（九巻）を上回る。もしスウェーデン（二巻）も含めると十二巻強だから、「小国」の比重は決して小さいとはいえない。

そのことは、「小国」に対する岩倉使節団の認識にも関わるが、やや先走っていえば、「小国」に関する叙述は相当に詳しいし、使節団のこれら「小国」に対する評価はかなり高い。

例えば、第四十九巻の「白耳義《ベルギー》国総説」の次の一節をみよ。

此両国〔ベルギーとオランダ―引用者注〕ハ其地ノ広サト、其民ノ衆《おお》キトヲ語レハ、我筑紫一島に較スヘシ、其土ハ瘠薄《せきはく》ノ湿野ナリ、然レトモ能ク大国ノ間ニ介シ、自主ノ権利ヲ全クシ、其営業ノ力ハ、反テ大国ノ上ニ超越シテ、自ラ欧洲ニ管係ヲ有スルノミナラス、世界貿易ニ於テモ影響ヲナスハ、其人民ノ勉励和協ニヨルニアラサルハナシ、（㈢一六五頁）

右の一文は、「欧洲ノ開拓地」としてのアメリカ、「世界ノ貿易場」としてのイギリス、「欧洲ノ大市場」としてのフランスの「三大国」が、「地広ク民多ク、其営業ノ力ハ、常ニ満地球ニ管係ヲ及ホス雄国」であることは明らかだ、といい、「我日本ハ、其地、其民、其物産ヲ以テ、此等ノ大国ニ比較スルトモ、未タ必《かならずし》モ甚タ遜レサルヘシ、顧フニ其民著眼ノ小ナルト、協同耐忍ニ薄キトヲ以テ、其営業力ニ乏シク、国勢ニ於テ敢テ当ルヘカラサルノ情態ヲ露シタリ」（㈢一六五頁）という文章のあとに記されたものなのである。

だから、そこでは、現実的には、さきの「三大国」に及ぶべくもない日本を、ヨーロッパにおける「小国」への関心と重ね合わせ、その「小国」がいかに「大国」をもしのぐ「国勢」（「営業力」）をもっているかに留意しているのである。したがって前述のベルギー、オランダについての引用の次には、以下の言葉が続いている。

其我ニ感触ヲ与フルコト、反テ三大国ヨリ切ナルモノアルヘシ、（㈢一六五頁）

岩倉使節団の「小国」への着目は、ここに端的かつ明白に示されている。

では、「小国」はその内実においてなぜ「大国」をもしのぎうるのか。

それは、これまでの引用の中にも語られている。その基本は国民の「自主ノ権利」であり、それを基礎とする「営業ノ力」なのである。

使節団は明治六年(一八七三)六月三日、オーストリアのウィーンに着き、ここで開催されていた万国博覧会を見学しているが(後述八参照)、この博覧会の各国の展示品の中にそのことを確認しているのである。「英、仏、両国ノ如キハ、ミナ文明ノ旺スル所ニテ、工商兼秀レトモ、白耳義《ベルギー》、瑞士《スイス》ノ出品ヲミレハ、民ノ自主ヲ遂ケ、各良宝ヲ蘊《うん》蓄《ちく》スルコト、大国モ感動セラル、普ハ大ニ薩《サキセン》ハ小ナルモ、工芸ニ於テハ相譲ラス、而シテ露国ノ大ナルモ、此等ノ国トハ、猶《なお》其列ヲ同クスル能ハス、墺国ノ列品ヲミレハ、勉強シテ文明国ニ列スルヲ得ルニスギス〔ママ〕」と述べ、「是他ナシ、民ニ自主ノ精神乏キニヨルナリ」と断じて憚らないのである(㈤二二頁)。それは「国民自主ノ生理ニ於テハ、大モ畏ルニ足ラス、小モ侮ル〔ママ〕ベカラス」(同上)という語と共に、使節団の「小国」に対する共感から発せられた言葉といってよい。(18)

そこには万国博覧会の各国出品物の背後にあるものを見つめた時の、一行の感動のようなものがこめられていたにちがいない。国民に「自主ノ生理」があり、「自主ノ精神」が堅持されているところに、国家の盛衰、一国の文明の質が規定されるという確信を、使節団はその回覧過程でえていた、といえよう。

『実記』第四十九巻の「白耳義国総説」には、次のような叙述がある。(19)

白耳義人ハ、又ミナ謂フ、国ニ自主ノ民乏シケレハ、国力衰弱シ、国ヲ保存シ難シト、(㈢一六七頁)

此国〔ベルギー──引用者注〕ノ定律王国政治ハ、他ノ帝王国トハ、大ニ其趣キヲ異ニシテ、国民ノ自主ニ於テハ、反テ共和国ニ優ル、欧洲中ニ於テ、此国ノ選挙王ト、瑞士ノ共和政治ト、薩撒ノ旧王国ハ、其政教風俗、互ニ相同シカラサレトモ、共ニ最モ繁昌富有ノ国ニテ、文明ノ最上等ニ位ス、然則《しからばすなわち》国ノ盛衰ハ、政治ノ影響ニ

アラスシテ、国民ノ和協セル影響ヲ、政治ニ著スノミ、諺ニ曰ク、政府ハ人民ノ影ナリト、旨哉言《うまいかな》ト謂フ〔ママ〕ベシ、
（㈢一六七―一六八頁）

国の大小や政治体制いかんという形而下の問題よりも、「国民ノ自主」がいかに一国の内実を規定しているかを使節団は見抜いていたのである。

だが、国際政治の現実は厳しい。

　蓋《けだ》シ欧洲列国、各公法ニ依リ、礼儀ヲ守リテ、交際スルカ如シト雖トモ、内実ヲ察スレハ、強弱相凌キ、其自主ノ権ヲ全クスルヲ得サルコト、比比《ひひ》コレアリ、況《いわん》ヤ人民ノ相交ル、細故ニ於テハ、大国ノ民ハ自ラ強傲《きょうごう》ニシテ、小国ヲ睥睨《へいげい》スルヲ免カレス、且英蘭両国ノ如キ、一ハ活潑、一ハ渋遅《じゅうち》、性質相反シ、而テ国ノ大小相懸スレハ、自ラ屈ヲ甘ンセサルノ情アリ、必ス抗論ノ起リ易キアラン、（㈢二三六―二三八頁）

これは『実記』第五十三巻のオランダに関する叙述の一部だが、[20] この国際政治の現実を見すえていればこそ、スイスに対する次のような考察もなされるのである。いや、それはたんにスイスにとどまらず、「小国」に対する使節団の目であった、といえるかもしれない。

『米欧回覧実記』第五編のスイスについて述べた第八十四巻は、「此国ノ政治ヲ協定スルヤ、唯三章ノ目的アルノミ」という。

では、いうところの「三章ノ目的」とは何か。

第一は「自国ノ権利ヲ達」すること、第二は「他国ノ権利ヲ妨ケ」ないこと、第三は「他国ノ妨ケヲ防ク」こと――以上の三つである（㈤五五頁）。簡にして要をえたこの三条件が、「小国」の独立ないし中立を保持する要件の基本とみているのである。[21]

この要件実現のために、スイスは「内ニハ文教ヲ盛ンニシテ、其自主ノ力ヲ暢達《ちょうたつ》ス」（㈤五六頁）という。

確かに使節団は、米欧回覧の全過程で普通教育に関心を払っているが、とりわけ使節団がスイスやスウェーデンの小学校に注目しているのは、右のこととの関連においてなのである。これらの国々では、教育は貴賤を問わず、語学・文典学・画学・数学・国史・地理・普通窮理(物理)・唱歌(以上はスウェーデンの場合。スイスのベルンにおいては唱歌の代わりに「書」が入り、チューリッヒの場合は若干科目が異なる)の「八科ノ学」と、加えるに「運動」と「修身学」が必修とされている、と述べる(㈣一九一―一九二頁および㈤九三―九五頁・㈤六六―六七頁、参照)。これらの学科は、「苟モ生命ヲ保続シ、人生ノ快楽ヲウクルニハ、一モ知ラサルニ付シ難キ科ノミヲ教ユルノミ」(㈣一九一頁)といわれ、いうなれば人生における最小限の実学教育とみなされているのである。

では、「外」に対してはどうか。

> 凡《およ》ソ欧洲ニ於テ、能《よく》独立ヲ全クセル小国ハ、其兵ノ強健非常ナリ、白国《ベルギー》、嗹国《デンマルク》是《これ》ナリ、其人民ノ気象モ亦ミナ強シ、練兵場ニイレハ、殊ニ人意ヲ壮ニス、此後瑞典《スウェーデン》、那威《ノルウェー》及ヒ瑞士《スイス》ノ兵ヲミルニ又然リ、(㈣一四四頁)

ここでいわんとするところは、「内」に自主・独立の気概のある「小国」の民であればこそ、その「兵」は「強健非常」だ、ということにあって、その逆ではない。だから『米欧回覧実記』のベルギーの部で、「白耳義《ベルギー》国ノ人民ハ、健ニシテ善ク戦フ、狭小ノ国ヲ以テ、大国ノ間ニ介シ、其国ヲ立ルヤ、自ラ守ルヲ以テ主トス」といい、ベルギーのような「小国」が平時はともかく、戦時において「中立ノ権」を全うするためには、「必スヤ其力能ク四境ニ溢ル、ノ鋭ナクンハ、安《いずく》ンソ能ク中立ヲ守ルヲ得ン」と述べ、さらに「白国ノ民、ミナ兵ニ慣ヒ、的射ノ集会行レテ、一般ミナ武ヲ嗜《たしな》ミ、其兵役ニツクヤ、意気剛壮ニテ、技術ニ閑熟セルコト、大国モ及ハサル所アリ」と断言しているのである(以上、㈢一九〇―一九一頁)。

ベルギーと共にあげられているデンマークの場合も、「大国ノ間ニ介シテ、能ク自主ヲ全クスルハ、其民性ノ、強剛ニテ、業ニ励ミ国ヲ愛シ、不撓《ふとう》ノ精神アルニヨルナリ」(四)一三五頁)という。「小国」の軍備が、たんに軍事力の優劣ではなく、その国民の気風ないし気概といかに関わっているかに力点をおいてとらえられていることが分ろう。(22)

もう一度スイスの場合をみてみよう。

さきの「三章ノ目的」、つまり自主・中立を保持するための三つの条件に沿って、スイスは、「其武ヲ張ルヤ、一旦隣邦ニ不虞《ふぐ》アレハ、中立ノ義ヲ堅クシテ一兵ヲシテ境ニ入ラシムルナシ、敵来レハ之ヲ逐《お》ヒ、又他国ノ権利ヲ重ンシ、敵兵モ其国境ヲ出レハ、即止テ逐ハス、他国ノ地ニ入リテ、兵ヲ動カスコトヲセス」(五)五六頁)というのである。そして、その兵備は民兵であって、「常備兵ヲオカス」という。「外国侵入ノ防禦ハ、国中ミナ奮フテ死力ヲ尽スコト、火ヲ防クカ如シ、家家ニミナ兵ヲ講シ、一銃一戎衣ヲ備ヘサルナシ、(中略)隣国ヨリ来リ侵ストキハ、民ミナ兵トナリ、先ンスルニ壮丁ヲ以テシ、其年高キモ、四支猶《なお》健ナル以上ハ、ミナ兵トナル、婦人ハ軍糧ヲ辨シ、創傷ヲ扶《たす》ケ、人人死ニ至ルモ、他ヨリ其権利ヲ屈セラル、ヲ耻ツ、故ニ其国小ナリト雖《いえ》トモ、大国ノ間ニ介シ、強兵ノ誉レ高ク、他国ヨリ敢テ之ヲ屈スルナシ」(五)五六頁)と、国民皆兵＝民兵制の実情を述べている。それ故にこそ学校教育の中においても、「瑞士ノ男子ハ、十一歳ヨリ短キ銃ヲ与ヘテ、学校ニ於テ兵ヲ兼習《かねなら》ハシ、其《その》保国ノ心ヲ浸潜スル此《かく》ノ如シ、此其《これその》文武兼秀《かねひい》ツル所ナリ」(五)七一頁)と指摘するのである。

もとより、この場合、それぞれの「大国」、それぞれの「小国」において、それらの国々がその「生理」によって異なることを使節団は十分認識していた。だから、「欧洲各国ノ如キハ、元一様ノ政化ニ似タレトモ、其国ノ異ナルハ、即チ生理ノ異ナル所ニテ」(三)二二一頁)といい、ベルギーにおいては、「我日本ノ筑紫一島ニ比スヘキ、平野ノ面ニ淬励《さいれい》自主スル」姿を見、また、オランダにおいては、「九州ノ筑肥四州ニ比スヘキ人口ニテ、塗泥《とでい》ノ中ニ、富庶ヲ謀ル景況ヲ見」出しているのである(同上)。

右に続く「皆我ノ耳目心思ニ、多少ノ感ヲ与フルナリ、嗚呼《ああ》、天利ニ富ルモノハ、人力ニ惰《おこた》リ、天利ニ倹ナルモノハ、人力ヲ勉ム、是《これ》天ノ自然ニ平均ヲ持スル所歟《か》」（三）二二一頁、なお、（四）二六六頁参照）という慨嘆をこめた一文は、自然と人力との関係、それに起因する各国の実態の相違ということもさることながら、「小国」オランダの勤勉さに対するアジアとりわけ中国や日本への反省がこめられている、といってよいのだ。地理的にも産業的にも必ずしも有利な条件にあるとはいえないオランダに関して、「其人民ノ勉強倹勤ナル、世界富国ノ一ト推サレタリ、蘭人ノ心ヲ以テ、支那ノ野ニ住セハ、其幾百ノ荷蘭国ヲ東方ニ生スルヲ知ラサルナリ、顧フ我日本ノ如キモ、亦荷蘭ノ勉メタルニ比スヘキ歟、抑《そもそも》支那ノ惰ナルノ類ナル歟」（三）二二一―二二二頁）という文章に接した時、それはアジアの国日本にとっての自省の語としては痛烈というべきであろう。

ここで北欧のスウェーデンについてふれておく（『実記』第六十八巻・第六十九巻）。「瑞典《スウェーデン》国ハ、那威《ノルウェー》国ト合同シテ、一王ヲ奉ス」（四）一五六頁）という。これは「王室ノ縁故」よって合併した「ヘルソナールユニオン」ではなくて、「合井国ノ約ヲ本トシテ、共ニ一王ヲ立ル」、つまり「レアールユニオン」なのだ、と説明する。前者は「王室改マレハ即チ分離」するのに対して、後者は「王室改マルモ、合井国ノ約ハ改マラス」と述べている（四）一五八頁）。

王位については、次のように記す。

瑞典那威ノ王位モ、亦嗹馬ノ如ク、選挙王ナリ、此習慣ハ重ニ「スカンデネヴィヤン」及ヒ旧北狄《ほくてき》ノ種族ニ行ハル、瑞、那、嗹、及ヒ英、米是《これ》ナリ、蘭、白ノ両国モ、亦此義ニ傚《なら》ヘリ、欧洲北部ノ風義ナリト謂フヘシ、瑞、那両国ノ王位ハ、共同ニテ定ム、若シ嗣クヘキモノナキトキハ、両国合議シテ定ムル約ナリ、国王ノ権ハ聖体ヲ尊重シ、毀傷ヲ受ヘカラストスルノ外ハ、殆ト米国大統領ニ等シ、国会ハ徴集ヲ待スシテ会ス、王ハ其国法ヲ保守スヘキ誓約ヲナス、王族ハ政務ニ関スル権ナシ、（四）一五八―一五九頁）

こう述べて国制の仕組みを説明し、「白耳義国ノ政体ニ類ス」（四）一五九頁）という。そして、「風俗甚タ剛毅ニテ事ニ淬励《さいれい》ナリ、且健兵ノ誉レアリ」(四一五七頁)とも記し、また、「国民ノ稟性《ひんせい》タル、那威人ハ強壮ニシテ、航海ノ業ヲ好ミ、瑞典人ハ活潑ニシテ、智巧アリ、酷《はなは》タ学芸ヲ好ミ、ミナ自強ノ力ニ強シ、戦時ニ於テハ、強健ノ兵ヲ出ス、〔中略〕其他瑞、那、嗹ノ三国ニ於テハ、其政俗スベテ《ママ》露普トハ異ナレリ」(四一六六頁)と述べている。

スウェーデンにおいても、他の「小国」との共通性を読みとることができる。すでにふれたように、この国で小学校教育に詳しくふれているのもそのことと関連があるだろう。(23)

なお、スウェーデンは「欧洲ノ北緯ニテ、諸方ノ遊客モ、足跡自ラ稀ナリ」といい、使節団が来るまでは、日本人で「此国ニ至ルハ、是ヨリサキ遊芸ノ者一人、此国ニ赴キ軽業ヲナシタルコトアリキ、国中ノ人、日本ノ紳士ヲミタルハ此度ヲ始トス」(四一六七頁)と述べている。

このように、『米欧回覧実記』の記述をみれば、岩倉使節団がヨーロッパにおける「小国」のあり方に十分な関心をもち、十九世紀後半における弱肉強食のヨーロッパ国際政治の中にあって、これらの「小国」がいかにして自主・独立、あるいは中立を保持しているかを、日本を念頭におきつつ考察していたかが読みとれる。

確かに、日本近代国家形成過程の現実の歩みは、欧米の「大国」と「対峙」するために、アジアにおける「小国」から「大国」へという、いわゆるプロシアの道を歩んでいくけれども、少なくとも明治初年の岩倉使節団が、「小国」へ十分な関心と認識をもっていたことの意味は、見直されなければならない。(24)

従来、岩倉使節団と「小国」との関係は、あまりにも軽視され、いや無視に近い形で見過されてきた。しかし、この事実を浮き彫りにし、改めて考察の対象にすることの意義は決して小さくない。それは一世紀有余年前の日本の近代化をめぐる歴史の選択ないしは歴史の可能性への問いかけにも関わるからであり、同時に、それはそれから一世紀有余年後の、現在の日本の選択もしくはその可能性へ示唆を投げかけているからである。

条約改正問題をめぐって使節団は、ベルギーにおいては、明治六年(一八七三)二月二十三日、岩倉大使、山口副使(田辺一等書記筆記、栗本二等書記通弁)とベルギー大蔵卿ジュレー・マロー(Julius Malou)、日本在留新弁理公使ゴロート(C. de Groote)とが協議し、オランダでは、同年三月四日、岩倉大使、伊藤副使(通弁栗本貞次郎、筆記田辺太一)と外務卿ゲリゲ・デ・ヘルウェーネン(Gericke de Herwynen)、ファン・デル・フーェン(Van der Hoeven)とが、また、スイスでは、同年六月二十五日、岩倉大使(侍座伊藤副使、筆記田辺一等書記、通弁栗本二等書記)とスイス大統領「シ、フレデリッキ」(侍座ログイン副統領、ダウィット通商尚書、シウェル元日本在留総領事)とが協議している。

諸問題の指摘と意見交換以上ではないが、ベルギーとの協議の中に、ベルギー側に次のような発言のあることは留意しておきたい。

第一我国ハ、御存知ノ通中立ノ国柄ニ御坐候間、他国ヘ出兵候事ハ無之、乍然《しかしながら》護国ノ武備ハ頗ル手ヲ尽シ有之、近日御巡覧ニテ御承知モ可有之、右故銃砲其外武事ニ付御用モ候ハヽ、御助力可致候、

我国政体ヲ可申述候、議事ノ制度、州治村治、夫々其差モ有之、都《すべ》テ人民自由ノ権利ヲ主トシ候国法ニ候、乍然右等モ一々申述候ハ一朝一夕ノ談ニハ参リ兼候、只管《ひたすら》人民ニ自由ヲ与ヘ、又厳正ノ規則相立居候トノ事御承知相成候ハ宜ク候、

我国ハ小国ニハ候ヘトモ、武備ニハ専ラ注意致シ、銃砲トモ皆新発明ノ利器相用ヒ、水軍ニハ巨艦ハ無之候ヘトモ、蒸気船ニテ軍用ニ充候モノ頗ル便利ノ品有之、既ニ魯西亜ヨリモ誂申越製造イタシ候、右等御国ニテ御用候ハヽ、尽力可仕候、(以上、前掲『条約談判書』)

右の発言をみれば、「小国」ベルギーの国内体制と軍備を改めて確認することができる(25)(なお、第六章四参照)。

七　イタリアとオーストリア

『米欧回覧実記』の「例言」には、明治維新について「明治中興ノ政《まつりごと》」と表現し、これは「実ニ曠世ノ一事ニテ、乃《すなわち》方今ノ時宜ハ、異常ノ運ニ際会セルコトヲ顧ルベシ〔ママ〕」という。そして、この「古今未曾有ノ変革」の特徴を、⑴「将門ノ権」から「天皇ノ親裁」へ、⑵「各藩ノ分治」から「一統ノ政治」へ、⑶「鎖国ノ政」から「開国ノ規模」へという三つの点からとらえ、「其三ヲ并セテ、方今豹変運ニアタル、是《これ》殆ト天為ナリ、人為ニアラス、其由テ然ル所ヲ熟察スレハ世界気運ノ変ニ催サル、ニアラサルハナシ」と述べている(㈠一〇頁)。

そこにはこの『米欧回覧実記』が明治維新をどうとらえていたか、その維新観が示されているといえるが、その際、「日耳曼《ゼルマン》ノ聯邦ニ於ル、以太利《イタリヤ》ノ法皇ニ於ル、皆時運ニ催サレ、改革百端、危クシテ後ニ維持セリ、我邦今日ノ改革モ亦然リ」(同上)と記して、日本の明治維新とほぼ時期を接して統一を成し遂げたドイツ(一八七一年)とイタリア(一八六一～七〇年)をあげている。

そこに岩倉使節団がドイツと共にイタリアへ足を踏み入れた理由の一斑があったと思われるが、イタリアに当てられた『米欧回覧実記』の巻数は六巻で、ロシアの五巻よりも多い(滞在日数はロシアの十八日に対し、二十六日で、スイスの二十七日にほぼ匹敵する)。

イタリアについては、他の章でもふれることがないので、やや詳しくコースを追ってみる。それは『実記』の各国回覧の叙述がいかに日付を追って細かであるかのサンプルを示すことにもなるだろう。

岩倉使節団が、ミュンヘンからインスブルックを経、ベローナからフローレンス(フィレンツェ)に着いたのは、明治六年(一八七三)五月九日だった。

『回覧実記』は、「凡ソ墺国ノ山、日耳曼《ゼルマン》ニ近キ所ニハ、松樹多シ、漸ク以太利《イタリー》ニ近ツケハ、岩石怪奇ニシテ、童山多ク、草モ生セサル巓《みね》ヲミル、真ニ所謂《いわゆ》ル不毛ノ山ナリ」(四二五六頁)と山景の変化について述べ、さらに、ベローナ付近の光景を次のようにいう。

河ニ従ヒ大路アリ、十年以前マデ〔ママ〕ハ、山中ノ鉄路未タ架セス、馬車ニテ此隘路ヲ往来ナセシトナリ、沿途ノ野ニハ、桑条葉《そうじよう》ヲ展《の》ヘ、葡萄蔓《ぶどうつる》ヲ成シ、麦苗ハ田ニ茂リ、芳草ハ路ニ栄ヘ、其中ニハ、阿芙蓉《あふよう》ニ紅花ヲ著テ妍妍タルヲミル、春郊ノ景ハ錦ヲシクカ如ク、風日清和、正ニ踏青ノ天タリ、阿芙蓉ハ、即チ虞美人草《ぐびじんそう》ナリ、印度ニテ烟料ヲ製スルモ、亦此花ナレトモ、其種類異ナリト云、欧洲ノ地「アルプス」山ヲ越エテ、南ニ出レハ、草木色濃《こまや》カニ、花卉《かき》妍美ナル、我日本ノ気象ニ似タリ、(四二五九頁)

使節団はまた、この国の果樹、すなわち、葡萄・オリーブ・桃・梨・リンゴ・桜桃・いちごなどに目を見はったようだ。「我一行ノ至リシハ、第五月ノ初ニテ、旧果猶《なお》存シ、新果已《すで》ニ熟シ、日トシテ其美ニ飽サルナシ」といい、ここでも「其気候ノ温暖ナルコト、我日本ノ西南島カト疑ハレタリ」(四二六七頁)と述べている。

すでに日本を出発してから約一年半の一行にとっては、気候や風景の共通性にしきりと日本のことが思い出されていたのかもしれない。

五月九日から翌十日にかけて、使節団は、「サンタマリア」寺、博物館、考古館、陶器製造場などを見学している。そのとき、日本の物品を売る店にも立ち寄っている。

他の国々でも日本の物産を売る店はあったが、そこではだいたい粗雑なものばかりだった。しかし、この店では、漆器・陶器・銅器・鑲嵌《ぞうがん》・七宝・摺扇《しょうせん》・象牙の細工から錦絵の類まで売っていた。それは「精美」なものを集めていたのである。だから『回覧実記』は、「各肆ノ間ニアリテ、愧《はず》ル色ナキヲ覚フナリ」(四二八一頁)という。そして、次のような感想を記している。

只《ただ》以太利人ハ、其機工、日本人ニ似テ、ヨク精細ノ工ヲナス、工精ニ価反テ廉ナリ、支那日本ノ工産ハ、手技ニ長シ、其形貌画様ニ、風韻《ふういん》雅致優《ゆた》カニ、欧洲人ノ意匠《いしょう》外ニ、別面目ヲ開ケルハ、殊ニ此国人ノ嗜好ニ適シ易ケレトモ、其価往往ニ不廉ナリト謂《いう》ヲ免レストナリ、（㈣二八一頁）

十一日、一行はローマに着いた。午前中は晴れ上がっていたが、午後には豆粒のような雹《ひょう》が降った。ローマ滞在は十九日までだが、聖彼得寺《セントピートルチョルチ》（サン・ピエトロ寺院）、「パンセオン」寺（パンテオン）、集議院の遺礎、格獣観（コロッセオ）、さらにバティカン宮殿やその美術館、カラカラ帝の浴場、カタコンベ、歩兵屯所、騎砲兵屯営所、軍病院、「カピトル」の博物館、ローマ時代の牢獄や水道の残礎、「セントヂョンス」寺、シーザーの神殿等々をかけ巡っている。

この間、十三日の午前十時には、宮内省さし向けの二頭馬車四輛で王宮に至り、エマヌエレ二世（Vittorio Emanuele II, 一八二〇〜七八）に謁見した。[26]

そのときの岩倉大使の「口上」には、「我天皇中興維新以来使節ヲ貴朝ニ命セシハ、実ニ今日ヲ以テ始メトス。我曹《わがそう》恰モ其選ニ当リ、特ニ我天皇友愛ノ情ヲ表シ、両国貿易ノ益盛ナランコトヲ願フノ意ヲ陛下ニ面奏スルヲ得、其幸福光栄何事カ之ニ如《しか》ン、我曹又此序ヲ以テ陛下ノ寿昌ヲ祝シ奉リ、兼テ貴国ノ平安ヲ祈ル」とあり、これに対し、エマヌエレ二世からは、次のような「答詞」がなされたのである。

閣下日本皇帝陛下ニ代リ陳述セラレシ詞上ノ厚意余ニ於テ満足ニ堪ヘス。

閣下ノ君トシ戴ク皇帝陛下ノ賢明ナルヨリ、日ヲ追テ進歩アル日本国ト吾伊国トノ交誼益親密ニ至ランハ、是亦余ノ甚タ悦フ所ナリ。

閣下我国ニ来ラレシニ付テハ、已ニ巨大ノ有益アル同盟両国ノ洪福ヲ受クヘキ実効タランコト、将《は》タ皇帝陛下及ヒ其皇族ノ万歳且日本国ノ昌平ヲ冀望セリ。[27]

二十日にはカセル宮に寄り、夕方にはナポリに使節団は到着した。

カセル宮の見学は皇帝からの特旨によるものであった。

その宮苑内の「岩亭」から南望すると、聳え立ったベズービオ山が煙を噴いており、ナポリ湾が広がっていた。「那不児《ナアブル》ノ海湾ハ、烟花一簇、其前ニ集ル、欧洲高名ノ山水ヲ領略シテ、一目ノ中ニアリ、亦愉快ノ佳境ト云《〔ママ〕》ベシ」（四三二三頁）と述べている。

当時のナポリは、人口四四万八七四三人で（概数でないのは統計書の利用を知ることができる。『実記』のひとつの特徴）、イタリア第一の都会だったが、その街路は「甚タ狭隘ニテ不規則」（四三二五頁）であり、人民は「多ク無学ニシテ、懶惰《らんだ》性ヲナシ、街上ノ塵芥《じんかい》払ハス、車馬狼籍《〔ママ〕》ナリ、市人路傍ニ立チ、露肆《ほしみせ》シテ物ヲ眩鬻《げんいく》シ、或ハ貧児行車ヲ追フテ、花ヲ買ンコトヲ勒索《ろくさく》ス、海岸ノ街衢ニハ、丐児《かいじ》群ヲナシ、貧民編筐《へんきょう》ヲ枕シ、地上ニ偃臥《えんが》シテ眠ルモノアリ、或ハ巻烟艸《まきたばこ》ノ喫余ヲ拾ヒテ売ルアリ、晴日ニハ塵埃《じんあい》目ヲ眯《くらま》シ、臭気鼻ヲ撲《う》ツ」（四三二六頁）という。そして、貧民はフローレンスよりローマ、ローマよりこのナポリと、南下するごとに数を増す、とみている。

だから、『回覧実記』は、米欧十二カ国の都市のうち、ナポリほど「清潔ニ乏シク、民懶《らん》ニシテ貧児ノ多キ所ハナシ、支那ノ上海ト、此那不児《ナアブル》トハ、一様ノ景況ナリト謂《い》モ可ナリ」（四三二六頁）と述べているのである。

二十二日、一行はポンペイの古跡を訪れた。

ポンペイはナポリ三名物のひとつだった。第一はベズービオ火山、第二がこの火山によって紀元七九年に埋没した都市遺跡、第三は珊瑚の細工というのだ。

一行は、そのポンペイの発掘遺跡を見学した。それは「未曾有ノ災」によって、「未曾有ノ奇跡」をえたもので、ヨーロッパの「一大奇事トイフヘシ」と述べている（四三三四頁）。

二十三日、ナポリを発った一行はふたたびローマへ戻り、二十五日、王宮で皇帝に謁見して別れの挨拶をし、その日の午後は「セント・ポール」寺や「古牢獄」、あるいは「モンヴェスシウォ」苑に遊んだ。「以太利《イタリー》国ハ、温暖ナレハ、芳花ミナ妍美ニ、花園ノ景色ハ、其清淑艶富ナルコト、他ノ諸国ト観ヲ異ニス」(四三三六頁)と感想をもらしている。

翌二十六日は、ちょうどロシアの皇后がイタリアに来て、ローマに到着し、その歓迎の警護陣でホテル周辺は固められていたが、それと入れ替わるように夜九時四十五分、使節団はローマを発った。フローレンス、ボローニャ、パドワを経てベニス(ベネツィア)に一行が着いたのは、二十七日の夜十時である。

当時のベニスは人口一二万八九〇一人、東洋貿易の要衝であり、その年からここに日本領事館がおかれた。

ベニスで使節団の目にまず映じたのは、水路を縦横に走る奇妙な形の舟だった。

艇ノ製作奇異ナリ、舳首騫起《けんき》シ、艇底円転トシテ、舳ニ屋根アリ、中ニ茵席《いんせき》ヲ安ンス、棹ヲ打テ泛泛《はんはん》トシテ往返ス、身ヲ清明上河ノ図中ニオクカ如シ、市《し》廛《てん》鱗鱗《りんりん》トシテ水ニ鑑ミ、空気清ク、日光爽カニ、嵐翠《らんすい》水ヲ籠メテ、晴波淪紋ヲ皺《しわ》ム、艇ハ雲靄杳緲《ようびょう》ノ中ヲユク、飄飄乎《ひょうひょうこ》トシテ登仙スルカ如シ、府中ノ人、音楽ヲ好ミ、唱歌ヲ喜ヒ、伴ヲ結ヒ舟ヲ蕩《うごか》シテ、中流ニ游フ、水調一声、響キ海雲ヲ遏《とど》メテ瀏湸《りゅうりょう》タリ、旅客ノ来ルモノ、相楽ミテ帰ルヲ忘ル、トナン、(四三四六頁)

この描写の光景はいまも変わらないベニス名物のひとつといってよい。使節団の情感が伝わってくるようではないか。

以後、六月二日夜、この地を発ってオーストリアのウィーンに向かうまで、一行は、「元合衆政治堂」(ドゥカーレ宮殿)やサン・マルコ寺院、玻瓈《ガラス》製造場、蔵書館などを見学しているが、「アルチーフ」の書庫では、十七世紀初頭、イタリアを訪れた支倉常長(六右衛門)の文書を見出し、岩倉は久米邦武にその署名と花押を模写させている(28)(四三五一頁)。

この文書は、すでに使節団と別れて帰国の途についた木戸孝允も、ひと足さきにこれを見ている。「伊斯巴爾亜《イスパニア》

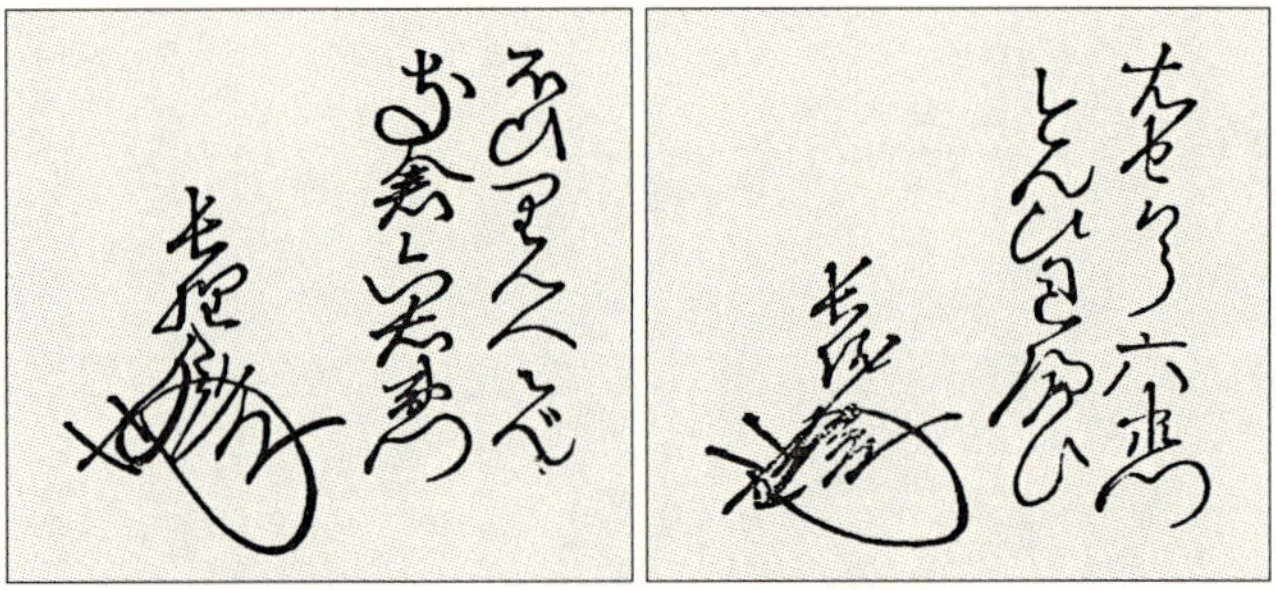

岩倉大使が『米欧回覧実記』の編者久米邦武に模写させた支倉六右衛門の署名と花押．左側のものには「一千六百十五年二月廿四日」，右側のものには「一千六百十六年」と記されていた，という（第78巻，㈣351頁所収）．なお，『久米邦武文書』三（387頁）には，久米自身の写した手帳の写真が載せられている．

の文字にして姓名国字を用ゆ」と、木戸はその日記の明治六年五月六日条に記しているが(29)、『回覧実記』は、「支倉ハ、堂堂ト使節ヲ以テ殊遇サレ、終ニ此地ヲ発足シ、帰国ナシタルナリ、是《これ》其事跡タル、流逐ノ余蘖《よげつ》ニアラサルカ如シ」(㈣三五四頁)と感のこもった注記をしている(30)。一行もまた使節として遥けくも遠いこの異国の地にいまあることを実感したからであろう。

こうして六月二日夜、使節団はベニスを発ち、オーストリアのウィーンへ向かった。

使節団の各国歴訪のパターンには、その国の中心都市に主として滞在する場合(例えば、フランスやロシアなど)と、国内各地を巡遊する場合(アメリカやイギリスなど)とがあるが、イタリアは後者に属している。こうして各地をかけめぐる一行が、この国で感得したことの第一は、ここイタリアとりわけローマが、ヨーロッパ文明の淵源の地であり、ヨーロッパ諸国の文化は、そこから長い歴史を経て生み出されたものだ、ということであった。そして、使節団はヨーロッパ文明圏の定立とその中での栄枯盛衰の歴史をみていた。

かつてローマの盛時には、ロンドンやパリは「ミナ夷蛮ノスム所」であり、「草木荆榛《けいしん》ノ沮沢《そたく》ニ、榛榛狉狉《しんしんひひ》タルノ景況」を示し、ドイツの如きは「多ク荒寒ノ野、森林ノ原ニテ、五方ノ民雑処シ、獣挺シテ鳥逸セルノミ」という状況だったのだが、それをローマ文化が「誘導」して今日たらしめた、という。そして、往時のローマは、いま

「塵埃《じんあい》飛《ひ》昧《まい》」し、市中には「貧児」が多く、「昔時ノ昌運ハ、移テ今日ノ衰頽ニ変化シタリ」と述べ、さらにいう。「憶《おも》フニ欧洲文物ノ元気ハ、自ラ定度アリ、一方盛ナレハ、一方衰フル歟《か》、今英、仏、独逸ノ盛ナルモ、其開化ノ由来セル素質ハ、自ラ羅馬ニ淵源シ、今ニ至リテモ、此都ニ観レハ、歴歴徴スヘキモノ多シ、欧洲ノ文明ヲ談スルモノハ、必ス一タヒ此ニ来リテ、其史伝ヲ考徴スルト云、嗚呼、国ノ文明、其積成ハ一朝一夕ノコトニアラス、之ヲ数千年来ニ孕《はら》ミテ、然後《しかるのち》ニ煥発スル如此《かくのごと》シ」と（以上、㈣二八七―二八八頁）。

いま、もしこれを歴史の縦の連続性とするならば、第二に、使節団は歴史の横の異質性としての東西文明の関係に思いをいたしているのである。

『米欧回覧実記』はその叙述の随所に東西文明の異質たるゆえんを説く。ところが、イタリアの巻で次のように述べていることは注目してよい。

噫《ああ》千七百年前ノ其時ヨリ、東西洋互ニ船舶ノ往来交易絶ヘルコトナク、以テ今日ニ至ラハ、地球全面ニ、一様ノ交際法ヲ訂シテ、互ニ智巧相切磨シ、有無相通利シ、両洋ノ民、其利益ヲ獲ル所ハ、豈ニ只今日ノミナランヤ、（㈣二九〇頁）

幕末におけるウエスターン・インパクト以後二十年、「万国公法」に則る近代日本の体制づくりの摸索が、この使節団の使命のひとつであったにせよ、異質文明の淵源の地で、仮定の問題ではあれ、東西両洋を「交易」によって結ぶ歴史が一貫していたならば、という発想に思い至っていることは興味あることではないか。

しかしながら、歴史の実際は明らかに異なっていた。「漢人ハ安坐シテ動カス、羅馬ハ阻隔シテ来ラス」、千有余年を経て再び相通ずるようになった時には、すでに東西洋の人情や風俗はそれぞれ背馳し、「往往ニ扞格《かんかく》シ相入ラス、盛ハ衰ヘ微ハ大ニ、変化ノ久シキ、昔時ノコトハ、已ニ莫トシテ互ニ相聞知セサルニ至ル」というのである。イタリアの地で一行は「其実ヲ目撃」したのである。「豈ニ俯仰《ふぎょう》ノ感ニ堪ルヘケン哉《や》」という時、その実感がいかに深かったかがわかる(以上、㈣二九〇頁)。

第三に、こうした東西文明観に立って、使節団は日本の文化摂取の歴史をふり返り、日本は「建築、鉄冶、磁陶、縫織」をすべて朝鮮や中国に学びながら、「今ハミナ之ニ超越ス」という。

「今ヤ東洋ニ古国多シト雖トモ、其開化ノ度、独リ進ミタルハ我邦ナリ」と断じ、日本の文化能力は模倣、そしてその克服にあるという特質を明確に自覚しているのである(㈣三二一頁、第六章四参照)。

この自覚の上に、異質の西洋文明への対処の仕方も示唆されている。いわく、「東西智巧ノ異ナル俄然トシテ合一ナリ難シト雖トモ、其進歩ト退歩トハ、天ノ人ニ与奪スル所アランヤ、抑《そもそ》モ亦世界有無相通シ、長短相補ヒ、互ニ勉励ノ精神ヲ失ハサラシメンニハ、識者必ス此ニ見ル所アラン」(㈣三二一頁)と。

ヨーロッパ文明の発祥の地イタリアは、使節団をして世界における文明の歴史への深い洞察へとかりたてた、といえよう。[31]

ところで、『回覧実記』は、イタリアの統一においてガリバルディ(Giuseppe Garibaldi, 一八〇七〜八二)の名をあげている。

「「ガルバルヂー」氏ハ、嚮《さき》ニ以太利一統ノ乱ニ、民間ニ起リ、大勲業ヲ立タル、当世ノ偉人ナリ」(㈤二四三頁)とは、使節団がヨーロッパから日本へ帰国の途次、サルディニア島海岸近くの島にガリバルディの住宅を眺めた時の感想である。そして、このガリバルディについて、「民兵ヲ指揮シ、共和政治ノ論ト、教僧ノ政権ニ干渉スルヲ廃スル説トヲ主張シ、羅馬ニ拠テ大ニ諸方ノ軍ト烈戦シ、後「サルヂニヤ」王ノ義挙ニ合同シ、墺国ノ大軍ヲ破リ、民力疲困ニ至ルモ、毅然トシテ敢テ屈セス、六十年ニ至リ、「サルヂニヤ」ノ兵ヲ指揮シ、那不児《ナアプル》王国ヲ滅シタルハ、此人ノ武力ニヨレリ」(㈤二四三頁)と述べ、「英傑」「雄将」(㈣三二五頁・三二七頁)の形容詞を付しているのである。

『回覧実記』の筆者は、ガリバルディが「民権家」であり、そのめざしたものは「共和政治」であった、と繰返し述べている(例えば、㈣二六二頁、㈤二四三―二四四頁等)。にもかかわらず、右のような評価のこもる言葉を呈しているのは、彼の武力によってイタリアが鎮定され、その後、「以国《イタリヤ》ノ公論ニヨリ、「サルヂニヤ」王ヲ奉シ、一統ノ治ヲ創メ、立憲ノ政治ヲ建ル」(㈤二四三―二四五頁)、つまり、彼こそがイタリアの統一国家と立憲政治創出の基礎を築いた、とみているからにほかならない。同じ統一にその生涯の大半を捧げて名をはせた宰相カヴール(Camillo Benso Cavour, 一八一〇～六一)については、『回覧実記』は一言もふれていないし、共和革命によるイタリア統一にその情熱を燃やしたマッツィーニ(Giuseppe Mazzini, 一八〇五～七二)に関してはその名すらもみられない。

ガリバルディ、カヴール、マッツィーニはイタリア建国の三傑として明治二十年代以降日本で喧伝されるが、そのガリバルディのみが使節団の報告書でその名をほしいままにするのはなぜなのか。

当時、ガリバルディのみ生存していたことが一斑の理由でもあろう。そういえば、このガリバルディは、栗本鋤雲の『匏菴十種』巻之二の「暁窓追録」にもその名が挙げられている。鋤雲・栗本鯤《こん》は、慶応二年(一八六六)十一月に外国奉行、翌三年六月には勘定奉行となり、同月、徳川幕府の使節としてフランスに赴いた。パリ滞在中に維新の変事にあい、彼は急遽慶応四年(明治元)三月帰国した。右の書は帰国直後にパリの見聞を記したものだが、そこではガリバルディは、「狂妄ヲ不レ免ト雖ドモ亦一個ノ奇男子ナリ」(『成島柳北・服部撫松・栗本鋤雲集』明治文学全集四、筑摩書房、一九六九年、三〇五頁)といわれている。この鋤雲の評語は、『回覧実記』の「英傑」「雄将」とは評価のニュアンスが異なる。つまり、鋤雲は、ガリバルディがその「共和政治」の主張――鋤雲の紹介するガリバルディのその「一種ノ説」は、「私意ニシテ天意ニ背ク」帝王を廃止して、「共和政治」とし、「至正公平ノ治」によって「万民ノ便安ニ至ルヲ期ス」という――をかかげて立ち上がり、ローマ法王への抵抗を試みたが、遂に法王と結ぶナポレオンの軍事力の前に敗れた、というのである。ガリバルディの「共和政治」の主張に対する鋤雲の評価はわからないけれども、少なくとも彼がガリバルディを「狂妄」だが、「一個ノ奇男子」とする評言の背後には、天皇をかついで幕府を倒し、軍事力で旧幕府軍との対決を試みた維新政府への抵抗感が、その底に秘められていた、とみられなくもない。

栗本鋤雲と同じ旧幕臣（江戸開城時には幕府の会計副総裁）で、かつ『柳橋新誌』の著者成島柳北の場合は、その日記『航西日乗』をみると、イタリア旅行をしているにもかかわらず、ガリバルディには一言もふれていない。柳北は明治五年末から翌年はじめにかけて、パリで岩倉使節団と会い、その直後にイタリアへ遊んだ。柳北のこの外国旅行は、幕府倒壊によって官を離れ、新政府へ仕官の気もない彼が、現如上人（大谷光瑩）に随行し、文人としての気儘な旅行を試みたものであった。その彼がガリバルディにまったくふれていないのは、実は柳北がフローレンスに滞在した時の日記の次の一節と無関係ではないように思われる。

此府ノ人民猶故君多斯加納《トスカナ》王ヲ追慕シテ、今ノ伊王ニ心服セズ。伊王此ノ府ニ来タルモ、府民ノ帽ヲ脱シテ礼スル者甚ダ罕《ま》レナリト云フ（『航西日乗』明治六年三月二十五日条、前掲明治文学全集四、一三五頁、ルビは引用者）

つまり、この二人の旧幕臣の場合は、ガリバルディにふれるとふれないとの相違はあるものの、『回覧実記』における評価の視点とは異なったものがあった、と解釈できるのだ。

これと関連して想起されるのは、東海散士の『佳人之奇遇』（明治十八～二十一年刊）の場合である。その巻五には、「欧洲ノ俠勇自由ノ泰斗」としてガリバルディが登場し、作中人物のひとり幽蘭の口から、このガリバルディに頼る計画が語られている。そして、散士はそのガリバルディ伝の終わりの部分を、「峨馬治《ガリバルデイ》ノ一挙一動ハ欧米君相ノ注目スル所、一言一行ハ欧米自由ノ消長ニ関スルニ至ル、豈曠世ノ豪傑ナラズヤ」（『明治政治小説集』㈡明治文学全集六、筑摩書房、一九六七年、四八頁・五四頁、圏点省略）と結んでいる。ここでのガリバルディの登場は、散士のこの政治小説に流れるナショナリズムとからんでいるが、『佳人之奇遇』のガリバルディの扱い方は、『回覧実記』よりも、むしろ『匏菴十種』に近い、といえるだろう。

『佳人之奇遇』は、幕府と共に維新に敗れた会津藩士、東海散士こと柴四朗が、その敗残の歴史を背負い、アメリカでの留学体験を経て、「いわゆる亡国（事実は亡藩―原注）の士として、自由の思想」（前掲明治文学全集六、柳田泉「解題」四八一頁）を身につけた立場からのガリバルディ評価なのである。

さらに、明治二十年代前半の平民主義の立場からの見方にふれておこう。

民友社を中心とした平民主義の人々の場合は、ガリバルディよりもカヴールやマッツィーニの方に比重がかかっている。「以太利は欧洲の日本也」とは、竹越与三郎（三叉《さんさ》）が、その著『新日本史』上・中（民友社、明治二十四〜二十五年）の「七板日本史に題す」（一―三頁）のなかで述べた言葉だが、そこではカヴールこそが「自由」の旗手として照明を当てられ、ひときわ高く評価されている。彼はいう、「余は以太利のカヴールに帰へるを望むが如く、日本が光栄ある維新革命の大目的に立ち帰らんことを望む也」と（上、増補四版）。

徳富蘇峰の場合は、その著『吉田松陰』（民友社、明治二十六年、初版本）のなかで、マッツィーニと「革命家」松陰とが対比される。そして、蘇峰は、「マジニーは実に、松陰の意気と精神とに小楠の理想と霊心とを加へたりと云ふも、不可なき也」（三〇五頁。『徳富蘇峰集』明治文学全集三四、筑摩書房、一九七四年、二三五頁）と、マッツィーニに松陰以上の評価を与えている（拙著『吉田松陰』中公新書、二〇〇一年、参照）。

竹越のさきの一文は、明治二十六年（一八九三）一月、時の藩閥政府への抗議の意をこめて書かれていたが、明治政府の藩閥専制化と共に、それへの批判を試みる平民主義の陣営は、イタリア統一の三傑のうち、カヴールやマッツィーニのなかに、明治維新の精神のあるべき姿と「志士」像を投影してみていたのである。

このように、イタリアにおけるリソルジメントの三傑の評価とその比重の差を辿ってみると、岩倉使節団がガリバルディにのみ関心を払ったことの意味、およびその歴史的役割のいかなる部分を評価したのか、おのずから明らかになったといえよう。そこにはリソルジメントとほぼ時代を同じくして明治維新を遂行し、近代的統一国家の形

成をめざしつつあった使節団の立場と性格とが問わず語りに反映していたのである。(32)

ここで条約改正問題にふれておこう。

国書の捧呈についてはすでに述べたが、条約改正問題をめぐっては、アメリカでの交渉の失敗以来、ほとんど実質的な進展はみていない。

イタリアも例外ではない。五月十八日にローマの外務省で、岩倉大使(侍座山口副使)とイタリア外務卿ウェノスタ(侍座、在日全権公使コムト・ドラ・フェー、その他外務官員数人)との間でやりとりが交わされている(通弁栗本二等書記、筆記田辺一等書記)。

そのなかで、イタリア外務卿が、

全体ヲ論シ候ヘハ事永ク可相成候マ、取撮《つま》ミ可申上候。本国所望ノ所ハ第一外諸港御開相成度、第二裁判公平ノ方相立候様イタシ度、第三宗教寛恕信徒自由ノ事ニ候、

といったのに対し、岩倉大使は、

開港ノ義此方ニモ望ミ御坐候事、何レニモ改正談判ノ節実地ニ協議可致、裁判ノ義ハ此方所望モ同様ニ候、宗教ノ事ハ御国政府御所望ノ趣、篤ト奏聞候心得ニ候、

と答えている。三つの問題点を出して、今後の交渉に委ねているのである。

さて、オーストリア＝ハンガリー二重帝国の成立は一八六七年(慶応三)だが、使節団が、当時ベルリンに匹敵し、パリと文化を競うとさえいわれたウィーンの地を踏んだのは、明治六年(一八七三)六月三日である。ここで万国博覧会が開かれていたことはすでに指摘したが、十八日にはこの地を発ってスイスへ向かっている。(33)

このウィーンの地にあって、『実記』第八十巻はオーストリアとプロシア両国民の共通性を、「其資性周密ニシテ渋鈍ナルヲ以テ、事業ニ伶俐活潑ヲ欠ケトモ、精緻ノ業ニ堪ヘルハ、其天良ニ於テ嘉《よみ》スヘキ所ナリ」(四三八九頁)と

指摘した上で、その差異を次のようにいう。

すなわち、プロシア人は、「北方荒寒ノ野ニ生シ、貧ヲ以テ其人気ヲ鼓励シ、忍耐ノ力ヲ砥礪《しろう》シ、意気激昂シテ武ニ長シ、往往粗剛ニ流ル、当今戦捷ヲ四隣ニ取テ、伯林《ベルリン》ノ人気殊ニ狰獰《そうどう》ヲ帯」びているのに対し、オーストリア人はこれに反し、「地沃ニ気和シ、久シク名都ノ文物ニ慣レ、富以テ其人気ヲ化治シ、都雅ノ風ヲ浸淫シテ、意思詳密、文ニ耽リ、往往ニ華靡ニ流ル」と。そして、前者の「武備文化」に対比して、後者は文学においてヨーロッパ中で「盛ヲ極メ」、また、「政治、法律、理化、器械」の「諸術ヲ講シ」、その医学のごときは「殆ト其比ヲミズ〔ママ〕」と評価し、次のように述べているのである。

人民ノ気力、発明ニ乏シケレトモ、新奇ニ移リ易ク、他ノ新術ヲ見レハ、忽チ旧法ヲステ、、之ヲ習ハス良能アリ、比年頻ニ製作ノ術ヲキハメ、貿易ニ心ヲ砕キ、其盛ナルコト、普国ノ上ニ出ルト謂フモ可ナリ、（以上、㈣三八九頁）

ここには、さきにふれた日本の模倣とその克服という文化能力の特性とが二重写しにされ、そこにみずからを叱咤する意味がこめられているとみるのは思い過しだろうか。

一方、「元蒙古里奄《モンゴリヤン》ノ一種」で、その人口は日本の半分に及ばないが、面積はほぼ日本に等しいとするハンガリーについては、「其流風遺俗、ミナ欧人ニ同シカラス、衣服奇古ニテ、容貌野朴《やぼく》ナリ、半開民ノ部落タルヲ免レス、国民ノ生スル物産モ、大抵天産物多ク、工産物ニ至リテハ、多ク観ルニ足ラス、近七年以来、旧習ノ夢ヲ破リ、勃《ぼっ》然《ぜん》トシテ開化ニ進歩セント欲スル、其情態ヲ察スルニ、酷《ハナハ》タ日本ノ近況ニ似タリ」（㈣四〇六―四〇七頁）という。

だから、『米欧回覧実記』の「編修」者は、この「欧洲中ノ農業国」としてのハンガリーの「開化」＝近代化の「近状ヲ論述」した「墺ノ博士「モレシー」氏」の論旨を略記するに当たって、「我開化ヲ進ムルニ、省顧スヘキコト多シ」（㈣四〇七頁）と注記し、さらに次のような感懐をもらしていることは意味深いといわねばなるまい。

顧《おも》フニ一千八百年代ノ以前マテハ他ノ列国モ亦如此《かくのごと》キ景況ノミ多カリシナルヘシ、世界ノ文明、相開クルノ深浅ヲ論スルハ、約五十年乃至百年ノ事ニスギス〔ママ〕、今日開化ノオクレタル国国ハ、此ニ附記セル匈《ホンガリー》国ノ景況ヲミテ、必ス感ヲ生スルモノ多カラン、(34)（四四〇九頁）

そこには、日本を含めて後れて近代国家へ出発した国々の可能性に対する使節団の希望と自己奮起への思いがこめられていた、と思えるのである。

なお、条約改正問題に関しては、領事裁判権や貿易をめぐって若干のやりとりがあるが、問題の指摘にとどまる。ただその際、オーストリアの外務卿（アンドラシイ）が、岩倉大使に、トルコやルーマニアとの交渉の難しさにふれたあと、「況ンヤ東洋万里外ノ御国ニ於テハ、何分安心仕兼候ニ御坐候」（前掲『条約談判書』）という語をさしはさんでいることである。当時の日本はこの国からいえば、遥かに遠いところに存在していたことがわかる。

八　ウィーン万国博覧会

一八七二年（明治五）三月七日の『ニューヨーク・タイムズ』紙は、「国会における日本人」（The Japanese in Congress）と題して大意次のような記事を載せた（前掲『外国新聞に見る日本』①本編、五六三―五六四頁、原文編、五八七―五八八頁）。

アメリカ下院議長は、議会を訪れた岩倉使節団に向かって挨拶した。〝人類の移動の指向は何世紀にもわたって西へ向けられた。それはつねに征服により、時にはしばしば略奪をめざしたものだったが、わが大陸の端に至るや、われわれは東に向かう、より輝かしい平和の勝利を求めようとする貴国からの潮流に出くわし、この二つの流れは偉大なる太平洋の岸辺で合流した〟と。これに答えて特命全権大使岩倉具視は、ポケットから原稿を取り出し、〝われわれは開化を求めて当地に来たわけだが、この一つの旅が完結した時には、新たなる一歩を踏み出す知の宝の集約となるだろう〟と謝辞を述べた(要約)。

この岩倉使節団がアメリカからヨーロッパ入りし、イタリアからアルプス越えでオーストリアのウィーンに着いたのは、一八七三年(明治六)六月三日夜十時過ぎだった。

この地では普墺《ふおう》戦争の翌一八六七年六月、オーストリア＝ハンガリー二重帝国が成立し、皇帝フランツ・ヨーゼフ一世がハンガリー国王を兼ねていた。その皇帝と使節団は一八七三年(明治六)六月八日に謁見した。時あたかもウィーンの郊外プラーター公園では万国博覧会が開催中で、各国の元首や貴族たちもつぎつぎに来観していたのである。

万国博覧会は、十八世紀初頭、ルイ十四世(Louis XIV, 一六三八〜一七一五)のとき、パリでの「此ニ似タル会」にはじまり、それが「全備ナル会」として開催されたのは、一八五一年、ロンドンのハイドパークにおいてであった。ついで五五年のパリ、六二年のロンドン、そして六七年のパリを経てこのウィーン万国博覧会に及んだと、『実記』(第八十二巻・第八十三巻)はその歴史を回顧している[35](五二四―二五頁)。

日本がはじめて参加したのは、一八六七年(慶応三)のパリ万国博覧会である。「我日本ヨリモ、旧幕府、鹿児島、佐賀ノ諸藩ヨリ、物産ヲ持渡リテ列品シタリ」(五二四―二五頁)と述べているが、それは当時相対抗した徳川幕府と西南雄藩が、その角逐の場を国際場裡に求めたものであった。『実記』の「編修」者久米邦武は佐賀藩出身であっただけに、この一文にはいささか感懐がこめられていたかもしれない。

『実記』は、万国博の役割は、国々がそれぞれの物産を展示することによって、「各地人民ノ生意、土宜《どぎ》、工芸、及ヒ嗜好《しこう》、風習」を知らしめるにある、といい、一つにはこの万国博に参集した人々に、「己ノ物品ヲ衆見ニ供シテ、其売買ノ声誉ヲ広メ、永久ノ利益ヲ計ルニ便」ならしめ、もう一つは、「他人ノ持集リシ物品ヲ観テ、己ノ及ハサル所以《ゆえん》ヲシリ、今ヨリ工夫スヘキ要ヲ考へ、諸方ノ嗜好ニ従ヒ、更ニ我生意ヲ広クスル目的ヲ達」し、あわせて名士たちの高評をえて一層の進歩を図るためだ、と位置づけている(五二二頁)。使節団が万国博をまず実利的に見ていることがわかる。それだけに使節団は万国博の歴史を踏まえつつ会場を丹念に回って、こう述べる。

各国列品ノ夥多《おびただ》シキ、之ヲ睹《み》ルモ目力《もくりよく》給セス、之ヲ評スルモ精力屈ス、華然タル光輝ニ心ヲ奪ハレ、精緻《せいち》ナル妙工ニ神《しん》ヲ耗《こう》ス、或ハ巨大ノ工ニ落胆シ、或ハ神奇ノ機ニ驚愕《きようがく》ス、細少ノ一物モ、価万金ナルアリ、素素タル麁品《そひん》ニ、奇思ヲ寄セタルアリ、之ヲ要スルニ衆邦ノ億兆、其精神ヲ鍾《あつ》メタル、英華ヲ擢《ぬきん》テ、此内ニ陳列シタレハ、物トシテ珍ナラサルハナク、奇ナラサルハナシ、而《しこう》シテ五万歩ノ広キニ充牣《じゆうじん》シタレハ、我輩ノヨク目睹《もくと》ヲ遂タルハ、曾《かつ》テ百分ノ一二ニモ及ヘルヤ、(五二九―三〇頁)

いま使節団のみた各国の展示のポイントを要点のみ列挙してみよう。

米国―事故で列品不整。
ブラジル―工技の風は欧洲の範囲。
英国―「独歩ナルハ鉄工ナリ」。
仏国―工芸は「全場中ノ精華ヲ著シタリ」。「凡《およそ》仏国ノ物品ハ、英国トハ其趣キ異ナリ、英ハ質ヲ買フヘシ、価貴キモ久シキニタユ、仏ハ工ヲ買フヘシ、価廉ニシテ顔貌甚タ潤華ナリ」。
スイス―工芸の国。それは「技工ヲ精細ノ奥ニ導ク」。時計や楽器に注目。
イタリア―その「機工」は仏国も一歩を譲り、「以人〔イタリア人―引用者注〕ハ美麗ヲ好ミ、諸物穏当ニテ、自然ナルヲ尚フ」。
ベルギー―「此国ハ農牧ヲ勉メテ、工芸ヲ励マシ、内ニ充テ外ニ波及ス、目的実著ニシテ、華靡《かび》ニ鶩《は》セサレハ、回覧ノ目ニハ、美麗ナラサレトモ、其国民ノ良技ニ於テハ、文明ノ大国モ感動サル、ニ至ル」。

オランダ――「特技多シ」。（以上、㈤三〇―三六頁）

『米欧回覧実記』の叙述はこのように各国の内実を見つめ、さらに続く。

ゼルマン（ドイツ）――連邦の出品多し。「精粗大小枚挙シ難シ、学術器械、化学ノ産物ハ、此国殊ニ多カリキ」。

オーストリア――出品多数。「普墺ノ政ハ兄弟ナリ、其製作ノ風ミナ同流ニテ、綺縟《きじょく》華麗ヲ主トス」、「普墺ノ両国工芸ヲ同クスレトモ、一ハ強一ハ弱ナリ、国勢富強ハ民ノ精神ニカ、ル、工芸ノ美悪ハ、民ノ嗜好ニカ、ル」。

ハンガリー――華麗の物品少なし。

ロシア――政治・学術・農礦関係多く、「華靡ノ物」は仏・伊・普・墺に及ばず。「欧羅巴《ヨーロッパ》ノ精華、今ハ已《すで》ニ爛漫《らんまん》ノ候ニテ、露国独リ芳ヲ含ミテ、未タ開カザル〔ママ〕モノ、如シ、将来永ク世界中ニ畏《おそ》ルヘキ大国ナリ」。

デンマーク、スウェーデン、ノルウェー等の列品は少ないとし、「蓋《けだし》北方ノ諸国ハ、墺国ト隔絶シ、平生交易盛ナラサルヲ以テ、人民競ハサルナルヘシ」ともいう（以上、㈤三七―四二頁）。

各国の展示品とその特色を述べた『実記』の以上の文章（とりわけそこに圏点が付されて強調されているところに留意）からわかるように、使節団はたんに実利的な目のみで見ていたわけではなかった。岩倉使節団はこのウィーン万国博覧会の展示品のなかに、それぞれの国の「自由ノ理」の発露ないし文明度をみているのである。

だから『実記』は、第八十二巻の万国博覧会見聞記事の冒頭で、ヨーロッパ諸国は、フランス革命を機として、「民ハ自由ノ理ヲ展《の》ヘ、国ハ立憲ノ体ニ変シテヨリ」以来、「欧洲ノ文明ハ、此改革〔立憲政体や人民の自由等をさす――引用者注〕ノ深浅ニ源シ、其精華ハ、発シテ工芸ノ産物トナリ、利源ハ滾々《こんこん》トシテ湧出ス」（㈤二一頁）と述べているのである。ここには「自由」との関わりで文明をみようとする使節団の文明観がある。

こうした文明観に立てば、万国博覧会の展示品の質を決定するものは、国の大小よりも、「国民自主ノ生理」であり、人民の「自主ノ精神」なのである。「国勢富強ハ民ノ精神ニカヽル」というのもその意にほかならない(五二二頁・四〇頁、なお、第六章参照)。

ところで、万国博覧会にみられる各国の競合を、『米欧回覧実記』は「太平ノ戦争」と名づける。そして、この「太平ノ戦争」こそ「開明ノ世ニ、最モ要務ノ事ナレハ、深ク注意スヘキモノナリ」というのである[36](五二二頁)。いうなれば、それは「自由」の中の「自主」の競合であり、資本主義の競争原理の認識である。使節団の目は、万国博覧会の背後にあるものへと向けられていた、というべきだろう。

『実記』が万国博覧会の各国の展示品の状況を詳細に述べつつも、同時にそれぞれの国の現状と今後への展望にも関説し、そこでは、英国の「質」に対して仏国の「工」を対置し(五三三頁)、フランス人が「奢靡《しゃび》ニシテ風致ヲ尚《たっと》ヒ、新奇ナルヲ悦《よろこ》フ」のに対し、イタリア人は「美麗ヲ好ミ、諸物穏当ニテ、自然ナルヲ尚フ」(五三四頁)などといい、あるいはロシアは、「自然ニ注意著実ナル中ニ、華美ヲ含ミ、鬱勃《うつぼつ》トシテ振励ノ気象アリ」と述べ、さきに引用したように、「将来永ク世界中ニ畏ルヘキ大国ナリ」(五四一―四二頁)と記しているのは、そうしたことを念頭においてのことだったとみてよいのである。

そのなかにあって、日本の出品物はどうだったのか。

『実記』は「殊ニ衆人ヨリ声誉ヲ得タリ」という。その理由は、第一に、ヨーロッパと趣向を異にした「珍異」性にあり、第二は、「近傍ノ諸国ニ、ミナ出色ノ品少キニヨル」こと、第三には、近年、日本の評判が欧洲で高いからだ、と述べている(五四三頁)。そして、会場の美術館前庭に設《しつら》えられた日本風の庭園と、そこに檜や杉の材によって造られた神社風の伝統的な建物の店(五五一頁の下図参照)では、絹帛の「小切レ」と扇子などが売られ、評判は上々だったという。

とはいうものの、右にいう「珍異」性を指摘する久米の目は厳しい。日本出品の陶器・絹帛（織物類）・染法・寄木細工・麦藁《むぎわら》細工等にはいずれもその欠陥を指摘する（㈤四三頁）。彼が展示作品の技術を一応認めているのは、漆器・七宝塗・花鳥図・染革・和紙の類なのである（前掲高田誠二『維新の科学精神』一三四頁、参照）。

だから、久米の評価は、さきの日本の「声誉」と併せ考えれば、伝統工芸に象徴される「ジャポニズム」ということになるだろう。

とすれば、ウィーン万国博覧会を見た岩倉使節団が、展示物の優劣のみならず、その背後にあるものを読みとろうとした視点と、日本の展示品の伝統工芸に象徴される「ジャポニズム」との落差は大きい。それは冒頭で引用した『ニューヨーク・タイムズ』紙が述べたような、使節団の「一つの旅」の「完結」が、「新たなる一歩を踏み出す知の宝の集約」となるには、なお多くの日時を要することを示しているのである。(37)

とはいえ、この万国博覧会における使節団の体験が、やがて帰国後の内国勧業博覧会（第一回は明治十年）の実施やパリ万国博覧会（明治十一年）への関心、ひいては明治政府の殖産興業政策のひとつの背景をなしたとされていることも留意しておいてよいだろう。(38)

九　スイスからマルセーユへ

ウィーン万国博覧会をあとにした岩倉使節団は、明治六年（一八七三）六月十九日、ミュンヘン経由でチューリッヒに着いた。

スイスについては、すでにふれたので、ここでは帰路のコースに沿いながら若干関説するにとどめる。

チューリッヒから翌二十日、ベルンに到着した使節団は、二十一日、大統領セレソール（Ceresole，一八三二〜一九〇五）と会い、二十五日にもふたたび大統領と会見し、条約問題について論議している。

スイスはすでに使節団のイタリアにおける条約交渉を伝聞しており、スイスもまたイタリアと同様、「瑞西国民御国内部自由通行営商差支無之様仕度、並裁判所ノ御方法確立候様致度事」（前掲『条約談判書』、『日本外交文書』第六巻、一〇七頁参照）という希望を表明したが、ここでもこれ以上の進展はもちろんない。

こうした交渉の合間に、使節団はベルンからインターラーケンへ、そしてルツェルンへと、アルプスの湖水をめぐる山々の絶景を満喫し、大統領もまたルツェルンまで出かけて歓待しているのである。

さらにベルンでは、学校や博物館、図書館などを見学し、六月二十九日、ジュネーブに着くや、ジュネーブ政庁をはじめ古寺、博物館あるいは揚水の機関場、時計工場などに足を運んでいる。

『実記』第八十四巻から第八十六巻にいたるスイスの巻をみると、使節団がいかにこの国の旅程を楽しんでいるかが伝わってくる。使節団をしてそうせしめたものは、回覧の旅も一応終わりに近づいたという気持もさることながら、このスイスの国情と雰囲気にあった、と思われる。

瑞士ノ人ハ共和ノ治ニ長生シ、一視同仁ノ襟懐アリ、真率洒落《しゃらく》トシテ、心ニ城府ヲ設ケス、此日会食スルモノ、多クハ府中ノ豪傑ニテ、英名ヲ欧洲ニ得タルモノ、時ニハ談論政治ニ及ヒ、或ハ経済ニ及フアリ、興歓ヲキハメ、夕陽ニ至リ、旅館ヲ辞シテ山ヲ下ル、（五一〇八―一〇九頁）

これは明治六年（一八七三）七月十日、使節団がレマン湖（ジュネーブ湖）に遊び、同行の「府中ノ官吏商豪」三、四十名とともに沿岸の一小村のホテルで享宴を張ったときの一文である。ここにはスイスの人々に対する使節団の親近感、さらに「小国」でありながらヨーロッパの「大国」に圧倒されないこの国の位置に対する感懐がこめられている。[39]

このレマン湖に遊んだ日の前日、使節団は日本政府からスペイン、ポルトガルへの行程を中止し、帰国せよ、という電信を受取っている(五一〇七頁)。

訪問を予定していたこの二国は、スペイン内乱のためポルトガルへの通行も難しかったから、使節団は日本政府との間にたびたび交信をし、副使大久保利通の帰国に際しても、この問題で政府あてに建議するよう打合わせをしていたのである(第二十九号文書、明治六年七月三日付、『欧米派出特命全権大使公信来書坤』〈国立公文書館蔵〉。『日本外交文書』第六巻、六六頁、参照)。この間の事情は、『実記』の第八十八巻の冒頭に述べられている[40](五一二六頁)。

帰国の指令を受けた使節団は、七月十五日ジュネーブを発って十八日にマルセーユに到着、二十日、日本へ向けて出航する。『実記』には訪問を中止したスペインとポルトガルについての「略記」が、第八十八巻に収められている。

実際に歴訪しなかったこの二国にわざわざ一巻を当てているのは、「両国ノ景況ヲ聞知セル所ヲ集メ」(五一二六頁)たためであろうが、スペイン、ポルトガルがこれまで回覧してきたヨーロッパ各国とも関わりがあり、この報告書の叙述を一貫させるためだったのであろう。

一〇　帰国航路

明治六年(一八七三)七月二十日、マルセーユを郵船「アウア」号で発った岩倉使節団は、地中海からスエズ運河を通過、紅海を経てセイロン島に至り、マラッカ海峡からシンガポールを経由、サイゴン、香港、上海へと立ち寄り、上海で郵船「ゴルテンエン」号に乗り換え、長崎、神戸に寄航して、九月十三日、横浜港に着いた。ほぼ一年十カ月にわたる使節団の米欧回覧の旅は、ここで終わる。

この帰路コースにおいて、使節団はアフリカ北部およびアジアの姿を垣間みることとなったのである。

地中海でサルディニア島沖を通過する際、使節団は、その海浜にイタリアにおけるリソルジメント三傑の一人ガリバルディの居を遠見し、彼の「民権家」(五二四三頁)としての一生を想起したことはすでにみた。スエズ運河においては、誹謗と媢嫉《ぼうしつ》の中で運河開鑿《かいさく》を実現したレセップス(Ferdinand Marie Lesseps, 一八〇五〜九四)の功をたたえた。レセップスの開いたこの運河は一八六九年に完成した。『実記』は、「一千八百七十年ヨリ、船舶往来ヲハシメ、其年ニ収メタル利益金九万五千弗、翌七十一年ニハ、二十万弗ナリシ、七十二年ニ三百二十五万弗ノ雑費ニテ、三百六十六万弗ヲ収メ、其利益ハ四十一万弗ニ増加セリ」(五二六一頁)と記す。そして、これが開鑿のために苦難に苦難を重ねたレセップスに対し、その「胆力ハ、実ニ畏ルヘシ」、「非常人ニ超越スル事業ヲ成スモノハ、非常ノ忍耐強有力ノ精神ナケレハ、其美ヲ保続シ得ヘキモノニアラス」(五二五九頁)と称賛の語を添えている。

それはスエズ開通後、数年にしてここを通過した岩倉使節団ならではの感想であり、日本におけるスエズ運河の論評としてはもっとも早い時期に属するものであろう。それもこの『実記』が、「貿易ノ道ハ、世界必要ノ務メタリ」(五三二八頁)という視座に立っているがゆえに、スエズ運河のもつ意義を十分に認識したからにほかなるまい。

スエズ運河を通過し、中近東一帯の描写に『実記』は、久米の造語と思われる「赤野」なる語を当てているが、(41)南アジアに至るや一転、次のような描写に変わる。これはセイロン島のゴール港に着いたときのことである。

> 此港ハ熱帯ノ地ニテ、樹木夭喬《ようきょう》ニシテ、葉色ハ深緑ヲナシ、四時ノ驕陽ニ繁栄ヲ争ヒ、其景象マタ欧、弗〔アフリカ——引用者〕、赤野禿山ノ観ニアラス、熱帯ノ国ハ、山緑リニ水青ク、植物ハ栄ヘ、土壌ハ腴《ゆ》ニシテ、空気ノ清キ、景色ノ美ナル、欧洲ヨリ来リテ、此景象ヲミレハ、真ニ人間ノ極楽界ト覚フカ如シ、(五二八三頁)

「赤野禿山」と対蹠的な南アジアの風景はよほど印象的だったにちがいない。「天宮極楽界ノ想ヒ」(五二九八頁)、「真ニ極楽土ナリ」(五三一二頁)とくりかえし述べているのである。

セイロン島について『実記』は、第九十七巻「錫蘭《セーロン》島ノ記」を当て、種々の考察をしているが、「錫蘭島ハ、元「カンリ」国ト云、印度ニ関係ナク、古ヨリ独立ノ一国ナリ」(五二九〇頁)といい、国政や生活などについて述べている。

その一節には、「此島ニ今四種ノ民アリ、中ニ於テ「シンカレイ」人種ヲ主トス、人種ハ、軀幹甚タ長大ナラス、面貌骨格、尤モ日本人ニ似タリ」（㈤二九一頁）と記し、その習俗について細かに述べている。アジアに帰ってきたという感をここでまず強めたのだろう。

一行はマラッカ海峡を経てシンガポールに着くが（明治六年八月十八日）、この地ではコレラが流行していたから上陸はしていない。ただここが、「非常ニ富饒」（㈤三一三頁）であり、シンガポール港からは「西ハ印度、東ハ支那、呂宋《ロソン》、南ハ爪哇《ジャワ》、豪斯多剌利洲《オ、スタラリヤ》ヘ郵船ヲ出ス、四達ノ要港トナリ、東南洋ヘ貿易往来スルモノ、最モ注意スヘキ地トス」（同上）と述べている。

シンガポールから柴棍《サイゴン》（現ホー・チーミン市）に一行は八月二十二日に着く。

そこには、「河ニソヒテハ、水中ニ家ヲ架出シ、或ハ舟ヲ家トスルモノアリ、陸上ノ小屋ハ、前後ノ園庭蕪穢《ぶあい》ニテ、家鴨《あひる》家猪《ぶた》ノ圏ト相接シ、蹄跡狼藉ナル地ニ、全家棲止《せいし》シテ恬然《てんぜん》ナリ、支那人種ノ不潔ヲ厭ハサルハ、怪ムヘキホド〔ママ〕ナリ」（㈤三一六頁）という情景があった。そして、『実記』は次のような感想を記している。

曾《かつ》テ西洋人ノ長崎ニ来ルモノ、日本ヲ目シテ潔癖アリト云、長崎ハ修潔ノ俗ニモ非ス、因テ疑フ、西洋モ亦不潔ナリト、今ニシテ信ス、是《これ》支那人ニ反対セルヲ謂フ所ナルコトヲ、日本人ノ潔ヲ好ムハ、欧洲ニ耻サルヘシ、（㈤三一六頁）

長崎はそれほど「修潔」でもないのに、ヨーロッパの人々が日本人の潔癖を口にするのは、西洋が不潔だからだと思っていたが、そうではなかった。それは中国との対比においてのことであった、というのである。

このことは、米欧回覧の経験を経て、初めて自覚されて書かれた一文なのである。

サイゴンの街々の漢字の看板を見て、『実記』は「情境瞭然ニテ、異語ノ域ナルヲ忘レ、自国ニ帰リシ心地セリ、是象形文字ノ利ナリト謂ヘシ」(五)三一八頁)という。この圏点の強調を含めて、それは一行の実感ともいうべきものだったのである。

香港《ホンコン》まで来ると(八月二十七日)、ここは一八四二年の南京条約によってイギリスに割譲されていたものの、風景はもう中国そのものだった。店頭には漆器や陶器類が多く、「金銀ノ光華爛然タルヲミス、支那人ハ喜ンテ朱ヲ塗ル、棚、箱、簾、号、ミナ朱色烜然《けんぜん》ナリ」(五)三二五頁)という。

「欧洲ノ市ニ入レハ、金珠ノ光リ目ニ輝ク、支那ノ市ニ入レハ、朱漆ノ色眼ニ照ル」(同上)——金色から朱漆の色への変化は、ヨーロッパ色とアジア色とのちがいを鮮烈に感じさせたのである。

香港から上海《シャンハイ》へ。上海で市内周辺を見学した使節団は、明治六年(一八七三)九月四日夜、アメリカの郵船「ゴルテンエン」号へ乗り、翌五日、ここを発った。そして、六日に長崎、九日には神戸に泊り、九月十三日、横浜港に着いた。

「十三日　晴　朝、横浜ニ着船ス」(五)三三七頁)

全一〇〇巻の『実記』はここに終わる。

翌十四日、全権大使岩倉具視は、正院で復命したのである。

第六章　岩倉使節団における「西洋」と「東洋」

一　『米欧回覧実記』の「人種」論の意味

『米欧回覧実記』第八十九巻から第九十三巻までの五巻は、使節団がこれまで回覧したヨーロッパの「総論」に当てられている。それは米欧回覧の総括であるとともに、ヨーロッパとアジアとの対比による岩倉使節団の自己省察でもあった。

まず、『実記』第八十九巻の「欧羅巴洲政俗総論」の冒頭で、次のように述べていることに注目しよう。

欧羅巴洲ト、亜細亜洲ノ東部トハ、古来殆ト相往来セサル別域タリシコト、其人種風俗ノ習慣ニテ察セラル、習慣ハ邦国ノ分ル、元素ニテ、政治ノ同異ハ此ニ起源セリ、我カ道徳政治ノ習ヲ以テ、彼ノ保護政治ノ民ヲミルニ、仮令《たと》ヘ理趣ハ、一ニ帰スルカ如キモ、其人民ノ気尚ハ、迥《はるか》ニ主要ヲ異ニス、今滊器発明ノ勢力ニテ、懸殊ノ邦国、互ニ相親和スル運ヲ開キタレハ、彼我ノ政俗ヲ観察スルモノ、最モ、深ク此ニ熟考スヘシ、（『実記』㈤一四六頁）

ここでまず留意しておきたいのは、ヨーロッパとの対比で「亜細亜洲ノ東部」と断っていることである。以下の文章で東西両洋の比較が常になされるが、その場合のアジアは主としてこの東アジアを意味している。それは主として中国と日本をさしており、とりわけ日本の問題を念頭においているのである。(1)

もうひとつは、右の一文からわかるように、『実記』は「邦国ノ分ル、元素」を「習慣」にみ、この「習慣」こそが「政治ノ同異ハ此ニ起源セリ」と述べ、その基本的要因としている。そして、この「人種風俗ノ習慣」のちがいから察して、ヨーロッパと東アジアとは古来相往復することのなかった別域だった、と指摘しているのである。

このことを前提として、さきの文中にもあった「道徳政治」と「保護政治」に関する次の一文はみなければならない。

白種ハ情慾ノ念熾《さか》ンニ、宗教ニ熱中シ、自ラ制抑スル力乏シ、略言スレハ慾深キ人種ナリ、黄種ハ情慾ノ念薄ク、性情ヲ矯揉《きょうじゅう》スルニ強シ、略言スレハ、慾少キ人種ナリ、故ニ政治ノ主意モ相反シ、西洋ニハ保護ノ政治ヲナシ、東洋ハ道徳ノ政治ヲナス、大体如此《かくのごと》クニ反シタレハ、百般ミナ其趣キヲ異ニセリ、(五一四九頁)

まず留意しておきたいことは、この一節のみをみれば、あたかも「東洋」と「西洋」の対比ないし相違を「人種」論で切断しようとしているかのごとくである。しかし、ここにいう「白種」と「黄種」は、あくまでも「西洋」と「東洋」を区別する一つの指標以上のものではない。そのことはすでに指摘したように、「政治ノ同異」の「起源」を「習慣」においてみていることからもいえるだろうし、後述するところからも明らかである。

あえてこういうのは、この「人種」論をあまりにも重くみて、『実記』の考察の鋭さを指摘しつつも、次のように加藤周一氏が論ずるからである。

問題は聡明で洞察力に富んだ岩倉一行が、なぜここで突然通俗極まる人種比較論をもちだしたかということだ。その理由はおそらく一つしかない。日本へ帰るためには他に方法がなかったのである。別の言葉でいえば、富国強兵の工夫を探しに行った岩倉が、話をその工夫の範囲に限るためには、どこかで西洋社会分析の彼の論理を切断する以外に道がなかったのであろう。彼は米国ですでに遠くへ行きすぎていた。米国での彼は、富国強兵から出発して、その背後にあるものを追えるところまで追おうとしていた。しかしあまり遠くまで行くと、もはや話が富国強兵策の範囲ではすまなくなって来るのを感じたにちがいない。欧洲へ渡り、帰国をまえにして、どうしても「東洋の道徳」を想出しておく必要があった。彼が「白種」は「慾深キ人種」、「黄種」は「慾少キ人種」といったのは、欧洲回覧の結論の部分においてであり、そこではじめて「東洋ハ道徳ノ政治ヲナス」がもち出されたのである。(2)

加藤氏がここでいうように、「東洋」の「道徳政治」は、この結論部分の「人種」論とからめ、「帰国をまえにして」「はじめて」出されたのではない。『実記』は帰国後に書かれているから当然のことではあるが、叙述でいえば、すでにイギリスの部の第二十四巻には、「支那日本ノ人民ハ、原来農耕自活ノ風儀ニテ修身ヲ政治ノ主義トシ」(『実記』㈡八三頁)とあり、また、第五十巻(ベルギーの部)には、「東洋ノ俗ハ、古ヨリ道徳政治ヲ主トスレトモ」(㈢一九七頁)とあり、さらに第六十三巻のロシアの部では、さきの「総論」部分とほぼ同主旨のことを、次のように表現している。

夫《カ》ノ東洋人種ハ、情慾ノ念薄ク、道徳ノ政化ニ服シ、君主勤倹ヲ以テ、国民ノ極ヲ建ルモ、猶《なお》多年ノ積貯ハ、外国人ニ眩耀スヘキニ至ル、西洋人種ハ、情慾ノ念熾ンニ、其性行ヲ矯揉スルニ鈍シ、其君主タルモノ、保財ノ政ヲ以テ、所有ノ土地人民ヨリ、斂税《れんぜい》自奉スルノ豊侈《ほうし》ナル、貪婪《どんらん》無厭ニ近シト謂モ、甚タ誣《しい》タリトセス、欧洲ノ人民ニ、自由論ヲ激生シ、君権ヲ削リ、民権ヲ全クスル、議論ノ沸起スルモ、此原由ヨリ来ル、東西洋ノ人種、性情ノ異ナル、殆ト反対ナリ、(㈣七〇頁)

ここでの「人種」論は、あくまで東西の政治原理の相違の「原由」の一つを説明しているのであって、「人種」論でいっさいを切断しようとしているのではない。(3)

加藤氏は、あまりにも岩倉使節団の目的とその後の明治政府の「富国強兵」策とを短絡しすぎた発想で、『実記』を読みとっているように思われる。氏が使節団の特別視した国が独・伊の両国であるとしているのも、その故である。すでに第五章四でふれたように、この時点で、使節団が、プロシアを中心として統一したばかりのドイツ帝国に共感を示していることは事実であるが、あくまで使節団は相対的な目でドイツをみているのであって、これが絶対的なものへと転化するのは、もう少しあとの一八八〇年代なのである(イタリアに対する使節団の関心のあり方については、第五章七を参照されたい)。

ところで、『実記』第八十九巻の「政俗総論」の構成を『実記』の目次でみると、次のようになっている(かりに項目順に番号を付す)。

(1)「列国ノ大別小別及ヒ成国ノ原由」、(2)「民種ノ権義」、(3)「婚姻ノ権義」、(4)「言語ノ権義」、(5)「信教ノ権義」、(6)「政治ノ分レ及ヒ社会ノ風」(五一四頁)

つまり、さきの「人種」論は、(1)を前提として、(2)の「民種ノ権義」の中で論じられているものなのである。『実記』は、「人種ノ論ハ、東洋ニ於テハ、識者ノ注意ニ脱漏シタリ」(五一四八頁)という。いわんとするところは、そもそも地球上で国が分れる原因となるものに、(一)「山海ノ域ヲ限ル」という地理的条件と、(二)「族類ノ種ヲ異ニスル」という「人種」的要件とがあるが(五一四八頁)、アジアの場合は、この(二)の要件を識者に欠落させるような状況がある、というのである。

ここで『実記』は、「欧洲人ノ説」として、次のように述べている。

支那ハ山脈散漫シテ、天然ニ混同ノ勢アルヲ以テ、各国分ル、モ又合ス、而テ附隣ノ各国ハ、天然ノ境界、大小ヲ懸殊シ、強弱ノ平衡ヲ失フニヨリ、自ラ屈伏ヲ甘ンシ、競励心ヲ起スニ由ナシ、(五一四八頁)

これに対し、「欧洲ハ之ニ反シ、山脈縦横ニ、海湾曲折シ、各民各境ヲ画《かぎ》リ、相滋息シ、常ニ強弱相制シ、互ニ自主シテ、競励ノ精神ヲ旺ニシタルハ、現今ノ国勢ニ軋《きし》リ上リシ所以ナリ」(五一四八頁)というのである。

この「欧洲人ノ説」に対する『実記』のコメントは次のようである。

左《さ》ハサリナカラ、此天然ノ境界モ、人事ニヨリテ変化スルモノナリ、是人種ノ成国ニ管係アル所以ナリ、

（㈤一四八頁）

『実記』も認めているように、「東洋ノ人民ハ、其種族ノ異ニテハ、成国ノ原由ヲナス力ナキカ如シ」（㈤一四八頁）。だからこそ、アジアにおいては「人種」論が識者の意識から脱漏している、というのである。しかし、「欧洲ノ政俗ヲ論スルニ於テハ、此ニ多少ノ管係アルモノナリ」（㈤一四八頁）として、「人種」論をもち出しているのである。いうところの「人種」論が、「東洋」と「西洋」とを区別する決定論的な「人種」論ではなく、右にみてきたような意味での「人種」論であることを確認したうえで論を進めていきたい。

では、ヨーロッパのような「熾慾《しよく》ノ人種」が生じたゆえんは何か。

欧羅巴洲ハ、天然ニ薄福ノ土地ナリ、人民ノ活計ハ、農耕ノミニ依頼セス、必ス牧畜ニテ補足スルモ、地表ヨリ獲ル動植物ノミニテハ、活計ヲ満足ナラシムル能ハス、因テ熾慾ノ人種ヲ生シ、地中ノ物産ヲ捜索シ、礦業ノ利ヲ興シ、益《ますます》百物ヲ具ヘ、利用厚生ノ方ヲ広メ、其労動〔ママ〕ヲ助ケ、物ニ廃材余利ナカラシメント、拮据《きっきょ》経営セシハ、元天然薄福ノ致ス所ナリ、（㈤一九九頁）

また、いう。

欧洲ノ土地ハ、概シテ日本ニ比スレハ、沃野ニアラス、只国民ノ勉強力ニテ、産出ノ高ヲ多クセリ、（㈤一八〇頁）

ここには、地理的な自然条件、つまりその風土を克服するものとしての「人種」論がある。あとでもふれるが、この克服する努力を重ねるところに「文明」が生まれ、そこに「西洋」の「人種」の特質がある、とみるのである。この発想は、『実記』の随所にみることができる。

例えば、岩倉使節団がアメリカ大陸を横断した時、そこに展開する西部開拓の進展を目のあたりにして、『実記』は日本と対比して何といったか。

> 顧ミテ我日本ヲ回想スレハ、至宝ノ人口ハ殆ト米国ニ同シ、其建国ハ之ニ百倍シ、其土地ハ百分ノ三ニ及ハス、然ルニ野ニ遺利アリ、山ニ遺宝アリ、上下貧弱ヲ免レサルハ何ソ、蓋《けだし》不教ノ民ハ使ヒ難ク、無能ノ民ハ用ヲナサス、不規則ノ事業ハ効ヲミス、民力ノ多キモ、其至宝タル価ヲ生セシムルニハ、豈《あに》漫然ニシテ希望スヘキモノナランヤ。[4]（㈠一六二頁）

そこからアメリカが宗教と教育を重視するゆえんを説くのだが、[5] これを裏返せば、地理的条件に安住して、風土を克服しえていないアジアへの批判がこめられている、といえるだろう。

それ故に、宗教や教育などによって「民心ミナ其方向ヲ一ニシテ、富殖ノ源ヲ培養スルニヨリ、国ノ興ル勃如ナリ」（㈠一六三頁）というアメリカに対比して、次のような言葉が続くのである。

> 東洋ハ之ニ反ス、試ミニ上等ノ人ノ学フ所ヲ看ヨ、高尚ノ空理ナラサレハ、浮華ノ文芸ノミ、民生切実ノ業ハ、瑣末ノ陋事トシテ、絶テ心ヲ用ヒス、中等ノ人ハ守金奴《カネノバンニン》トナラサレハ賭博《バクエキ》流トナリ、絶テ財産ヲ興シ、不抜ノ業ヲタツル心ナシ、故ニ下流ノ賤民ハ、衣食僅ニ足リ、一日ノ命ヲ偸《ぬす》ミ、呼吸スルノミ、如此ハ人ニシテ人ノ価ナシ、生口《せいこう》億ニ満モ、富強ニ益ナシ、語ニ曰沃土之民惰ト、是《これ》地気ノ然ラシムルカ如シト雖トモ、人多ケレハ天ニ勝ツ、米国ノ曠土モ、人鳩《あつま》レハ開ク、東洋ノ沃土モ、其人力ヲ用ヒサレハ、国利ハ自然ニ興ラス、収穫モ自然ニ価ヲ生セス、夢中ニ二千年ヲ経過シタリ、今ヨリ国ノ為メニ謀ルモノ、夫コ、ニ感発シテ、奮興スル所ヲ思ハサルヘカラサルナリ、（㈠一六三頁）

さきに「西洋」の「保護ノ政治」に対して、「東洋」は「道徳ノ政治」と『実記』は述べているのだが、「東洋」の場合は、「但《ただ》其法理ト道理ト相混スル故ニ、家族交際ノ道ヲ以テ、君民交際ノ本理トナスニ至リ、民ニ廉恥ノ風乏シク、自主ノ権絶ヘテ興ルコトナシト云云」（㈤一四九頁）という。そして、この「廉恥ノ風乏シク」とは、「支那〈日本モ包メリトス――原注〉ノ上等民ハ、高尚ノ道義ヲ務メ、下等ノ民ハ、貧弱ニテ、只上ニ依頼シ、生活ヲ偸ミ、曽テ恥ルコトナク、自主独立ノ気象、自ラ一般ニ乏シキヲ指シタル言ナリ」(五一四九頁)と説明を加えているのである。
これに対してヨーロッパ人の場合は、「此ニ反シ、上下共ニ自己ノ情慾ヲ遂ケ、快美ノ生活ヲナスノ一念、甚タ盛ナルヨリ、一ノ自主ノ権ヲ主張シ、総テノ事理ヲ此ヨリ発源シタレハ、其財利嗜欲《しよく》ニ渋嗇《じゅうしょく》ニテ、恋恋離スニ忍ヒサル」(五一四九頁)という。これはアジアの側からいえば、それこそが「廉恥ノ風ニ乏シト指言スヘキコト」(五一四九頁)なのである。つまり、「西洋」と「東洋」とでは、「廉恥ノ風」に対する考え方が真向からちがう、というのである。

この「廉恥ノ風」について、もう一度要約的にいえば、アジアでは「利欲ノ論ハ、最モ人ノ恥ツル所」であり、これに対してヨーロッパでは、「無気力ニテ人ニ依附シ、生活ヲナスヲ恥ツ」、つまり自主の気力の欠如が廉恥なのである、とまったく相反したとらえ方をしているのだ(6)(五一五九頁)。

こうした相反する思考の上にそれぞれの政治は成り立つ。だから、「西洋ノ政治ハ、此人種ニ適シタル法理ナレハ、人種ノ団結、婚姻ノ忌避、言語風俗ノ異、宗門ノ信向ハ、最モ政治ノ貴重スル所ニテ、瑣小ノ民ニモ、敢テ之ヲ矯揉セシメサルヲ仁政トシ、自由ノ理トス、東洋ノ変風移俗ハ西洋ノ暴政苛法ニ属ス、他モ此類ナリ」(五一四九頁)と述べている。

右にいう「東洋ノ変風移俗」というのは、具体的には次のようなことをさす。

> 支那ノ如キモ、古代ニハ民種互ニ分レ国ヲナシ、姓氏家族ノ辨モアリタリ、萊夷《らいい》、徐夷ノ東方ニ団結シ、荆《けい》、舒《じょ》、呉、越ノ南方ニ地ヲシメ、陸渾《りくこん》首陽ノ戎《えびす》ハ、京畿附近ノ地ニマテ、雑居シタレトモ、年ヲ経ルニ従ヒ、痕跡ヲ政治上ニ滅シタルハ、変化シテ其風ニ矯揉セラレタルナリ、(五一五一頁)

このような「西洋」と「東洋」のちがいがあるからこそ、ヨーロッパの場合は、「人種ノ異ニヨリテ、婚姻、言語、信教ノ三権ヲ生ス、ミナ政治ニ於テ緊要ノ項タリ」(五一五一頁)ということになる。

だから、ヨーロッパの各国において政治の形態やその性格がちがうのは、右のことと関係がある、とみている。「欧洲ノ政治ヲ総ヘテ、之ヲ論スルニ、全ク東洋ノ政治ト別種ナリ」(五一五八頁)と『実記』が述べているのは、東西両洋の政治の隔絶に対する認識の端的な表明である。

『実記』の「人種」論は、以上のような理解のもとにとらえなければならない。『実記』は「人種」論で東西両洋をすべて断ち切ろうとしているのではないのである。

二　政治・社会論

では、そうしたヨーロッパ政治とアジアの政治とは、どのような社会構造のちがいと関連するのか。

『実記』はいう、「欧洲人の性稟《せいひん》ニハ、尽ク会社団結ノ気風ヲ具有ス、是全ク東洋人種ニナキ所タリ」(7)(五一五八頁)と。

もう少し『実記』の説明を聞こう。

欧洲ノ政俗ハ、細ニ分析スルニ、大ハ一国ノ政体ヨリ、州ト分レ、県ト分レ、郡ト分レテ、小ハ村邑ノ分割ニ帰スルマテ、尽ク会社ノ性質ニテ結晶ス、之ヲ推究スレハ、一家族ノ産ヲ立ルモ、亦会社ノ性質ヲ帯ヒサルハナシ、会社ノ連結ハ、欧洲人徹頭徹底ノ風気ニテ、主長ヲ公挙スルヨリ、共和治ヲ生シ、之ヲ世襲ニスルヨリ、君主治ヲ立ル、其体面ハ大ニ異ナルモ、会社ノ性質ト、大同小異ニスキス、主長ヲ定メ、行政ノ権ヲ託シ、社中ヨリ公挙シ、議会ヲ開キテ、法則ノ本ヲ握ルハ、上下一般ノ風尚ナリ、主長ニ力量大ナレハ、全社ミナ其制ヲ甘ンシ、社員ニ人物多ケレハ、主長ヲ制抑スル力モ強シ、因テ専治トナリ、同治トナリ、共和トナル、亦体面ハ大ニ異ナルモ、其性質ハ大同小異ニスキス、此等ノ異同ハ、畢竟《ひつきよう》人民ノ習慣ヨリ生スルモノニテ、習慣ニ従ヒ治メテ、矯揉抑制セサルハ、欧洲政治ノ大要ナリ、(五一五八頁)

ヨーロッパにおいては、社会構造に「会社」的性質、つまりゲゼルシャフト（利益社会）的要素が貫いていることを強調しているのである。それは前節にみた「慾深キ人種」という指摘と連なることはいうまでもない。だから、ヨーロッパにおける「専治」「同治」「共和」の各政体も、所詮その性質は「大同小異」であり、それはそれぞれの「人民ノ習慣」から生じたものだ、とみているのである。

したがって、フランスの「帝国」が変じて「共和」となり、また、イギリスの「同治」には、州や郡には「貴顕政治」の風を残しており、ゲルマンの「専制」も、「其法規ヨリ論スレハ、反テ寛裕ニ参政ノ権ヲ許シ与ヘタリ」という。アメリカの「共和」も、「其法則ヨリイヘハ、発論ノ自由ハ狭小ナリ」と述べている。続いて、「梅格稜堡《メクレンボルク》ノ民ハ、同治ノ政ヲ立ル力ナク、露国ノ民ハ、選権ヲ有シ議政スルノ智識ニ達セス、然レトモミナ其政治ノ帰宿スル所ハ、会社ノ結習ニ出サルハナシ」（以上、㈤一五八―一五九頁）と断言する。

このようなヨーロッパ各国の政治の実態から、『実記』は「欧洲ノ政法ハ、其髄脳ハ、生命ト財産トヲ保護スルニ帰著ス」（㈤一五九頁）と、ブルジョア国家の基本をひき出す。

それ故に、「欧洲ノ律法」では、人の勤労より生じた財産は、その許諾がなければ他人がこれに一指もふれることはできず、「之ヲ犯セルヲ盗トス、此一条ハ衆法ノ要臬《ようげつ》トナリタリ」（㈤一五九頁）といい、さらに続けて次のように述べているのである。

固《もとよ》リ其公理ハ、天地ヲ亙リ、不抜ノ法ナレトモ、元ハ其人種ノ慾情熾ナル性質ヨリ、協定セル法項ニテ、政論上ニ於テ、終古財産ノ訌争ハ已ムコトナシ、凡ソ財産ヲ分チ、新租ヲ加ヘ、生業ニ妨ケアル等ノ法ヲ新定スルトキハ、民ハ死力ヲ出シテ抗論ス、其相互ヒノ交際ニ於テモ亦然リ、其初メニ争フ甚タ強シ、故ニ法定《さだま》ルノ後ハ、之ヲ守ルコトモ亦固シ、政府ヨリ法ニヨリテ徴スル税、君主ヨリ法ニヨリテ自奉スル額、仮令ヘ過分ナルモ、敢テ其権ヲ自放シテ、他ニ与ルヲ仁徳トスルナシ、財主ノ収ムル利子、地主ノ収ムル地料モ、一旦公約ノ後ハ、政府ヨリ必ス収納セシメテ、其約ヲ保護ス、此ミナ政俗上ニ、最モ緊要ノ事ニシテ、其現実ノ情ヲ、東洋ヨリミレハ、君主ハミナ暴斂ノ君ニテ、人民ハ薄情ニ欲ヲ達スルモノトイフモ誣《し》ヒサルナリ、(㈤一五九―一六〇頁)

ここで私は、『実記』が第二編第二十四巻で、使節団のイギリス議会見学に際して述べた文章を思い出す。すなわち、そこではイギリスの議会は、「抑《そもそも》人民ノ公選ニテ、議員ヲ出シ、立法ノ権ヲ執ルハ、欧洲一般ノ通法ニシテ、政治ノ最モ支那日本ニ異ナル所ナリ」(㈡八一―八三頁)といい、それは「畢竟貿易ヲ重ンシ、会社協同ノ風俗ヨリ生セルナリ」(㈡八三頁)と述べていたのである。

すでにみたところから、その意味するところは明らかだろうが、その際、中国や日本の人民は、「原来農耕自活ノ風儀ニテ修身ヲ政治ノ主義トシ、財産ヲ重ンセサルニヨリ、立法上ニテ肝目《かんもく》ノ主義ヲ欠タレハ、民権イカン、物権イカンニ於テハ、殆ト馬耳風ナルノミナラス、反テ其権ヲ抑圧シテ、変風移俗ノ良模トスルモノ、如シ、故ニ政治国安ノ論ハ、常ニ財産上ニ於テ注意ヲナサス、君子小人判然トシテ別界ヲナスニヨリ、漸漸ニ貧弱ニ陥ルヲ致セリ」(㈡八三頁)と述べて、そこにヨーロッパとは異なるアジアの「貧弱」のよってくるゆえんがあると指摘した上で、次のように述べていることに注目したい。

東西洋ノ隔リニ因テ、民ノ習慣ヲ異ニセルハ、政治ノ様子モ異ナルヘキコソ至当ナレトモ、方今世界、舟《しゅう》楫《しゅう》相通シ、貿易交際ノ世トナリテハ、国権ヲ全クシ、国益ヲ保ツニハ、国民上下一和シテ、第一ニ財産ヲ重ンシ、富強ヲ致スニ、注意ヲ厚クセサルベ〔ママ〕カラス、立法ノ権ハ此ヨリ生スルナリ、[8](㈡八三頁)

明らかにここには、産業革命以後のブルジョア世界にあって、国権や国益の保持のためには、その前提として国民が一致協力して財産を重んじ、富強に努力することの必要性が強調されている。それは岩倉使節団がえたブルジョア国家の基本への認識であったと共に、アジア社会の特性への反省的自覚でもあった、とみられる。

ところで、『実記』のヨーロッパにおける政治と社会へのこの認識は、「欧洲一般、ミナ利慾ノ競争ニ生活シタルコト、右ニ論スルカ如シ」(五一六〇頁)ということになる。

この認識の上に立つからこそ、これに対するアジアの「政俗ノ精神」はまったく反対で、「意必固我ノ四ニ帰ス」(五一六〇頁)というのである。いわく、

政俗ノ精神ヲ論スレハ、意必固我ノ四ニ帰ス、所謂ル自主ノ理トハ、私利ヲ営求スル一意ニテ、此意ヲ立テ生業ニ勉励シ、十分ニ遂《とげ》ンコトヲ必ス、此ヲ固執シテ、敢テ渝《ゆ》薄《はく》セサルモノホト、高等ノ人物ナリ、故ニ議会ヲ立ルモ会社ヲ協定スルモ、国ヲナシ政ヲナスモ、只此四ヲ成就スル所ニシテ、亦東洋ノ風習トハ反対ナリ、(五一六〇頁)

右にいう「意必固我」とは、『論語』巻第五、子《し》罕《かん》第九にいう「四を絶つ。意なく、必なく、固なく、我なし」(金谷治訳注、岩波文庫、一六七頁)、すなわち、「意」は私意、「必」は心にかたく期すること、「固」は固執すること、「我」は自我を意味する。『論語』にいうこれらの四つを絶つとは、アジア的禁欲の世界である。

さきの一文は、このアジア的禁欲の世界とは相反するヨーロッパの権利の主張＝「自由ノ理」を強調しているのである。

それを社会の性格としてみると、ヨーロッパをゲゼルシャフト(利益社会)とすれば、禁欲のアジアは、いうなればゲマインシャフト(共同社会)ということになろう。別の観点からいえば、それは次の文章に通じている。

欧洲ニテ政治ノ要ヲ論スル、必ス曰「ヂョスチス」ト「ソサイチー」トニアリト、「ヂョスチス」トハ権義ヲ明確ニスル謂ニテ、「ソサイチー」ハ社会ノ親睦ナリ、之ヲ極言スレハ、義ト仁トノ二字ニ帰スレトモ、仁義ハ道徳上ヨリ立言セルモノニテ、「ソサイチー」「ヂョスチス」ハ、財産ヲ保ツヨリ立言シタル故ニ、其意味ハ反テ表裏ス、欧洲ノ政俗ヲ観察スルニハ、常ニ此要ヲ失ハサルコト、緊切ナル心得ナリ、(五一六〇頁)

「ヂョスチス」と「ソサイチー」は、帰するところアジアでは「義」と「仁」とでもいうべきところだが、「ヂョスチス」と「ソサイチー」は、「財産ノ保護」という「自主ノ権」の主張より発するものとみるのに対し、「仁義」は「道徳上ヨリノ立言」だとし、その意味するところはかえって「表裏ス」というのである。そこに、「西洋」と「東洋」の「政俗」の論理のちがいはシンボリックに示されている、とみているのである。

この相違を十分認識した上で、「欧洲ノ政俗」を観察せよ、というところには、使節団の醒めた目があった、といえるかもしれない。

ヨーロッパの「自主ノ理」の上に構築される政治とその制度のちがいについては、『回覧実記』の各国の叙述のなかにそれぞれ語られているが、ここではもっとも自主・自由の民の結集したと使節団がみているアメリカ共和制での議会についてみよう。

議会は、アメリカにおいては「最上ノ政府」である。大統領も議会も選挙で選び、「官ヲ公選ニ挙ケ、法ヲ公同ニ決ス」るわけだから、その「体面ハ実ニ公平ヲ極メタルニ似タリ」というべきだが、実体としては上下院とも「最上ノ才俊」で充たされるわけではない。また、「卓見遠識ハ、必ス庸人ノ耳目ニ感セス」、さらに、「異論沸起ノ後ニ」多数決で決められたものは、「上策」ではなく「下策」に落着くことが常であり、しかも、それは、たとえ「異議」があっても十中八九は原案通りになってしまう。その原案は「専任ノ員」、つまり官僚がつくったものだから、「行政官吏ノ私意カ、陰ニ立法院ノ議ヲ、低昂スルコトナシトモ言ヒ難シ、是ミナ共和政治ノ遺憾アル所ナリ」というのである(以上、㈠二〇七―二〇九頁)。

同じ共和制でもフランスの場合は、八十年間に国制が六回も変わっており、政治が流動的で、しかも激動するこの国では、「統馭ノ其人」を得れば、勢威は四隣にふるうが、情勢がややゆるめばたちまち「内訌沸起」となる、という(㈢二三頁)。

岩倉使節団のめざすところは天皇を頂点とする天皇制であり、近代天皇制国家であった。したがって、その枠組みからいえば、アメリカやフランスの共和制よりも立君政治のイギリスの方が近かった。

そのイギリスで立法権と行政権とのバランスがとれている「妙」は、「一等宰相」（「プラインミニストル」）が「公党」から推され、「皇帝ノ特旨」でその「輔翼ノ任」を命ぜられ、その首相が議会に出席して、「衆議ヲ協スル辯証ニ従事スル」ところにある、という。また、「公党」―「一等宰相」―「皇帝」との関係のなかで、「宰相カ、一度皇帝ヨリ任ヲ受ケタル後ハ、議院ハ之ヲ廃黜《はいちゅつ》スルノ権ナシ、是皇帝カ政府ヲ改ムルニ大権アル所ニテ、宰相辞表ヲ上レハ、皇帝ノ意ニテ、其取捨ヲ決ス」という点に着目しているのである（㈡八七―九〇頁）。

そしてまた、そのイギリスの立君政治は、立君・貴族・共和政治をあわせもつ「真ニ一種ノ妙機」をもっていることを強調し、「上下ノ社会、互ニ相依頼スル所ノ自由ニ任シテ、其法ヲ商定セシメ以テ政府ヲ成形シ、保護ヲ尽シタル、実効ニヨルモノナリ」（㈡一九六頁）と述べている。

これは福沢諭吉の『西洋事情』初編（慶応二年〈一八六六〉）における解説[9]よりも一歩内実に踏みこんだ叙述といえる。それは使節団がイギリス各地を回り、地方社会の構造や地方政治の運営にまで目を配り、また、左院視察団の安川繁成（当時、少議官）の詳細な報告書（「視察功程」）をえていたこととも関連するであろう[10]。

さて、使節団は、ヨーロッパにおける都市の盛衰の原因は、アジアとも異なり、また、アメリカとも様相を異にする、とみた。

すなわち、第五章四でふれたように、アジアの場合にはそれは政府＝権力との関係にあり、アメリカの都市は大富豪＝ブルジョアジーとの関係であり、これに対してヨーロッパの各都市は、王侯貴族との関係が深いとみたのである。そして、ヨーロッパ都市の急速な繁栄は、この王侯貴族が封建の余習を除いて「工商ノ自由」をゆるやかにしたところにある、という。なぜなら、この「工商ノ自由」は人間の欲望を増大させ、ひとたび身に覚えた欲望や嗜好を、人間は払拭しえないからだ、というのである(㈢三〇九―三一〇頁)。

そこには、封建的抑圧から解放されて欲望を充足しようとする資本主義的人間像への考察がみられる。使節団はベルリンをはじめとするヨーロッパ諸都市の繁栄のなかに、自由を必然化させる人間の内なる要因を発見した、とすでに前述した(第五章四)。

さらにまた、使節団は、各地に移動するときの車窓の外に展開する広葉樹林と針葉樹林の景観のちがいにも、「自由」と国家権力との関係をみていた。

すなわち、もし山林の植樹を自由にしておけば、人民は私有地にはすぐ利益のあがる広葉樹を植え、生長に年月を要する針葉樹は避ける。勢い針葉樹は官有地に限られてしまう。そこで「樹林ノ官」を設け、法律によって規制している、ということを知ったのである。「全国ノ利益ヲ保続シ、人民ノ自由ヲ完全ニスルニ於テハ、政府ノ配意、益《ますます》周密ナラサル〔ママ〕ベカラズ〔ママ〕、白耳義ハ、共和制ニ近キ、自主政治ノ国ナレトモ、其実際ニ於テハ、亦其自由ヲ規則スルコトヲ謀ルハ、啻《ただ》ニ山林ノミナラサルヘシ」(㈢二一七頁)――『回覧実記』は、こう述べているのである。

以上みたように、使節団はヨーロッパの都市の自由を、王侯貴族との関係における「自由」の拡大、つまり人間の欲望の増大＝資本主義的人間像への接近という形でみ、その「自由」を完全にするためには、逆に政府＝権力の規制が必要であるという認識をもったのである。それは使節団の性格やその視座とも関わっていた。

目をその延長線上に向ければ、使節団帰国後の明治七年(一八七四)、民撰議院設立建白書が左院に提出され、自由民権運動の口火が切られたとき、これに反論を加えて時期尚早論をとなえた宮内省四等出仕にして明六社の一員、加藤弘之が、プロシアの啓蒙専制君主フリードリッヒ二世(Friedrich II, 一七一二～八六)を引き合いに出し、次のように述べたことと関連するであろう。

いわく、「方今政府は姑《しばら》く特裁の政を施さゞることを得ずと雖も、元来民の為めに政府ありて政府の為めに民あるにあらざるの真理を忘失するなく、偏に非的利《フレデリック》の公心を以て自ら政権を限制し、務めて民の私権を伸張せしめ、言路を洞開し、教育を勧励し、以て吾邦をして速に開明国とならしむるを要す」(『自由党史』上、岩波文庫版、一九五七年、一〇一―一〇二頁)。

そして、それは現実には、人民の自由よりも明治政府による自由の規制に力点がおかれたことは、自由民権弾圧史が何よりもよくそれを物語っている。

三　資本主義論

前節ですでにヨーロッパとアジアにおける思考様式の相違のなかに、資本主義論にからむ問題も垣間みたわけであるが、ここではヨーロッパとアジアとの「富」への発想のちがいを手がかりにして、考察を進めていこう。『米欧回覧実記』は、東西両洋とも人々が「富」を求めることは共通しているが、その発想の原点は異なり、それは当然「一般ノ風俗」において大きなへだたりになっている、という。

すなわち、アジアの場合、「富」は「生活ヲ全クスル」のが目的であるが、ヨーロッパでは「財産ヲ富饒《ふじょう》ニシ、務メテ快楽ノ生活ヲナス」ことが目的だ、とする。したがって、「東洋ノ民」は、「其自活ノ願ヒ、溢レテ富ヲ致スモノアルモ、其富ヲ用フルニ所ナケレハ、守金奴トナリ、惰怠ヲ計ルニアラサレハ、眼前ノ濫費ニ抛棄スルノミ」であるのに対し、「西洋ノ民」は、「最初営求ヲ起ス、快美ヲ希《ねが》フヨリ出ツ」という発想に立つから、衣食住とも「其栄ヲ一世ニ誇耀シ、子孫ニ伝フルマテ、尽ク原頭ヨリノ目的中ニアリ」ということになる。

この東西両洋人民の「営生ニ於ケル、原意」とその「目的」の相違が、貿易ないしは商品流通、ひいてはその基礎としての農業や商工業への考え方のちがいになる、とみているのである(以上、㈤二二二頁)。

例えば、次の一文をみよ。

日本ノ風俗ハ、只穀ノミヲ重ンシ、国ノ貧富モ穀ヲ収量スル多寡ニテ較スルニ至ル、是《これ》工商未タ興ラス、生意ノ未開ナルニ因ルナリ、穀物ハ、人民一般ノ生活ヲ保続スルニ、切要ナル食用品ナレハ、欧洲ニテモ之ヲ耕稼スルヲ怠ルニハアラス、又貿易上ニ於テモ、穀ノ需用ハ、甚タ莫大ナルコト明瞭ナレトモ、地利ヲ尽スノ目的ニ於テモ、必《かならずし》モ穀ヲ耕スニハ止ラス、只最モ利多キモノヲ耕スニアリ、（㊄一八一頁）

だから、「東洋ノ人」が「天ヲ恃」んで「農工ノ業ハ、之ヲ「プラチカル」ニ得タル」に反し、「西洋ノ人」は「其人ヲ尽」し、「農工ノ業ハ「タオリック」ヲ頼ミ、其術技ハ器械ニ恃」み、したがって「能講究シ、能刻苦シ、能ク協和シ、人事ヲ尽シ、天ニ勝ツノ道ヲ求」め、それゆえにヨーロッパにおいては、その「講究力ハ学術ノ進歩トナリ、刻苦力ハ器械ノ発明トナリ、協和力ハ貿易ノ隆昌トナリ、之ヲ積テ今日ノ文華ヲ致セルナリ」というのである（㊄二二〇頁）。

いいかえれば、「東洋ノ人」は、自然条件のままに「天ヲ恃」んでそれに挑む努力をしないのに対し、「西洋ノ人」は、逆に「天ニ勝ツ道ヲ求」めてあらゆる「人事ヲ尽シ」、努力し協力するちがいがある、とみているのである[11]。

この発想のちがいは、同時に私有権（所有権）に対する認識の相違ともなる。

「支那日本ノ人民」は、本来「農耕自活ノ風儀」によって「修身ヲ政治ノ主義」として「財産ヲ重ンセサル」ことから、「立法上ニテ肝目《かんもく》ノ主義ヲ欠」き、「民権イカン、物権イカン」については馬耳東風であるが、いまや「世界、舟楫《しゅうしゅう》相通シ、貿易交際ノ世」になった以上、「国権ヲ全クシ、国益ヲ保ツニハ、国民上下一和シテ、第一ニ財産ヲ重ンシ、富強ヲ致スニ、注意ヲ厚クセサルベ〔ママ〕カラス、立法ノ権ハ此ヨリ生スルナリ」という。立法権は財産を重んずるということを基本にして生ずるのだ、というのである（㊁八三頁）。

ここにはブルジョア国家の基本に対する認識がある。

こうした私的所有における認識は、次のような発想に連なる。

凡ソ世界ノ通情タル、利益ノ競争、常ニ需用ノ多キニ生ス、人工ニ成リタル物品ハ、人力ニテ擭シ得ルヘシ、故ニ今日此工ニテ利ヲ得レハ、明日ハ其工ニテ利ヲ競フモノアルコト必然ナリ、是ヲ以テ、人工産物ノ利ヲ保護スルハ、天然産物ノ利ヲ保護スルヨリモ、更ニ慎密ナラサルベ〔ママ〕カラス、（五）二一五頁）

私的所有の確認から付加価値によるさらなる自由競争、そしてその保護へ——使節団の資本主義に対する原理的洞察である。

それはアジアとヨーロッパの合理的な思考や思考の体系性の有無とも関連する。

『実記』の記述には、随所にそれをみることができるが、若干の例をあげよう。

「欧洲ノ人ハ、荷担セス、欧洲ノ馬ハ負載セス、而テ百物ノ路線ヲ運行スルコトハ、十百倍ス」というのは、その「荷担ノ力」を「道路ノ修繕」に用い、「馬ノ負載」に代えるに「車輪ノ力」を以てするという合理的思考の上に立っているからである。[12] そしてまた、「其国ヲスキ、道路ノ修否ヲミレハ、国政ノ盛衰ト、民業ノ勤惰ト、直ニ知ルヘキモノナリ」というのは、その合理的思考の問題から一国の国政の盛衰へとその論理を展開させた論理の体系性を示している（（五）一七二頁）。

この思考の合理性、体系性は、ヨーロッパ人が事業を起す場合、「其目論見《もくろみ》ヲ立ルトキニ、甚タ周密ニ思慮ヲ尽シテ、事事詳慎ナルコト、殆ト日本人ト反対ノ性質ナリ」ということにもなる。彼らは、「其考案商量ヲ積ミ、其成果アルベ〔ママ〕シトスレハ、雛形、図取ヲナス」のが特徴的なのである。したがって、その事業が完成し、「栄誉ヲ世ニ示スニハ、少クモ十年ノ功程ヲ経ルコトナリ」という（（三）二〇一頁）。

これに対し、日本人はどうか。『実記』はさらに続ける。

「日本ノ人ハ、未タ利益ヲ起スノ実際ニ達セス、利益ハ容易ニ得ラルベ〔ママ〕キモノト思ヒ、俄《にわか》ニ目論見ヲ起シ、忽チ会社ヲ設ケ、火急ニ事業ヲ取拡ケ、一年ナラサルニ、壮麗ノ場屋ヲ建並ヘ、人目ニ眩耀《げんよう》スル頃ニハ、其利益ノ実際ハ、已ニ衰滅ヲ徴セリ、是其人気ノ活潑軽佻ナルニヨルト雖トモ、実ハ未タ利益ノ真理ヲ解セサルニ出ル、此条ノ二三語ヲ玩味シテ可ナリ」(三二〇一―二〇二頁)

それは次のような指摘とも対応している。

欧洲ノ民ハ性質魯鈍ナリ、故ニ思慮周到シテ、竟《つい》ニ動《うごか》スヘカラサル業ヲ成就ス、日本ノ民ハ性質機敏ナリ、故ニ思慮ヲ用ヒルヲ厭《いと》ヒ、竟ニ進歩ヲ失ヘリ、思ハサルヘカラサルナリ[13]、(二一四一頁)

ヨーロッパの人民は性質が「魯鈍」なるがゆえに周到に思いをめぐらし、結果として「業ヲ成就ス」るのに対し、日本の人民は性質が「機敏」なるがゆえに思慮を深めることもなく「進歩ヲ失ヘリ」というのだ。一見逆説的にみえるこの発想と論理は、『実記』がくり返しいう「沃土ノ民ハ惰ナリ」、つまるところ、それは「文明とは何か」という問題に通底している。

これらのことは、ヨーロッパ各都市に「草木園《ボタニック》」や「禽獣園《ヂヨーロチ》」があり、これらが日本の「植木屋」や「禽獣観場」と、その本質を全く異にしているのと相通じている。つまり、日本の「植木屋」や「禽獣観場」は、「珍禽奇木」によって「人ノ一怪愕《かいがく》ヲ博スルノ設ケ」であるのに対し、西洋の「草木園」や「禽獣園」は、「人ノ耳目ヲ誘《ひ》キ、聞見ヲ実ニシ、以テ生業ヲス丶メ、学知ヲ博クセシメル」ためのものなのだ、というのである(一八二一―八三頁)。使節団が各国でみた博物館もまた例外ではない。一行が大英博物館を見学したあと、「博物館ニ観レハ、其国開化ノ順序、自ラ心目ニ感触ヲ与フモノナリ」といい、さらに次のように述べる。

蓋シ国ノ興ルヤ、其理蘊《りうん》ノ衷《うち》ヲ繙クコト、俄爾《がじ》トシテ然ルモノニアラス、必ス順序アリ、先知ノモノ之ヲ後知ニ伝ヘ、先覚ノモノ後覚ヲ覚シテ、漸ヲ以テ進ム、之ヲ名ツケテ進歩ト云フ、進歩トハ、旧ヲ舎テ、新キヲ図ルノ謂ニ非ルナリ、故ニ国ノ成立スル、自ラ結習アリ、習ヒニヨリテ其美ヲ研シ出ス、知ノ開明ニ、自ラ源由アリ、由ニヨリテ其善ヲ発成ス、其順序ヲ瞭示スルハ博物館ヨリヨキハナシ、古人云、百聞ハ一見ニ如《し》カスト、寔《まこと》ニ目視ノ感ハ、耳聴ノ感ヨリ、人ニ入ルコト緊切ナルモノナリ、[14](㈡一一四頁)

そこに一国の文化の発展の歴史が凝縮され、見るものをして思考の合理性、体系性を触発され、「感動心ニ動キ、学習ノ念沛然トシテ制スヘカラス」という実感をうけたからにほかならない(㈡一一五頁)。

こうしてヨーロッパにおいては、合理的、体系的思考が「有形理学」を進歩させ、「農工商ノ実益ニ発見シ、富庶繁栄ノ媒トナル」のに対し、アジアにおいては、「無形理学ニ於テ、一草一木ヲ研究スルヲ笑ヒ、或ハ珍奇ヲ誇観シテ、眼前ノ利ヲ偸取《とうしゅ》スル」という指摘ともなるのである[15](㈠八三頁)。

これを思考の論理として対比的に表現すれば、アジアの「プラチカル」―「無形理学」に対し、ヨーロッパは「タオリック」―「有形理学」ということになろう。ここにいう「プラチカル」は、前引の「眼前ノ利ヲ偸取スル」ためのものである。『実記』の別の表現でいえば、「東洋人ハ実験ニ巧者ナリ、西洋人ハ術理ニ達者ナリ、東洋ノ巧ミナルハ手術ニアリ、西洋ノ巧ミナルハ器械ニアリ」(㈡三八〇頁)ということになる[16]。

これはヨーロッパにおいてなぜ産業革命がおこり、資本主義という巨大な社会システムができたのか、ということの使節団の受けとめた回答といってもよいだろう。

ここで、使節団が資本主義を支える市場＝流通の問題にどのような考察をしているかをみよう。

『実記』第九十三巻のヨーロッパ商業の総論および第九十巻の運漕に関する総論が主としてこれにあてられているが、ここではまず「商業ハ、欧洲ノ経済家ニテ、物産変位ノ職ト謂フ、此一語已ニ東洋人ノ意想ヲ警破スルニ足ルヘシ」(㈤二二一頁)と述べる。

いうところの「変位」とは、「物産ヲ供給ノ地ヨリ運移シ、需用ノ地ヘ輸送スル」ことをいい、この「変位」によって「価少キ位地ヨリ、価多キ位地ニ変スル」、つまり商業が成立するのであるが、そのために、「水陸運漕ノ便利」が「基本」なのだ、とする[17](㈤二二一頁・一九九頁参照)。

もちろん、これは植民地をも含めての貿易＝輸出入の問題でもある。

『実記』は、世界の貿易のもっとも重要な品目として、穀類、酒類、砂糖、烟草、茶・珈琲、棉花、羊毛、麻類、生糸、鉄の十品目をあげ(㈤二二九―二三三頁)、「商業ノ盛衰ト、国益ノ増減ハ、先ツ此主要品ノ景況如何ヲ注意スルヲ、識者ノ所為ト謂フベシ〔ママ〕」(㈤二三三頁)といい、これに次ぐ主要貿易品としては、生畜、屠肉、乳酪、乾酪、蛋卵《たんらん》、乾肉、醃魚《えんぎょ》をはじめ、皮革類、紙類、石炭、器械類その他をあげている(同上)。

これらの品目は、「凡ソ人民一般ノ求需ニ供スル物品ハ、消費甚タ莫大ナレハ、貿易上ニ於テ、著シキ利益ヲ生ス」(同上)と、資本主義の原理によって選ばれていることを知っていたのである。

だから、『実記』には、蒸気船と電気の二大発明が、「世界ニ利益ヲ与ヘ、無量ノ実効アルモノ」としてその概略が記述され(㈠二二一―二二五頁)、イギリスにおいては、その鉄と石炭の利によって、「滊器、滊船、鋳道ヲ発明シ、火熱ニヨリ蒸気ヲ駆リ、以テ営業力ヲ倍蓰シ、紡織ト航海トノ利権ヲ専有シテ、世界ニ雄視横行スル国トハナリタリ」(㈡二九頁)という。ここには産業革命の原動力や世界市場との関わり、それに基づく国家の富強などが指摘されている、といってよいであろう。

使節団の目は、また、資本主義的大量生産にも向けられている。たとえ個々の製品の利潤は少なくても大量生産によっていかに膨大な利潤が生み出されるかを、信用の問題[18]とからめて考察しているのである。

例えば、フランスは葡萄酒の信用(「名誉」＝「愛顧信用」)によって「酒壜《フラスコ》」まで各国の市場を支配してその利を増し、さらにその「酒壜」のコルクの栓は、フランス支配下(一八三〇年以降)のアルジェリアの十四万町歩の地にフランスが「此樹ヲウヘ、年々一千万「フランク」ノ利ヲ収」めていることを指摘する(㈠九六―九七頁)。

さらに、アメリカで生産されるマッチは、一ケースは小売値段わずか一―二セントにすぎないが、もしこれが

「全国ニ通シ一人一日ニ一函ヲ用フトスレハ、周年ノ価一億万弗ニ及フベシ〔ママ〕」という。「凡ソ上下男女貴賤ニ通シタル、必用品ノ製作ハ、驚クヘキノ巨額ヲ積成スルコト」に注意を喚起しているのである(五二一〇頁)。

　ところで、さきの私的所有の確認から付加価値によるさらなる自由競争、そしてその保護へという引用のなかに、「人工産物ノ利」の保護と「天然産物ノ利」の保護とを区別し、後者よりも前者に、より「慎密」でなければならないという一節のあったことを想起してほしい。

　この「人工産物ノ利」を生み出すのは、主として工商にほかならないが、だからヨーロッパにおいては、「工商ノ二業ハ、別段ノ法則ヲ以テ、別段ノ政治ヲウケシム、是《これ》村民ト、市民ト、常ニ分別セラレタル所以《ゆえ》ンナリ」(五二一五頁)ということばがそのあとに続いていたのである。いうところの「市民」は「人工産物ノ利」を生み出す人々である。

　このうち、商業のための「商人ノ集会所」(「ロヤル、エキステンヂ」)、「商人ノ会議所」(「チェンバル、オフ、コンメルス」)、および「仲間中ノ会合所」(「コルポレーション、ガルリー」)という三つの会所は、ヨーロッパにおける貿易の重要機関としていずれの都府にもあるが、「日本ニ於テハ、皆新奇ナル建設」であり、「東洋ニハ絶ヘテナキ会所」であり、アジアではその機能が理解されていない。「噫此三ノ会所ノ日本ニ感覚ヲ有セサルハ、其商工ヲ興シ、貿易ヲ隆盛ニスルニ、甚タ迂濶ナルヲ証スルニ足ルナリ」と述べている(三)一九二―一九三頁、三つの会所については、(五)二三七―二四〇頁をみよ。なお、(一)二五九頁も参照)。

　では工業についてはどうか。

　「工業ニテ利益ヲ謀ル民ニ二種アリ」として、「起作人」(または「起作者」)と「職工」をあげる。「起作人」とは、「工作ヲ発起シ、需用ノ品ヲ供シ、製作ヲナサシメテ、之ヲ売捌クモノ」をいい、実業家であり、経営者であり、資本家にほかならない。「職工」は、「需用品ヲ受ケ、製作ニ従事シ、其賃銀ヲ受取ルモノ」で、労働者である(五)

二一五頁）。

『実記』は、さきの商業＝「変位」に対して工業を「工産」と表現しているが（五一九九頁）、この工業生産の実態についても具体的にふれている。とりわけ、『実記』第二編（第二十一―四十巻）のイギリスの巻では、各工場の生産工程を随所に詳細に叙述して、十九世紀七〇年代の技術史の感すら抱かせるのであるが、その過程で「起作人」たる経営者側の経営管理態勢や[19]、「職工」の人数・賃金・労働時間等々[20]にも細かく言及しているのである。

ここで、注目してよいのは、『実記』における「起作人」（「起作者」）と「職工」との関係である。

次の一文をみよ。

職工ニテ起作者ヲ兼ルコトハ、到底得ヘカラス、必ス起作者ヨリ、労動《ママ》ヲ与ヘラレ、相当ノ賃銭ヲ受取ンコトヲ望ムモノナリ、故ニ起作者ト職工トハ、常ニ相親和スヘキ情ヲ有ス、然ルニ親和ノ敗レルハ、必ス他ニアラス、労動ノ価ヲ争フニヨル、工業ヲ保護スル眼目ハ、最モ此ニアリ、（五二一六頁）

ここでは、第一に「起作者」と「職工」が「相親和スヘキ情」をもつことが前提となっている。だから、イギリスのブラッドフォード市長サー・タイタス・ソルト（Sir Titus Salt, 1803-?, 一八四八年に市長として選出）が、一八五一年から建設にかかり、一八七一年に完成させたモデル社会としての工場村（industrial village）＝「ソルテヤ」邑（Saltaire）に注目しているのである。使節団はこの完成の翌年ここを訪問したことになる。

そこには広い道路が四本走り、それを二十一本のストリートで結び、四つの広場が設けられ、総計四三八九名の住民が八二〇戸の労働者住宅で生活していたのである[21]。

『実記』は、この工場村の建設を「職工市街ノ法」とよんでいるが、それは、「常平倉ノ設ケト、旨意相似テ、更ニ高尚ナルモノナリ」と述べている（三八五―八六頁）。

「職工市街ノ法」を「常平倉ノ設ケ」と結びつけ、「更ニ高尚ナルモノ」といっているあたりが、使節団の労資関係理解の真情だったと思われるが、しかし、その関係がたんなる「親和」の情だけでは解決できないことは、さきの一文で承知していたことがわかる。そこに第二の問題がある。

第二の問題とは、「起作者」と「職工」の階級矛盾に対する使節団の認識である。使節団はロンドンにあったとき、ガス会社の「職工」がストライキをおこし、街々のガス灯が忽然として消えたことを体験していた㈤二一六―二一七頁)。

この階級対立＝矛盾を『実記』は、「起作者」「会社」ないし「政府」㈢八四―八五頁)あるいは「上等社会」㈢八八頁)による「保護救恤」㈤二一七頁)、ないしは「勧奨恵恤」㈢八七頁)により解決できると思考したわけだが㈤二一七頁)、そこには「職工」、つまり労働者階級に対する「椎魯《ついろ》愚昧《ぐまい》」「愚昧朴魯《ぼくろ》」観があったのである。

職工ノ情態ヲミルニ、多クハ椎魯愚昧ニテ、貧窶《ひんる》不潔ニ安ンシ、快ヲ目前ニトリ、永遠ノ慮ナシ、是《これ》下等社会ノ通態ナリ、㈢八六頁)

何《いずれ》ノ国ニテモ、職人ノ景況ハ同一ナルモノニテ、多クハ愚昧朴魯、只其一技一術ニ全身ノ心力ヲ用フマテニテ、日日労動《(ママ)》ノ傭給ハ、直ニ飲食ニ擲《なげう》チ、淫慾ニ費シ、殖財ノ念ヲ賭博ニ注キ、終年ノ労動ハ、反テ身心ヲ腐敗スル資トナリ、一旦衰老疾病シ、労動ヲ得サルトキハ、其振救ヲ傭主知音《ちいん》ニ勒索《ネダル》ヲ、公然タル権利ト思フニ至ルハ、職工ノ常態ナリ、㈤二一七頁)

この「職工ノ常態」＝「下等社会」のいきつくところ、パリ＝コミューンとなり、「暴徒」「賊徒」として政府に対抗したことは、パリの地ですでに使節団の痛感するところであった。一八四八年、フランスの二月革命以来、「労動《(ママ)》権利ノ説」[22]がおこっていることも一行は知っていたのである。

もとより、使節団は、マルクスとエンゲルスによる「共産党宣言」(一八四八年二月)は知らなかったと思われるが、この「労動権利ノ説」が、人民の就業の有無を政府の責任だなどというのは、「其迂濶モ亦甚タシ」といい、「経済ノ要旨ニ達セサル、膏粱ノ君子ハ、徒ニ性理ノ学旨ニ鶩《ぶ》シ、仁徳恩恵ノ美ニノミ抱泥シ、輒《たちま》チ如此キ論ヲ沸起シテ、社会ノ間ヲ攪乱《こうらん》シ、小民ニ懶惰《らんだ》ヲ教ヘテ、無望ノ福ヲ、希フニ至ラシムルハ、西洋文明ノ国モ免レサル所」と述べ、さらに続けて、「其論ノ激昂スルニ当レハ、全国ノ騒乱ヲモ引起スニ至ル、仏国ノ内訌ヲ起ス、多クハ此等ノ弊習ニヨル」と記しているのである（㈢八五頁）。そして、フランスの貴族たちが「バーテブロン」苑（ブーローニュの森）に遊ぶに対し、労働者たちが楽しむ「ビットショーモン」苑をナポレオン三世がつくったのは「美挙中ノ一ナリ」としていることは前述した（㈢八三―八四頁、第五章三参照）。

こうした使節団の認識は、一行の帰国後の明治政府の殖産興業政策をはじめとする一連の政策に大きな影響を与えた、とみなければならない。

四　「西洋」と「東洋」と日本

これまでみてきたように、『実記』が「東洋」と「西洋」を対比する背後には、「東西智巧ノ異ナル俄然トシテ合一ナリ難シト雖トモ、其進歩ト退歩トハ、天ノ人ニ与奪スル所アランヤ、抑モ亦世界有無相通シ、長短相補ヒ、互ニ勉励ノ精神ヲ失ハサラシメンニハ、識者必ス此ニ見ル所アラン」（㈣三二一頁）という考え方が秘められていたことは留意しなければならない。

だから、それは「西洋」に対する「東洋」の、「新」に対する「旧」の全面否定を意味するものではない。いや、むしろ『実記』は日本における皮相な「文明開化」のあり方に対する痛烈な批判の言葉を投げかけているのである。

西洋ノ日新進歩ノ説、日本ニ伝播シテヨリ、世ノ軽佻慮リ短キモノ、逐逐然《ちくちくぜん》トシテ、旧ヲ棄テ新ヲ争ヒ、所謂《いわゆる》新ナルモノ、未タ必モ得ル所ナクシテ、旧ノ存スヘキモノ、多ク破毀シ遺《のこり》ナキニ至ル、噫《ああ》是豈日新ノ謂ナランヤ、進歩ノ謂ナランヤ、[23]（㈢七〇―七一頁）

が、同時に、そこには「西洋」に対する「東洋」の自己主張が内包されていることを看過してはなるまい。そのことは、「東洋ノ西洋ニ及ハサルハ、才ノ劣ナルニアラス、智ノ鈍キニアラス」((二)二五三頁)という『実記』の一節を想起すれば十分だろう[24](本章注(13)参照)。

ただその場合、『実記』は、「欧洲ノ人種論ニイフ」として、「東亜細亜〈即チ支那日本地方―原注、以下同〉ノ人種ハ、匈奴〈土耳其及ヒ其近傍〉人種ヨリハ、高等ニテ、夙《つと》ニ政理ヲ講究シ、道徳ヲ重ンシ、野蛮ノ域ヲ脱シタルコト、甚タ早ク、農ヲ務メ工ニ敏ニ、開化著シク、君主ハ能ク仁慈ノ政ヲ行フ風アリ」((五)一四九頁)と述べる。そこには東アジア、とりわけ日本に対する自負と自信が込められていたのである。次の文章をみよ。

　我邦古ヘヨリ発明ニ乏シ、而テ能ク他ノ智識ヲ学ヒ取ル建築、鉄冶、磁陶、縫織、ミナ之ヲ朝鮮支那ニ資シテ、今ハミナ之ニ超越ス、今ヤ東洋ニ古国多シト雖トモ、其開化ノ度、独リ進ミタルハ我邦ナリ、寔《まこと》ニ宜シク其結習ニヨリテ、其美ヲ闡発《せんぱつ》シ、其得ル所ヲ推シテ、其未タ得サル所ニ及ホサハ、今日ノ見ルヘキナキカ如キモ、他日必ス、其観ヲ改ムルモノアラン、((四)三二一頁)

言いかえると、日本は昔から発明が乏しいけれども、東アジアのなかの先進国である朝鮮や中国から学びとって、建築や陶磁器などいくつかの分野ではそれらの国以上になっている。そこに日本の伝統をふまえた独自性があり、これはやがて他の分野でも示されるに違いない、というのである。

さらに、次の一文をみよ。

　欧洲人ハ、日本人ニ接スル毎ニ、其伶俐《れいり》ヲ称シ、機敏ニ驚カサルナシ、日本人ハ拙悪ノ器械ニテ、欧洲ノ工産ヲ学フ、欧人ハ之ヲ見テ、模擬ノ精神非常ナルヲ嘆称セシコト数《シバ〳〵》キケリ、((五)二二〇頁)

日本人の賢さや器用さが、拙劣な手段にもかかわらずヨーロッパの技術力を学びとっていることに驚き、その「非常ナル」「模擬ノ精神」こそ日本人の特質だとヨーロッパの人々は驚嘆している、という指摘である。

さきの引用と、ここにいう日本人の特徴を重ね合わせてみると、いうところの「非常ナル」「模擬ノ精神」と「能ク他ノ智識ヲ学ヒ取ル」摂取こそが、日本人のオリジナリティということになるだろう。つまり、模擬と摂取それ自体のなかにオリジナリティを生み出すところに日本人のアイデンティティがあると見ているのだ。

この「西洋」と「東洋」、「新」と「旧」、「先進」と「後進」（模擬）という対比とその克服（オリジナリティ＝アイデンティティ）は、観点を変えれば、すでにみた「大国」と「小国」の問題にも通ずるだろう。

明治六年（一八七三）六月、ウィーンの万国博覧会において、岩倉使節団は、英・仏・露・普・墺のようなヨーロッパの「大国」と、ベルギー・オランダ・ザクセン・スイス・デンマークなどの「小国」との関係を、「国民自主ノ生理ニ於テハ、大モ畏ルニ足ラス、小モ侮ルベ（ママ）カラス」（五二二頁）と述べていることはすでにふれた（第五章六参照）。だから、そこでは「小国」の出品物が必ずしも「大国」のそれにおとっていないこと、それどころか、「小国」の展示品には、「民ノ自主ヲ遂ケ、各良宝ヲ蘊蓄《うんちく》スルコト、大国モ感動セラル」（五二二頁）とさえ述べていたのである。(25)

右の「西洋」と「東洋」にみられる論理を「大国」と「小国」の問題に結びつけると、「西洋」に対する「東洋」は、東アジア＝日本＝「小国」という形となり、「小国」＝日本の自己克服の道の確認ということになる。

いいかえれば、岩倉使節団は、日本の「近代」を米欧のなかに求め、ヨーロッパ近代国家にみずからの近代化のモデルを求めたが、そこにはこうした自己克服＝自己脱皮の自信と自負をもっていたことを見落としてはならないように思う。それゆえにこそ、この節の冒頭に引用した「其進歩ト退歩トハ、天ノ人ニ与奪スル所アランヤ、抑モ亦世界有無相通シ、長短相補ヒ、互ニ勉励ノ精神ヲ失ハサラシメンニハ、識者必ス此ニ見ル所アラン」という断言にも等しい一文となるのである。

そこには、東アジアのなかの日本という自国に対する自信と自負があり、自己主張があり、日本の近代化・文明化の可能性への確信が内包されていたことを意味する。

この日本の近代化・文明化への可能性は、日本の急速な西欧化＝「文明開化」となり、それがやがてはいわゆる「脱亜入欧」といわれる方向を辿る。それと共にアジアにおける「小国」から「大国」への道（プロシアの道）を歩むことになっていくのは、好むと好まざるとにかかわらず、近代日本の歴史が事実として語るところであるが、しかし、この岩倉使節団（『米欧回覧実記』）の時点では、「大国」「小国」の選択肢（とりわけ後者）は提示されてはいても、プロシアの道へ踏み込むかどうかはまだ明示してはいないし、「入欧」による「近代化」への方向は示していても、「脱亜」の姿勢はとっているとはいえないのである（次節参照）。むしろ、『実記』からは、後発の「小国」としての日本が、その伝統（「旧」）を踏まえつつ、取捨選択での「先進」（「新」）への「模擬」を通しての創造（オリジナリティ＝アイデンティティ）による「近代化」へと自己脱皮する可能性の確信を読みとることの方が客観的であろう。

五　アジア観の特質

明治六年（一八七三）七月二十日、マルセーユを発った岩倉使節団は、地中海からスエズ運河を経て、セイロン島からマラッカ海峡を経、中国大陸の各港に立ち寄りながら九月十三日、ほぼ一年十カ月の旅をおえて帰国した。『米欧回覧実記』が随所にアジアとヨーロッパを対比していることは、これまでみたところからもわかるが、この帰航路は南アジアないし東南アジアの植民地化の現状を使節団に目のあたりにせしめると同時に、使節団の文明観をあらためて浮き彫りにした。

「熱帯ノ国ハ、山緑リニ水青ク、植物ハ栄ヘ、土壌ハ腴《ゆ》ニシテ、空気ノ清キ、景色ノ美ナル、欧洲ヨリ来リテ、此景象ヲミレハ、真ニ人間ノ極楽界ト覚フカ如シ」（五二八三頁）と『実記』はいうが、いうところの「真ニ人間ノ極楽界」の背後には、「民ノ繁息スルコトモ、亦草木ト一般ナリ」（五二七四頁）という言葉がかくされていたことは看過してはなるまい。

それは、「国ノ貧富ハ、土ノ肥瘠ニアラス、民ノ衆寡ニモアラス、又其資性ノ智愚ニモアラス、惟《ただ》其土ノ風俗、ヨク生理ニ勤勉スル力ノ、強弱イカンニアルノミ」（五二七五頁）という使節団の文明観＝富国論からすれば、次のような痛烈な南アジアや東南アジア批判を含んでいるものであった。

熱帯ノ地方ニテハ、其家家ノ生計タル、衣服ノ寒ニ備フルヲ要セス、家屋ノ風雨ヲ防クニ切ナラス、其食料ニ資スル百物ハ、容易ニ生殖シ、蓄蔵予備ヲ用ヒス、故ニ食フテ臥シ、睡覚レハ、穀果ノ又熟セルモノアリ、其生理ノ易キ、如此クナルヲ以テ、〔中略〕智能ヲ労シ、艱険ニ耐テ、事業ヲ起ス志モ、何ヲ拠トシテ、発生スヘキ、只枵然《きょうぜん》トシテ生命ヲ保続スルニ止リ、千古一日、開化ノ歩ヲ進ムルコトナク、乞丐《きっかい》境ニ世ヲ閲シタルノミ、古ノ語ニ曰、沃土ノ民ハ惰ナリト、（五二七四頁）

とすれば、この熱帯の地が、文明の強国の植民地となることは必然である。いわく、「弱ノ肉ハ、強ノ食、欧洲人遠航ノ業起リシヨリ、熱帯ノ弱国、ミナ其争ヒ喰フ所トナリテ、其豊饒《ほうじょう》ノ物産ヲ、本洲ニ輸入ス」（五三〇七頁）と。この「熱帯ノ弱国」を植民地化したヨーロッパの国々は、スペインであり、ポルトガルであり、オランダであり、そしてイギリスであった。ときにはそれは「土人ヲ遇スル暴慢惨酷」（スペイン・ポルトガル・オランダ）であり、ときには「寛容ヲ旨トシ、先ンスルニ教育ヲ以テシ、招撫柔遠ノ方ヲ以テ」（五三〇七頁）した（イギリス）。使節団は、ヨーロッパ繁栄の歴史の移りかわりの背景に、こうした植民地支配の歴史があったことは知っていたのである。

ここに帰航時、使節団が実感した第一の問題があった。

では、第二の問題は何か。

使節団は帰航の船上に、「挙動麁忽ニテ、言語人ヲ侮慢シ、高笑ヲ発シ、婦人ニ狎《な》レ、細故ヲ怒リ、暴言ヲ吐クモノ半ニオル」「白皙赤髯《はくせきせきぜん》ノ航客」を見た。このヨーロッパ人たちは、もしこれが本国のことであれば、「小人ノ行ニシテ恥ル所」という行動をとっていたのである(㈤三〇七頁)。

この状況を一行はどう受けとめたのか。

　蓋シ遠航シテ、利ヲ東南洋ニ博取シ、以テ生理トナスモノハ、大抵本国ノ猾徒《かっと》ニテ、其無頼無行ナルヲ以テ、郷里ニ斥《しりぞ》ケラレ、或ハ刑辟《けいへき》ニ触レテ、人ニ交際ヲ得サルモノ、多ク出テ利ヲ外国ニ獲ンコトヲ図ル、故ニ東南洋ニ生産ヲ求メルモノハ、大抵文明国ヨリ棄テラレタル民ナリ、(㈤三〇七―三〇八頁)

みられるように、植民地において収奪をほしいままにし、「土人ヲ凌侮ス」(㈤三〇八頁)るヨーロッパ人は、実は本国の文明国より「棄テラレタル民」なのだ、というのである。

裏返していえば、使節団のヨーロッパ文明に対する確信は、植民地におけるこの現実をみても揺らいではいない。そこには近代的なヨーロッパ文明に対する限りない「信仰」がある。この文明「信仰」があればこそ、「文明ノ君子ナレハ、其挙動自カラ端正温和ニテ、一面ノ際ニモ畏敬スヘキ所アリ、前文ニアケタル挙動ノ如キハ、決テアラサルモノナリ」(㈤三〇八頁)とも述べているのである。[26]

『実記』が、「同ク白皙《はくせき》ニテ紅毛ナルヲ以テ、之ヲ文明ノ民ト思ヘハ、時アリテ差謬《さびゅう》スル甚タシ」といい、また、本国で「勤倹順良ノ民」であるオランダ人が、東南アジアでは一転「暴侮ノ挙動」をとっているのは、ヨーロッパがその文明を誇り、「一視同仁ノ論」をとなえてはいても、「未タ言フヘクシテ行《おこな》ヘカラサルヲミル」というとき(㈤三〇八頁)、そこには外交に日の浅い日本が、「航渡ノ人」=「白皙赤髯《せきぜん》」からただちに「本国ノ文明」=ヨーロッパ文明を察する愚をおかしてはならないという自戒の念と警告がこめられている、とみてよいのだ。

ここには、植民地におけるヨーロッパ人の非文明的行動を、本国の文明世界ときり離してとらえようとしている見方がある。ヨーロッパ文明と植民地における非文明的行動をきり離してとらえるところに、使節団の文明「信仰」の虚偽意識がある。

この虚偽意識は、「文明国ノ兵」と「野蛮ノ民カ武ヲ嗜ム」こととは、「其事ハ相似テ、其主意ハ相反スルナリ」(二九七頁)ということと重なっている(本章四注(25)参照)。

いうところの「野蛮」は、「南洋群島ノ野蛮ノ如ク」というように、「南洋群島」に代表される(二九九頁)。その「南洋群島」は主として東南アジアのことをさすのだが、使節団にとってはそれは文明の対極に位置した存在として映じていたのである。

そこには、すでにふれた使節団の文明観から明らかなように、この地の人々を怠惰＝「野蛮」とみる見方があった。

植民地におけるヨーロッパ人を本国の文明世界からきり離してみるこのとらえ方は、岩倉使節団におくれること十年、ヨーロッパ巡遊のため、コースを逆に辿ってヨーロッパへと出かけた板垣退助にもみられる(『自由新聞』第三四二号、明治十六年八月二十九日。『自由党史』岩波文庫版、中巻、三一八―三三三頁参照)。

だが、その一方で、使節団に同行し、渡仏留学した中江兆民は、使節団の九カ月後に同じコースを通って帰国したが、その時の兆民の認識は明らかに異なる。

兆民の目に映じたものも、使節団の時と同じように、「宇内第一ノ文明国ト称」する国々の、アジア人民に対する「蛮野鄙陋ヲ以テ之ヲ軽蔑スルノ意」をもった態度であった。しかし、兆民は、ヨーロッパ人が「自ラ文明ト称シテ而シテ此行有ルハ、之ヲ何ト謂ハン哉」と、そこから逆にヨーロッパ文明へ疑問を呈した。彼の認識の根底には、「土耳古《トルコ》印度ノ人民モ亦人ナリ」というヒューマニズムがあった。だから、「遽《にわか》ニ己レノ開化ニ矜伐《きょうばつ》シテ他邦ヲ凌蔑スルガ如キハ、豈真ノ開化ノ民ト称ス可ケン哉」という批判を、ヨーロッパ文明へ投げかけたのである[27](「論外交」『自由新聞』第三八号・第四〇号・第四二号〈明治十五年八月十二日・十五日・十七日〉。『近代日本思想大系3　中江兆民集』筑摩書房、一九七四年、二三三―二四〇頁)。

兆民は後年、岩倉使節団を評して、「彼邦数百年来収穫し蓄積し来りたる文明の効果の粲然として目に奪ふに遭ては始めは驚き次は酔ひ終は狂して」（傍点引用者）といった（「流行ノ論」『東雲新聞』第一八〇―一八一号、明治二十一年八月十九日・二十一日。『明治文学全集13　中江兆民集』筑摩書房、一九六七年、二三八―二四〇頁）。それはみずからの視座と使節団のそれとの相違を明らかに意識しての言葉だったにちがいない。(28)

ヨーロッパの「文明」と植民地における「暴慢惨酷」とを、表裏一体のものとみる兆民の視座から照射されたとき、岩倉使節団における文明「信仰」の虚偽意識はくっきりと浮かびあがる。それは同時に、使節団とやがて自由民権の理論的指導者となる兆民のその後の歩みと関わっているのであり、近代日本における両者の歴史的位相のちがいが植民地アジアとヨーロッパ文明との把握の中にすでに反映していたともいえよう。

第三の問題に移ろう。

第三の問題は、『実記』が「野蛮」の地の資源に着目せよと、次のようにいうところにある。

試ニ本邦ヘ輸入ノ洋品ヲ以テ、其来源ヲ究ムレハ「カルカタ」、新嘉坡《シンガポール》、豪斯多剌利《オ、スタラリヤ》、呂宋《ロソン》ヨリ得テ、欧洲ニ於テ化治セルモノ多シ、今日本ノ民、方《まさ》ニ外航ノ緒ヲ、西洋人ヨリ誘啓セラレ、争フテ欧洲ニ赴キ、而テ印度南洋ハ、眼孔中ヨリ脱去シタリ、殊ニシラス、国民ミナ貿易ヲ勉メ、工芸ヲ興スハ、未タ欧洲ニ至ラサル半程ノ地ニ、利益ノ伏蔵スル甚タ夥多シキヲ、紫檀、黒檀ノ材ハ、暹羅《シャムロ》、蘇莫荅剌《シモダラ》ニ出テ、象牙及ヒ籐ハ、安南ニ出ルカ如ク、天産ノ豊ナル、反テ近隣ノ諸邦ニアリ、今ヨリシテ以往、西航ノ人、新嘉坡ヨリ「カルカタ」孟買《ボンバイ》ニ赴クモノ、年年ニ盛ンニシテ、其地理物産ヲ記スル、此米欧実記ノ如キモノ、森出スルニ及ンテ、始メテ日本富強ノ実ヲミルヘシ、（五三〇一頁）

ここにはきわめて重要な指摘がある。ひとつは南アジア・東南アジアの資源への着目である。もうひとつは開国以後、「外航ノ緒ヲ、西洋人ヨリ誘啓」されて、日本人「争フテ欧洲ニ赴」こうとし（「入欧」を意味するもっとも早い表現ではないか)、ために「印度南洋」、つまりインドや東南アジアへの目が欠落した、というのだ。これは「入欧」による「欠亜」とでもいおうか。

もう一度いえば、日本人は舶来の「洋品」に目を奪われ、そこからヨーロッパへと競って赴こうとしているけれども、その「洋品」の原材料は、「欧洲ニ至ラサル半程ノ地」、つまり主として南アジア・東南アジアで産出されている。そのことに注目すべきであり、それを強調するこの「米欧実記」のごときものが、つぎつぎに出るに及んで、はじめて「日本富強ノ実」はあがるのだ、と断言しているのである。日本人の「欠亜」克服の提言である。

それは、『実記』の辿りついたひとつの問題提起と読みとってよいだろう。

兆民のように、「文明」と植民地における「暴慢惨酷」とを表裏一体のものとしてとらえることができなかった『実記』のいきついたところは、この「欠亜」の克服であった、といってもよいのである。

その克服の道を『実記』は、どのようにして見出そうとしたのか。

次の文章をみよ。

東洋南洋ニ天産ヲ出スコト、甚タ夥多シ、只製作ノ業ニ注意ヲ欠ヲ以テ、其利ヲ挙テ、欧洲ニ仰ケルノミ、是東洋南洋ノ民ハ、天然ノ化力ヲ以テ、西洋ヨリ営業力ヲ買入ルナリ、之ヲ約《ツヽ》メテ言ヘハ、人民ノ游惰ナルナリ、試ミニ之ヲミヨ、東洋ノ西洋ニ及ハサルハ、才ノ劣ナルニアラス、智ノ鈍キニアラス、只済生ノ道ニ用意薄ク、高尚ノ空理ニ日ヲ送ルニヨル、何ヲ以テ之ヲ証セン、東洋ノ民、其手《テ》技《ワザ》ニヨリテ製作スル産物ハ、高尚ノ風韻アリ、警抜ノ経験ヲ存シ、西洋ニ珍重セラル、是才優ナルナリ、応対敏機ニ、営思活撥〔ママ〕ニシテ、摸擬ノ精神強ク、当位即妙ノ智ヲ具ス、是智敏ナルナリ、（㈢二五三―二五四頁）

この前半の文章は、「東洋南洋」の自然と人力との関係の実情を述べる(そこでは「天然ノ化力ヲ以テ、西洋ヨリ営業力ヲ買入ルナリ」という実態を、「人民ノ游惰ナルナリ」と結論づけている)。

後半は、この実情克服を、主体の自覚と能力に一転させ、「東洋」は「西洋」に対して、「才」も「智」も決して劣ってはいないのだ、と主張する。

ここで注目したいのは、この後半では、その主体が「東洋南洋」ではなく、「東洋」となっているのである。そこには「南洋」＝東南アジアは含まれていない(29)。

この「東洋」が東アジアを指していたことはすでにみた（本章一参照）。『回覧実記』のヨーロッパ対アジア、あるいは東アジアに関する叙述を注意深くみると、この東アジアのなかで文明化の可能性をもっとももっているものは日本であるという自負と自信を読みとることができる。

その端的な一文をもう一度引こう。

　今ヤ東洋ニ古国多シト雖トモ、其開化ノ度、独リ進ミタルハ我邦ナリ、寔ニ宜シク其結習ニヨリテ、其美ヲ闡発《せんぱつ》シ、其得ル所ヲ推シテ、其未タ得サル所ニ及ホサハ、今日ノ見ルヘキナキカ如キモ、他日必ス、其観ヲ改ムルモノアラン、（㈣三二一頁）

ましてや、「欧洲今日ノ富庶ヲミルハ、一千八百年以後ノコトニテ、著シク此景象ヲ生セシハ、僅ニ四十年ニスキサルナリ」（㈡六六頁）というのだ。「其実ハ、最モ開ケタル英仏ニテモ、此盛ヲ致セルハ、僅ニ五十年来ノコトニスキス(30)」（㈡二五四頁）とも述べているのである。

岩倉使節団は、日本の「近代」を米欧に求め、ヨーロッパ文明のなかに「開化」のモデルを求めようとしたが、その背後に、こうした日本への自負と自信をもっていたことは見落してはならない。「西洋、東洋ノ開化ハ、乾坤ヲ別ニセルニ非ス、厚生利用ノ道ハ、豈ニ東西異理ナランヤ」（㈡二五五頁）というのは、この岩倉使節団の日本近代化への自負と自信の一表現とみてよいのである(31)。

第Ⅲ部　岩倉使節団とその歴史的意義

第七章　大久保政権と岩倉使節団

はじめに

ここにいう大久保政権とは、明治六年(一八七三)十月の政変後、明治政府の中枢に位置した大久保利通が、翌十一月設置の内務省を中心に、その支配の体制を固めて内政・外交の諸政策を進め、明治十一年(一八七八)五月、彼が暗殺されるまでの政権をさしている。

この大久保政権をどのようにとらえるかは、明治維新および近代天皇制との関わりにおいてきわめて重要な意味をもつ。つまり、大久保政権は、明治維新のひとつの帰結を示すと共に、この政権は近代天皇制の原型創出的な位置にあり、そのとらえ方いかんは近代天皇制の把握に直接関わってくるからである。

それだけに、内政・外交その他において、これまでさまざまな角度から大久保政権は分析され、論及されているが、その際、ひとつの大きな盲点があったように思う。

すなわち、大久保政権成立の前提となる岩倉使節団の研究が、その研究史からもわかるように、従来ややもすると条約改正問題に局限されていたことから、この岩倉使節団とその米欧回覧に関する研究は必ずしも深められず、したがって、それとの関連において大久保政権をみる視角はなおざりにされてきたところがある。

そこで本稿は、岩倉使節団の諸研究の成果の上に、これまで死角になっていた岩倉使節団との関連に力点をおきつつ、あらためて大久保政権を論じようとするものである。(1)

一　大久保政権成立と岩倉使節団

岩倉使節団をこれまでの通説のように、条約改正問題からとりあげれば、その成果は失敗以外の何ものでもない。したがって、使節団への評価は勢い低くならざるをえない。しかしながら、成立したばかりの明治政府の実力者たちが、岩倉使節団として米欧十二ヵ国を回覧し、十九世紀七〇年代における米欧の近代国家や国際社会のあり方をつぶさに考察してきたことの意味は重要である。かかる観点から、岩倉使節団と大久保政権との関連はもっと積極的にとらえなければならない。その理由を次に列挙しておこう。

第一は、この岩倉使節団は、すでにみたように(第一章一)、大久保と岩倉具視の「謀議」により、木戸孝允を参加させ、薩長を中心に、それまでの大隈重信による使節団構想を排除して、明治四年(一八七一)八月下旬以降の急激な逆転劇の結果として派遣されたことである。

第二は、第一とも関連するが、岩倉使節団は、右大臣岩倉具視を特命全権大使とした薩長中心の使節団であり、したがって、理事官には薩長の息のかかった人々が選ばれている。が同時に、書記官や随員に旧幕臣が多く参加している事実は注目しなければならない。私は、「いうなれば、岩倉使節団は明治政府の薩長藩閥実力者をトップにして、幕末以来の国際的な経験や西欧の文化の蓄積をもつ旧幕臣をはじめ有能・多彩な人材によって構成されている、ということになる。その意味では、この使節団は、幕末と維新、幕府と新政府との、歴史的、文化的な「非連続の連続」を体現した存在だった、といってよい」(第一章二)といったが、このことはきわめて重要な意味をもつ。あとでも分析するように、大久保政権における藩閥的要素並びに旧幕臣の比重は大きいのであり、岩倉使節団にみられるこうした構成の特徴が、実は大久保政権のプロトタイプともいえる形態をなしていたのである。

第三は、この岩倉使節団に参加した大久保たちの米欧体験の問題である。この問題は、大久保政権の成立にさまざまな形で反映していると思われるのでもう少し詳しくみていこう。

大久保が米欧回覧中、何を見、何を感じとったかは、岩倉使節団の米欧認識と不可分の関係にある。この使節団の米欧認識については本書第Ⅱ部を参照していただきたいが、ここでは大久保に焦点を合わせて、若干の問題を指摘しておきたい。

岩倉使節団は明治四年(一八七一)十一月十二日、横浜港を発ち、米欧十二カ国を約一年十カ月にわたって回覧したが、大久保が足を踏み入れたのは、米・英・仏・白・蘭・独の六カ国であり、木戸と共に帰国の命を受けて、明治六年(一八七三)三月二十八日、帰国の途につき(木戸はロシア回覧後帰国)、パリで鹿児島県人の郷友会に出席した後、マルセーユ経由で五月二十六日横浜に着いた。

この間の大久保の受けた米欧各国からの影響の測定は、彼の日記の欠落もあって必ずしも容易ではないが、いくつかの特徴点を挙げれば、次のようになるであろう。

その第一は、米欧文明と大久保との関係である。

岩倉使節団の往路、太平洋上の船中で津田梅ら同行の女子留学生と使節団のメンバーの一人、二等書記官(外務七等出仕)長野桂次郎とのトラブルで、いわゆる模擬裁判事件[2]がおこるが、この裁判に反対する佐々木高行(理事官)に対し、大久保は、「最早事ヲ始メタル故、此度ハ致シ方ナシ、後日ハ篤ト談ジ置ク」(傍点引用者、以下同)と答えた、という。この模擬裁判は、「書記官連中退屈ノ余リニ、何カ事ヲ設ケテ欧米ノ体裁ニ習ヒ、裁判ノ真似ヲスル」ところに発した事件であったが、佐々木の反対論を抑えきれない大久保の対応は、大久保を含めた使節団首脳(岩倉・木戸ら)が欧米文明を近代化の尺度とし、それにならうことを基本的な発想にしていたことを示している。佐々木が、「大久保ハ、右様ノ事(模擬裁判をさす――引用者)ハ反対ノ性質ナレトモ、外国ノ事情ニハ迂遠ニテ、遂ニ巻キ込マレ、許諾セル様子ナリ」とその日記に書くゆえんである。[3]

右のことと、アメリカにおける条約改正をめぐる交渉過程で、手続上の不備を指摘され、大久保が伊藤博文と共に全権委任状を得るためにワシントンから帰国した事実とは、決して無関係ではない。

また、英国旅行中に、大久保が久米邦武に、「私のやうな年取つたものは此れから先の事はとても駄目ぢや、もう時勢に応じられんから引く計りぢや」といい、あるいは、「自分は幕府を倒して天皇の政治になさうと考へた、そしてその事業もほゞ成つて我々のやることだけはやつた。然し後はどうも困る、斯うして西洋を歩いて見ると、我々は斯んな進歩の世には適しない(4)」といったというエピソードも、大久保の米欧世界から受けたカルチュア・ショックの大きさを示している。

もとより、大久保は帰国して明治六年十月の政変後、引退どころか、内務省を新設し、みずから内務卿になって、大久保政権を担うのであるが、彼が米欧回覧でこうした文化衝撃を受けた事実は、大久保政権考察の不可欠の要素といわなければならない。

第二は、この大久保における欧米文明、とりわけ近代ブルジョア国家に対する認識の問題である。

大久保は岩倉使節団と共に、アメリカでその開拓の進展を目のあたりにすることによって、アメリカにおける人民の自主・独立の精神を知り、また、そこにおける宗教や教育の役割の重要性を感知したと思われるが(5)、イギリスにおいて彼は、産業革命を背景にしたこの国の大工業地帯を眼前にして、何がこの「島国」をここまで発展させたか痛感した。『米欧回覧実記』第二編(第二十一―第四十巻)における大工業国、大貿易国としての「英国ノ富」に関する詳細をきわめた描写と、大久保が現地から発した二通の書簡とは対応したものであるが(6)、この書簡で大久保が、「英ノ富強ヲナス所以ヲ知ルニ足ルナリ」、「英ノ富強ナル所以ヲ知ルニ足ルナリ」と同じような言葉をくり返して記しているのは、大久保が産業革命を経た資本主義国家としてのイギリスから受けたイメージの強烈さのゆえとみてよい。

また、イギリスにおけるいわゆるヘソクリ事件(7)と、大久保が「英国ニ而バンク閉店ニ付、金子過分及損失申候(8)」といい、また、帰国後この事件にふれて「大敗北(9)」といった表現を重ね合わせてみると、大久保は資本主義のからくりを身に沁みて感じとったとみてよいだろう。

大久保を含めた使節団メンバーのこうした体験は、米欧各国における制度・文物あるいは諸政策への貪欲な視察と無関係とはいえない。「大国」あるいは「小国」、「先進国」あるいは「後進国」によって、使節団の対応や関心のおきどころはたしかに異なるが、少なくとも彼らは、近代ブルジョア国家ないし資本主義を、その原理的なところまで洞察していたのである。

ロンドンでの貧民窟の見学によって、資本主義国家やイギリスの裏側を見た大久保は、「余は彼《あれ》を見て、世の中が浅猿しくなつた」(ルビ原文)と語り、木戸共々「非常に不快と失望とを感じられた事が窺はれた」と、久米をして語らしめ、(10)また、フランスにおいてはパリ＝コミューンのあと生々しいもとで、使節団は、「文明ノ国」における「中等以下ノ人民(11)」への不信感をかくそうとはしなかった。そのことは、「賊徒」「賊軍」と『米欧回覧実記』が表現するパリ＝コミューンを徹底的に弾圧した大統領アドルフ・ティエール(Louis Adolphe Thiers, 一七九七〜一八七七)に対する、大久保の次の讃辞と一体のものである。

> 大統領「チエー」ナル者ハ、断然不撓圧制イタシ居、サスカ豪傑与相見得、此翁存命中ハ若クハ持留可申歟ト被思候(12)(句読点引用者、以下同)

大久保の目は、欧米近代国家の孕む社会矛盾をすでに見据えていたのであり、それへの権力的対応をも学びとっていた、といえるのである。

第三には、プロシアにおけるビスマルクやモルトケとの関係にふれないわけにはいかない(以下については、本書第五章四を併せ参照のこと)。

従来、大久保とビスマルクを二重写しに見ることは、三宅雪嶺の『同時代史』(例えば、第一巻、三四〇頁)の表現を借りるまでもなく一般化している。しかし、このことについては次のいくつかの点に留意する必要がある。

そのひとつの背景として、プロシアにおける男女の風俗観や皇帝観が、使節団のそれまで回覧してきた米・英・仏などと異なった雰囲気をもっていたところから、プロシアに対して一行が一定の安堵感や親近感をもったことは事実である。そして、また、大久保や木戸らが早くからビスマルクやモルトケの風評を耳にし、彼らへの会見に期待をかけていたこと、あるいは、大久保が、米・英・仏の各国はあまりに開化がすすみ、「開化登ルコト数層ニシテ、及ハサルコト万々」なるがゆえに、「依テ孛・魯ノ国ニハ必ス標準タルヘキコト多カラン[13]」と考えていたことも否定できない。

また、大久保がビスマルクらと会見後の明治六年(一八七三)三月二十七日付の西徳二郎あての書簡で、「当国之処ハ欧州中〔ママ〕ニテ全風俗人質モ相替リ、少シク淳朴ノ趣有之、各国ノ内ニテ相近キモノ可有之与存候、乍去逗留モ十分ナラス、日々交際上ニテ寸隙モナク、其真味ハ噛得不申候、ヒスマロク・モロトケ等之大先生ニ面会シタル丈ケカ益トモ可申歟、御一笑可被下候[14]」(傍点引用者)と述べていることも十分考慮にいれることは必要である。大久保政権とプロシア、大久保とビスマルクとをこれまでのようにあまりにも重ね合わせすぎることには慎重でなければならない。というのも、使節団はドイツを醒めた目で見ているし、大久保もまた前引の書簡にもあるように、「其真味ハ噛得不申候」と述べているのである。

後述する大久保の立憲制への意見書も、木戸のそれがプロシアを下敷きにしているのに対し、むしろ大久保はイギリスにおける立憲君主制を念頭においていたのである。

結果として日本の近代天皇制が、やがてプロシアをモデルにしていくことは事実だが、それが明確になるのは、一八八〇年代、つまり明治十四年政変後の岩倉＝伊藤ラインにおいてであり[15]、岩倉使節団の時点では、親近感をもったひとつの選択肢以上のものでなかった、といわねばならない。

問題は、むしろ次の点にある。すなわち、それは大久保ら使節団一行が、ビスマルクから、当時のヨーロッパ国際社会を背景に、「万国公法」の実態をなまなましく聞かされたことである。ビスマルクは使節団に向かって、みずからの生涯をプロシアのドイツ帝国統一(一八七一年)のプロセスと重ねて語ったが、そのとき強調したことは、ヨーロッパの弱肉強食の国際政治の中にあって、「小国」が「万国公法」を守ろうとするのに対し、「大国」はみずからの利あるときはこれを固執するものの、ひとたびみずからが不利になるや、兵威をもってこれを踏みにじるということだった。(16)

このことは使節団の米欧回覧の使命と直接に関わっていた。一行が米欧各国と条約改正問題の予備交渉を行い、さらに米欧の制度・文物を回覧する最大の目的は、新しい日本を国際社会に登場させる条件づくりのためであり、換言すればそれはこの「万国公法」に日本をいかに対応させるかであった。そのためにこそ早急な日本の国内改革が要請されていたのである。

ところが、この「万国公法」が「大国」の力で左右されること、その力とは軍事力にほかならないことを大久保らは改めて思い知らされたのである。さきの大久保の西あて書簡が、ビスマルクやモルトケの二人に「面会シタル丈ケカ益」と述べているのも、そのことと関連があろう。

この国際社会と「万国公法」の現実の実態認識は、大久保政権の対外政策に大きく影響を及ぼすこととなる。

大久保と木戸は、明治六年(一八七三)五月と七月にそれぞれ帰国し、岩倉使節団も九月に帰国した。そして、大久保・木戸らの外遊派と留守政府との間で、いわゆる「征韓」論をめぐって明治六年十月の政変がおこることは周知のことである。「征韓」論反対の中心人物としての大久保の主張とそれに同調する使節団メンバーら外遊派の態度の背景には、この国際社会の実態認識と日本の現状とのギャップに根ざす危機感が、ひとつの大きな要因として作用していたことを知らなければならない。

二　明治六年十月の政変と大久保利通の国家構想

1　明治六年十月の政変をめぐって

ここでは、その明治六年十月の政変の経過を述べるのが目的ではないから、以下の点を指摘するにとどめたい。

第一は、いうまでもないことだが、この政変は岩倉使節団としての外遊派と留守政府の対決であり、これが基本をなす。その前提には、大久保以下外遊派の前章にみてきた米欧体験がある。

第二は、この外遊派がその米欧回覧の体験の共有によって、「ナショナルな連帯感」をもち、大久保利謙氏のいわゆる「薩長派の再編」＝「新薩長派」だったことである。(17)

この国際体験を共有し、「ナショナルな連帯感」をもった新薩長派が、非「征韓」派として留守政府＝「征韓」派と対峙したのである。

第三は、第一と第二の問題とからむが、明治六年十月の政変に関する毛利敏彦氏の研究がいうように、大久保が条約改正問題の失敗によって「外遊の結果を「大敗北」と自嘲し」、「さすが剛毅の大久保も意気消沈したものと思われる」(18)ととらえ、この大久保の自信喪失を前提にして、政変への大久保の対応をみることには賛成できない、ということである。

もとより、条約改正問題の交渉の失敗は事実であるし、留守政府がその間に新政策に着手し、それなりの実効をあげていたことも事実である。

明治六年（一八七三）八月十五日付、大久保の「当方之形光ハ追々御伝聞も可有之、実ニ致様モナキ次第ニ立至、小子帰朝イタシ候テモ所謂蚊背負山之類ニテ不知所作、今日迄荏苒《じんぜん》一同手ノ揃ヲ待居候、仮令有為之志アリトイヘトモ此際ニ臨ミ蜘蛛之捲キ合ヲヤツタトテ寸益モナシ、且又愚存モ有之、泰然トシテ傍観仕候、国家ノ事一時ノ憤発力ニテ暴挙イタシ愉快ヲ唱ヘル様ナルコトニテ決テ可成訳ナシ、尤其時世ト人情ノ差異ニ関係スルハ無論ナルヘシ、〔中略〕当今光景ニテハ人馬共ニ倦果不可思議ノ情態ニ相成候、追々役者モ揃ヒ、秋風白雲ノ節ニ至リ候ハヽ、元気モ復シ可見ノ開場モ可有之候」[19]という在欧村田新八・大山巌あての書簡をもう一度客観的に読むならば、大久保が当面拱手傍観の態度をとっているのは、帰国時の政治情勢では「所謂蚊背負山之類」と冷静に見つめての判断であり(「寸益モナシ」)、それに対してみずからをどう対応させるかという考え(「愚存」)があったからである。だから、大久保は「泰然トシテ傍観」をきめこんだのである。それは国家というものが、「一時ノ憤発力」による「暴挙」で処せられるべきものでないことを、米欧回覧の体験で十分自覚しての発言だったとみてよい。毛利氏が強調するように、もし大久保が「失意」の中にあれば、こうした冷静かつ客観的な判断ができるはずはない。そうでなかったがゆえに、彼は岩倉以下の使節団帰国による「役者」の勢揃いをまって対処の手を打とうと考えていたのである。[20]

大久保の右の判断には、次の第四の問題がからんでいる。では、第四の問題とは何か。それは政府の主導権の問題である。上の表(表7-1)をみてほしい。

岩倉使節団出発までの参議は、薩長土肥各一という均衡の上に成立している。しかし、使節団回覧中の留守政府での参議は、薩

表7-1　明治6年10月の政変前の政府首脳

発令年月	官職	氏名	出身	「征韓」「非征韓」
明治4. 7	太政大臣	三条実美	公	(征)
4.10	右大臣	岩倉具視	公	非
4. 6	参議	西郷隆盛	薩	征
〃	〃	木戸孝允	長	非
4. 7	〃	板垣退助	土	征
〃	〃	大隈重信	肥	非
6. 4	〃	後藤象二郎	土	征
〃	〃	大木喬任	肥	非
〃	〃	江藤新平	肥	征
6.10	〃	大久保利通	薩	非
〃	〃	副島種臣	肥	征

注　公＝公家，「征韓」「非征韓」は最終態度．大久保の帰国は明治6年5月26日である．

一・土二・肥三（長一の木戸は回覧中）ということになり、明らかに土・肥とくに江藤新平を中心とした肥前派に比重が移っていた。そして、その留守政府は、明治六年（一八七三）五月二日の「太政官職制」で、参議は「内閣ノ議官」として、諸立法や行政事務の当否を論議・判断する権限をもち、実質的に権力は参議に集中するに至っておればなおさらである。

当時の国内改革政策の実施や対外政策問題で、唯一の薩、つまり西郷隆盛がこの土・肥と足並を揃えていたとすれば、大久保の立ち入る隙はなかった、とみなければならない。この情勢を判断した大久保が、「傍観」するゆえんである。

内政さらに外政の主導権を握るべく米欧を回覧した大久保が、米欧と日本とのあまりにも大きな落差に、回覧中、一時的にではあれ、帰国後の選手交代をほのめかしたのも事実であるが、少なくとも帰国命令を受けたときの大久保は、近代国家における内政のあり方やそれにからむ国際政治の複雑性・困難性を痛感していただけに、逆に決意を新たにしていたのである。[21]

第五には、形成期の官僚機構とそれをめぐる対抗、さらにこれと疑獄事件がからみ、藩閥的対立がそれにまつわりつくという、まさに構造的な派閥拮抗が政変の背後にあったことを指摘しなければならない。

具体的には大蔵省（大蔵大輔井上馨〈長〉）と司法省（司法卿江藤新平〈肥〉）、司法省と長州系の疑獄事件（山城屋和助事件＝山県有朋、三谷三九郎事件＝山県、尾去沢銅山事件＝井上、小野組転籍事件＝槇村正直）等をさすが、これについては詳細な指摘[22]があるのでそれに譲る。

以上の五つの問題からいえることは、明治六年十月の政変は、たしかに「征韓」論問題をめぐっての抗争の形態をとっているけれども、それは原因ではなく、むしろ結果であり、内実は岩倉使節団対留守政府の内政や外交をめぐる主導権問題が、藩閥的要素とからんで外遊派＝新薩長派対留守政府（とくに土肥派）の対抗となり、それが政変へと発展した、とみてよい。

その上で、大久保が三条実美・岩倉具視に提出したと思われる「征韓論に関する意見書」[23]（一八七三年十月）における「征韓」論反対の根拠七ヵ条は読みとらねばならない。

いまその七ヵ条の要点を略記すると、(1)国内の情勢は必ずしも安定せず、人心は「常に疑懼を懐き、一令下れば俄に能其旨趣を了解するあたはす」、その騒擾によって「鮮血を地上に注ける既に幾回そや」。(2)「政府の費用莫大にして歳入常に歳出を償ふこと能はさるの患」がある。(3)いま「政府の諸業」はまだ緒についたばかりで、「富強の道を計る多くは数年の後を待ち成功を期」さねばならぬ状況にある。(4)輸出入がアンバランスで入超となっており、現状で戦端を開けば「内国の疲弊」がおこるばかりである。(5)対外関係ではイギリスとロシアを第一におくべきで、とくにロシアに「漁夫の利」を得さしめてはならない。(6)アジアにおいては、イギリスの植民地化政策を警戒しなければならぬ。(7)早く欧米各国との条約問題を解決し、「独立国の体裁を全ふするの方略」を立てねばならない、というものだった。

右の(1)—(4)は、国内における政府と人民および財政の現状に対する矛盾の認識である。[24]そして、(5)—(7)は国際情勢への判断を示しており、米欧回覧による国際的認識が背後にある。

だが、何よりもこの大久保の意見書の基調には、その前文が国土と人民を「保守」するには、「深慮遠謀」がなければならないといっているように、国家政策の「進取退守」「軽重」の決定には、客観的かつ慎重な判断が必要であることを強調しているのである。米欧回覧によって大久保が、当時の国内・国際情勢とからめて(1)から(7)にいたる各項を判断し、「征韓」論への批判を展開していることがわかろう。それはたんなる内治優先論ではない。[25]

こうした判断によって、大久保を中心とした新薩長派は、一旦内定していた西郷の遣韓使節問題をくつがえし、これに反撥した西郷らが一斉に下野したことはよく知られている。

表7-2　明治6年10月の政変直後の政府首脳

官職名	氏名	出身	備考
太政大臣	三条実美	公	
右大臣	岩倉具視	公	
内閣顧問	島津久光	薩	明6.12発令 明7.4～8.10左大臣
参議兼内務卿	大久保利通	薩	内務卿は明6.11より（一時，木戸，伊藤が兼任）
〃　大蔵卿	大隈重信	肥	
〃　外務卿	寺島宗則	薩	明6.10.28発令
〃　文部卿	木戸孝允	長	木戸の文部卿は明7.1～7.5．木戸は一時内務卿兼任（明7.2～7.4）
〃　司法卿	大木喬任	肥	
〃　工部卿	伊藤博文	長	伊藤は一時内務卿兼任（明7.8～7.11）
〃　海軍卿	勝海舟	幕臣	
陸軍卿	山県有朋	長	明7.8より参議兼任
左院議長	伊地知正治	薩	明7.8より参議兼任
開拓次官	黒田清隆	薩	明7.8より開拓長官兼参議
陸軍大輔	西郷従道	薩	
工部大輔	山尾庸三	長	
教部大輔	宍戸璣	長	

注　『校訂明治史料 顕要職務補任録』その他より作成．明＝明治．参議と各卿の兼任発令は，断らない限りいずれも明治6年10月25日．

この政変の結果、政府首脳の構成は上表（表7-2）のようになる。ここにみられる大隈重信と大木喬任は共に肥前出身ではあるが、政変の過程で肥前派から非「征韓」派＝新薩長派へと移行しており、旧幕臣の勝海舟を例外とすれば、政変後の政府は完全に新薩長派が主導権を握っている。その中心に大久保がいたことはいうまでもない。そして、大久保の主張した参議と卿（長官）との兼任は実現した。政府の実権はこの参議兼卿に集中し、右院は不必要になり、左院もやがて元老院の設置で廃止され、これまでの正院・左院・右院の三院制は、実質的にあとでみる三省体制へとその実権を移行させていくのである（正院の称の廃止は明治十年〈一八七七〉一月）。

なお、ここでの参議兼海軍卿の勝海舟を、後述する大久保政権内の旧幕臣層の代表的存在とみれば、そのもつ意味は大きい、といわなければならない。

2　大久保の立憲構想

明治六年（一八七三）七月、帰国した木戸孝允は、ほどなく「憲法制定の建言書」[26]を提出したが、大久保もまた明治六年十月の政変を経て、十一月、「立憲政体に関する意見書」[27]を提示した。

大久保のこの「立憲政体に関する意見書」の第一の特徴は、大久保の米欧回覧による体験が基調になっていることである。

それは木戸の「憲法制定の建言書」にも共通している。岩倉使節団による米欧回覧が、大久保・木戸の立憲構想を根底で規定していたのである。

その第二は、大久保の「君民共治ノ制」の提起が挙げられる。

政体の区分は、当時の啓蒙主義者たちも多く紹介しているが、大久保は大きく「民主ノ政」と「君主ノ政」とに分け、欧米各国がそれぞれの歴史的背景により、その国情に応じて政体を適合させていることを述べている。が、より具体的には「土地風俗人情時勢」に対応させて政体を立てなければならないことを強調する。これは『米欧回覧実記』第五編第八十九巻の「欧羅巴洲政俗総論」のいうところでもある。

そして、大久保は、維新期の日本の現状は「其政ハ依然タル旧套ニ因襲シ、君主擅制ノ体ヲ存ス」(以下、句読点・ルビは引用者)と述べ、「此体ヤ宜シク之レヲ適用スヘシ」という。

しかし、その日本は、いまや「土地ハ万国通航ノ要衝ヲ占メ、風俗ハ進取競奔ノ気態ヲ存シ、人情既ニ欧米ノ余風ヲ慕ヒ、時勢半ハ開化ニ臨」んでいるから、「将来以テ之レヲ固守スヘカラサルナリ」というのである。

その上で、大久保は、「民主固《も》トヨリ適用スヘカラス、君主モ亦固守スヘカラス、我国ノ土地風俗人情時勢ニ随テ我カ政体ヲ立ツル、宜シク定律国法以テ之レカ目的ヲ定ムヘキナリ」と断言する。そして、「欧洲ノ一島国」イギリスと「亜細亜洲ノ一島国」日本とを対比して、その日本がイギリスの隆盛に及ばないのは、「三千一百余万ノ民、愛国憂国ノ志アル者、万分有一ニシテ、其政体ニ於テモ才力ヲ束縛シ、権利ヲ抑制スルノ弊アルヲ以テナリ」と述べて、「君民共治ノ制」を適用すべきだ、とするのである。

木戸も同じように、「同治憲法」つまり君民共治制の憲法を目標にすべきだ、というのだが、その際、木戸の意見の背景にはプロシア憲法が参考にされていた。
めざすべきところは、大久保と木戸で共通しながらも、大久保＝イギリス、木戸＝プロシアという図式は、大久保政権論を考える上に興味深い事実である(28)。

第三は、右の「君民共治ノ制」への日本的対応の問題である。

「君民共治ノ制」は、「上《か》ミ君権ヲ定メ民権ヲ限リ、至公至正君民得テ私スヘカラス」と大久保はいうのだが、その場合、これを規定するものは「国家愛欲ノ至情ニ出テ、人君ヲシテ万世不朽ノ天位ニ安ンセシメ、生民ヲシテ自然固有ノ天爵ヲ保《た》モタシムル」ことであり、それゆえに、「今日ノ要務先ツ我カ国体ヲ議スルヨリ大且ツ急ナルハナシ」という。

そして、「苟シクモ之レヲ議スルニ序アリ」として、「妄リニ欧洲各国君民共治ノ制ニ擬ス可カラス」と述べ、「我カ国自カラ皇統一系ノ法典アリ、亦タ人民開明ノ程度アリ、宜シク其得失利弊ヲ審按酌慮シテ、以テ法憲曲章ヲ立定スヘシ」と、結論づける。

大久保がここで強調したかったのは、いかなる政体であれ、「不羈独立ノ権勢」がなければ、「百端ノ国政ヲ裁決施行スル」ことはできない、ということであった。だから、「立君独裁」の国では君意が「確然」として犯すべからざるものでなければならないし、「君民共治」や「人民共治」の国では、「定憲定法」が「確乎不抜」でなければならない、というのである。

では、日本の場合はどうあるべきか。

大久保は、「自ラ此三者ヲ斟酌折衷スルモノニシテ、能ク国風ニ応シ時勢ニ適スルニ似タリト雖モ、然レトモ実際ニ臨テ尚ホ適切ニシテ以テ弊ナシトセサル者アリ」と述べて、その理由を「命令ノ出ル処実権ナク、又随テ一ナラサルニ因ルナリ」と指摘している。

したがって、大久保は、「其主宰ヲ失テ気脈相通セス、首尾相応セサルカ如」きことのないように、日本の政体を創出しなければならないと主張した。ここに日本的対応の根幹がある。

彼はこの「立憲政体に関する意見書」の中の「太政官職制」で、欧米各国がその経験から生み出した三権分立の制を強調しながらも、「今此体裁ニ傚ヒ治国ノ三大権ヲ区分シ、互ニ相干犯スヘカラストスルモ、未タ実際ニ於テ果シテ行ハル、ヤ否ヤニ至リテハ実ニ予メ言ヘカラス」と述べている。

大久保は、当面、太政官への権力集中を意図し、ここに「親臨」する天皇については、「天皇陛下ノ権」の項でその特権を規定した。

すなわち、天皇は「国政ヲ執行スルニ無上ノ特権ヲ有ス」とし、「政事上ノ過失」に関係せず、「一般法律ノ羈束」は受けず、「議院ノ議全国ニ障碍アルトキハ其議ヲ廃ス」とし、司法へも特権をもち、軍事力発動権および軍事全般の統帥・管掌権を有する、としているのである。

それは木戸の、「政体上而已変換して其形美麗に相成候とも、人智懸隔所詮俄に欧洲文明の政府の如き事は実際六つヶ敷に付、軽挙率行の弊を防ぎ、制令に齟齬せず、総て着実に帰し候処を只祈るとの主意」とも通じている。木戸もまた「同治憲法」を目標としつつも、「建国の大法」は人民との協議を経ない「デスポチック」な制定でなければならない、と主張したのである。(29)

大久保にしても、木戸にしても、「君民共治」の政体を目標にかかげながらも、現実には天皇＝太政官に権力が集中する体制を主張していたのである。それは伊藤博文の表現を借りれば、「漸進主義ノ立憲政治論」であり、「君権ヲ定メテ民権ヲ限ル」というものであった。(30)

だから、民選議院の設立に関しては、大久保も木戸も時期尚早論であり、官選の議会を設けて経験を積むべきだ、とした。

この大久保（あるいは木戸）の立憲構想からいえることは、岩倉使節団の米欧回覧による各国の政体や政治制度その他の調査・見聞が、近代ブルジョア国家の原理や各国それぞれの支配体制のあり方を大久保に認識させ、その認識のゆえに日本の国情に見合った取捨選択の必要性を意識せしめ、こうした構想を提起させているということである。

換言すれば、大久保は、十九世紀後半の米欧における近代ブルジョア国家のあり方を認識した上で、アジアにおける後発国としての日本における近代天皇制の構築を構想しているのである。その意味では、この構想はいわゆる絶対主義という規定だけでは包みきれないものがある。

それは先進国欧米の現実のブルジョア国家のあり方を認識し、その認識の上に日本の未来のブルジョア国家を目標としているがゆえに、後発国としてそれを実現するための権力は、逆に君権優先の専制的形態でなければならない、としているのである。そこに大久保政権の特徴がある。そして、そのことが明治維新、ひいては近代天皇制の性格を複雑にしている、といえよう。

だから、この国家権力の担い手たちは、自由民権運動が何をめざそうとしているかを十分知っていた。知っていたがゆえに、つねに民権運動の先手をとりえたのである。明治八年（一八七五）の大阪会議やそれに基づく漸次立憲政体樹立の詔勅、あるいは讒謗律・新聞紙条例の公布等もそうした観点から見直さなければならない。

これをいわゆる絶対主義権力の政策とのみみたこれまでの見方は、大久保政権に内包する「米欧回覧」的要素、つまり、近代国家の原理や近代社会の矛盾を認識し、日本の未来へのブルジョア国家を見通していたがゆえに、逆に権力を君権優先の形で専制化せしめるという、十九世紀後半におけるアジアの後発的な近代国家形成の特質とその形態を見落すことになる。(31)

では、この大久保政権の内部に立ち入って、その構造をみることにしよう。

三　大久保政権の構造とその特質

1　内務省の設置

内務省は、明治六年十月の政変によって大久保が政府の主導権を掌握した後の、十一月十日、太政官布告第三七五号で設置された。そして、大久保はみずから内務卿に就任した。

この内務省設置の過程は『内務省史』(全四巻)に詳しいが、[32] ここでは本稿に必要な限りでその要点を述べておこう。いわゆる民蔵分離問題以来、政府内においては形成期の官僚機構と派閥がからみ、権力の統一を阻害していることが痛感されていた。そして、岩倉使節団の米欧回覧中も、大蔵省と各省とりわけ司法省との対立は尖鋭化し、留守政府のひとつの大きな問題となった。したがって、留守政府内ではこの大蔵省の権限削減とからんで内務省設置案が検討されていたのである。明治五年(一八七二)四月、左院少議官儀制課長宮島誠一郎が、正院あてに提出した「新設内務省議」がそれをよく示している。

ところで、この宮島は、明治六年(一八七三)七月二十八日付の書簡を帰国した大久保に送った。「今ヤ閣下御帰朝ニ付、宜シク今日ノ時勢ヲ熟察シテ至当ノ議院ヲ起シ立法行法司法ノ三大権ヲ平均シテ以テ国法ヲ一定シ廃藩置県ノ全局ヲ御結了有之度、内務創立ノ議ハ別ニ具スル所アリ今茲ニ贅セス」[33]と。

大久保は、すでに明治二年(一八六九)七・八月頃、三条実美あてに提出した政府官制改革案の覚書の中で、各省の一として内務省の設置を挙げていたが、[34] いまや彼は米欧回覧の体験と内政矛盾の結節点に立って、あらためて内務省設置を表面化させたのである。

この内務省の職制については江藤新平(司法卿・参議)の官制案(明治六年五月、ここでは「内部省」となっている)や、デュ・ブスケ(Albert Charles Du Bousquet, 一八三七〜八二)の「仏国国内省之事」(明治五年頃か)が参考とされ、また、左院の伊地知正治（正院の制度取調御用掛兼務）の「内務省職制私考草案」（明治六年十一月）等が参照された、という。

要するに、内務省は、統一権力構築の国内矛盾と、岩倉使節団の米欧回覧による調査や体験の交叉線上で、明治六年十月の政変による大久保の主導権確立を制度化するものとして設置されたのである。

この内務省の両翼には大蔵省と工部省とがあった。前者を肥前派から大久保派へ移った大隈重信が、後者を木戸から離れて大久保へ接近した伊藤博文が、それぞれ卿として管掌した。大久保政権はこの内務・大蔵・工部のいわゆる三省体制を基軸として成立したのである。

なかんずく内務省は、さきの伊地知の「内務省職制私考草案」がその冒頭で、「内務省は国の国たる所以の根元ナレハ苟も其根元に培養厚けれは枝葉長大花実豊饒日を数へて可待也[35]」とうたったように、「国の国たる所以の根元」の位置にあった。

この内務省の機構と権限は、明治七年（一八七四）一月十日公布の「内務省職制及事務章程」で規定され、その機能は広くかつ深い。すなわち、内務省の眼目は、「国内安寧、人民保護」というにあった。一つは殖産興業政策の推進、つまり日本資本主義の育成と保護であった。戸籍・土木・運輸・通信等々も、統一支配と資本主義育成に必要な限りで、内務省が集中的に握った。それとからんでもう一つは、行政警察権であった。警察制度はこの内務省を求心点としてしだいに強化され、のちのちまで天皇制国家支配に猛威をふるう。

さらに見落しえないことは、この内務省が地方行政を管轄したことである。地方行政に対する内務省の指揮・監督権は拡大・強化され、明治十一年（一八七八）の府県官職制で明確にされた。内務卿は府知事や県令を通じ、郡長・区長・戸長を経て末端の戸主（家）までその支配を貫徹したのである。明治八年（一八七五）につぐ十一年の地方官会議は、こうした地方の実情把握と支配強化のためであり、この会議によって地方三新法（郡区町村編制法、地方税規則、府県会規則）はつくられた。

しかし、ここでは次の問題にしぼってみていきたい。その第一は、大久保政権における藩閥と旧幕臣層の役割、第二は、地方支配の問題、第三は、北海道と沖縄の問題である。

2　藩閥と旧幕臣層

大久保政権の構造をみるために、石塚裕道氏の作成による明治十年(一八七七)の太政官および各省官員の出身府県別・官等別の一覧表(次頁表7-3)から、その特徴を抽出してみよう。

第一に、内務・大蔵・工部三省の判任官以上の官僚数は、二七八六人で、全体の五三%余にあたる。また、これを明治九年(一八七六)度の上記三省の歳出合計額(一〇〇九万余円)でみると、これは総歳出額の四二%であり、陸・海軍省の歳出合計額(一〇三二万余円)に匹敵している。[36] 三省体制といわれるゆえんが数字の上に示されているのである。

第二は、その藩閥的色彩である。もとよりここにいう藩閥は、維新当初のようなたんなる郷党的派閥ではない。それは官僚機構の形成・整備と共に、藩閥と機構がからみ合い、さらに前述の新薩長派にみられるように新たなる要素が加わっている。したがってそれは薩長土肥の枠の中においてはきわめて流動的な結びつきを示しはじめている。薩の大久保に長の伊藤や肥の大隈が結びついて、大久保政権の三省体制が固められているのはその典型といえよう。

表7-3のA欄(勅・奏任官)における鹿児島・山口・高知・長崎の小計とその比率(%)をみると、太政官および各省においていかにその比率が高いかがわかる。全体として、勅・奏任官という官僚上層部の四割は、薩・長・土・肥出身者によって占められているのである。大久保政権がいかに藩閥色濃厚であるかがわかる。

表 7-3　明治 10 年太政官・各省官員出身府県別内訳

官　庁	階層	出　身　府　県　別										総　　計	
		鹿児島	山口	高知	長崎	小計	%	東京	静岡	小計	%	官等別小計	合計（%）
太政官	A	7	10	6	8	31	42	16	4	20	27	74	353
	B	5	9	7	2	23	8	96	26	122	44	279	（6.8）
元老院	A	4	3	6	3	16	55	6	2	8	28	29	62
	B	2	0	3	0	5	15	9	2	11	33	33	（1.2）
外務省	A	6	3	0	6	15	39	6	6	12	32	38	101
	B	5	0	0	10	15	24	23	8	31	49	63	（1.9）
内務省	A	15	3	1	2	21	32	7	7	14	21	66	1,489
	B	201	61	19	15	296	21	337	120	457	32	1,423	（28.6）
大蔵省	A	13	12	0	16	41	49	17	4	21	25	84	927
	B	25	26	8	33	92	11	225	141	366	43	843	（17.8）
陸軍省	A	3	3	1	0	7	32	1	6	7	32	22	539
	B	30	59	29	13	131	25	80	52	132	26	517	（10.3）
海軍省	A	5	1	2	3	11	46	2	5	7	29	24	337
	B	43	3	12	14	72	23	55	62	117	37	313	（6.5）
文部省	A	0	3	2	3	8	22	10	4	14	39	36	145
	B	0	3	2	5	10	9	25	7	32	29	109	（2.8）
工部省	A	3	14	3	2	22	58	6	4	10	26	38	370
	B	1	44	7	24	76	23	56	44	100	30	332	（7.1）
司法省	A	0	2	0	5	7	64	2	0	2	18	11	143
	B	2	8	6	18	34	26	33	9	42	32	132	（2.7）
宮内省	A	2	3	1	0	6	16	15	3	18	47	38	228
	B	10	11	5	3	29	15	73	18	91	48	190	（4.4）
開拓使	A	1	0	0	0	1	100	0	0	0	0	1	521
	B	72	9	2	17	100	19	70	46	116	22	520	（9.9）
総　計	A	59	57	22	48	186	40	88	45	133	29	461	5,215
	B	396	233	100	154	883	19	1,082	535	1,617	34	4,754	（100.0）

注　石塚裕道『日本資本主義成立史研究』60-61 頁の表 1-2-1 より作成．A は勅・奏任官，B は判任官を示す．

第三に特徴的なことは、旧幕臣層のもつ比重とその意味である。表7-3でいえば、主として東京・静岡の欄がこれに当たる。もちろん東京府は旧公卿・旧大名・旧幕臣その他の者がここに多く移籍しているから、これをすべて旧幕臣とみることはできない。しかし、ここには旧幕臣が多数含まれていることは否定できない。静岡県の場合は、明白に旧幕臣といってよい(37)。

これらの旧幕臣は、幕末以来の体験を通じて、中央機関に必要な内政・外交の実務に長じていたし、また、洋学その他国際的な文化蓄積の上に立って諸科学や諸技術にも通じていた。さらに軍事官僚も多くこの中にいた。

こうしたことを念頭において、もう一度表7-3をみると、静岡の判任官(B欄)の数は官員数全体の一一％余、これに東京を加えると実に三四％に達するのである。

そこからいえることは、藩閥色の濃い大久保政権は、その裾野を多くの旧幕臣層を含んだ下級実務官僚によって支えられていた、ということになる(38)。この旧幕臣層は実務に長じ、また、欧米先進国の技術や文化を受容・継受しうる能力をもっていたから、大久保政権は「文明開化」をそのスローガンとなしえたし、その受容を可能とすることができた。そして、この「文明開化」が、政府(東京)を中心として「富国強兵」と重ね合わされた。

このようにみてくると、大久保政権における藩閥的要素と旧幕臣的要素は、この政権を規定した二大要素ということができる。

しかも、この二つの要素が官僚機構の中で巧みにかみ合わされ、いわば構造化せしめられているところに大久保政権の大きな特色がある。

明治七年(一八七四)の内務・大蔵・工部三省の上級官僚の出身地とその前歴を洗った石塚氏も、「旧討幕派雄藩出身の維新政府官僚に加えて、明治初年以降、地方官を歴任して民政に実績をあげた官僚群とそれに旧幕臣出身者を登用して官僚支配をかためていた(39)」(傍点原文)と指摘している。ここにいう地方官は、藩閥出身者またはその息の

表7-4　明治10年の地方官(長官・次官)の出身府県別

府県名	長　官	比　率	府県名	次　官	比　率
山　口	8	71%	山　口	11	46%
鹿児島	7		鹿児島	7	
長　崎	7		東　京	3	
高　知	5		静　岡	2	
熊　本	2		広　島	2	
			石　川	2	
他9県	(各1)9		他12県	(各1)12	
計	38			39	

注　『官員録』(明治10年4月改正)より作成．表7-5参照．次官計の39は38県と開拓使．長官は府知事・県令・権令(1県長官欠)および開拓長官．次官は参事・権参事・大書記官・少書記官(開拓使は三等出仕)のいずれかである．ただし，長官が任地の籍にかえている者で，旧出身籍のわかるものは旧籍で数えた．

かかったものなのである。

以上のような事実をふまえると、明治維新の「非連続の連続」とでもいうべき性格が、大久保政権において構造的な形で現象化している、といってよいだろう。この構造的特質があったからこそ、藩閥指導層のかかげた開明的スローガン＝「文明開化」は、旧体制下で蓄積された文化能力をもつ旧幕臣層によって主として担われ、その受容基盤をもっていたがゆえに、大久保政権は「文明開化」的諸政策＝「富国強兵」政策を推進しえた、といえるのである。

いうところの「文明開化」的諸政策＝「富国強兵」政策とは、上からのブルジョア国家の基礎づくりを意味していた。

3　大久保政権の地方支配

右の表(表7-4)は、明治十年(一八七七)の地方官(長官・次官)の出身県別を示したものである。地方官のトップがいかに薩長土肥の藩閥で固められているかがわかる。(40)

では、トップを薩長土肥の藩閥でおさえられた地方官庁の官員の地元属籍率、すなわち、各府県の官員に地元出身者がどの程度の比率を占めているかをみることによって、大久保政権の地方支配の構造をみることにしよう。次の表7-5(二四〇—二四一頁)は、明治十年(一八七七)における地方長官・次官の氏名・出身籍と、その官員数および地元属籍者数とその比率の一覧である。

この表から読みとることのできる第一は、薩・長・土各県の地元属籍率の圧倒的高さである。すなわち、鹿児島は官員一四三名中地元以外は僅か五名、山口は一〇一名中九名にすぎない。藩閥の中心の両県は、県庁も地元出身者で九割以上を固め、高知も八八％を占めている（肥の長崎については後述）。

藩閥支配の体質は、それぞれの地元でもっともあらわになっている。

ちなみに、静岡をみると、六四・四％でこれも比較的高い。大久保政権内の旧幕臣層の厚さと共に、旧幕臣も一種の藩閥的側面をもっていた、といえる。

第二は、三府および神奈川・兵庫・長崎・新潟の四開港県の場合である。[41]

一般的にいえば、これらの重要府県の地元属籍率はきわめて低い。それは第一の場合と対照的である。東京・大阪の二府および神奈川・兵庫両県はいずれも三〇％台である（新潟は四七％だが、これも平均五〇％より低い）。

つまり、これら重要府県は、その支配の重要性と開港場という特殊な条件のゆえに、藩閥関係者（出身者とは限らない）や、実務・技術官僚（旧幕臣）が多く入りこんでいるからである（表の備考欄をみよ）。

京都と長崎は五〇％台で、いずれも平均を上回っているが、前者はその官員数が全国府県中第一位の二四四名という特殊な条件下にあり（ここは維新直後から長州支配が強く、府知事以下に山口県出身者が多いことに留意）、後者は藩閥県という第一の性格と重なっていることを併せ考えるべきであろう。

第三には、次のような問題が指摘できる。

これまでみたところからいえば、地元属籍率の低い府県は、中央支配の比較的強い地方ということになるが、反面、藩閥政府に反撥して官員希望者の少ない地方も率は当然低くなる。

もっとも率の低い二〇％台の埼玉・群馬（共に地元以外で地元に次いで多い出身府県は、東京・静岡・山口――以下はカッコ内にその府県名のみで示す）およびほぼ三八―四〇％の山梨（熊本・茨城・東京）・千葉（東京・茨城・静岡）などの関東周辺は、中央支配の比較的強い地方ということになろう。

表7-5　明治10年府県長官・官員数および地元属籍者数・同比率一覧表

順位	府県	長官	氏名	出身籍	次官	氏名	出身籍	官員数	地元属籍者数	比率	備考(地元以外の府県出身者数)
								人	人	%	
1㊴	鹿児島	令	岩村通俊	高知	参事	田村常秋	鹿児島	143	138	96.5	高知2，他3
2㉜	山口	〃	関口隆吉	静岡	大書記官	木梨信一	山口	101	92	91.1	岡山2，他7
3㉞	高知	権令	小池国武	長野	〃	伊集院兼善	鹿児島	124	109	87.9	愛媛3，長野・熊本・兵庫各2，他6
4㊲	大分	〃	香川真一	岡山	少書記官	小原正朝	大分	67	52	77.6	岡山4，長崎・福岡・群馬各2，他5
5㉘	石川	〃	桐山純孝	岐阜	大書記官	熊野九郎	山口	135	101	74.8	山口7，岐阜3，他24
6㉟	愛媛	〃	岩村高俊	東京(高知)	少書記官	赤川懃助	〃	91	64	70.3	山口7，高知4，鹿児島・広島各3，他10
7㉛	広島	令	藤井勉三	山口	〃	平山靖彦	広島	101	70	69.3	山口9，石川・滋賀各4，他14
8⑲	滋賀	権令	籠手田安定	長崎	大書記官	酒井明	愛知	113	76	67.3	愛知6，長崎・石川各4，他23
9⑰	静岡	令	大迫貞清	鹿児島	〃	石黒務	滋賀	104	67	64.4	石川6，愛知5，東京4，高知・京都・千葉・茨城各2，他14
10㉙	島根	〃	佐藤信寛	山口	参事	境二郎	山口	91	50	54.9	山口14，東京8，他19
11⑳	岐阜	権令	小崎利準	三重	大書記官	斯波有造	石川	75	41	54.7	石川13，愛知8，三重4，他9
12㉝	和歌山	令	神山郡廉	高知	〃	河野通	山口	64	35	54.7	山口8，高知7，他14
13②	京都	知事	槙村正直	京都(山口)	〃	国重正文	〃	244	133	54.5	山口31，滋賀15，愛知8，他57
14㊳	熊本	権令	富岡敬明	長崎	参事	小関敬直	福岡	92	49	53.3	高知9，静岡5，他29
15⑦	長崎	令	北島秀朝	東京	少書記官	河内直方	山口	113	58	51.3	記入ナシ18，福岡10，山口5，東京3，他19
16⑮	三重	〃	岩村定高	長崎	大書記官	鳥山重信	〃	85	43	50.6	愛知10，長崎4，山口3，他25
17⑬	栃木	〃	鍋島幹	〃	〃	藤川為親	長崎	98	47	48.0	長崎15，東京11，他25
18⑭	堺	〃	税所篤	鹿児島	〃	吉田豊文	岡山	76	36	47.4	大阪9，鹿児島5，他26
19㉖	秋田	権令	石田英吉	東京(高知)	少書記官	白根専一	山口	77	36	46.8	東京9，静岡8，山口4，他20
20⑧	新潟	令	永山盛輝	鹿児島	大書記官	南部信近	石川	107	50	46.7	石川13，長崎6，鹿児島・長野各4，他30
21㉑	長野	権令	楢崎寛直	山口	少書記官	松野篤	静岡	105	47	44.8	東京17，新潟9，他32
22㉚	岡山	令	高崎五六	鹿児島	大書記官	津田要	兵庫	114	49	43.0	鹿児島15，兵庫・東京・島根各6，他32

23㉓	宮城	権令	宮城時亮	山口	〃	成川尚義	千葉	84	36	42.9	山口 12，茨城 7，他 29
24㊱	福岡	令	渡辺清	長崎	少書記官	藤井正志	広島	130	53	40.8	長崎 19，大分 13，高知 8，他 37
25⑱	山梨	〃	藤村紫朗	山梨	大書記官	西村亮吉	高知	69	28	40.6	熊本・茨城各 7，東京 3，他 24
26㉒	福島		欠		〃	山吉盛典	山形	116	47	40.5	茨城・熊本各 9，山形 7，他 44
27⑫	茨城	権令	野村維章	高知	〃	本田親英	鹿児島	119	47	39.5	東京・静岡各 16，鹿児島 12，他 28
28㉕	青森	令	山田秀典	熊本	少書記官	郷田兼徳	〃	88	34	38.6	福島 8，宮城 7，東京 6，他 33
29①	東京	知事	楠本正隆	長野	大書記官	千田貞暁	〃	204	78	38.2	鹿児島 20，静岡・石川各 13，千葉 8，長崎 7，高知 6，他 59
30⑪	千葉	令	柴原和	千葉（兵庫）	少書記官	岩佐為春	東京	123	47	38.2	東京 22，茨城 11，静岡 9，兵庫 8，他 26
31⑥	兵庫＊	権令	森岡昌純	鹿児島	権参事	岡本貞	三重	78	29	37.2	長崎・大阪各 6，愛知 5，三重・京都各 4，静岡 3，他 21
32㉗	山形	令	三島通庸	〃	大書記官	薄井龍之	東京	89	32	36.0	鹿児島 20，東京 12，他 25
33③	大阪	知事	渡辺昇	長崎	〃	内海忠勝	山口	138	48	34.8	山口 15，長崎 11，高知 8，他 56
34⑤	神奈川	権令	野村靖	山口	少書記官	小島信民	東京	213	70	32.9	東京 41，静岡 31，山口 12，他 59
35㉔	岩手	令	島惟精	大分	大書記官	岡部綱紀	福島	85	27	31.8	大分 11，東京 8，福島 6，他 33
36⑯	愛知	〃	安場保和	熊本	〃	国貞廉平	山口	128	40	31.3	山口 17，熊本 14，他 57
37⑨	埼玉	〃	白根多助	山口	少書記官	吉田清英	鹿児島	111	29	26.1	東京 25，静岡 16，山口 12，他 29
38⑩	群馬	〃	楫取素彦	〃	大書記官	岸良俊介	〃	98	25	25.5	東京 20，静岡 16，山口・埼玉各 6，他 25
39	開拓使	開拓長官	黒田清隆	開拓（鹿児島）	三等出仕	杉浦誠	静岡	513	134	26.1	東京 71，鹿児島 63，静岡 45，記入ナシ 37，長崎 17，他 146
④	琉球藩	藩王	尚泰	琉球	摂政官	伊江王子	琉球	14	14	100.0	

注 『官員録』(明 10.4 改正，東京で発兌)による．出身籍(　)内はもとの出身地．地元属籍率の高い府県から順に並べた．
＊兵庫の数字は明 9.8 の『官員録』による(明 10 は「記入ナシ」が多い)．飾磨(明 9.8.21，兵庫と合併)・兵庫を合して兵庫とした．
○印内の数字は上記『官員録』所載の府県順位．令＝県令，明＝明治の略．地元属籍率の平均は 50.0(ただし琉球藩を除く)．

これに対して、三〇—四〇%前後の宮城(山口・茨城)・福島(茨城・熊本・山形)・青森(福島・宮城・東京)・山形(鹿児島・東京)・岩手(大分・東京・福島)などの東北諸県は、反撥的側面の強い中で、中央支配的要素を混在している、といえよう。

旧徳川御三家のうち、茨城(東京・静岡・鹿児島)・愛知(山口・熊本)は共に三〇%台だが、そこには藩閥支配と反撥との両側面がみられる。和歌山(山口・高知)の場合は、五五%に近く比較的高いのは、この藩が旧御三家中いち早く新政府に恭順し、また、特殊な関係(将軍家と和宮)にあったことが関係しているだろう。

総じて新政府側に立った藩の地元属籍率は一般的に高く、また、士族戸数の多い県も高かった、とみてよい[42]。

ちなみに、開拓使の場合は、『官員録』に「開拓」と記入してあるものの率である。しかし、ここは長官黒田と同じように他の府県から移籍して、新たに「開拓」と表示されているにすぎない。むしろ、ここは備考欄の東京七一、鹿児島六三、静岡四五、長崎一七、他一四六、無記入三七という数字に、この地の特色がある。それは琉球藩の一〇〇%というのと対蹠的であり、そこにあとでふれる両者の特異性があらわれている。

このようにみてくると、大久保政権の地方支配は、そのトップを藩閥でおさえつつ、総体的な藩閥支配の構造の中で、旧幕臣(実務・技術下級官僚)と藩閥を巧みに組み合わせつつ、重要府県や開港場、あるいは反藩閥的な地方をコントロールしている、といえる。それは、中央政府首脳部は藩閥的だが、それ以下の部分はむしろ「乱数表」的な傾向を示している[43]、とは必ずしもいえないのである。

4 北海道と沖縄の問題

維新政権は当初より北海道への強い関心をもち、明治二年(一八六九)七月の開拓使(当初東京、ついで箱館、庁舎竣工で明治四年札幌へ。同十五年廃止)の設置はそれを示している。

ところで、この開拓使は大久保の配下、開拓次官黒田清隆(薩、のち長官)を中心に、薩閥の牙城として北海道を支配した。(44)

開拓使は明治四〜五年(一八七一〜七二)に三三名(官費留学生一五五名の内数)の留学生を米欧に派遣しているが(米二四・露五・仏三・独一)、その多数は薩長中心の藩閥県出身者(薩一三・長六・土一)と旧幕臣ないしそれに近い人々(東京六・静岡二・青森二・その他三)であった。とくに周知のアメリカへの五人の女子留学生は、実は維新の敗者またはそれに近い立場の出身者の子女であり、それは未知の世界への実験的試行にほかならなかったのである。(45)

そのことは逆に、敗者または敗者に近い立場の側からいえば、開拓使の意図を利用することによって、新時代への飛翔を企てることを意味していた。大久保政権における旧幕臣層の比重の重さをさきに指摘したが、そこには右のような維新の勝者と敗者とのそれぞれの立場からの対応があり、それが大久保政権内部の藩閥的要素と旧幕臣的要素のからみ合いになっていることを見落してはなるまい。(46)

もうひとつ、開拓使はアメリカから御雇外国人教師を導入し、これを明治九年(一八七六)設立の札幌農学校をはじめとして、北海道開拓のあらゆる面に積極的に活用した。もとよりこれは大久保政権下の御雇外国人教師登用の一環ではあるが、開拓使では、明治五年(一八七二)以後の十カ年開拓計画における近代産業移植や鉱山その他の開発などで最大限に活用されている。(47)

右のことからもわかるように、黒田を中心とした藩閥の牙城＝開拓使主導の下に、日本の在来産業と切れた北海道は、近代産業移植の実験場として、一方では南下しようとするロシアへの軍事拠点を意識しつつ、ここを投資型の内国植民地として開拓を進めようとしたのである。その場合、敗者の側のエネルギーと欧米文化が積極的かつ巧みに生かされている。

この官主導による投資型の北海道開拓は、実験場としての投資型のゆえに、先住民族としてのアイヌの人々の生活を踏みにじることによって強行されていったが、[48]こうした北海道への政策は、大久保政権の琉球政策と一見無縁にみえる。だが、果たしてそうだろうか。

琉球国は、明治四年(一八七一)の廃藩置県後鹿児島県管轄となり、翌年、琉球藩が設置された。当初は外務省の管轄下にあったが、明治七年(一八七四)七月、内務省へ移管された。移管されるや、かつての井上建議(大蔵大輔井上馨の明治五年五月の建議)の皇権拡張方針を継受して、一貫して「琉球処分」策をとった。[49]

それは、ひとつには琉球と清国との関係の一掃であり、もうひとつはいかにして明治政府のめざした天皇制国家の枠内に琉球を包摂するかであった。そのために硬軟両様の方策による琉球支配層への対処が検討された。明治七年(一八七四)十二月十五日付の内務卿大久保の「琉球処分に関する建議書」をはじめとし、翌年にかけて大久保は、「琉球処分」に関する手順を具体的に立案し、太政大臣三条実美に建議しているのである。[50]

処分官・内務大丞松田道之の渡琉は、明治八年(一八七五)七月からはじまるが、それは内務卿大久保の松田あての書簡(明治八年九月)がいうように、琉球側からの「指令済確証ノ書面」のないものは「決テ信用難相成」く、また、「狡猾ノ習俗一時ノ詐術ニ出ル」琉球士民への不信感を背景としたものであった。[51]この大久保の態度の背景には、薩摩—琉球の長い歴史があったのである。

それゆえに松田の三度目の渡琉は、大久保亡きあと内務卿となった伊藤博文のもとで、警官一六〇人、軍隊約四〇〇人という「力」をバックに強行されたのである。

この琉球藩から沖縄県への過程は、沖縄住民にとっては薩摩藩から明治藩閥政府への支配者の転換を意味していたが、しかし、支配の側がそこを内国植民的な地とみる点では共通していた。ただ、琉球＝沖縄の場合は、北海道の投資型と異なって、「旧慣温存」策による収奪に重点がおかれた。[52]

その意味で、北海道と沖縄とでは政策の指向はまったく逆方向を示しているかにみえる。しかし、開拓使における投資型の支配は、未踏の実験場としての北海道への新しい収奪を意味し、それは薩摩―琉球の支配の歴史をふまえた、収奪型の琉球＝沖縄支配の裏返しに他ならなかった。そのことは琉球支配の歴史を背景にもつ藩閥の牙城としての開拓使なるがゆえの発想とみてよいだろう。

さらにいえば、それは大久保政権の殖産興業政策、ひいてはその支配全般の表と裏が、内国植民地としての北海道と琉球＝沖縄に、それぞれの風土性と歴史性をふまえて、もっとも露骨な形で現出している、といえよう。それは同時に、大久保政権が近代天皇制の支配の特徴のもっとも原初的な形態を示しているように思われる。

5　対外政策とまとめ

これまでいくつかの点を浮き彫りにしながら、大久保政権についてみてきたが、なおどうしてもふれなければならないひとつの問題がある。

それはこの政権の対外政策、とりわけアジアへの対処の仕方である。

この問題をみるに当たっても、岩倉使節団との関連はその大前提になる。

第一は、小笠原諸島回収、樺太・千島交換条約、琉球＝沖縄問題等、日本周辺島嶼をめぐる国境画定に関わる問題は、すべてこの大久保政権によって実行されている、という事実である。

近代国家の成立にはその領域(国境)の画定が不可欠だが、四面海に囲まれた日本の場合、自然的地理的条件がおのずから国境をなすということもあって、国境を線としてとらえる発想に乏しい。したがって国境線をめぐる国家的トラブルという歴史的体験をもつことは少なかった。あってもそれは、琉球や樺太にみられるようなあいまいな形のままで放置されていたのである。

だが、岩倉使節団は、その米欧回覧の過程で、弱肉強食の十九世紀七〇年代の国際社会を目のあたりにした。「大国」の「力」の政策や「小国」の独立や中立の保持、あるいは「万国公法」の表と裏を再確認した。と同時に、国境線ひとつ越えると、いかに政治体制や経済・社会の体系が異なり、そこでは通貨ひとつをとってみても、国境を越えるとまったく通用しないことを実感した。いや応なしに彼らは、近代国家のひとつの要件としての領域（国境）の明確化の問題を痛感・体得せしめられたのである。大久保政権が国境画定問題に次々と取り組んだのも十分理由のあることなのである。

第二は、朝鮮・台湾問題である。

朝鮮問題はいわゆる「征韓」論としてすでに明治六年十月の政変に関してふれるところがあった。ところで、「征韓」論に反対した大久保・木戸ら外遊派のうち、明治七年（一八七四）の台湾出兵には大久保は積極的だったが、木戸は消極的というよりむしろ反対だった。この台湾問題はいうまでもなく琉球問題にからんでいた。

だが、その翌年の江華島事件に対しては、今度は木戸の方が積極的関心をもっていた。木戸はみずから朝鮮との交渉に当たろうとしたほどである。この大久保と木戸との台湾と朝鮮への対処の背後には、大久保＝薩摩―琉球―台湾（清）、木戸＝長州―対馬―朝鮮という図式に示される歴史的背景があり、これが薩長藩閥的要素とからんでいた。(53)

まさに大久保政権の特質の一反映である。

第三は、右とも関連するが、大久保政権の対アジアの姿勢である。

それは日朝修好条規（江華条約、明治九年〈一八七六〉二月二十七日調印、三月二十二日批准）をめぐる対朝鮮、対清国への姿勢にもっとも端的に示されている。

朝鮮に対しては軍事的圧力のもとでの威嚇と懐柔、清国に対しては、国際関係は「万国公法」ではなくして「力」による解決を主張して対処しようとしたのである[54]。それは岩倉使節団における米欧回覧、とりわけプロシアにおけるビスマルクやモルトケとの会見とあながち無関係とはいえまい。

このようにみてくると、内政においてもあるいは外政においても、近代天皇制形成過程における大久保政権の意義はきわめて大きいし、それとの関わりにおいて岩倉使節団のもつ意味は再認識されなければならない[55]。

最後に、若干の補足をしながら、もう一度要約的に述べておこう。

戊辰戦争から廃藩置県を経て、一八七〇年代初頭、日本は統一国家となった。だが、この成立したばかりの統一国家を、近代天皇制として、内政においても外政においても、内実化させる第一歩は大久保政権が担った。

この大久保政権は、一方では藩閥的要素を、他方では旧幕臣的要素を内包し、この二つの要素は、からみ合いつつ、形成期の官僚機構と結びつくことによって構造化し、大久保政権の特質となった。

この藩閥的要素と旧幕臣的要素は、共に幕藩体制的遺産といえるが、大久保政権においては、国内支配と国際社会へ対応する基盤となりえたのである。いうなればそれは近代天皇制権力創出期の特徴と規定しうるであろう。

実は、その伏線となったものが、大久保利通を含めた岩倉使節団の米欧回覧にほかならない。岩倉使節団の構成それ自体が、すでに大久保政権の構造を初発的に表象していた。そして、これまでみてきたように、この岩倉使節団の米欧回覧をぬきにしては、大久保政権は論じられないのである。

従来の大久保政権に関する諸研究は、この前提を無視ないしは軽視していたのではないか。そのことが、十九世紀後半の世界史のなかで、アジアにおける近代国家への変革としての明治維新、ひいては近代天皇制創出の位置にある大久保政権を、ややもすれば硬直した絶対主義論でとらえる要因になったように思われる。

もとより、それはこれまで強調されている大久保政権の専制的性格を否定するものではない。それどころか、すでに指摘したように、大久保政権は、十九世紀後半における欧米のブルジョア国家の原理と態様を洞察し、その認識の上に日本の近代国家への目標を明確に意識し、それゆえに、後発国として急速にブルジョア国家を実現しようとして、逆に権力自体はより専制化したものとみてよいだろう。

それは、十九世紀後半という世界情勢のなかでの、後発国の早熟的なブルジョア国家化の一形態であり、日本の近代天皇制の創出は、そのアジア的形態とみることができよう。

大久保政権は、その近代天皇制の急速に専制的な中央集権権力を構築しようとしたわけだが、岩倉使節団帰国後のいわゆる「征韓」論問題に端を発する、政府の主導権をめぐっての分裂後、大久保政権は、上からのブルジョア化政策の推進によって旧領主制を解体せしめていくと共に、みずからの経済的、社会的基盤をつくり出そうとしたのである。そのことは同時に、そこから切り捨てられる士族層や、その矛盾のしわよせをうける人民層の反発をかった。一方には士族反乱がおこり、他方には「民権」と「自由」を旗印とした自由民権運動が全国的に展開するゆえんである。

士族反乱は、大久保政権の軍事力と警察力によってたちまち鎮圧されたが、自由民権運動は、大久保政権の後継者と対決することによって、日本の一八八〇年代、いや、近代の日本を大きく規定した。

この自由民権運動に対する明治政府の対応と弾圧の強烈さは、この政府がたんなる絶対主義権力ではなく、逆に十九世紀後半における欧米のブルジョア国家の何たるかを知悉し、アジアにおける後発国日本の、未来のブルジョア国家をめざした権力であったからに他ならない。だからこそ、この権力は、自由民権運動のなかにブルジョア民主主義革命への志向を的確に読みとり、読みとっていたがゆえに、それをつねに先取りする形で弾圧と対応政策をとりうるしたたかさをもっていたのである。

このしたたかさは、すでに大久保政権に発している、と私はみる。

その意味で、本稿は岩倉使節団との関連に視座をすえながら、従来の大久保政権論への再検討を提言しようとしたものである。

四　岩倉使節団の光と影

岩倉使節団は、三条実美邸での送別の宴の「送別ノ辞」の言葉を借りれば、大使は「天然ノ英資ヲ抱キ中興ノ元勲」であり、副使たちは「国家ノ柱石」であり、さらにその率いるところの官員は「一時ノ俊秀」にほかならなかった。

明治三十五年（一九〇二）の「岩倉大使同行紀念会」における福地源一郎の「演説」によれば、この「俊秀」たちはまた「乱暴者《あばれもの》」でもあったのである。だから、彼らは「欧羅巴《ヨーロッパ》の天地を見て、銘々自ら視るだけの眼で見て、ハハア斯《こ》うだなと感じましたのが此の使節の一行である」ということになる（『岩倉大使同行紀念会報告書』明治三十五年）。『ニューヨーク・タイムズ』紙（一八七一年十二月十八日付）の記事でいえば、「この使節団は日本の議会と天皇《ミカド》の命により派遣されたもので、その目的は、支配階級がこれまでのように目下の者の報告に甘んじているのではなく、自ら西洋文明を学ぶことにある」（『外国新聞に見る日本』第一巻、本編、五五五頁、毎日コミュニケーションズ、一九八九年）というものでもあったのである。

では、このような岩倉使節団の帰国後の状況はどうだったのか。

大久保利通と木戸孝允は一足早く相ついで帰国し、特命全権大使岩倉具視らは明治六年（一八七三）九月に帰国・復命した。

彼らを待ち受けていたのはすでにみた「征韓」論問題だった。土肥出身の参議にかつがれた西郷隆盛ら「征韓」

派と岩倉ら外遊派は決定的に対立した。前者を国内的ナショナリズムの一派とすれば、後者は国際派ナショナリズムといえるだろう。

その対立は、さまざまな要因はあるにせよ、両者の当面の日本の政治路線における主導権争いといってよい。三宅雪嶺はそれを「土と肥とは征韓論に乗じ、西郷をして功を韓国に建てしめ、其の勢を以て長州の勢力を抑圧せんとせるもの、即ち長は力の弱きも、智ありて与みし易し、先づ薩をして長を倒し、然る後に薩を倒せんとせるなり」(三宅雪嶺『同時代史』第四巻、岩波書店、一九五二年、一六八頁)と述べているのである。

明治六年の政変によって岩倉らが勝利し、西郷らは下野した。下野した西郷らは士族反対派となり、板垣退助らは自由民権運動への道を歩んだ。

勝利した岩倉・大久保らは明治政府の主流となった。とりわけ大久保は内務省(明治六年十一月設置)を中軸に、工部省(卿=伊藤博文)と大蔵省(卿=大隈重信)を両翼としたいわゆる三省体制を構築した。

この「有司専制」は藩閥体制にほかならなかったが、しかし、その藩閥は薩長土肥の枠内にあっては流動的で、郷党的色彩よりも、官僚機構と結びついた薩長の実力者を中心とする派閥形成が優先していた。その中枢にいたのが、外遊によって国際的視野をもつ岩倉使節団の首脳、とりわけ大久保と木戸だったのである。

岩倉は帰国後も右大臣の職にあり、明治九年(一八七六)には従一位・勲一等に叙せられ、旭日大綬章を下賜された。木戸・大久保亡き後は伊藤と共に明治国家の骨格の確立に腐心した。明治十六年(一八八三)七月に彼が薨じたときの勅には、「国家ノ棟梁」「臣民ノ儀表」とある。

木戸は病気のこともあって必ずしもつねに権力の中枢にいたとはいい難いが、それでも参議・文部卿・地方官会議議長などを歴任、宮内省にも出仕し、勲一等に叙せられた。明治十年の病死に当たっては「国之柱石」「朕之股肱」といわれた。

すでにふれたように、大久保は明治十一年(一八七八)五月のその死に至るまで明治政府の中枢にあり、内政・外政を主導した。明治十年には勲一等に叙せられ、旭日大綬章を賜わった。翌年の兇刃に倒れた翌日、右大臣と正二位を贈られ、「股肱之良」「柱石之臣」と称えられた(以上、『百官履歴』〈日本史籍協会叢書〉参照)。

岩倉使節団では工部大輔にすぎなかった伊藤博文は、明治六年の政変後には参議兼工部卿として大久保をささえ、大久保亡き後は岩倉と手を組んだ。岩倉没後は、華族制度・内閣制度を創設して初代内閣総理大臣となり、枢密院設置、大日本帝国憲法・皇室典範制定など近代天皇制の確立の中心人物となった。日清・日露の両戦を経て初代韓国統監となった彼は、「韓国併合」を強行し、遂にハルビンで韓国義兵運動の指導者安重根に射殺された。明治の全時代を背負って伯爵となった伊藤は、三宅雪嶺にいわしめれば「毀誉紛々」(『同時代史』第四巻、五八頁)だが、彼の明治国家に対する出発点は、岩倉使節団への参加だったのである。

山口尚芳《ますか》は、「征韓」論では大久保・木戸と主張を共にし、佐賀の乱では長崎から海軍を率いて佐賀城に入った。明治八年(一八七五)元老院議官となり、同十四年には会計検査院長、同二十三年(一八九〇)貴族院議員に勅選されたが、同二十七年(一八九四)に没した。

岩倉使節団の大使・副使の首脳のこうした歩みは、総じて明治国家の主流にあったといえよう。

その使節団の書記官たちの多くが旧幕臣であったことはすでに述べた。

福地源一郎はその著『懐往事談』(民友社、一八九四年)で、「当時世間にては此王臣と成ったる旗本をば恰も敵国に降りたる失節の臣の如くに罵り、其面に唾せんとの思を為して之を擯斥したりければ、彼の新王臣輩は江戸に居住するを面耻かしく思ひて或は采地に去るもあり、又は京都に赴くもありて、然らざるは江戸に在りても外へ出でずして其跡を屏めたるは可笑かりき」(一八九—一九〇頁)という。これは維新直後の一般的状況を指したのであろう。そうした風潮のなかにあって使節団のメンバーとなった旧幕臣たちは、右の文中の「新王臣」でもあったが、彼らは他の「新王臣」のように世を憚ることはなかった。

岩倉使節団帰国後に歩んだ道は、一般的にいえば脚光を浴びたものだったといえる。例えば、田辺太一は元老院議官を経て勅選の貴族院議員となり、何礼之も元老院議官・貴族院議員となり、林董三郎（董）は各国公使・大使を歴任し、外務・逓信大臣の椅子についた。安藤太郎は香港領事・外務省通商局長・農務省商工局長などを歴任した。川路寛堂（太郎）は外国文書課長となったが、各省の官制改革で免職となった後は教員に転じた。兵庫県下の女学校の校長を歴任したのである。政府系の新聞記者となった福地は、伊藤らとの交際も依然深く、衆議院議員となった。

このような旧幕臣出身書記官たちの経歴は、他の使節団員と大同小異といってよい。本書巻末の第一表の備考欄を見ればそれはわかる。

彼らは枢密顧問官・各大臣など明治政府の主要なポストを占め、元老院議官や貴族院議員になり、あるいは地方長官になったりしている。また、金融機関に関与し、さらに実業家になっている者もいる。

鳥取藩御用絵師の家に生まれた沖探三（守固）は、岩倉使節団のメンバーではあったが、帰国しないままイギリス留学生となり、明治十一年（一八七八）一月、六年ぶりに帰国した。その年内務少書記官として官僚への道を歩みはじめ、明治十九年以降は、神奈川・滋賀・和歌山・大阪・愛知などの各県・府知事を歴任した（滋賀県知事時代には大津事件がおこり懲戒免官）。この間、元老院議官や貴族院議員ともなった。大正元年（一九一二）没（福井淳人「沖守固——御用絵師から男爵へ」〈『岩倉使節団　内なる開国』霞会館、一九九三年、所収〉参照）。

医学教育・医事衛生制度の確立に尽力した長与専斎（元老院議官・貴族院議員）は、その自伝『松香私志』に、「明治六、七年の交、文部省において田中理事官（当時文部卿は欠員にて、田中氏三等出仕を以て省務を総ぶ——原注）欧米の視察を卒え帰朝してその全権を執り、教育令を発布して大中小の学制を釐革《りかく》し、鋭意に省内の刷新を謀り、大少丞以下罷免の人も少なからず」(小川鼎三・酒井シヅ校注『松本順自伝・長与専斎自伝』東洋文庫、一九八〇年、一四二頁)と述べる。明治十二年(一八七九)の文部大輔田中不二麿主導のこの教育令は、使節団参加と再度の訪米による田中の教育自由化政策の表明だったが、それは翌年末には改正された。それはこれまた使節団首脳のひとり伊藤によるものだった。伊藤は自由民権運動の高まるなかでの当面の情勢に教育令が適合しないとの判断のもとで、改正教育令に踏みきったのである。それはふたたび普通教育を国家統制下におこうとする修正であった(森川輝紀『教育勅語への道』三元社、一九九〇年、参照)。

これは使節団帰国後の日本における欧米の近代制度受容の不一致というよりも、彼らによる近代天皇制構築政策の摸索ないし試行錯誤の一例とみるべきだろう。多彩な使節団メンバーによるこうした摸索が、徐々にではあれその政策基盤を固め、自由民権運動との対決姿勢のなかで明治国家の体制を確立していったのである。

だが、村田経満(新八)のように使節団より遅れて明治七年(一八七四)帰朝するや、そのまま帰郷して西郷のもとに参じた人物もいる。彼は鹿児島で、私学校の砲兵学校を監督し、西南戦争では西郷の信任厚く、二番大隊長として出陣し、明治十年(一八七七)九月、戦死した。村田は「かねてより美術を愛し、音楽を好んだため暇さえあればルーヴル美術館を始めオペラ座や教会を訪れた。さらに風琴(アコーデオン——原注)を携えて帰国した。このアコーデオンだけは西南戦争で戦死する時まで手放さなかった」(二一八頁)という(塩満郁夫「西郷に殉じた村田新八」〈前掲『内なる開国』所収〉参照)。あるいはまた、長野桂次郎のような歩みをした人物もいた。

長野桂次郎は、遣米使節団(万延元年)当時、数え年十八歳で通詞見習として渡米した青年で、トミーと愛称され、アメリカのご婦人連たちにもてにもてた。「トミーのポルカ」が作詞・作曲されたほどである。

維新後彼は大蔵省・外務省に出仕し、使節団に参加した。帰国して工部省鉱山寮の七等出仕となった彼は、明治十年(一八七七)の廃寮によって退職し、翌年、開拓使御用掛(月給八〇円、准判任官)となった。しかし、中央政府では彼の所在はつかめていなかったらしい。明治十二年（一八七九）、太政官から開拓使あてに「長野銈二郎」なる人物がいるかどうか問合わせがきているのである。人知れず彼は北海道の開拓使御用掛として下級役人の生活を送っていたのである。

その後の彼は、明治二十年（一八八七）ハワイに渡航し、日本人の移民監督となった。二年後には帰国し、明治二十四年（一八九一）、大阪控訴院通訳となり、晩年は伊豆戸田《へだ》村に隠居して大正六年（一九一七）その七十五歳の生涯を閉じた（拙稿「明治維新の光と影」『本』一九八〇年十月号〈前掲拙著『北海道と明治維新』所収〉参照。なお、金井圓『トミーという名の日本人』文一総合出版、一九七九年、同『対外交渉史の研究』第九章、第十章、有隣堂、一九八八年、参照）。

以上みてきたように、光があれば影もある。これは華族を含めた同行留学生の場合も同じである。枢密顧問官・宮中顧問官・各省大臣や元老院議官・貴族院議員など、栄光の道を歩んだ人々と共に、明治三十五年（一九〇二）および同四十五年（一九一二）の「岩倉大使同行紀念会」に際して「不明」と記されている人も多々いるのである（本書巻末第一―第三表参照）。

あれほど期待された女子留学生にしても、山川捨松と津田梅子が明治十五年（一八八二）に帰国したにもかかわらず、「国は具体的な計画を何一つ持っていなかった」のであり、「十年間にわたってアメリカの教育を受け成長した捨松達と、黒田清隆や森有礼が考えていた当初の発想との間にすでに大きな隔たりが生じてきていた」のであった（久野明子『鹿鳴館の貴婦人大山捨松』中公文庫、一九九三年、一五三―一五四頁）。しかし、捨松や梅子はみごとにその落差を克服した。陸軍卿大山巌夫人となった捨松は「鹿鳴館の花」となり、梅子も捨松と共に女子英学塾を設立して、日本の女子大学教育の基礎を築いていったのである。

同行留学生のなかの異色は中江兆民だろう。彼はフランスのパリやリヨンに学び、哲学や史学、文学などに関心を示すと共に、西洋近代文明の自由・平等・人権などの諸理念を日本へ導入しようとつとめた。「小国」たる日本は「小国」に徹するべきだとする「小国主義」を主張したのも彼である。兆民は使節団の九ヵ月後にほぼ同じコースで帰国したが、帰路の彼のアジアを見る目は使節団とは異なっていた。明治八年(一八七五)元老院権少書記官となり、元老院の国憲起草の準備に当たった彼は、明治十年、元老院権少書記官を辞任し、東京で仏学塾を主宰した。そして、自由民権運動の理論的指導者として活躍した。

兆民は人民主権の立場をとり、人民の代表者による憲法制定や自由な人民の意志を代表する国会が開設されることを民権派のなかでもっとも明確に主張したひとりであった。また、西洋文明の優れていることは認めつつも、その文明の弊害をも直視した人物だった。「文明信仰には陥らず、西洋近代文明の発展がアジア・アフリカなど他地域の侵略と同時進行していることを認識」すると共に、彼は「とくに資本主義を推進したイデオロギーである功利主義には批判的であり、古代ギリシャ以来ヨーロッパ思想の中に流れている道義＝理義を東洋思想(儒教倫理)にも共通する普遍的なものととらえ、それを自己の思想の核とした」のである。したがって「兆民の文明観・国家構想は明治政府のそれと異質であり、兆民の生涯は政府との対決に終始」したのである(以上引用は、松永昌三編『中江兆民評論集』岩波文庫、一九九三年、「解説」四〇七頁)。

この兆民のめざすところは、岩倉使節団の首脳や使節団メンバーの多くの人々、あるいは同行留学生のほとんどとはまさに「異質」であり、明治政府の主流の路線とは激しく対立した。のちに明治三十三年(一九〇〇)、伊藤は憲政党(旧自由党)との合意によって立憲政友会を成立させたが、それを自由党の歴史と魂を藩閥の首魁に売るものと厳しく批判したのは兆民であり、兆民の弟子幸徳秋水は『万朝報』に「自由党を祭る文」を書いて、「其光栄ある歴史は、全く抹殺されぬ」と嘆いた(松永昌三『中江兆民評伝』岩波書店、一九九三年、四二二—四二五頁参照)。

このようにみてくると、岩倉使節団同行の留学生のなかの中江兆民の存在は、国家と人民とを座標軸として明治天皇制を見すえるとき、岩倉使節団の位置がそのどの辺にあるかを、鮮明にわれわれに示してくれる。

第八章　岩倉使節団の歴史的意義

一　岩倉使節団復命後の政治史的意義

前章でみてきた岩倉使節団と大久保政権の問題をもう一度整理し直しながら再論し、問題の所在をここでは明確にしておこう。

岩倉使節団は、明治六年(一八七三)九月十三日、横浜に帰着し、全権大使岩倉具視は、翌十四日、正院において復命した。

当時、政府内では「征韓」論が沸騰していた。具体的には参議西郷隆盛の遣韓使節が内定していたが、周知のように、岩倉以下米欧回覧の岩倉使節団のメンバーは、大久保利通も木戸孝允もこれに反対した。

そこには、第一に、米欧回覧という共通体験によるナショナリズムが使節団のメンバーにはあった。第二に、留守政府部内は土・肥出身の参議、とりわけ江藤新平を中心とする肥前派に主導権が握られはじめていた。岩倉使節団は、第一章一でみたように、その出発に当たって留守政府と十二カ条に及ぶ「約定」を結んでいたが、使節団の回覧期間の延長ということもあって、「約定」は必ずしも守られてはいなかった。もし「征韓」論でおしきられてしまえば、内政・外交ともに留守政府にそのリーダーシップを奪われる可能性があった。

そして、第三には、陸軍卿山県有朋や前大蔵大輔井上馨ら長州派の疑獄事件が相つぎ、江藤色の強い司法省の手で摘発が進められつつあったから、米欧回覧中に大久保といっそう溝を深めた木戸も、対留守政府＝「征韓」論に対しては大久保と歩調を一にせざるをえなかった。

だから、「征韓」論分裂、つまり明治六年十月の政変は、土・肥中心の留守政府と国際体験および右の諸事情によって結束した新たな薩長派との、内政・外交の主導権をめぐる政争にほかならなかったのである。いわゆる内治優先は、もとよりその米欧回覧体験から発するものではあるが、「征韓」反対は、まさに留守政府への反対のためのスローガンにほかならなかったが、必ずしも外征への反対を意味するものではなかった。明治六年十月の政変以後の矢継ぎ早の台湾出兵、対朝鮮への軍事行動などがそれを裏付けている。

そして、明治六年十月の政変後の大久保政権は、下野した西郷・板垣退助・江藤・副島種臣ら薩・土・肥の参議を切り捨てて、大久保側に与した肥前出身参議大隈重信・同大木喬任らをとりこみ、士族反乱と民権運動に走る薩・土勢力と対決する政権として成立するのである。

大久保政権は、第七章ですでに指摘したように、岩倉使節団と留守政府との主導権争い＝明治六年十月の政変を経て、外遊派を中心とした新しい薩長派によって成立したものであった。とすれば、岩倉使節団の構成の特質を大久保政権が拡大的な形でもっていたとしても不思議ではあるまい。

明治維新が、将軍から天皇へとそのシンボルをとりかえ、主導権を藩閥が握り、その裾野を旧幕臣が支えているという図式は、明治維新という変革が、「非連続の連続」という形でなされたことを示している。

さて、大久保政権の諸政策をみるとき、やはり岩倉使節団の米欧回覧が大前提となることは前章でも指摘したが、さらにいくつかの事例に立ち入ってみよう。

例を教育政策にとろう。岩倉使節団が米欧回覧しているさなか、学制は頒布された（明治五年八月三日）。使節団帰国後、田中不二麿の『理事功程』（文部省刊。緒言は明治六年十一月、全十五巻。明治十年六月再版）は、米・英・仏・ベルギー・独・蘭・スイス・デンマーク・ロシア各国の教育制度とその内容を詳細に報告しているが、この田中は明治七年(一八七四)から十三年にかけて文部大輔であり(文部卿は一時木戸)、彼は学制の画一性を排して、明治十二年(一八七九)九月、教育令を発した。(1)

この教育令こそは、田中が岩倉使節団のメンバーとして、さらに明治九年(一八七六)再渡米して調査・研究した成果に立つものであった。それが自由教育の方針をとっていたがゆえに、当時自由民権運動への対決を深めようとしていた(木戸・大久保亡きあとの)明治政府をして、このいわゆる自由教育令を僅か一年有余にして改正教育令(明治十三年十二月)へと転じせしめるのである。

いま、田中の教育令に立ち入ってみれば、これは、「教育ノ方法ハ、大政府ヨリ格別ニ注意セス、各州ノ自定ニ任ス、〔中略〕故ニ全国一規ノ学制ハアラサルナリ」(㈠七〇頁)と『回覧実記』がいうアメリカの教育制度の発想によるものであり、換言すれば、学制の画一性から地域の実態に則したものにしようとしたものであった。それは幕体制下に蓄積された地域文化に対応した地方教育の育成にあったのである。

学制頒布時を含む明治四〜六年(一八七一〜七三)の教科書出版が、東京六五%、大阪一三%、京都八%、その他(名古屋・金沢・甲府・静岡・栃木・福岡・新潟等)一四%であるのに対し、明治十〜十二年(一八七七〜七九)では、東京四三%、大阪九%、京都七%、その他四一%へと変化しているのをみれば、(2)むしろ、自由教育令こそが当時の潮流に則したものであり、地域の状況に対応したものであったことがわかる。

こうした岩倉使節団の成果が、これまた使節団のメンバーであった伊藤らによって修正され、より明確に天皇制中央集権化が進められていく。それが、明治十三年(一八八〇)末の改正教育令であり、翌明治十四年の政変による政治路線だったのである。岩倉使節団の成果は、一方において、政策として実現がはかられようとするが、他方においては、自由民権運動との対抗関係のなかで、軌道修正がなされていくのである。

これを元老院にとってみよう。元老院は明治八年(一八七五)の開設時から明治十四年の政変ころまでの書記官には、岩倉使節団に同行して渡仏した中江兆民をはじめ、大井憲太郎・沼間《ぬま》守一・島田三郎・小野梓・田中耕造ら、のちに自由党や立憲改進党で活躍した自由民権家が多く含まれていた。この事実のもつ意味は大きい。

元老院は大阪会議の結果、漸次立憲政体樹立の詔勅に基づき設置されたことは周知のことである。それは維新変革のシンボルとしての天皇と、維新当初のスローガン「公議輿論」とをつなぐ連鎖環のひとつとして、公議所―左院の延長線上にあったこともよく知られている。元老院は立法審議機関としての機能を担い、立法機関に擬せられていた。それゆえにこそ、ここには最新の国際知識の必要性とあいまって、のちの自由民権運動の指導者たちもその機能を果たすべく当初は多く参画していたのである。また、元老院は設置以来、年々一〇〇通ないし数百通の建白書を受理し、民心との接点としての機能を果たしていたことは、『元老院日誌』を繙けばわかる。(3)

こうした元老院の内部状況があったがゆえに、やがて政府は自由民権運動の高まりのなかで、章程改正によって元老院の機能を制約しようとし、他面、運動との緩衝地帯に利用しようとしたのである。元老院作成の国憲案が、第一次・第二次・第三次とも不採択という形で葬り去られたのは、政府の側の軌道修正の何よりの表明にほかならない。

大久保政権の殖産興業政策もすでにみた岩倉使節団の資本主義論を前提にしていたのである。(4) 大久保はみずからの政権をつくるに当たって、内務省を創出してその卿(長官)となり、その両翼に大蔵省(卿＝大隈重信)と工部省(卿＝伊藤博文)をおいたのは、米欧回覧の成果をこの三省体制によって殖産興業政策として実現させるためであった。政策推進の中心は大隈であったが、大隈はその殖産興業政策の目標に「農商工の三者の並進」をおき、しかも、その立論は「農商工それぞれの対外的関係における位置づけについての、一定の認識に基づいてなされていること」(5)が指摘されているが、それこそ使節団の米欧回覧における資本主義認識に対応したものであった、といえる。使節団のこの認識を前提にしなければ、大隈が国内産業を興し、輸出を盛んにして国家財政の基礎を確立することをめざした殖産興業政策は成り立たなかったのである。[6]

そのため大隈は、交通・運輸や金融の便に意を払ったが、これに関連していえば、回覧時、すでにアメリカにおいて岩倉は、随従の山本復一をいち早く帰国せしめて鉄道建設のプランの立案を命じ、みずからもロンドンから意見書（明治五年十一月三日付）を提出しているのである。[7] また、岩倉が華族の金禄公債証書を基礎に第十五銀行設立に乗り出したこともよく知られている。

地租改正の推進にしても、使節団はロシアの農奴解放令（一八六一年）を日本の明治五年（一八七二）二月の土地永代売買の解禁や地券渡方規則などを念頭において対比し、ロシアの農民が四十九年間の債務を負ったのに対し、「日本ノ民ハ一令下ニ不動産ノ所有者トナル」（㈣四三頁）といっていることや、国益保持の基礎は何よりも財産権を重んずることが第一であり、立法権もそれを基本とするという認識をもっていたことを併せ考えるべきであろう（第六章三参照）。

軍事に関しては、プロシアにおける力＝軍事力の政策を実感せしめられたが、使節団は回覧中各国の軍制や軍事施設、あるいは軍事教育や練兵等に多大の関心と熱心さをもって見学しているのであり、オランダではこの国が徴兵忌避によって「兵隊ノ気炎モ、自《おのずから》委靡シテ振ハサルヲ覚フ」（㈢二四六頁）とさえ述べているのである。徴兵忌避のもたらす結果にも無関心でなかったことがわかる。大久保政権下の徴兵制の問題も、こうしたことを前提にみなければならない。

さらに、前章を再論していえば、大久保政権が、琉球藩を内務省管轄（明治七年）として「琉球処分」への道を開き、樺太・千島交換条約（明治八年）の締結や小笠原諸島をこれまた内務省管轄（明治九年）におくなどして、国境画定を具体化させたのも、使節団が回覧中に国境のもつ意味を痛感し、近代国家の基本条件のひとつとしての領域（国境）への認識を深めたことが背景にあったからである。[8]

日朝修好条規調印（明治九年）をはじめとする対朝鮮姿勢の背後に、岩倉使節団のプロシア体験があったことは他の機会にふれたが[9]、大久保政権の外交政策の展開の発想の原由は、明らかに岩倉使節団の米欧回覧に発しているのである。

このようにみてくると、大久保政権の諸政策の前提には、いずれも岩倉使節団がある。岩倉使節団の問題をぬきにしては大久保政権を解くことはできないのである。

二　岩倉使節団と明治天皇制

明治政府が近代天皇制の創出をいかなる枠組みで構想しようとしたかは、すでに述べたように、木戸と大久保が帰国後に提出した憲法制定ないし立憲政体に関する意見書にみることができる[10]（第七章二の2参照）。

木戸がプロシアを下敷きにしつつ「同治憲法」を主張すれば、大久保はイギリスを念頭において「君民共治」の政体を目標とすべきことを強調した。それは十九世紀七〇年代の世界情勢と近代的ブルジョア国家を認識し、後発国日本の近代国家のあり様を摸索したものであった。だから、当面、条件未成熟の日本にあっては、木戸は天皇「独裁」の手続きによって憲法を制定すべしといい、大久保は、立憲制と民主および専制の政体とを折衷することによって、日本の国情に適した「独立不羈ノ権」を確立せよ、と述べたのである。

木戸と大久保のこの憲法制定構想は、いうなれば欧米の現実のブルジョア国家を認識し、認識したがゆえに、日本の近代天皇制をして未来のブルジョア国家たらしめようとするものにほかならなかった。しかしながら、この課題は喫緊であり、かつ日本の人民はなお未成熟だから、当面、天皇への権力の集中によって、「上から」のブルジョア国家創出を指向したのである。

これに対し、自由民権運動は、これを「下から」おし進めようとした。

明治政府は、すでに米欧回覧によって自由と民権が近代国家にもつ意味を認識し、そして、また、その自由について国家＝権力による規制の必要性を知悉していたがゆえに、「下から」の自由民権運動とその主張には、つねに先手をとって弾圧し、「万国対峙」のために、「上から」のブルジョア国家の早急な実現をはかろうとしたのである。

いま一度ふりかえってみると、大久保は、征韓論分裂によって下野した板垣退助らの民撰議院設立建白書の提出(明治七年)に対処すべく、明治八年(一八七五)、大阪会議を経て漸次立憲政体を樹立する旨の詔書を発し、また、讒謗律《ざんぼうりつ》・新聞紙条例などによって自由民権運動の広がりに歯止めをかける反面、江藤の佐賀の乱(明治七年)をはじめとする一連の士族反乱には断固たる武力弾圧を試み、さらに地租改正反対一揆によって政府へ抵抗する農民に対しては、地租軽減の詔書を明治十年(一八七七)早々に出して、農民層の懐柔をねらうなど、内外政のあらゆる面において、時には強圧策を、時には妥協策を、緩急自在に駆使したのである。

また、これまであいまいであった国境画定を大久保政権が早急に推進したのは、米欧回覧による近代統一国家の基本条件のひとつである領域(国境)認識を背景にするものであった(第七章三の5)。

これまでの岩倉使節団については、条約改正予備交渉の失敗、あるいは明治初年の一連の諸改革は、使節団の回覧中、すでに留守政府の手によって手がけられていたことなどから、必ずしも正当な位置づけを与えられているとはいいがたい。使節団評価の比重があまりにも条約問題にかけられていたからである。いま、大久保政権成立の前提に、この岩倉使節団＝『米欧回覧実記』を置くとき、それはたんに使節団の再検討・再評価にとどまらない。大久保政権はもとより、大久保暗殺(明治十一年五月)後、明治十四年の政変というターニングポイントを経、自由民権運動に全面的に対決して創出された近代天皇制国家の性格や評価とも関わってくるのである。

さて、話を元へ戻せば、大久保政権の中心人物大久保が暗殺され、岩倉使節団のメンバーのひとり伊藤と、留守政府側から大久保政権に参加した大隈との対抗関係の進展によって、明治政府の方向はいちだんと明確になる。

すなわち、自由民権運動が全国的な広がりをみせるなかで、君権優位の近代専制的形態への指向は、明治十四年の政変で政府の主導権が岩倉＝伊藤ラインで固められたとき、換言すれば、岩倉使節団が米欧回覧で摸索した近代ヨーロッパの選択肢のなかから、「小国」から「大国」へのいわゆるアジアにおけるプロシアの道を選ぼうとしたとき、決定的となった。

政変に際して発せられた十年後に国会を開くという勅諭は、自由民権陣営に対して、「若シ仍《な》ホ故《こと》サラニ躁急ヲ争ヒ、事変ヲ煽《おこ》シ、国安ヲ害スル者アラハ、処スルニ国典ヲ以テスヘシ」と対決宣言をしていたのである。

この舞台裏で活躍するのが、大日本帝国憲法の実質的な起草者井上毅だった。彼は岩倉の懐刀であり、明治国家のプラン・メーカーであった。当時太政官大書記官だった井上は、明治五年（一八七二）、岩倉使節団の追加メンバーとして渡欧した。彼はこのときすでにプロシア憲法に着目していたのである。井上の背後にはロエスレル（Karl Friedrich Hermann Roesler, 一八三四～九四）がいた。ロエスレルはドイツ生まれの公法学者・経済学者で、明治十一年（一八七八）、外務省顧問として来朝し、憲法問題で井上の助言者・指南役だった。井上は岩倉や伊藤に相ついで意見書を提出した。そして、日本ではなぜ天皇が下賜する形での欽定憲法をつくらなければならないかを説いた。明治十四年（一八八一）六月から七月にかけて、彼は岩倉に対しては憲法の起草は政府首脳全体の責任である、といい、伊藤には維新以来の大業を成就するためにも憲法制定が必要なのだ、とその奮起を促した(11)。

ところで、政府がアジアのなかのプロシアの道を選ぶとは、政変で主導権を握った伊藤博文が、ドイツにおいてプロシア憲法を下敷きにした大日本帝国憲法制定の準備にとりかかることを意味した。

対する自由民権陣営も、主権在民または「君民共治」のかたちをとりつつ、大幅な人権保障を盛り込んだ憲法草案をつぎつぎに発表したのである。

とりわけ植木枝盛の日本国国憲案（全二二〇条、東洋大日本国国憲案。明治十四年〈一八八一〉八月以後の起草）は、他の草案にくらべて徹底した人権保障の条文を連ね、人民主権の立場で幅広い参政権により、国会を中心として民主主義を実現しようとしていた。その草案には、地方自治実現のため、アメリカやスイスにならって連邦制国家の形態をとり、不法・不当な政府・官憲に対しては、武力抵抗権ないし革命権すら認める条文をもっていた。それは国を「小国」化することによって直接民主制をめざし、軍備の縮小ないし廃止をも指向した、いわば「小国主義」憲法案とでもいうべき草案だった。

ここにいう「小国主義」は、岩倉使節団に同行してフランスに留学し、帰国後、一時元老院の権少書記官となり(明治八〜十年)、野に下って民権運動の理論的指導者として活躍した中江兆民によっていちだんと明確になる。

次の一文はそれを端的に示している。

顧《おも》フニ小国ノ自ラ恃ミテ其独立ヲ保ツ所以ノ者ハ、他策無シ。信義ヲ堅守シテ動カズ、道義ノ在ル所ハ大国ト雖モ之ヲ畏レズ、小国ト雖モ之ヲ侮ラズ、彼レ若シ不義ノ師ヲ以テ我レニ加フル有ル乎、挙国焦土ト為ルモ戦フ可クシテ降ル可ラズ、隣国内訌有ルモ妄リニ兵ヲ挙ゲテ之ヲ伐タズ。況ンヤ其小弱ノ国ノ如キハ宜シク容レテ之ヲ愛シ、其レヲシテ徐々ニ進歩ノ途ニ向ハシム可シ。外交ノ道唯此レ有ルノミ(『自由新聞』明治十五年八月十七日、句読点・濁点は『中江兆民集』〈近代日本思想大系3〉二四〇頁による)。

明治十五年(一八八二)八月の「論外交」のこの一節は、岩倉使節団がウィーンの万国博覧会で大国や小国の展示品を見たときの『米欧回覧実記』の一節、「国民自主ノ生理ニ於テハ、大モ畏ルニ足ラス、小モ侮ルヘカラス」を想起させるではないか。

『実記』が「国民自主ノ生理」、つまり国民自主の精神は近代国家にとっては生存の基本原理だ、といったところを、兆民は、「信義ヲ堅守シテ動カズ、道義ノ在ル所」と述べている。近代国家の生存の基本原理は「大国」も「小国」も同じだからこそ、「大」も畏るるに足りないし、「小」を侮ってはならない、と『実記』はいったのである。それゆえに、「小国」がみずからを恃んで独立を保持するためには、「信義」と「道義」のうえに立って、たとえ「大国」であろうと畏れず、「小国」といえども侮らない、という確固たる信念によって「不義ノ師」には「挙国焦土」と化しても戦う断固たる気概が必要なのだ、と兆民は断言するのである。

この「論外交」は、折りからの朝鮮問題(壬午軍乱の処理)を念頭において執筆された。[12]

この明治十五年(一八八二)の朝鮮における壬午軍乱と、翌々十七年(一八八四)の甲申政変、ならびに清仏戦争(一八八四〜八五年)をテコとして、政府はしだいに「大国主義」への姿勢を強めていった。[13] 松永昌三氏をして言わしめれば、「兆民は、政府の軍国主義政策の本格的展開にあたって、そのルソー主義を外交政策に適用し、独自の国家独立構想を提示した。これが小国主義構想である」と。いうところの「小国主義」の特徴は、「①非戦争=平和政策、②基本的人権(生活する者の権利—原注)を出発点とする国家観、③弱小民族圧迫や侵略主義への批判、つまり自国を文明国視しその立場から他の諸民族を蔑視支配することへの批判にあった」。そして、「この視点に立って、兆民は、上述のように、欧米強大国の侵略的資本主義を非難し、これに追随しようとする明治政府の上からの資本主義化政策=〝富国強兵〟路線を批判したのであった」と、松永氏はいうのである。[14]

さきの植木の憲法草案や兆民の「小国主義」構想は、明治政府の「富国強兵」政策=「大国主義」をめざす路線に真向から対決しようとする政治路線にほかならなかった。

福沢諭吉は、壬午軍乱勃発直後に「朝鮮政略」(『時事新報』明治十五年八月二〜四日)を書き、即時朝鮮への軍事干渉を主張した。それは「両国交際の情誼」であり、「宇内文明の保護」のためだ、というのである。この「文明の敵」に対する軍事干渉を是認した福沢のいきつくところが、「隣国の開明」を待って共にアジアをおこすのではなく、「其伍を脱して西洋の文明国と進退を共に」するという、有名な「脱亜論」(『時事新報』明治十八年三月十六日)となったのである。[15]

いわゆる「脱亜入欧」という成句は、右の「脱亜論」にひっかけて「入欧」が結びつけられ、一人歩きした言葉で、福沢のキー・ワードではない、と丸山真男氏は主張する。[16] だが、そのことはいまはさておき、すでに述べた『実記』における「入欧欠亜」の克服との関係でいうならば、「入欧」による「欠亜」の克服の方向ではなく、「脱亜」となっていったところに近代日本の不幸があった、といってよいだろう。『実記』の「欠亜」克服の提言は無視され、朝鮮問題・清仏戦争をテコに、アジアのなかの日本が、辿ってはならない方向へとつき進んでいくようになるのである。[17] それが明治政府の「大国主義」路線だった。

話を元へ戻そう。

政府は、明治十五年以降、自由民権運動激化への弾圧策をいちだんと強化した。そのことと相まって、皇室財産の問題、華族制の整備・確立(明治十七年)、太政官制から内閣制への転換(同十八年)、帝国大学令等の制定(同十九年)、市制および町村制の公布(同二十一年)、枢密院の設置(同年)、徴兵令の改正(同二十二年)等々を経て、明治二十二年(一八八九)二月十一日、大日本帝国憲法と皇室典範を公布・制定したのである。そして、翌明治二十三年十月三十日、いわゆる「教育勅語」によってそれへのイデオロギー的裏打ちをしようとしたことは周知のことである。

これらの制度や憲法の制定、さらにイデオロギー的地固めが、国会開設(明治二十三年十一月)以前に意図的になされたことのもつ意味は大きい。政府は、国会のもつ意義を十分に知っていたからである。

開設された第一回帝国議会において、首相山県有朋は、その「施政方針演説」(明治二十三年〈一八九〇〉十二月六日)で、「蓋国家独立自衛ノ道ニ二途アリ、第一ニ主権線ヲ守護スルコト、第二ニハ利益線ヲ保護スルコトデアル」(大山梓編『山県有朋意見書』原書房、一九六六年、二〇三頁)と述べた。「主権線」とは日本の国境線であり、「利益線」とはその「主権線」の安危に「密着ノ関係アル区域」を指し、具体的には朝鮮を指していた。この山県の方針は、日本が「大国主義」に踏み出す意図を示したものであった。

そのわずか四年後の明治二十七年（一八九四）、日清戦争（～明治二十八年）は、朝鮮問題をめぐっておこされた。

その日清戦争の勝利は、いわゆる「脱亜入欧」の日本の文明化を正当化させた。それまで政府批判を試みていたあらゆる論調が、日清戦争を「文明」のための戦争とし、日清戦争のなかに明治維新の完成を見ようとしたのである。[18] この日清戦争とその戦後経営を通して、明治政府は、まさに十九世紀後半、アジアにおける後発国としての専制的ブルジョア国家としての近代天皇制を確立させていくのである。

まとめにかえて
――歴史的水脈としての「小国主義」と岩倉使節団(『米欧回覧実記』)の位相

ここでは、まず岩倉使節団とその後の近代日本の政治路線の問題にしぼって展望しておきたい。

岩倉使節団が、米欧の「大国」もさることながら、「小国」に深い関心と認識を示していたことは本書で明らかにしたところである。

それは「大国」か「小国」かという政治路線の二者択一の問題としてとらえることもできるが、『回覧実記』の記述からは、そのいずれを採るかは結論づけられていない。

例えば、すでに第五章五で引用した次の一文をみよ。

　我最モ親ムヘキハ英仏ニアルカ、露国ニアルカ、日（日耳曼《ゼルマン》―引用者注）墺諸国ニアルカ、世界ノ真形ヲ晾知《りょうち》シ、的実ニ深察スヘシ、従来妄想虚影ノ論ハ、痛ク排斥シテ、精神ヲ澄センコト、識者ニ望ム所ナリ、（四一一〇頁）

これは使節団がロシアを視察したときの結語の一節である。いかなる政治・外交路線の選択肢があるかを提示しながらも、世界の情勢を見つめ、先入観を排して、醒めた「精神」でそれを判断すべきだ、と述べてはいるものの、どれを選択せよ、とは言及していないのである。これは報告書としての『実記』の禁欲とみるべきだろう。

とすれば、その後の明治政府が選んだ選択肢が何であったかは、その後の政治展開の現実のなかから読みとらねばならない。その限りでいうならば、使節団帰国後の大久保政権の中心大久保利通の憲法構想は、木戸孝允のプロシア・モデル構想に対して、イギリスの君主制を念頭においていたから、通説とはちがってイギリス・モデルとしての可能性が大きかった、といえるだろう。

しかし、木戸、大久保亡きあと（木戸は明治十年〈一八七七〉、大久保は翌年没）、明治十四年（一八八一）の政変を経て岩倉＝伊藤ライン（岩倉は明治十六年〈一八八三〉七月没）となり、急速にドイツ（プロシア→ドイツ帝国）へと傾斜し、結果としては「小国」から「大国」へのコース、つまり、アジアにおけるプロシアの道を選んだ。それは「小国」日本の「大国」化、つまり「大国主義」路線であり、「富国強兵」をめざす「大日本帝国」の確立にほかならなかった。

これに対決した自由民権運動のもっとも尖鋭な陣営は、「小国」はあくまで「小国」に徹し、自由と民権、軍備の縮小ないし廃止などを主張した。そこには植木枝盛の憲法草案があり、中江兆民の「小国主義」の言説があった。以後の歴史的な分析は、拙著『小国主義』（岩波新書、岩波書店、一九九九年）に譲るが、その流れを簡潔にいえば次のように要約できるだろう。

日清戦争（明治二十七―二十八年〈一八九四―九五〉）から日露戦争（明治三十七―三十八年〈一九〇四―〇五〉）にかけて、軍国主義化する狭隘な「大国主義」によって、民権陣営の反軍国主義・平和理念の「小国主義」の主張は抑え込まれ、「未発の可能性」をもつ地下水脈としてそれは伏流化した。しかし、この「小国主義」は、時代の進展と共に、クリスチャンや初期社会主義思想の非戦や反戦、あるいは平和主義の論調としてときに地表ににじみ出た。

さらに「小国主義」は、大正デモクラシーの潮流にあっては、主として旬刊誌『東洋経済新報』による三浦銕太郎（一八七四～一九七二）や石橋湛山（一八八四～一九七三）らの「小日本主義」という主張となって現われた。三浦・石橋らは、ときの政府の路線を「大日本主義」（軍国主義・専制主義・国家主義）と批判し、対するに「小日本主義」（産業主義・自由主義・個人主義）をもってし、植民地放棄論をとなえた。植民地こそは世界の争いの火種であり、日本にとって経済的に決してプラスにならないのだ、といい、また、国民主権論に基づく官僚批判や民衆の政治的、市民的自由の拡大などを主張した。ここにいう「小日本主義」は、「小国主義」の大正デモクラシー的発現形態の表出だったのである。

しかし、大陸侵略を進める昭和の軍国主義時代には、この主張も伏流化せざるをえなかった。昭和二十年(一九四五)八月十五日のアジア太平洋戦争における日本の敗戦は、この「小国主義」の歴史的水脈を浮上させた。自由民権期の植木枝盛の憲法草案などを下敷きとした「小国主義」の民間憲法草案、すなわち憲法研究会の「憲法草案要綱」(高野岩三郎ら七名で発表。草案執筆は植木憲法草案の研究者鈴木安蔵)が、敗戦の年の十二月二十六日に発表された。この間、高野岩三郎は、「現行帝国憲法制定ノ由来ト推移」について、「明治初期ニ於ル民権論ノ興隆、之ニ対スル藩閥政府ノ対策、国会開設ノ誓約、憲法ノ制定、其ノ以後ニ於ル軍閥ノ一貫セル組織的陰謀、最近ニ至ルマデノ民衆ノ奴隷化」と注記した「日本共和国憲法私案要綱」(粗末な四〇〇字詰め原稿用紙八枚に墨書、昭和二十年十二月十日とある。法政大学大原社会問題研究所蔵)を独自に起草していた。この注記からもわかるように、明治十年代の民権論の延長線上で高野の「私案要綱」は執筆されたのである。それは憲法研究会の「憲法草案要綱」の発想とも重なるところがあった。かくて地下水脈としての「小国主義」は敗戦を機に地上に表出した。

日本政府はこれを無視したが、連合国最高司令官総司令部(GHQ/SCAP)はいち早くこれに注目した。かくて、この「小国主義」の主張は、GHQの憲法草案のなかに流れ込み、やがて「日本国憲法」として結実した。

このようにみてくると、本書の主題のひとつである岩倉使節団(『米欧回覧実記』)の米欧回覧による、モデル選択肢としての「大国」と「小国」をめぐる問題は、二十一世紀におけるこの国のかたちとそのあり方に結びつき、現代論として重い意味をもっているといわなければならないのである。

政治史的ないし政治思想史的展望を試みれば、これまで述べてきたようなきわめて重い現代論となるが、ここでは最後につぎのことを確認しておきたい。

岩倉使節とその公的かつ公約数的な報告書としての『米欧回覧実記』は、右の政治史（政治思想史）的な意味を超えた、つまり、文化論的さらに文明論的意義を、日本近代史のなかにもっている、というべきだろう。この点の追究はなお今後にまつところ大きいが、本書は、その内実にいささかではあるが迫ろうとしたつもりである。

明治維新と呼ばれる変革（革命）の、日本近代化のための文化（制度・文物をはじめあらゆる分野の）受容において、日本はその伝統と西欧文化とのきり結ぶところで、いかなる取捨選択によって、みずからの特性（模倣をつきつめての創造）を通してオリジナリティ（アイデンティティ）を生み出していくのか、それを具象的に「一種のエンサイクロペディア」として提示すべく、『米欧回覧実記』は公刊され、岩倉使節団は使命を全うしようとしたものといえる。

そこには、二十一世紀の地球規模の時代に、日本がどうあるべきかという問題を考えるに当たって、限りない示唆が投げかけられている、といっても過言ではあるまい。

その意味では、検討すべき課題はなお多々ある。しかし、本書はもはや読者の批判をまつのみである。

注

序章

(1) 維新史料編纂会が一九一六年(大正五)七月(「緒言」日付)に出した『講演速記録』(第一一輯)には、尾崎三良「明治四年岩倉全権大使欧米巡遊に就て」(二回分の講演、同年五月と六月)が収められ、尾崎は条約改正交渉とそのエピソードを語っている。

岩倉使節団をめぐる研究文献については、山崎渾子編「関係文献」(田中彰・高田誠二編著『『米欧回覧実記』の学際的研究』北海道大学図書刊行会、一九九三年、所収。以下、『学際的研究』とも略記)を参照。

(2) ドナルド・キーン氏はその著『続百代の過客』上(金関寿夫訳、朝日選書、朝日新聞社、一九八八年)で、『米欧回覧実記』について、「彼〔久米—引用者注〕の評価に同意するかしないかは別として、その客観的で冷静な分析には感服せざるを得ない。彼以前の日記作者とちがって、彼は日本を、感傷化することなく、また優越感も、さりとて劣等感もなく見ることが出来た」(一三五頁)といい、「究極的には、彼が観察者として特に明敏であっただけでなく、一個の立派な人間でもあったことが私には分かった。なれるものなら、友だちになりたかった人物である」(一三六頁)と述べている。

キーン氏は『実記』を「公式記録」(一一一頁)としているが、その記述のなかから久米邦武という個人を浮かび上がらせ、彼への接近の心情を示している。

(3) アメリカでは、マリーン・メイヨ氏(Marlene J. Mayo)の Rationality in the Meiji Restoration: The Iwakura Embassy (B. S. Silberman and H. D. Harootunian, *Modern Japanese Leadership Transition and Change*, Tucson, 1966)や The Western Education of Kume Kunitake, 1871-6 (*Monumenta Nipponica*, XXVIII, 1, 1973)などの一連の論文がある(後者は大久保利謙編『岩倉使節の研究』〈宗高書房、一九七六年〉に芳賀徹・斎藤恵子訳「岩倉使節の西洋研究」として収録)。また、Eugene Soviak, On the Nature of Western Progress: The Journal of the Iwakura Embassy (D. H. Shively, *Tradition and Modernization in Japanese Culture*, Princeton U. P., 1971)などもある。

また、欧米各国で『回覧実記』の関係部分の翻訳もある。例えば、イタリアでは伊日文化研究会で宮下孝晴氏(当時在伊)の解説を付した『回覧実記』のイタリア関係の翻訳が出された(Takaharu Miyashita, Firenze nel diario della visita in America e in Europa dell’ Ambasciatore Plenipotenziario Giapponese, con incarichi speciali, Iwakura Tomomi〈1871-1876〉参照)。

その他の欧文文献は、前掲山崎渾子編「関係文献」(『学際的研究』所収)を参照されたい。最近の文献としては、Ian Nish, *The*

Iwakura Mission in America & Europe, Japan Library, Curzon Press Ltd., 1998 や、Andrew Cobbing, *The Japanese Discovery of Victorian Britain*, Japan Library, Curzon Press Ltd, 1998 などが挙げられる。

（4） 展示は久米美術館のみならず、他の機関においても実施されるようになる。例えば、横浜開港資料館では、一九八六年（昭和六十一）十一月一日から翌八七年一月二十九日まで「岩倉使節団の米欧回覧」の特別展示が開催された。その後も岩倉使節団に関する企画展は各地の機関で断続的になされる。

（5） この『学際的研究』の構成は、総論「岩倉使節団と『米欧回覧実記』」、第一編「実録の書としての『米欧回覧実記』」、第二編「洞察の書としての『米欧回覧実記』」、第三編「『米欧回覧実記』索引」より成る。

執筆は、編著者の田中（日本近代史）や高田（科学技術史）のほか、シドニー・D・ブラウン（在アメリカ、日本近代化）、太田昭子（比較文化史）、武田雅哉（中国文学）、羽田野正隆（人文地理）、石坂昭雄（西洋経済史）、外川継男（ロシア史）、中村健之介（ロシア文学）、長島要一（在デンマーク、比較文学・比較文化）、北原敦（イタリア近・現代史）、中野美代子（中国文学）、長岡新吉（近代日本経済史）、遠藤一夫（技術文化史）、高井宗広（農業技術史）、越野武（建築史）、山崎渾子（日本キリスト教史）、マーチン・コルカット（在アメリカ、日本史）、青山英幸（文書館学）、吉田文和（産業技術論）の各氏が当たり、みられるようにさまざまな分野の専門家の学際的研究であり、また国際的研究の成果となっている。

（6）『読む』の構成は、Ⅰ諸国、Ⅱ諸論より成り、編者西川、松宮の両氏をはじめ、長田豊臣、ウェルズ恵子、小林恵子、奥村功、末川清、石井扶桑雄、辻善夫、奥村剋三、田淵晋也、下川茂、小谷年司、富永茂樹、中谷猛、福井純子、佐々木康之の各氏が執筆している。

（7） 執筆者は、増田弘、進藤久美子、倉林義正、荒木昭太郎、逸見謙三、中村隆英、三橋利光、牟田口義郎、横山廣子、古田和子、朝倉孝吉の各氏である。

（8） これには、松永昌三、松本勤、ひろた・まさき、中原章雄、佐々木克の各氏の報告やコメントが収められている。

（9） ドイツ・ボン大学では、ボン大学主催の国際シンポジウムが「ドイツにおける岩倉使節団」（Die Iwakura Mission in Deutschland）をテーマに、二〇〇〇年十月十八日〜二十日に実施され、企画展は、「日独交流史展・ベルリン展」（Aufbruch zweier Nationen-Japan besucht Deutschland 1873）が二〇〇〇年八月二十九日〜九月二十四日に実施され（主催、日独交流史実行委員会・社団法人アジア調査会・国際交流基金）、また、右の国内版として「京都展」（同十月二十六日〜十一月二十六日）、「横浜展」（二〇〇一年一月二十日〜二月十二日）が開催された。

また、二〇〇一年十一月二十三日〜二十五日には、東京で「米欧回覧の会」主催の国際シンポジウムが、「岩倉使節団の再発見と今日的意義」をメイン・テーマとして行われた。

(10) 英訳本(*The Iwakura Embassy 1871–73, A True Account of the Ambassador Extraordinary & Plenipotentiary's Journey of Observation Through the United States of America and Europe*, Compiled by Kume Kunitake, The Japan Documents, 2002)の構成は次の通りである。

編集主幹 Graham Healey, 都築忠七, 序言 Marius Jansen, 解説 田中彰
第一巻 米国編 Prof. Martin Collcutt(Princeton University)
第二巻 英国編 Mr. Graham Healey(Sheffield University)
第三巻 仏・ベルギー・蘭・独編 Dr. Andrew Cobbing(九州大学)
第四巻 露・デンマーク・スウェーデン・伊・墺編 Dr. Peter Kornicki(Cambridge University)
第五巻 スイス・スペイン・ポルトガル・地中海/紅海/アラビア海/東シナ海航程の記/香港/上海編 Graham Healey, Prof. Eugene Soviak(Washington University), 都築忠七(一橋大学名誉教授)
日本文献出版、二〇〇二年刊。

第一章

(1) 「ブリーフ・スケッチ」は、アメリカ合衆国ニュージャージー州のガードナー・A・セイジ図書館(The Gardner A. Sage Library of the New Brunswick Theological Seminary of the Reformed Church, in New Brunswick, New Jersey, U. S. A.)のフルベッキ・コレクションに保存されていたことがアルバート・アルトマン教授によって報告され、全文が紹介された(Albert Altman: Guido Verbeck and the Iwakura Embassy, *Japan Quarterly*, Vol. XIII, No. 1, January-March, 1966. この「ブリーフ・スケッチ」は、田中彰編『開国』日本近代思想大系1、岩波書店、一九九一年に原文・訳文とも所収。以下の引用はこれによる)。

フルベッキについては、大橋昭夫・平野日出雄『明治維新とあるお雇い外国人―フルベッキの生涯』(新人物往来社、一九八八年)参照。本文で後述するフルベッキと岩倉具視との使節団をめぐる交渉は秘密だった(本文掲出信夫淳平「明治初年岩倉大使遣外始末」㈠参照)。「岩倉が秘密の厳守を求めたのは、宣教師からの提案ということが知れたら大騒ぎになるからである」(二一三頁)と述べている。

(2) 本文掲出下村冨士男『明治初年条約改正史の研究』、稲生典太郎「明治四年の「擬新定条約草本」について」(同『条約改正論の歴史的展開』一五五―一八四頁)参照。同書所収の九「明治初年における改正条約草案の成立過程―元老院資料を通じて見たる」(一

八五—二一三頁)には、「岩倉全権大使携行条約案関係」の一節がある。

(3) 家近良樹氏は、この大隈使節団→岩倉使節団のプロセスは、大久保利謙説のように薩長派対非薩長の対立を基本とみるのではなく、「むしろ基本的には薩長両派の対立に大隈や岩倉が絡んだものとして理解した方がよい」と批判し、多くの疑問を出している(家近「岩倉使節の派遣をめぐる一考察」『日本史研究』二二二、一九八一年二月、同「『約定書』の制定問題に関する一考察」(『文化史学』三五、一九七九年)、参照)。

これに対して、岩倉使節団の派遣計画をあくまで伊藤博文の建議によるものとみて、大隈プランとの関連を否定する意見もある(石井孝『明治初期の国際関係』吉川弘文館、一九七七年、同「明治初期国際関係の概観」(同編『幕末維新期の研究』吉川弘文館、一九七八年)、七頁以下)。

そのほか毛利敏彦『明治六年政変』(中公新書、一九七九年、なお、同『明治六年政変の研究』有斐閣、一九七八年、同「明治六年政変再論」(『法学雑誌』二五の三・四号、一九七九年三月)、同「岩倉使節団の編成事情」(『季刊国際政治』六六、一九八〇年十一月)参照)、関口栄一「岩倉使節団の成立と大蔵省」(東北大法学会『法学』四三の四、一九八〇年三月、なお、この関口論文は、氏の「留守政府と大蔵省」と題する一連の論文の二に当たる)、高橋秀直「廃藩政府論」(『日本史研究』三五六、一九九二年)等参照。

鈴木栄樹「岩倉使節団編成過程への新たな視点——研究史への批判と試論」(『人文学報』七八、一九九六年三月、横山伊徳編『幕末維新と外交』(『幕末維新論集』第七巻、吉川弘文館、二〇〇一年、所収))は、前記の諸研究にふれつつ、大久保論文による「大隈使節団」の存在にあらためて疑問を呈し、「大隈使節団」ではなく、「三条(実美——引用者注)使節団」なるもの」が、「三条・大隈あたりを中心にほんの一時期考えられただけのものと思われる」といい、太政大臣三条の派遣は「現実性に乏しく、かつてより使節団派遣を主張していた岩倉が、全権大使に就任したと考えるのが自然であろう」と述べて、大隈使節団→岩倉使節団という大久保説を否定している。また、この論文では、幕末以降、岩倉が一貫して遣外使節派遣の意向をもっていたことを強調し、その延長線上に岩倉使節団派遣計画はあったとし、さらに、「岩倉使節団の派遣は、その後に続く外債募集のための有利な環境を作り出すという公然とは語られることのない目的をもあわせもっていたと考えられる」と述べている。

しかし、この鈴木説の「三条使節団」なるものは「大隈使節団」と重なるところがあり、必ずしも大久保説の否定とはいい難いように思う。

さらに、鈴木氏は「岩倉使節・視察団と留守政府」(『明治維新史学会報』三二、一九九八年五月)で、岩倉使節団と勅使派遣の意味について述べると共に、「岩倉使節・視察団の複合的構成」(四頁以下)を強調し、左院視察団をも包括した形でとらえることを主張している(なお、注(6)参照)。左院視察団をめぐっては、松尾正人「明治初年における左院の西欧視察団」(国際政治学会編『国際政

治』八一、一九八六年)を参照。なお、藤田正「明治五年の司法省視察団」(日本大学史学会『史叢』三七、一九八六年)参照。

本書では岩倉使節団派遣の問題は、基本的には大久保説を一応の前提として私なりの考察を加えている。

(4) この『大隈伯昔日譚』は、政治記者の圓城寺清が日清戦争のころ大隈の談を筆記し、はじめ『郵便報知新聞』に連載されたが中絶、のちに大隈の補正をえて明治二十八年(一八九五)に立憲改進党報局から上梓された。その後、新潮社より大正三年(一九一四)刊。昭和十三年(一九三八)には冨山房百科文庫で復刻された。以下『昔日譚』と略称し、引用は右の新潮社版による。

(5) 石渡隆之「大臣参議及各省卿大輔約定書について」(国立公文書館『北の丸』創刊号、一九七三年十一月)および大久保利謙編『岩倉使節の研究』(宗高書房、一九七六年)七四頁以下参照。前掲(注3)掲出の関口論文は、「約定」の発案を大蔵大輔井上馨としている。

(6) 永井秀夫『明治国家形成期の外政と内政』北海道大学図書刊行会、一九九〇年、参照。

なお、大久保説に疑問を投げかけながらも、そこから岩倉使節団の成立過程を、副使の人事問題にからめて、菅原彬州「岩倉使節団の成立と副使人事問題」(一)・(二)(『中央大学法学新報』九七の九・一〇、一一・一二、一九九一年五月、六月)は詳細に論じている。

(7) 岩倉使節団の米欧回覧の同じ頃、ジュール・ヴェルヌの『八十日間世界一周』(鈴木啓二訳〈岩波文庫〉岩波書店、二〇〇一年)が発表されているのは、偶然ではあっても興味深い事実である。ちなみに、ジュール・ヴェルヌのこの作品が雑誌に掲載されたのは一八七二年、書籍として刊行されたのは一八七三年という(同上、鈴木啓二「解説」四五八頁)。

(8) 山口尚芳の読みは、人名辞典では一般に「なおよし」となっている。出身地の佐賀では早くから「ますか」とよばれていたようだが、岩倉使節団が一八七三年五月十日、イタリアのフローレンス(フィレンツェ)の陶磁器会社ジノリを訪れた際の署名は、Maska〔ママ〕 Yamaguchi と筆記体で書かれている。本書では「ますか」とする。『特命全権大使米欧回覧実記』(四)二八一—二八二頁および久米美術館編『〈新訂版〉歴史家久米邦武』(同館、一九九七年、五七頁)、岩倉翔子編著『岩倉使節団とイタリア』(京都大学学術出版会、一九九七年)一二五頁、参照。

(9) 念のため、そのほかの幕末の使節団の随行者を含めての人数を挙げれば、文久二年(一八六二)の遣欧使節団(正使竹内保徳、三十六名)、元治元年(一八六四)の遣仏使節団(池田長発、三十三名)、慶応元年(一八六五)の遣仏使節団(柴田剛中、十名)、慶応三年(一八六七)の遣露使節団(小出秀実、十六名)、同年の遣仏使節団(徳川昭武、三十名)である。

(10) 岩倉使節団のメンバーは、各国各地を時に応じ、いくつかのグループに分れて視察したが、久米邦武は本隊というべき岩倉グループのなかにあって、岩倉と行動を終始共にしている。巻末の第一—第四表(『岩倉使節団　内なる開国』霞会館、一九九三年、所収)は、霞会館資料展示委員会、とりわけ柳田(現高橋)直美・西藤要子両氏の協力によって作成した表を、さらに山崎渾子氏の協力をえて補訂したものであるが、なお検討の余地がある。本書収載を諒承して下さった霞会館展示委員会の松平乗昌氏へと共に、ここに記して謝意を表する。

(11) ただし、『理事功程』は、第二章二にみられるように、司法省、文部省、大蔵省の大部の報告書と、そうでないものとがある。報告書(『理事功程』)の提出も、期限が守られたものと、そうでないものがあり、一様ではない。これらは『理事功程』の量と質のちがいとからんでいる(福井純子「『米欧回覧実記』の成立」〈前掲『読む』所収〉参照)。

なお、田中不二麿の文部省『理事功程』はよく知られており、これまでたんに『理事功程』といえばこれを指すかのごとく思われてきた。それは、その内容の広範かつ濃密さにあり、調査には新島襄が当たったことが指摘されている(影山昇「岩倉使節での田中不二麿文部理事官と新島襄」〈同『日本近代教育の歩み』学陽書房、一九八〇年〉所収)および本書第八章注(1)参照。

(12) 岩倉使節団首脳五名の有名な写真は、一八七二年一月二十三日(旧暦明治四年十二月十四日)、サンフランシスコのブラッドレー・アンド・ラロフソン写真館(Bradley & Rulofson's gallery)で撮ったもので、女子留学生も同じ日に撮った、とされている(菅原彬州「岩倉使節団の写真」〈グループまげい編集『まげい』第四号、一九八二年十二月〉所収)。

(13) 各種人名辞典のほか、『昭和新修華族家系大成』上下巻(霞会館、一九八二～八四年)、富田仁編『海を越えた日本人名事典』(日外アソシエーツ、一九八五年)および本書巻末第三表など参照。

(14) 以上については、大久保利謙「華族と「華族令」」(『日本の肖像』第九巻、毎日新聞社、一九九〇年、所収)、『大久保利謙歴史著作集』第三巻、吉川弘文館、一九九三年、拙著『「脱亜」の明治維新』NHKブックス、日本放送出版協会、一九八四年、同『岩倉使節団『米欧回覧実記』』同時代ライブラリー、岩波書店、一九九四年など参照。

なお、岩倉使節団とほぼ時期を同じくして米欧を回遊した旧藩主の体験を興味深く紹介・分析した最近の論文に、鈴木栄樹「最後の彦根藩主の西洋遊学——一大名華族の西洋体験」(佐々木克編『幕末維新の彦根藩』彦根城博物館叢書1、彦根市教育委員会、二〇〇一年、所収)がある。

(15) 津田梅子については吉川利一『津田梅子伝』改訂版(津田塾同窓会、一九五六年)、山崎孝子『津田梅子』(吉川弘文館、一九七二年)、古木宜志子『津田梅子』(清水書院、一九九二年)など。津田塾大学『津田梅子文書』(同大学、一九八〇年、改訂版、一九八四年)参照。

山川捨松については久野明子『鹿鳴館の貴婦人大山捨松』(中公文庫、一九九三年。英訳は、Akiko Kuno, *Unexpected Destinations, The Poignant Story of Japan's First Vassar Graduate*, Kodansha International Ltd., 1993)がある。

(16) 拙著『岩倉使節団』講談社現代新書、一九七七年、二四頁、改訂版『岩倉使節団『米欧回覧実記』』同時代ライブラリー、岩波書店、一九九四年、二〇頁。
(17) 国際ニュース事典出版委員会・毎日コミュニケーションズ編集『外国新聞に見る日本』①本編(毎日コミュニケーションズ、一九八九年)五六一頁(①原文編、同年、参照)。
(18) イギリスの新聞報道全般については、森川輝紀「英国の新聞報道にみる岩倉使節団」(埼玉大学紀要、教育学部『教育科学』(Ⅱ)28〈一九七九〉所収)がある。
そこには、(1)日本の維新変革を高く評価し、「日本の「近代化」を積極的に支援しようとする姿勢」があること、(2)「君主制と国民の自由の両立の現実的可能性を英国の政治制度から把握させようとしている」こと、(3)「日本は英国産業の顧客とし、また日本のアジアでの位置を見通し、アジアでの英国の影響力拡大を望んでいる」ことを指摘し、このイギリスの報道の基調は、これらの「諸課題を達成するための前提としての「近代国家」を可能とする「自由の精神」を日本で確立することを強調している」と分析している(二四頁)。

また、萩原延寿『岩倉使節団』(遠い崖―アーネスト・サトウ日記抄9、朝日新聞社、二〇〇〇年)には、パークスをはじめとする外国側の史料からみた岩倉使節団がイギリスを中心に記述されている。
(19) 以上引用の『ル・フィガロ』紙と『レヴェヌマン』紙は、松村剛「新聞に見る岩倉使節団のパリ滞在」(東大比較文学会『比較文学研究』五五、一九八九年五月)に拠る。この論稿には他の多くの新聞の興味深い引用がある。
(20) フランスの『両世界評論』誌と『イリュストラシオン』紙からの引用は、富田仁『岩倉使節団のパリ』(翰林書房、一九九七年)三四―三六頁に拠る。横浜開港資料館『『イリュストラシオン』日本関係記事』第一巻(一八四三〜一八八〇)参照。
(21) 以上、とくに断らない限り、引用の外国紙は、前掲『外国新聞に見る日本』①本編、①原文編(各一冊)、毎日コミュニケーションズ、一九八九年、に拠る。

第二章

(1) 拙稿「岩倉使節団のアメリカ観」(和歌森太郎先生還暦記念『明治国家の展開と民衆生活』弘文堂、一九七五年、所収)参照。
(2) 留守政府と岩倉使節団との間に「約定」十二カ条が結ばれたが、その第二款に、「中外要用ノ事件ハ其時々互ニ報告シ一月両次ノ書信ハ必ス欠クヘカラス」とある。この「書信」が「本朝公信」(留守政府→使節団)と「大使公信」(使節団→留守政府)である。これは大久保利謙「「本朝公信」と「大使公信」―岩倉使節雑考」(手塚豊教授退職記念論文集『明治法制史政治史の諸問題』慶応通信、一九七七年、所収)で詳しく分析されている。それによると、「本朝公信」には東廻り、西廻りの両便を利用したが、一カ月から二カ月以上もかかり、便船の都合で発信順に到着しないため情報に混乱をおこしている。こうした当時の通信状況による情報混乱が、やがて使節団と留守政府との対立の一要因をなしていることを考慮に入れる必要がある。

（3） この編纂過程については、福井純子「『米欧回覧実記』の成立」（西川長夫・松宮秀治編『『米欧回覧実記』を読む』法律文化社、一九九五年、所収）に詳細に論じられている。

なお、本書第三章参照。

（4） このうち、国立公文書館所蔵の「岩倉使節団文書」はマイクロ化された（ゆまに書房、一九九四年）。右の別冊附録の「解説・目録・解題」（一九九四年五月）参照。

（5） 太政官提出と（同一の浄書本と）思われる全九十三巻浄書本十五冊（京都府立総合資料館蔵、第三章参照）の「例言」日付は、「明治九年第四月」となっており、久米邦武文書（久米美術館蔵）中の久米の手が入っている前半八冊の「例言」も浄書本そのままで、訂正されてはいない。にもかかわらず、刊本の「例言」が「明治九年第一月」となぜ月を遡っているのかは不明。後考にまつ。

（6） 『米欧回覧実記』を、岩倉使節団の「公式報告書」とした私の規定に対し、西川長夫氏はじめ疑問が出されている（西川長夫「『米欧回覧実記』と「脱亜入欧」――田中彰・高田誠二編著『『米欧回覧実記』の学際的研究』をめぐって」〈『立命館言語文化研究』五の一、一九九三年十月〉、前掲『読む』所収および「公開シンポジウム　一八七〇年代の世界と日本――久米邦武編『米欧回覧実記』をめぐって」〈『立命館言語文化研究』七の三、一九九六年一月〉など）。

大久保利謙氏は、「この書（『実記』）を評価する場合に、使節団の記録なのか、または久米邦武個人の著書なのか、または両者兼ね合いなのか、その判定が問題となる」といい、「久米はあくまで、岩倉使節の記録官として公務で、使節の回覧の実録を編纂したのであるが、同時に編修者個人の見聞、感慨、印象がつよくにじみでている。しかし、これは、濃淡、角視《マヽ》の差はあっても、大使以下使節一行が、ひとしく感じ、受けとめたものであったろう。要するに、この『回覧実記』は、ようやく鎖国の夢から目覚めたばかりの「日本」が、「万国に対峙」の思いをこめて、親しく西洋文明に肌で接した偽わらぬ観察と印象の記録といっていいものである」と述べられている（前掲『岩倉使節の研究』一五〇―一五一頁）。

また、前掲大久保利謙「「本朝公信」と「大使公信」――岩倉使節雑考」においては、「（『実記』は）公的な日本国民への報告書として編纂されたものであるから、これに久米邦武の編修と明記されていても、岩倉使節団が報告したもので、使節団を代表するものであり、久米邦武もその意を体して筆をとったのである。であるから叙述、構成ともに回覧の報告であると同時に、多分に国民啓蒙の意図が加味されている。回覧記のほかに各国の総説を掲げて詳細にその国の政治、歴史、産業、文化等を解説し、さらにひろく西洋文明の由来や性格を説いている。つまり文明開化への手引きを国民に示すという編纂意図が多分にある。そういう点からこの書は、日本のためのすぐれた世界文明誌で、明治啓蒙文学の傑作である」(三一〇―三一一頁)と再論されている。

ところで、『米欧回覧実記』成稿過程での素稿の一つである「奉使欧米日記」(久米美術館編『久米邦武文書』三、吉川弘文館、二〇〇一年、所収)をみると、その文中で「余」という表記にぶつかる。これは岩倉具視自身をいっている場合(四頁一行目、一四頁四行目)と、岩倉とも久米ともとれる場合(三三頁九行目)とがある。『実記』には主語はほとんど使用されていないが(例外的に㈣三七八頁十六行目には、「余嘗テ薩隅ヲ経テ」と久米自身と思われる表記がある。他に例えば、㈡二四九頁十五行目のように、「我輩ノ遊覧ヲ了リテ」という表記がみられる。この「我輩」は久米とも岩倉一行ともとれるが、後者の意だろう。また、㈤二八五頁の場合は、いずれともとれる)、右の素稿や『実記』の例からいって、久米は『実記』の叙述に当たってはなるべくみずからを岩倉ないし岩倉一行に包み込むように意識して執筆した、と思われる。

さて、福井純子氏の「『米欧回覧実記』の成立」(前掲『読む』所収)の研究の上に立って、九十三巻から一〇〇巻への増補は、久米の「私的「実記」から「公式報告書」」への「突然」の転換だという見解もある(佐々木克「公と私のあいだの『米欧回覧実記』」前掲『立命館言語文化研究』七の三、所収)。なぜその「私的」なもの(「回覧日記」十五冊)が、では他の公式文書類と一緒に「大使事務書目」二十七冊のなかに入れられているのか、そして、『実記』の成立を、果たして「私」から「公」への「突然」の転換としてとらえられるのかどうか。

西川氏は、さきの論稿「『米欧回覧実記』と「脱亜入欧」」で、いくつかの批判の論拠を示されているが、結局のところ、「『実記』は公式報告書にはちがいないが、第二の報告書であり、個人的な自由が最大限に許された公式報告書であると考えられる」(前掲『読む』九頁)と述べている。要は公的な報告書のなかに、個人の思想をどこまでとらえうるか、という難しい問題は残るが、「公的報告書」たることは否定すべくもない。

(7) こうした内容紹介は、すでに『実記』の再刷(明治十二年)に当たっても行われている。いわく、「各国ノ首ニハ其総説ヲ掲ゲ、風土人情政治軍政ヨリ山川ノ名勝古跡ニ至ル迄詳録シ漏テ〔ママ〕サス、特ニ意ヲ農工商ノ三業ニ注キ、往々我ガ現状ト比較シテ切実ニ評論ヲ加ヘ、〔中略〕先般太政官ニ於テ巨費ヲ擲チ、価格ヲ廉ニシ、刊行ヲ弊社ニ命ゼラレタルハ、蓋シ天下ノ人々ヲシテ之ヲ通読シ、文明ノ実際ニ達セシメントノ旨趣ナランカ、然バ則チ苟モ御国民タル者、此書ニ因テ内外交際ノ情実ヲ察シ、我国富強ノ道ヲ講求スルハ又報国ノ義務ト謂ベシ」と(拙稿「『米欧回覧実記』の各版と定価をめぐって」『日本歴史』一九八五年六月号)。『実記』の力点の置きどころ、さらに政府と国民との間におけるこの書の積極的な役割の強調が読みとれる。

(8) 『実記』の「図版一覧」(羽田野正隆・高田誠二編)は、前掲『学際的研究』(巻末からの横書き一〇九―一一七頁)を参照されたい。そこでは、原典の表題および注記と、図版原画(久米美術館蔵)・銅版原版(国立公文書館蔵)・『特命全権大使米欧回覧実記』銅版画集』(久米美術館、一九八五年)・『実記』(岩波文庫版)掲載頁が一覧できるようになっている。

銅版画ではないが、文中の図版のもととなった漢訳書、さらに洋書などの出典の事例が、高田誠二『維新の科学精神』(朝日選書、朝日新聞社、一九九五年、一三〇―一三二頁)に紹介されている。

なお、『実記』所収の図版とその説明がときにまちがっていることもあるという点については、長島要一「デンマークにおける岩倉使節団」(前掲『学際的研究』所収)に指摘があり、その『実記』の記述に拠った私の著述も批判されている(一七六頁)。

(9) 銅版画の残された試刷の一枚に、久米の朱書の書き込みで、「中川刻実に見苦し候、依而改刻、一応宜しく貴覧」とある。

(10) 気谷誠「明治銅版本の謎―転写石版をめぐって」(『月刊百科』三九〇、平凡社、一九九五年四月、所収)は、幕末から明治にかけての「銅版本」について述べ、二代目玄々堂緑山や梅村翠山にふれているが(ちなみに、本文での翠山の彫刻会社の設立は明治八年〈一八七五〉としている)、『実記』の銅版画には論及していない。

(11) 芳賀徹「岩倉使節団の文化史的意義」(『久米邦武と『米欧回覧実記』展』久米美術館、一九八五年、『〈新訂版〉歴史家久米邦武』同上、一九九七年、再録、一三頁)。氏はまた、「日本人と異国体験―『米欧回覧実記』のアメリカ」(『国文学』一九八〇年六月号)で、「この浩瀚な報告書をして単に学際的「地域研究」の古典たることにもまして、維新期文学の一つの記念碑的作品たらしめている」(三七頁)と述べている。

(12) 『実記』の文章は、理工系の研究者の目にも、その叙述の写実性が感嘆措く能わざる描写として映っている。楠井健氏は「江戸時代に培われた技術のポテンシャル」(日本機械学会編『技術のこころ』一、丸善、一八八四年、所収)で、『実記』明治五年九月二十七日(一八七二年十月二十九日)条の一節を引用したあとに、この『実記』の一文は、「最も魅力のある精彩に富んだ文章」だといい、「音読してみるとすぐわかるが(中略)、朗々たるリズム、簡潔な表現、文字表現の多様、漢文読み下し調の文体、力に満ちた古典的重工業の鉄と炎と男の労働の情景を、リアルに伝えたこの文章の味はすばらしい」(二五頁)という。『実記』の文章が理工系の人の目にこのように映ることは、冷静な客観的実録的叙述のしからしめるところである。的確なその実録性が逆に読む人の技術的な立場からの知的感性をゆさぶることがわかる。

(13) 『本の窓』小学館、二〇〇〇年八月号所収の「21世紀に引き継ぐ国語辞典を」(編集委員座談会)による。

(14) 久米美術館では、折にふれて岩倉使節団(『米欧回覧実記』)に関する展示をしているが、一九九六年四月二十六日〜六月九日には、「岩倉使節団が見た米欧・総集編―一二〇年後の追体験」を開催した(伊藤史湖『岩倉使節団が見た欧米・総集編』〈久米美術館、一九九六年四月〉参照)。

なお、『実記』のコースを追ったものには、拙著『「脱亜」の明治維新―岩倉使節団を追う旅から』(NHKブックス、一九八四年)、市岡揚一郎『新・米欧回覧実記—アメリカ一〇〇年の旅』(サイマル出版会、一九八五年)、泉三郎『明治四年のアンバッサドル』(日本経済新聞社、一九八四年)、同『新・米欧回覧の記—一世紀をへだてた旅』(ダイヤモンド社、一九八七年)、同『「米欧回覧」百二十年の旅—岩倉使節の足跡を追って・米欧編』、同『「米欧回覧」百二十年の旅—岩倉使節の足跡を追って・欧亜編』(共に図書出版社、一九九三年)、古川薫『歴史紀行 新・米欧回覧』(毎日新聞社、一九九三年)などがある。

(15) すでに注(12)の楠井論文や金子六郎「岩倉使節団の見たイギリスの化学工業」(『化学教育』三四の四、一九八六年)、あるいは遠藤一夫「岩倉使節団と西洋技術」(前掲『学際的研究』所収)などの諸論稿もあったが、高田誠二氏の手によって、これまで科学史的には未分析だった「久米邦武文書」の研究とともに『実記』の科学史的解明が進んだ。本文にふれた『維新の科学精神』はその成果の一端であるが、史料集としては、久米美術館編『久米邦武文書二 科学技術史関係』(吉川弘文館、二〇〇〇年)が刊行されている。

(16) 『実記』のエンサイクロペディア的な性格を認めるにしても、不十分ないし誤解による叙述もあって、「エンサイクロペディアの記事には不適当」という見解もないわけではない(長島要一「デンマークにおける岩倉使節団」〈前掲『学際的研究』所収〉一六五—一六六頁)。『実記』は、「西洋文明の達成を誇示する文献、統計類から必要な部分だけを「引用」し、西洋技術文明の成果のみを「翻訳」し、その原理にひと通りの考察を加えながらも、結局理解可能な側面しか理解できなかった。『実記』は、観察した者、された対象の双方において人間不在の記録、いわば、狭義の文化、精神文化が取り払われたあとに残った西洋文明の性急な「翻訳」であった。それは文字どおり西洋文明にことばを与え、表現を与える知的冒険でもあったわけだが、そこに深刻な試行錯誤と一方的な選択があったことを見落してはならない」(一六六頁、傍点原文)と厳しい指摘がなされている。

(17) 『実記』初刷は、「日本の印刷の父、本木昌造の弟子だった平野富二が築地に設立した平野活版製造所で印刷された」(『日本橋』一五の二〈通巻一六六号〉名橋「日本橋」保存会、一九九三年、一五頁)という。岡部昭彦氏の御教示による。記して謝意を表する。

(18) 岩波文庫版第五冊の「解説」三八一頁以下参照。ここで示したA・B・C・D本という初刷から四刷までの各版の順序は、再刷本の確定(前掲拙稿「『米欧回覧実記』の各版と定価をめぐって」、二の注(6)参照)によって、このままでよいと思われる。しかし、三八六頁の表については若干のズレがあると、福井純子氏より指摘を受けた(一九九三年六月)。理由は不明である。なお、拙稿「『米欧回覧実記』の刊本から原稿へ」(『文学』二の二、一九九一年四月、所収)参照。

第三章(本文のみ)

第四章

(1) 久米邦武とは血縁にある加瀬正一氏は、この点に関して次のようにいう。

「〔明治八年〕間もなく邦武は、京橋の家は主として事務所として公けの仕事に用いることにし、欧米巡察やその記録に対する褒賞として頂戴した金一封をもって、「目黒不動の七八丁許《ばかり》西、戸越《とごし》に」約一万坪の畑地を求め、そこに別邸を設けて、いわゆる晴耕雨読の生活を試みるようになった。以来、第二次大戦後に至るまで、九十年近い目黒と久米家との係り合いが生れた」（加瀬『わが史談』自家出版、一九八四年、一七一頁、ルビは原文）。

この目黒の地、つまり現JR山手線目黒駅前に久米美術館（久米ビル八階）はある。

（2）　前掲「文学博士易堂先生小伝」は、次のようにいう。

「先生は史料と史論との別を説かれ、「史料は断簡紙片なれば、之を縫合するに史論を以てす。従つて史眼異れば、史論亦同じからず。されば同一史料につきて二三の異論ある亦已むを得ずとせらる。史料に基かずば空論となり、史料にのみ没頭すれば紙虫となる。史料の背後に伏在する真相を摘発するを眼光紙背に徹すといひ、恰、鉱山家が山野に地中の宝を発掘するに同じ」と。又先生の感情排斥論は史学者の間に熟知せられ、先生の持説に恰適の資料を提供するも、其の不合理なる点は悉く否認せらる」（『回顧録』上巻、一七―一八頁）。

（3）　修史館の編修官は両局に分れ、一局の歴史課は長松幹・岡谷繁実が『復古記』や『明治史要』を撰し、二局は甲乙に分れていた。甲局は川田甕江・依田百川、乙局は重野安繹・藤野正啓（海南）が、それぞれ編修官として史料編纂に当たり、久米は重野の乙局にあった。

久米の状況説明によれば、この修史館は当初より「重野、川田、長松の三派鼎立し」、甲乙局の性格は、「重野は記録的で川田は文学的、詳言すれば重野は大日本史の如く謹厳に修むるにあり、川田は外史の如く文章を美にするにある、とは明言はされぬけれど川田、依田の人格にて自ら証明さるゝのである」（「余が見たる重野博士」前掲『久米邦武歴史著作集』第三巻、一〇二頁、以下の引用も同じ。圏点省略）という。

この甲乙局の性格の違いは、史料の「編修」「非編修」でも意見が対立し、久米は重野とともに編修派だった。結局、明治十五年（一八八二）の修史館刷新では乙局のみが残り、重野のもとにあった久米らが「大日本編年史」の編纂に当たったのである。

甲局が廃止され、乙局のみが残ったことは、「重野一派の史館乗取」と称せられたが、「裏面の暗潮は益険悪を兆したる成行きは、二十五年井上毅文部大臣となり、帝国大学の修史局を廃して編年史は不成功に終り、其後たゞ史料編纂を復活刊布することに成た。結果よりいへば川田の非編修説に退歩した姿である」（一〇四頁）と久米はいう。暗闘の時代ではあったが、日本近代史学はここで準備された、といえるのである。

なお、東京大学史料編纂所編『東京大学史料編纂所史史料集』（同上、二〇〇一年、とくに第一章・第二章〈付節　史料稿本と大日本編年史〉・第三章等)および東京国立博物館・東京大学史料編纂所編『時を超えて語るもの――史料と美術の名宝』(東京大学史料編纂所、二〇〇一年)参照。注(4)も関連。

(4) 「大日本編年史」は『大日本史』を継承するが、『大日本史』の終末の後小松天皇より若干さかのぼって後醍醐天皇の文保二年(一三一八)からはじめることとしたので、その発端が『大日本史』の末尾と重複することとなった。そこで「編年史」の起稿に当たってはおのずから『大日本史』との重複部分の史料的検討となり、さらにさかのぼって『大日本史』が典拠とした『太平記』の検討となった。この書で南朝方の忠臣として活躍する備後国の児島高徳の実在が疑問となり、ついに作者によって捏造された架空の人物ということになったのである。

これが児島高徳抹殺論だが、その実在への疑問は、久米邦武の「編年史」起稿中、『太平記』の検討で気付かれたものらしい。その証拠となる久米自筆の「編年史」の稿本が「久米邦武文書」中にある。初稿本元弘二年三月十七日の条には、『太平記』によって何等疑問のない実在人物として書かれているが、再稿本と覚しきものの同年同月日の条では、児島高徳のことは本文からおとして細注として疑点が書かれ、「高徳事未得他拠、録以備考」と実在に疑問を投じている。この二種の稿本の起稿年月は明らかでないが、「編年史」の冒頭の部分であるから、「編年史」起稿開始の明治十五年(一八八二)をあまり隔てない頃と思われる。

さらに改稿された「編年史」巻三(後醍醐天皇紀三)元弘三年四月二十七日の条では、いったん墨筆で書かれた児島高徳の名前のある一文は、朱筆で消されている。

児島高徳問題は、「編年史」編纂上の大問題となり、主任の重野安繹が先頭に立って『太平記』を検討するとともに、関係史料の探索に力を入れたものの、ついに高徳の文書は一点も見出されなかった、という。そこで重野は高徳の実在否定、つまり高徳抹殺論を唱え、これを東京学士会院、史学会などで華々しく開陳した(「世上流布の史伝多く事実を誤るの説」「児島高徳考」等)。これはあくまで学問上の問題であるが、史上の著名な忠臣、美談の否認だったので物議をかもし、重野は抹殺博士といわれた。久米が『史学会雑誌』に発表した「太平記は史学に益なし」も、この抹殺論の線上での所説であった。明治四十年(一九〇七)刊行の久米の『南北朝時代史』にも『太平記』の検討を行い、児島高徳の院庄の桜樹の記事については、「今は小説として信ぜられぬ談」(明治四十年版、二〇二頁)と書かれている。

(5) 久米邦武の古文書学に関しては、荻野三七彦「久米邦武と「古文書学」」(大久保利謙編『久米邦武の研究』〈『久米邦武歴史著作集』別巻、吉川弘文館、一九九一年、以下、別巻『研究』と略称〉所収)を参照されたい。

(6) 久米事件に関しては、田中彰・宮地正人編『歴史認識』(日本近代思想大系13、岩波書店、一九九一年)所収の「Ⅶ 久米邦武事件」の史料並びにこれをめぐる宮地正人氏の「解題」や「解説」等を参照されたい。

また、鹿野政直・今井修「日本近代思想史のなかの久米事件」(前掲別巻『研究』所収)が、思想史的な総括的分析をしている。

なお、この久米事件から日清戦争期にかけての久米の論説の特徴については、鈴木貞美「明治期『太陽』に国民国家主義の変遷を読む」(鈴木貞美編『雑誌『太陽』と国民文化の形成』思文閣出版、二〇〇一年、所収)参照。

(7) 以上の久米の各分野にわたる問題関心をめぐっては、前掲別巻『研究』所収の諸論文を参照のこと。なお、必要に応じて佐藤能丸編「久米邦武年譜」、同「久米邦武著作目録」(前掲別巻『研究』所収)を参照した。同著『異彩の学者山脈』芙蓉書房、一九九七年、参照。

第五章

(1) 岩倉使節団のサンフランシスコからシカゴまでの状況は、シドニー・D・ブラウン「アメリカ西部の使節団」(太田昭子訳)(前掲『『米欧回覧実記』の学際的研究』所収)が、当時の現地の新聞をもとに興味深く描いている。また、太田昭子「岩倉使節団のシカゴ訪問」(慶應義塾大学法学研究会『教養論叢』第九六号、一九九四年三月)、同「岩倉使節団とシカゴ」(田中彰編『近代日本の内と外』吉川弘文館、一九九九年、所収)などがある。とくに後者は、僅か二日間(陽暦一八七二年二月二十六〜二十七日)の使節団のシカゴ滞在にもかかわらず、当時のアメリカにおけるシカゴの状況の中で、使節団訪問の意義が何であったかを、多くの現地史料を駆使して浮き彫りにしている。岩倉一行は、このシカゴで、前年十月の大火の被害に対して五〇〇〇ドルを寄付する。チャールズ・ランマン編、岡村喜之翻刻『岩倉公一行訪米始末書』(Charles Lanman, *Leaders of the Meiji Restoration*)北星堂書店、一九三一年も参照のこと。
なお、一行のシエラネバダ山脈通過をめぐっては、川崎茂「シエラネバダ越え周辺の歴史地理—一八四六〜七〇年代」(『史学研究五十周年記念論叢』一九八〇年十月、所収)が歴史地理学の立場から論じている。

(2) キリスト教の問題については、すでに「ブリーフ・スケッチ」において、日本における「西洋の宗教を禁止した古い布告は廃止されるべきであり、したがって自国の信者[native believers]が法律を守り、公然たる罪を犯さない限り、迫害を受け、殉教に至らしめてはならないこと」といい、その末尾には「宗教的寛容についての覚書き」をG・F・フルベッキは付していた(前掲『開国』参照)。
岩倉使節団が出航後、キリスト教問題に最初に直面したのは、アメリカへの太平洋上のことだった。

すなわち、使節団のアメリカ号にバプティスト教会の宣教師ジョナサン・ゴーブル(Jonathan Goble, 一八二七〜九六)が乗船しており、岩倉使節に面会を求めた。この点に関しては、山崎渾子「岩倉使節団における宗教問題」(前掲『学際的研究』所収)でもふれているが、久米邦武「奉使欧米日記」(久米美術館編『久米邦武文書三　岩倉使節団関係』吉川弘文館、二〇〇一年、所収)には、明治四年(一八七一)十一月二十四日、ゴーブルの要請に対して岩倉は久米権少外史と田中不二麿文部大丞に応接を命じ、翌二十五日、彼らとゴーブルと会ったことを記している。すなわち、上記「日記」には、「第二字、田中久米両人、教師〔ゴーブルを指す――引用者注、以下同〕に面接につき、余〔岩倉〕も米公使と其席に臨めり、一体この教師ハ談話すきなるよしなり、偖《さて》面接のとき教師より先発談すへき〔ママ〕へと問しにより、固《もとよ》り夫を望ミと答へありけれハ、乃《すなわち》新約旧約の概略を日本語にて説き、其後十戒のことをも話し、大抵三字も費したるなるべし、別に仔細もなかりし」(一四頁)とある。

ゴーブルによれば、このとき「岩倉は彼に、日ならずして日本政府はキリスト教信仰を容認するであろうこと、浦上キリシタンへの処置は国内の反対党との間を平穏に治めるためのものであったこと、そして国際輿論がキリスト教自由化の口実を日本政府に与えてくれることをむしろ望んでいること、の三点を語った」という(川島第二郎『ジョナサン・ゴーブル研究』新教出版社、一九八八年、九六―九七頁)。

右と関連するゴーブルのサンフランシスコの諸教会に宛てた書状(一八七二年一月十九日付)が、『ニューヨーク・タイムズ』紙、一八七二年二月二十日付に載せられている(『外国新聞に見る日本』①本編、①原文編、五六〇頁・五八三―五八四頁)。ここにも同じような趣旨が読みとれる。

これは、諸説あるキリスト教解禁問題にひとつの示唆を投げかけているといえよう。なお、上記『ジョナサン・ゴーブル研究』の「I　論文」の部には「岩倉使節団とゴーブル」の論稿を収めている。また、ジョナサン・ゴーブル訳『摩太福音書』の復刻版「解説」(川島第二郎)の一節には、「ジョナサン・ゴーブルの生涯」がある(明石書店、一九八九年)。

右の岩倉使節団の宗教問題に関しては、前記のほか、山崎渾子「岩倉使節団における宗教問題」(『北大史学』一八、一九七八年八月)、同「岩倉使節団と信教自由の問題」(『日本歴史』三九一、一九八〇年十二月)、同「久米邦武と宗教問題」(『聖心女子大学論叢』七一、一九八八年七月)、同「久米邦武と田中不二麿の宗教視察」(同上、七三、一九八九年七月)、同「岩倉使節団の耶蘇関係書類をめぐって」(『キリシタン文化研究会会報』九四、同研究会、一九九〇年二月)、同「久米邦武とキリスト教」(大久保利謙編『久米邦武の研究』吉川弘文館、一九九一年、所収)、同「岩倉使節団と寺島宗則」(田中彰編『近代日本の内と外』吉川弘文館、一九九九年、所収)などの一連の論文がある(ゴーブルに関しては山崎渾子氏の御教示に負うところが大きい。記して謝意を表する)。

また、安岡昭男「岩倉使節と宗教問題」(中央大学人文科学研究所編『近代日本の形成と宗教問題』中央大学出版部、一九九二年、所収)がある。なお、フランシスク・マルナス著、久野桂一郎訳『日本キリスト教復活史』みすず書房、一九八五年、参照。

(3)　石附実「岩倉使節団の西洋教育観察」(『季刊日本思想史』七、一九七八年五月)参照。なお、第八章注(11)の文献参照。

(4) 岩倉使節のアメリカ考察をめぐっては、宮永孝『アメリカの岩倉使節団』(筑摩書房、一九九二年)が日付を追う形で、現地調査を踏まえて叙述している。また、長田豊臣「岩倉使節団の見たアメリカ」およびウェルズ恵子「久米邦武の見たアメリカ」(ともに前掲『読む』所収)がある。長田論文はアメリカ研究の専門家の立場から、『実記』の記述について、「残念ながらたとえばトックビルのアメリカ観察に見られるような文明論的鋭さはない。また、当時の合衆国で起こりつつあった国家の構造的変質への洞察は弱い」と断りつつも、「『実記』の記述はいずれも、アメリカのシステムや制度、そしてその歴史はかなり正確に理解している」(三四頁)と評している。

(5) これらの条約問題の経緯は(途中の全権委任状下付のための帰国問題を含めて)、『条約談判書』(国立公文書館蔵)に詳しい(『日本外交文書』第五巻参照)。下村冨士男『明治初年条約改正史の研究』吉川弘文館、一九六二年、石井孝『明治初期の国際関係』吉川弘文館、一九七七年、等参照。

吉野作造「岩倉大使日米条約談判の顚末」(『明治文化研究』五、一九二九年四月)は、交渉経過を詳しく述べると共に、「初めて海外に乗り出した当年の政治家に、今日我々の期待する様な資格を十分備へて居る筈と観るのは、かく観る方が寧ろ無理だ。時代相応に解釈することが却て事の真相をつかむ所以だと私は考へる」(八頁)と使節団に同情的な見方をしている。

なお、岩倉使節団のイギリスとの条約問題の交渉については、前掲萩原延寿『岩倉使節団』(二二三頁以下)に、グランヴィル外相とのやりとりが、イギリス側の記録によるコメントや『米欧回覧実記』を援用して記述されている。

(6) 北政巳『国際日本を拓いた人々―日本とスコットランドの絆』(同文館、一九八四年)は、その第三章を「岩倉使節団のスコットランド紀行―明治日本の国際化への模索」に当てている。

(7) その七つとは、(1)「場主ノ秘シテ示サヽル所アルニヨル」。(2)「場内ノ諸員モ亦審知セサルコト多キニヨル」、つまり、分業のため一人ひとりは知らない、(3)製作場の「器械」の「輪響槌声」で言葉が聞きとれない、(4)日本に送った「報告書」が「皇城炎上ニ罹《かか》リテ、焼燼セルニヨル」、(5)「時促シ途ニ急ニ、詳覧ニ遑《いとま》アラサルニヨル」、(6)「西洋ノ俗ハ、解説ニ順叙アリ、率爾《そつじ》ノ際ニ、其要ヲ抄撮シ説コトヲ欲セス」、慌しい間に「術理」を問うても、十分答えてもらう余裕はない、(7)「工芸ノ術理ハ、其技術ニ通セサルモノ、能《よく》スル所ニアラサレハナリ」(「例言」(一)一三―一四頁)を挙げている。

(8) 高田誠二『維新の科学精神―『米欧回覧実記』の見た産業技術』(朝日選書、朝日新聞社、一九九五年)は、全面的に技術史の視点から分析した成果である。

(9) 貧民窟を見て帰った後、木戸孝允は、「貧民窟というよりも悪漢の巣で、其の状態は唯言語に絶すといふより外はない。支那人も二三人居たが、阿片を吸ひ賭博などして居た。幸に日本人は居なくてよかつた」と久米邦武に語り、大久保利通は同行の畠山義成

(杉浦弘蔵)に、「余は彼《あれ》を見て、世の中が浅猿《あさま》しくなつた」と語った、という。この木戸・大久保の言葉を引いて『回顧録』で久米邦武は、「二人共に非常に不快と失望とを感ぜられた事が窺はれた」と記している(同上、下巻、四二一頁)。なお、『木戸孝允日記』明治五年十一月十二日条参照。

(10) 坂根義久校注『青木周蔵自伝』(平凡社、一九七〇年)三八―七二頁。
坂根義久『明治外交と青木周蔵』(刀水書房、一九八五年)には、木戸孝允は、「アメリカでは久米邦武・畠山義成に「米国憲法注解」を呈出させ、イギリスでは河北俊弼にイギリス憲法調査を命じ、フランスでは久米邦武・西岡逾〔明〕と「仏政体書」の取調を行っている」(五七頁)とある。

なお、アメリカでの憲法調査をめぐっては、木村毅『日米文学交流史の研究』(講談社、一九六〇年)、とくに第九章「「天は人の上に」論考」(二〇二頁以下)参照。

(11) イギリスについては、宮永孝『白い崖の国をたずねて―岩倉使節団の旅・木戸孝允のみたイギリス』(集英社、一九九七年)参照。小林恵子「百聞ハ一見ニ如カズ―久米邦武の見たイギリス」(前掲『読む』所収)は、「久米の数少ない弱点の一つ」として「想像力の不足」を挙げ、「彼の真骨頂は、見たものを最高度に描くことで、見えないものを見ることではない」(ただし、「その不足がかえって『実記』にプラスに働いている」とも指摘している。八〇頁)という。そうした限界はあるにせよ、「天皇制という幕末維新の実体と化したさし木を幹にした以上、今必要なのは、その幹を太くし枝葉を出し、花を咲かせる推進力、国民統合のイデオロギーであった。その点で科学の進歩、商工業の発展、富国を一つのイデオロギーとして国民にアピールすることにおいて、久米はこの「イギリス編」で一番成功しているように思われる」(八二―八三頁)と述べている。

(12) 『米欧回覧実記』のフランスの部の記述を現地に追ったものに、松井千恵「『米欧回覧実記』を読む㈠―第三編第四十二巻巴黎府の記〔ママ〕一―」(『白百合女子大学研究紀要』第三〇号、一九九四年十二月)、同「『米欧回覧実記』を読む㈡―第三編第四十四巻巴黎府ノ記三～六」(同上、第三一号、一九九五年十二月)がある。
同じく現地を歩いてまとめられたものに、富田仁『岩倉使節団のパリ―山田顕義と木戸孝允 その点と線の軌跡』(翰林書房、一九九七年)がある。これには使節団のメンバーのみならず関連する多くの人物が取り扱われている。

奥村功「パリの岩倉使節団―文明都雅ノ尖点」(前掲『読む』所収)は、『実記』の位置について、次のようにいう。すなわち、明治二年の栗本鋤雲の『匏菴十種(鉛筆紀聞・暁窓追録―原注)』や、明治四年の渋沢栄一、杉浦愛蔵の『航西日記』のような同時代の人々の記録と対比して、「フランス社会の全体像を、体系的、同時に具体的に描いた百科辞書的資料としては、やはり『実記』に代るものはないと言わねばならないだろう。しかも『実記』の場合は、それぞれの国についての観察が、世界を見てきた比較の眼によって、おのずと公正に強固になっている」（一〇七頁）と述べている。

（13）　前掲西川「『米欧回覧実記』と「脱亜入欧」」（八二—八四頁）は、パリ＝コミューンをめぐっての問題で、『実記』の「中等以下」の記述（㊂一四一頁）から、『学際的研究』所収の拙稿での、「近代ヨーロッパ国家幻想からの覚醒」（二三頁）という「国家幻想」なる語は、「用語が不正確だ」と指摘する。この言葉の前には、「はるかアジアの地から日本が抱き続けていた」と私は書いた。それは『実記』の「西洋各国、上下ニ通シ風俗美ナリト謂ハ」（㊂一四一頁）という表現に対応したものである。

誤解を招いたと思われるので、本文（岩波文庫版『実記』㊂の「解説」と同じ）では、「階級的視座」による認識にとどめた。

（14）　時野谷常三郎「明治初年に於ける日独交渉の一齣」（『歴史と地理』二九の一、一九三二年一月）には、このビスマルク演説の全文を『ビスマルク全集』第八巻から引用し、全訳を付記している。それを対比してみると、『実記』引用のビスマルク演説はほぼ全文に近い（日本でもっとも早い詳細な紹介といえる。イアン・ニッシュ編、麻田貞雄他訳『欧米から見た岩倉使節団』〈ミネルヴァ書房、二〇〇二年〉第五章一六五頁、参照）。なお、このビスマルクの思想の「源泉」は、「主としてスピノザ（Spinoza）とヘーレン（Heeren）の思想に其の根源を有するものゝ如く推せられる」（五〇頁）と時野谷氏は述べている。

この前後のビスマルクについては、エーリッヒ・アイク著、加納邦光訳『ビスマルク伝』第六巻（ペリカン社、一九九八年）、および加納邦光『ビスマルク』清水書院、二〇〇一年、参照。

（15）　ここで井上毅が言おうとしたのは、「現今欧洲各国の建国、独り孛国《プロシア》ハ我国ニ近キ者ナリ」というところから、天下の人心をして、「保守ノ気風ヲ存セシメ、英学ノ直往無前ノ勢ヲ暗消セシム」るためにも、「独乙学ヲ奨励」せよ、という問題提起だったのである（引用史料は本文と同じ）。

（16）　氷上英廣『ニーチェとその時代』（岩波書店、一九八八年）には、「グリュンダーツァイト（泡沫会社氾濫時代—原注、以下同）に、若きニーチェは『反時代的考察』を書いていた。一八七三年の四月の末から六月にかけてその第一篇「ダーヴィト・シュトラウス—信仰者・著述家」を書きあげた。だいたい岩倉使節団がドイツそしてオーストリアにいた時期である（使節団は三月から五月ドイツを見、イタリアを見てから、六月オーストリアにはいった）。だから『反時代的考察』における「時代」とは、直接的にはこの時代であり、戦勝に酔いしれている知識人（教養ある俗物）に警告を発して、「ドイツ帝国の肩をもって、ドイツの精神を亡ぼすな」とニーチェはいったのである」（二一一頁）とある。そして、本文に述べた『実記』における当時のベルリンの風潮に対する批判的な口吻を十分承知のうえで、氷上氏は、「ニーチェの時代はひとくちにいえばビスマルクの時代である。この時代の明るい側面が岩倉使節団の見たものであり、暗い側面がニーチェやその同僚であったすぐれた歴史家ブルクハルトの見たものであったといえるだろう」（二一四頁）と述べられている。この「明るい側面」＝岩倉使節団という著者の理解の背後には、明治六年十月の政変によって「プロイセンの国家像」を「理想」とする明治政権の「方向は決定的になった」(二〇八頁)という理解がある。この論稿「イスカの喉もと」は、岩波新書『ニーチェの顔』(一九七六年)に収められていたものである。

また、『実記』のプロシア(ドイツ帝国)についての叙述をめぐっては、前掲『読む』には、末川清「久米邦武にとってのプロイセン」と、石井扶桑雄「久米邦武の文明観から見たプロイセン」、および辻善夫『米欧回覧実記』にみるドイツ像」とが収められている。

前二者は『実記』を「久米邦武」個人の観察としてとらえている。『実記』を岩倉使節団の「公約数的な」報告書とみる私の立場(第二章二参照)とは前提にずれがあるが、二論文に共通するのは、久米の目に映じたプロシアは、「軍略と政略」のモデルに一線を画した「農業と製造工業とのバランスのとれた産業国家であり、日本にとっても大切な貿易相手国であ」り、「プロイセン=ドイツの連邦制のもとに温存される文化多様性であった」(末川論文、一二九頁)、あるいは、「「富強」ならぬ「富国強兵」の現実政策や武断政治に受けた「衝撃」よりも、寧ろ農業生産の向上あるいは日本とプロイセンとの交易関係に言及している条の重要性であるように思われる」(石井論文、一五〇頁)と理解されている。

辻論文は、『実記』を必ずしも久米個人とはみていないが、ここでも、「彼らが見たものは、「武の国」としての普魯士国だけではなかった。むしろ「農牧の国」としての基本的なあり方—それは当然日本との比較につながるものであったが—に目を向けていたように思われる」(一六八頁)と前記二論文と通ずる指摘がある。そして、使節団のプロシア観は、当時の日本の「素朴な「文武の国」」というイメージの「延長線上にあると考えられるが、それらを支えている「普魯士人」の特徴として、彼らは「皇帝と臣下の国」、ないし「王侯貴族の国」という側面を見ている」(一六五頁・一七七頁)と述べている。

いずれにせよ、「プロイセン・モデル再考」(石井論文、一五〇頁)は、前記三論文に共通しているのである。

また、宮永孝『日独文化人物交流史—ドイツ語事始め』(三修社、一九九三年)は、その第四章「ドイツを訪れた日本人」で、「岩倉使節団のプロシア訪問」についてふれている。

(17) ロシアに関しては、外川継男「岩倉使節団とロシア」(前掲『学際的研究』所収)で、久米邦武の『実記』記述の誤りを正しつつ、内容を批判的に分析している。さらに『実記』と日露戦争勃発直後の久米の論稿「露西亜は絵図面の大国」(『歴史地理』六の三、一九〇四年三月)のロシア観とを比較し、「ロシアに対する脅威が、「ロシア何するものぞ」と変わり、最後にはロシア蔑視へと変わっている」とし、「このようなロシア観の変化は、ひとり久米だけのものでなく、日露戦争の勝利を通じて、ひろく日本人一般にもみられるようになるということができるであろう」(一四八頁)と述べている。

なお、江戸期の日本人のロシアイメージには、本文で『実記』が指摘した「畏憚」のみではなく、「楽観的ともいえるロシアの非侵略性への信頼」(一〇頁)もあったことを、秋月俊幸「江戸時代における日本人のロシア観」(共同研究報告『日本とロシア』一九八七年、所収)は指摘している。

奥村剋三「久米邦武の見たロシア」(前掲『読む』所収)は、『実記』のロシア記述の「内容の多くは伝聞ないしは英書の教える知識の再録で、筆者久米邦武の観察者としての目が行きとどいた範囲はきわめて狭い」(一八七頁)といい、また、「『実記』を見るかぎり、土地所有、鉄道建設、国家財政など、大筋の理解はえているものの、問題点にまで観察の目がとどいていたとは言いがたい」(二〇二頁)と、『実記』の限界を指摘している。

(18) ここでモデル選択肢を、「大国」と「小国」としているが、各国におけるそれぞれの分野の模範モデルを否定するものではないし、実情に応じて可能な限りのモデルを分野別にかつ多元的に取捨選択することを否定するものでもない。この点については山室信一『法制官僚の時代——国家の設計と知の歴程』(木鐸社、一九八四年)、とりわけ「I 模範国・準拠理論の選択と知の制度化」を参照されたい。

なお、ここでの本文では引用していないが、万国博覧会についての『実記』の評言としての「太平ノ戦争」をめぐって、松宮秀治「万国博覧会とミュージアム」(前掲『読む』所収)は、次のようにいう。

「久米がこのように万国博覧会を「大平《ママ》の戦争」という文脈で解釈しようとしたことは、その背後にある「帝国主義」と「ナショナリズム」に気づかなかったと断ずべきではない。彼はそのことに気づいていたからこそ、「大モ畏ルニ足ラス、小モ侮ルベカラス」の視点から、あえて万国博覧会のネガティブな部分より、ポジティブな部分に眼を向け、「小国」立国論の方策を学び取ろうとしたのである。久米が求めた「小国」立国の方策は、日本の「大国化」、つまり「富国強兵」ではなく、「強兵」を排した「富国化」の道であった。その「富国化」は軍事力の強化による大国代《ママ》路線でなく、「大平の戦争」という「技術」競争による「小国」的自立の「富国家《ママ》」の道であった」(二四七頁)。

氏は『実記』のなかに「小国」立国論の方策」すらも読みとろうとしているのである。

ちなみに、「太平ノ戦争」に関しては、本章八、とくに注(36)を参照のこと。

(19) 岩倉使節団がベルギーにおいて訪れた諸工場については、石坂昭雄「岩倉使節団とベルギー——一八七三年の先進重工業国ベルギー」(前掲『学際的研究』所収)が詳しく述べており、また、田淵晋也「「自主ノ権」と「営業ノ力」の民」(前掲『読む』所収)もベルギーについて主として述べている。田淵論文は、『実記』(久米)の「思想する姿勢」が、「絶対視するのではなく、相対視することから、なされているように思われる」(二〇九頁)と記す。

なお、磯見辰典・黒沢文貴・櫻井良樹『日本・ベルギー関係史』(白水社、一九八九年)、とりわけ第一部第三章参照のこと。そこには岩倉大使とベルギー側のランベルモン（外務大臣代理役、外務省事務総長）とのやりとりなどが、ベルギー側の史料によって紹介されている。また、この書は、「岩倉使節団にとっては、「小国」もやはり近代化の「模範国」たりうる国々として意識されていたといえるのである」（一〇一頁）と述べている。前掲『欧米から見た岩倉使節団』第四章参照。

(20) オランダについては、宮永孝「オランダにおける岩倉使節団」（『社会労働研究』三四の二、一九八八年一月）が、地元の新聞記事によって『米欧回覧実記』の記述を補強する報告をしている。

(21) スイスに関しては、中井晶夫『初期日本＝スイス関係史』（風間書房、一九七一年）、森田安一『スイス―歴史から現代へ』（刀水書房、一九八〇年）参照。

(22) デンマークに関連しては、長島要一「デンマークにおける岩倉使節団―『米欧回覧実記』の歪み」（前掲『学際的研究』所収）がある。なお、第一八三回スタッフ・セミナー「日本・デンマーク文化交流史の一側面」（『学術国際交流参考資料集』一八八、明治大学国際交流センター、一九九四年三月）参照。

(23) デンマーク、スウェーデンおよびノルウェーの北欧三国については、武田龍夫『北欧―その素顔との対話』（中央公論社、一九九五年）が概略を述べているが、その第七章は「日本・北欧文化交流小史―ツンベルイより岩倉使節団へ」となっており、『実記』を引用して、使節団の小国への注目を「再評価してよいのではないか」と述べる（一三二―一三四頁）。

スウェーデンについては、奥田環「岩倉使節団がみたスウェーデン―『米欧回覧実記』第六十八・六十九巻「瑞典国ノ記上・下」を読む」（『川村学園女子大学研究紀要』六の一、一九九五年三月）、同「明治政府のスウェーデン訪問―岩倉使節団と『米欧回覧実記』」（『北欧史研究』第一三号、バルト＝スカンディナヴィア研究会、一九九六年五月）、とりわけ前者に詳しい。そこでは『実記』の叙述や図版を、現在の状況とつき合わせて論じており、また、現地に残されている岩倉使節団関係文書を紹介し、今後へ手がかりを与えてくれる。

(24) 毛利敏彦氏は「岩倉使節団の文明論―『特命全権大使米欧回覧実記』を読む」（『日本史研究』二七四、一九八五年六月）で、「各国文明度への評価順位の推測を試み」、上のような文明度の表を提示していう。「この表には、使節団の文明観、ひいてはいかなる文明国家日本をつくるべきかという理想像が端的に現われていて、われわれの想像力を大いに刺激するのである」（八八―八九頁）と。ここで「小国」がすべて「優等」に位置づけられていることに注目しよう。ただし、『実記』には、フランスは「文明国ノ最上等」（㈢一二四頁、本書一

文明度		国名
優等		ベルギー，オランダ，デンマーク，スウェーデン，スイス
中等	上	プロシア，フランス
	下	アメリカ合衆国，イギリス
劣等	上	オーストリア，イタリア，ポルトガル
	下	ロシア，スペイン

二八頁の引用参照)とあることにも留意。

(25) 下川茂「小国理想化の陥穽――スイス記述の問題点」(前掲『読む』所収)は、『実記』に欠落した部分や記述の誤りなどを指摘している。参照されたい。

ただ、氏は久米は「日本を小国とは見なしていなかった」(二八九頁・二八二―二八三頁)と述べている。

なお、富永茂樹「北欧で見たこと、南欧について聞いたこと」(前掲『読む』所収)も参照。

(26)『大使公信』(国立公文書館蔵)所収の正院第二十七号文書(明治六年五月十九日、ローマより岩倉使節団発信)の一節には、「第廿六号信申進置候通、当月九日伊国領フロレンス到着、同所於テ御国在留当国全権コムトドラフヱーニ面会、翌十日同人同道、同国都羅馬府相越、同十四日朝第十時謁見、国書奉呈無滞相済、即夕皇宮ニ於テ夕饌之賜有之候。謁見之節双方ロ誼并当日儀式等ハ別段可申進程之義モ無之間、従省申候」(句読点は適宜付した。『大日本外交文書』第六巻、四六頁、参照)とあり、謁見の日は十四日となっているが、ここでは『回覧実記』に拠った。

(27) 以上の「口上」および「答詞」は、『謁見式』(国立公文書館蔵)所収。また、後述する条約改正問題の交渉の引用は『条約談判書』(同上)所収。句読点は適宜付した。

(28) この支倉常長は、ローマの市民権を与えられ、また、フランス人クラウディオの描いた支倉および教皇パウロ五世の肖像その他多数の土産を持ち帰った(日伊協会『日伊文化交渉史』同協会、一九四一年、二六頁。なお、この市民権の証書と支倉および教皇の肖像は、同書に写真が収められている)。

この支倉の肖像は、明治九年(一八七六)の明治天皇東北巡幸の際展示された。

岸田吟香が『東京日日新聞』に掲載した「東北御巡幸記」の明治九年六月二十六日には、東北巡幸における明治天皇の仙台博覧会場臨幸の状況が記されているが、そこに支倉の画像が陳列されていたことを述べている。岸田はおよそ八〇〇余品の陳列物品のうち、これは「尤も奇とすべき」ものといい、この画像は、慶長十八年(一六一三)、伊達政宗が支倉らに「南蛮国」の事情を探らせ、彼が使命をおえて帰国するに際して「南蛮王」がみずからの画像を副えて支倉の肖像を持ち帰らせたものだ、と注記している(『明治文化全集』皇室篇、日本評論社、一九二八年、三七〇―三七一頁)。

(29)『木戸孝允日記』二(日本史籍協会叢書、覆刻版、東京大学出版会、一九六七年)、三六〇頁。ちなみに木戸は、使節団と別れた後の帰国途上、ウィーン万国博覧会を見学後、明治六年(一八七三)五月六日、ベニス入りをし、パドワ、フローレンス、ローマ、ナポリ、ポンペイ等、使節団同様各地を歴訪し、ミラノを経て、二十一日、スイスのジュネーブに着いている。

(30) 使節団が見た文書については、次のようにいわれている。

「此の使節の一行がヴェネツイアに赴いた時、同地の古文書館で日本使節の残した邦文の文書を見て大いに興味を起し、なお詳細なる研究を同市の接伴委員の一人であつたベルシエー Guglielmo Berchet に委託した結果、彼がヴェネツイアをはじめモデナ、フイレンツェ等北伊の史料を探訪して『日本使節考』*Le antiche ambasciate giapponesi in Italia*(Venezia, 1877)(この書は天正使節の事蹟と共に支倉常長のそれを考証してゐるが、前者の方が寧ろその主要部分を占めてゐる。実にこれは、かの使節に関する史的研究の最初の産物であつた―原注、以下同)を著し、次いで彼の二女の結婚記念として、フェラーラに於ける関係史料が、**Paride Laggotti**, *L'ambasciata giapponese del MDLXXXV*.(Venezia, 1884)(パリーデ・ラゴッティ著『千五百八十五年の日本使節』)なる名称の下に彼の友人の手で出版せられるに至つた事は(濱田青陵(耕作)博士著『天正遣欧使節記』四五〇―四五一頁参照)、三百年の隔たりを越えて、前後三回の我が遣欧使節を一つに繋ぐものとして、日伊両国文化史上極めて意義深いことであり、同時に岩倉大使一行の日伊文化交渉史上に於ける意義を一段と重からしめるものである」(前掲『日伊文化交渉史』三九頁。吉浦盛純『日伊文化史考』イタリア書房出版部、一九六八年、一一六―一三三頁、参照)。十六世紀後半の天正遣欧使節、十七世紀初頭の伊達政宗の使節支倉常長、そして十九世紀七〇年代の岩倉使節団という三つの使節の日伊文化交渉史上の意義が強調されているのである。

なお、『日伊文化交渉史』によれば、岩倉使節団は帰国に際し、天皇・皇后へ、エマヌエレ二世ならびに皇太子妃から寄贈の肖像画を持ち帰ったが、明治六年(一八七三)九月一日にはイタリア皇太子、明治十二年(七九)十一月二十七日にはジェノバ侯の来朝があって親交を加えた、とある(三九―四〇頁)。

(31) 小谷年司「岩倉使節団のイタリア体験」(前掲『読む』所収)は、『実記』とフランスの文芸批評家イポリット・テーヌ(三十八歳、一八六四年)が、フランスからイタリアへ旅行したときの作品(TAINE "VOYAGE EN ITALIE")の叙述とを比較する(ときにはゲーテとも)。そして、テーヌの感じたもの(「高くて汚い店舗」「不潔でしわだらけ」「空気は重く澱み、生活はだらしなく、投げやりだ」など、三一四頁)と、『実記』のそれ(「多ク無学ニシテ、懶惰」「車馬狼籍」「晴日ニハ塵埃目ヲ眯《くらま》シ、臭気鼻ヲ撲《う》ツ」など)との共通性を指摘する。

さらに、『実記』のイタリア編から感じとったこととして、「すべての事象歴史上の事実及び、政治上の現実に対する、大らかでリベラルな態度」や「開明性という点では、テーヌとまったく遜色がない」と指摘している(三一八頁、なお、注(32)参照)。

岩倉翔子編『岩倉使節団とイタリア』(京都大学学術出版会、一九九七年)は、岩倉使節団の訪伊を現地史料で補い、その旅程も『実記』を補って作成した詳細な一覧表を載せ、イタリア研究者の諸論文によって、使節団をめぐる国際的環境の中での位置づけなどを行っている。

現地の新聞史料でいち早く岩倉使節団に迫ったものには、太田昭子「イタリアにおける岩倉使節団―現地新聞報道の分析」(『比較文化研究』第二七輯、東京大学教養学部、一九八九年三月)がある。

なお、日伊協会編『幕末・明治期における日伊交流』(日本放送出版協会、一九八四年)を参照されたい。
(32) 以上のガリバルディをめぐる叙述は、拙著『岩倉使節団『米欧回覧実記』』(同時代ライブラリー、岩波書店、一九九四年)5の3「リソルジメントの「三傑」をめぐって」と重なるところがあることをお断りしておく。
北原敦「日本におけるガリバルディ神話」(前掲『学際的研究』所収)は、右のガリバルディにふれ、「使節団のメンバーが、カヴールやマッツィーニの名を聞かなかったとは思えず、それをガリバルディだけに限って記録にとどめたのは、イタリアの国家統一に関する彼らなりの解釈が働いていたと考えてよいだろう。武力による討幕と王政復古をなしとげたばかりの彼らからみて、おそらくカヴールはあまりに外交上の策に傾きすぎたとみえただろうし、マッツィーニの共和主義思想は急進的でありすぎ、そのうえ彼は国家統一の主役ではなかった。それに比べてガリバルディは、みずから兵を率いて両シチリア王国を征服しており、しかもそれを〝イタリア国王ヴィットリオ・エマヌエーレの名において〟なしとげている。使節団がイタリアにおける統一国家形成の問題を、自分たちの明治維新の経験に重ねあわせながら、国王の名のもとに軍事遠征を敢行したガリバルディの行動に即して解釈しただろうことは十分に推測しうるし、『実記』がガリバルディの名しかあげていないのも、まさにそうした事情の現れだとみてよいだろう」(一八八頁)という(なお、ガリバルディについては、藤澤房俊『赤シャツの英雄ガリバルディ』洋泉社、一九八七年、参照)。

さらに、北原氏は、イタリアについての『実記』の見方には欠けているものがあるとして、次のように述べている。

「それはナポリ人の明るさや、陽気さ、楽しさについてである。『実記』はナポリの民の「懶」、つまり怠惰さがとりわけ気になったとみえて、何度もこのことばを使っているが、ゲーテからベンヤミンまでの他の訪問記は、それをただ怠惰とみるのではなく、むしろそこに、「労働をしているときでも生活を享楽しようとしている事実」(ゲーテ)を感じ、「貧しさのなかで暇を楽しみ、大いなるパノラマを追いかける」(ベンヤミン)姿を見ている。ナポリは、いわばその日常性が祭りのモチーフであふれていると感じとられているのである。

『実記』は使節団がナポリに滞在した日が祭日だったとしているが、それがどのような祭りであるかについて関心を示していない。もちろん、作家の自由な旅行記と政治家・官吏の視察の任務とを同列に論じることはできないが、『実記』は、実に広範囲にわたる驚くべき観察力と知識欲を示しながら、それがいささか冷たい精神の観察にとどまっている印象を受けるのである。ガリバルディの扱いについてもこれと同じことがいえるわけで、『実記』は彼を英雄として描きながら、その人物に関するイメージは、たとえば栗本のそれと比べても、もうひとつはっきりしないところがある。栗本がガリバルディの叛逆の主張を伝えながら、同時に彼をめぐる民衆の感情に注目したのと比べると、『実記』にはそのような視点が欠けているのである」(一八九―一九〇頁)。

デンマークにおける『実記』の記事を分析した長島要一氏も、デンマークに関して「観察は、まったくの的外れとはいえないまでもあまりに一面的で当時のデンマークの実情からはほど遠く、「見たいもの」だけを見てまわってきた者の自己本位な独断ではあるまいか」(前掲長島「デンマークにおける岩倉使節団」、前掲『学際的研究』一七八頁)と述べている。

このように『実記』が、「見なかった」ないし「関心を示していない」点については、今後さらに検討の要がある。『実記』研究に各国あるいは各地の研究の専門家が必要とされるゆえんである。

ちなみに、イタリアにおけるリソルジメントに関しては、日本の研究史を含めて、森田鉄郎『イタリア民族革命』(近藤出版社、一九七六年)を参照されたい。

(33) ウィーンにおける岩倉使節団や万国博覧会の日本人については、ペーター・パンツァー/ユリア・クレイサ著、佐久間穆訳『ウィーンの日本――欧州に根づく異文化の軌跡』(サイマル出版会、一九九〇年)参照。

また、宝木範義『ウィーン物語』(新潮選書、新潮社、一九九一年)の「19 ウィーン万国博覧会」が使節団および『実記』にふれている。

(34) 日本とオーストリア=ハンガリーとの関係については、ペーター・パンツァー著、竹内精一・芹沢ユリア訳『日本オーストリア関係史』(創造社、一八八四年)参照。その四章「海の両側の外交官たち」で岩倉使節団などにふれている。

また、一九八一年九月十五日から二十九日まで、東京および京都で開かれた「日本と東欧諸国の文化交流に関する国際シンポジウム」での、オーストリアやハンガリーと日本との文化交流をめぐる諸報告は、岩倉使節団(『米欧回覧実記』)に注目し、「使節団が当時のオーストリア(=ハンガリー)の特徴である多民族性と帝国支配の諸矛盾について的確な認識を行なっていることがうかがえよう」(小沢弘明「日本=オーストリアの文化交流史」〈『日本と東欧諸国の文化交流に関する基礎的研究』東欧史研究会・日本東欧関係研究会、一九八二年四月、一〇六頁〉)といい、また、「岩倉使節団の国際政治への認識は未熟であったからこそ、あるいは彼らに開化をめざす姿勢があったからこそ、西欧列強の仲間入りを願い、列強の立場で東欧に注目する時代にくらべ小国の立場を理解し、大国の内実に触れえたのではなかったか」(稲野強「明治初期における日本人のオーストリア・ハンガリー観」〈同上、一七七頁〉)などと指摘されている。

(35) 万国博覧会の歴史や意味については、吉田光邦『改訂版 万国博覧会――技術文明史的に』(日本放送出版協会、一九八五年)、同編『万国博覧会の研究』(思文閣出版、一九八六年)、吉見俊哉『博覧会の政治学』(中公新書、一九九二年)など参照。

(36) ここにいう「太平ノ戦争」という語は、次のように使われている。

「夫《それ》商事ハ、太平ノ戦争ニテ、亦天時も恃《たのむ》ニ足ラス、地利モ頼ムニ足ラス、惟人ノ心協和力ニアリ、此ニ因テ荒寒ノ郷モ、磽薄《こうはく》ノ野モ、富庶繁栄ヲ致スヘシ」(五二二一頁)。

『米欧回覧実記』執筆のための基礎史料のなかの「外国直接貿易論」(久米美術館編『久米邦武文書』三、吉川弘文館、二〇〇一年、所収)には、次のようにいう。

「西洋人ハ、商業ヲ以テ太平ノ戦争ト称ス、故ニ内外国ヲ問ハス、一タヒ手ヲ利益ノ業ニ着レハ、前途ハ、危険困難ノ重壁ヲ以テ囲繞サレタリト、決心スヘシ、損得ノ事、固《もとよ》リ予定シ難シ、所謂《いわゆ》ル先ツ勝ヘカラサルヲナシテ、敵ノ勝ヘキニ乗ス、我ニ損敗ノ道ナキヲ恃ム、且全局ノ勝負ハ一時ノ損得ヲ以テ決スヘカラス、惟連続ヲ以テ眼目トナシ、変動セサルヲ以テ精神トナシ、事業ノ盛大ナルヲ以テ利益トナシ、勝ヲ全局ニ収メルヲ務ムヘシ」(傍点原文、ルビ引用者、三三四頁)。

「太平ノ戦争」が、資本主義の競争原理を意味していることがわかるだろう。

(37) 前掲吉田『改訂版 万国博覧会』は、ウィーン万国博の意義を述べたあと、「ウィーン万国博参加は日本にとって大成功であった」(七七頁)といい、前掲吉見『博覧会の政治学』は、「日本庭園に茶屋、鳥居と神社からなる日本のパビリオンで、ジャポニズム流行の契機となったようだ」(一〇〇頁)と述べている。

(38) 松宮秀治「万国博覧会とミュージアム」(前掲『読む』所収)は、『実記』のウィーン万国博覧会の記述(オランダの部の関連記述を含めて)を鋭く分析し、多くのことを指摘しているが、次の点を挙げておく。

澳国博覧会理事官佐野常民の思想と『実記』の「澳国博覧会見聞ノ記」の久米邦武の「博覧会」思想とが「相似形」をなしているのは、「佐野の報告書を含む博覧会事務局の報告書が『実記』よりも時間的により早く刊行されたという理由からではないし、また佐野と久米が幕末期の技術先進藩佐賀の出身で、両者がすでに面識の間柄だったという理由からでもないであろう」(二四四頁)といい、以下のように述べる。

「そこには「貿易立国論」者としての両者の思想的共通性と強力な「未来」思考の使命観型の「啓蒙主義者」という共通項があったと言うべきだろう。両者に最も共通する思想は、日本の将来を「大国化」と「西欧化」の方向で考えなかったという点である。大国化とはこの時代の文脈では「帝国主義化」であり、「西欧化」とは逆説めくが「ナショナリズム化」なのである。われわれは明治期の最大の「外来思想」が実はナショナリズムであったという点を想起すべきである」(二四四頁)。佐野や久米は、「太平ノ戦争」の中で実現されるべき「「貿易立国」による日本自立化への模索」(二四五頁)をしていた、とみているのである。

(39) 下川茂「小国理想化の陥穽――スイス記述の問題点」(前掲『読む』第十一章)は、『実記』におけるスイスに関する叙述の誤りないし欠陥を具体的に指摘して教示されるところが多い。参照されたい。

ジュネーブにおける岩倉使節団とメーチニコフとの出会いをめぐって、渡辺雅司「メーチニコフと岩倉使節団――メーチニコフ伝への覚書」(『えうゐ』一三、一九八四年)は、「小国」についての示唆を含む興味ある論証をしている。

(40) スペインとポルトガルへの訪問中止およびその後の使節派遣については、安岡昭男「上野景範公使の西葡両国訪問」(『政治経済史学』三六四、一九九六年十月)参照。

(41) 小島憲之『ことばの重み―鷗外の謎を解く漢語』(新潮選書、新潮社、一九八四年)、とくに「第一「赤野《せきや》」―『航西日記』にみる鷗外の〝剽窃〟」参照。

小島氏は「赤野」をキー・ワードにして、鷗外の『航西《こうせい》日記』が、実は『実記』の文章を下敷きにして、それを漢文で書き直したことを検証し、「この「赤野」というわずか一語を追い求めるうちに、『航西日記』の表現の大きな部分が、『米欧回覧実記』によるものと指摘できたのは、わたしにとっては思わぬ儲けものであった」(三〇頁)と述べる。ただ、そこには次の文章もつけ加えられている。

「このような創作上の態度は、実は典故《てんこ》、伝統を重んじる中国はもちろんのこと、それを承けたわが国においても、明治のころまでは、まず許された文学上の作法であった。言葉をかえれば、優れた作品を典拠として新しい表現へと取組む姿勢は、一般に肯定されたのである」といい、それは古歌の語句・発想・趣向などを昇華させてみずからの作品のうちに取り込む表現技巧「本歌取り」で、「その手際が鮮やかであれば、称揚の対象こそなれ、貶《おとし》められることはなかった。散文の場合も例外ではない」(以上、三〇頁、ルビは原文)と記されている。ただ、「鷗外自身は、この『航西日記』の独創性について、どのような考えでいたのであろうか。それを垣間みるべき窓は、果してないものか」(三一頁)とも述べられているのである。

第六章

(1) 『実記』には、朝鮮に関する記述はほとんどない。

なお、ドナルド・キーン著、金関寿夫訳『続百代の過客』上(朝日選書、朝日新聞社、一九八八年)は、『実記』の東西両洋の対比に際して、「ここで注意しておくべきは、「東洋人」という時、久米は常に日本人を意味し、中国人や朝鮮人を意味していないこと、同時に彼が日本人のことを書く時、どうやら彼自身の階級、すなわち〝士族〟のみを考えていた傾向があったことである」(一一五頁)と述べている。

『実記』を士族の「社会観察」として、「豪農の見た欧米社会」、とりわけ「商人の見た欧米社会」と対比したのは、丑木幸男『蚕の村の洋行日記―上州蚕種業者・明治初年の欧羅巴体験』(国文学研究資料館編、平凡社、一九九五年)である。併せて参照されたい。

(2) 加藤周一「日本人の世界像」(『近代日本思想史講座』八、二三九頁、筑摩書房、一九六一年、同『雑種文化』講談社文庫、一九七四年、一一二―一一三頁、『加藤周一著作集』第七巻、平凡社、一九七九年、所収)。

西川長夫「統合されたヨーロッパ――ヨーロッパ洲総論」(前掲『読む』所収)は、加藤論文の論理は、「そのいくつかの前提が間違っているのではないだろうか」として批判している(三四四頁)。

(3) 岩倉使節団の副使であった大久保利通は、帰国後の明治六年(一八七三)十一月提出の「立憲政体に関する意見書」の中で、「抑政ノ体タル君主民主ノ異ナルアリト雖トモ、大凡土地、風俗、人情、時勢ニ随テ自然ニ之レヲ成立スル者ニシテ、敢テ今ヨリ之レヲ構成スヘキモノニ非ラス」(『大久保利通文書』五、一八四頁。句読点は引用者)と述べ、各国の政体はこの「土地、風俗、人情、時勢」によるべきことを論じ、「人種」論で断ちきることはしていない。

(4) 本文に関連していえば、『実記』第五十二巻では次のように述べる。第五章六でもふれたが、あえて引用しておく。
「地球ノ上ニ、種種ノ国ヲ形成シ、種種ノ民族住居シ、各風俗生理ヲ異ニスルコト、意態万状ニテ、百花ノ爛漫タル観ヲナス、欧洲各国ノ如キハ、元一様ノ政化ニ似タレトモ、其国ノ異ナルハ、即チ生理ノ異ナル所ニテ、已ニ白耳義人ハ、我日本ノ筑紫一島ニ比スヘキ、平野ノ面ニ淬励《さいれい》自主スルヲ見テ、又荷蘭ニ至レハ、九州ノ筑肥四州ニ比スヘキ人口ニテ、塗泥ノ中ニ、富庶ヲ謀ル景況ヲ見ル、皆我ノ耳目心思ニ、多少ノ感ヲ与フルナリ、嗚呼、天利ニ富ルモノハ、人力ニ惰リ、天利ニ倹ナルモノハ、人力ヲ勉ム、是天ノ自然ニ平均ヲ持スル所歟」(㈢二二一頁)。

こう記した『実記』は、広い国土をもつ中国の「無量ノ富壌ハ、之ヲ荒草ニ飽カシメ、天時僅ニ不和ナレハ、流移餓莩《がひょう》路ニヨル」(㈢二二一頁)のに対して、オランダは国土の「其一部ノ地ヲ、北方寒冷ノ緯度ニ有」し、塗泥は稲田にもならず、甘蔗・棉花も生育せず、礦金も石材も山林もないところなのに、「其人民ノ勉強倹勤ナル、世界富国ノ一ト推サレタリ」(㈢二二一頁)といい、中国とオランダとを対比して次のように述べている。

「蘭人ノ心ヲ以テ、支那ノ野ニ住セハ、其幾百ノ荷蘭国ヲ東方ニ生スルヲ知ラサルナリ、顧フ我日本ノ如キモ、亦荷蘭ノ勉メタルニ比スヘキ歟、抑支那ノ惰ナルノ類ナル歟」(㈢二二一―二二二頁)。

(5) 前掲拙稿「岩倉使節団のアメリカ観」参照。
なお、右に関連して『実記』は次のようにもいう。

「抑西洋人種ハ、資性元悪ナリ、慾情ノ熾ナル如ク、求福ノ情モ亦熾ナリ、宗教ノ旨趣ハ、其情ヲ導クヲ主トシテ立言セルモノニテ、全ク東洋性善ノ教ト相反スルノミナラス、又釈氏善根ノ説ニモ反ス、欧洲人民ノ此教ニ信依スルニ及ンテハ、熱心ニ之ヲ固守スルコト、財利ヲ保持スルト異ナルナシ、其他教ヲ排斥スルノ心ハ、亦領地ヲ広ムルト異ナルナシ、是ヲ以テ宗教ノ力ハ、同族ノ団結、或ハ会社ノ協同ヲ牢固ニシ、自ラ国郡ニ、無形ノ境界ヲ築ケリ」(㈤一五五頁)。

(6) また、次の一文をみよ。

「東洋ニ於テモ、漢高祖カ殺人者《は》死、傷人《ひとをきずつけ》及盗《ぬすみは》抵罪《つみにあつる》トイフ、三章ノ律ハ、後世衆法ノ基トハナリタレトモ、政要ハ此ニアラス、道徳教化ヲ先トナシ、刑名ノ事ハ末トナリ、君主ハ節倹仁恩ヲ務メ、人民ハ寡欲報効ヲ務メ、上下相親依シ、太平ヲ保テリ、故ニ利欲ノ論ハ、最モ人ノ恥ツル所ニテ、此ヲ名ケテ廉恥ノ風ト謂ナリ」(五一五九頁)。

(7) 『実記』の「会社」と「社会」の用語法をみると、次のようである。

「抑人間ノ万事ハ、ミナ会社ニテ成タルモノナリ、一家族ハ骨肉ノ会社ナリ、主人ハ僕婢トノ会社ナリ、其会社ノ増長シテ、民事ノ会社起リ、更ニ商業ノ事為ヲ、敏捷広大ニセンタメニ、商業ノ会社ヲ設ク、合名アリ、合本アリ、是ミナ利益ヲ目的ニ設クルモノニテ、其事業ニ於テハ、全ク一体ノ一財産トナルモノナリ、仲間ハ其各会社ノ、更ニ一ノ目的ニ因テ、合体協力スルコトヲ申合フモノナレハ、其目的ニ於テノミ、一体ト看做シ、生業上ニ於テハ、其体分離セリ、故ニ社員ノ生業ニツキ、負債ノ責ニハ任セス、之ヲ要スルニ、仲間ヲ設ケ、合体協力スルハ、上等社会ニ於テ、已ノ職工ヲ保護シ、雇人ヲ救済シ、或ハ其心性ヲ正クシ、或ハ其老廃ヲ恵恤スル等ノタメニ出テルモノナリ、世ニ家族ト雇人トノ増大ニヨリテ、会社ノ法ハ起レリ、已ニ会社アリテ、生業ヲ営ムトキハ、又自ラ仲間ヲ組ミテ、合体協力ノ事ヲ談合セサルヘカラス、是「コルポレーション」ノ因テ起ル所ナリ」(二一九四—一九五頁)。

「自主ノ権利ハ、人人ニ之アリ、而テ人ハ利益競争ノ中ニ住居スルモノナリ、利益ノ管係ニ於テハ、威力モ屈スヘカラス、法則モ縛ルヘカラス、刑罰モ嚇《おど》スヘカラス、只其能《そのよく》保護ヲ全クスルノ道ハ、其利益ノ競争ニツキテ、合体協同ノ社会ヲナサシムルニアリ、蓋シ人民ノ利益ヲ競争スルノ情態ハ、貧富、智愚、強弱互ニ相依頼シテ、其情願ヲ全クスルヲ免レス、地主豪農ニ耕丁傭作アルカ如ク、工家ニ職人アリ、商家ニ雇人アリ、皆自然ト分レテ、上下ノ社会ヲナス、政府ヨリ其業ヲ保護スルノ道ハ、上等社会ヲシテ、下等ノ社会ヲ保護救助シテ、其利益ヲ永久ニ保存セシムルヲ要トス」(二一九五—一九六頁)。

つまり、引用前者でいう「会社」はいわゆるゲゼルシャフト(利益社会)的な意で、引用後者での「社会」はゲマインシャフト(共同社会)の意に近いとみてよいだろう。

(8) 前掲加藤周一「日本人の世界像」は、本文引用の「立法ノ権ハ此ヨリ生スルナリ」という『実記』のこの一節を、「富強が先で、「立法ノ権」が後である。その最後の的はつまるところ「国権ヲ全ク」することであった」と解説している。これは使節団が、「富国強兵の根本を探ろうとして、ついにその民主主義体制との密接な関係にまで及んだのであった」という文脈のなかでの解釈であるが、「富国強兵」をめざす明治政府の指向と重ねすぎた思い込みによる解釈といわざるをえない。前掲拙著『岩倉使節団』九二—九四頁(岩波改訂版、九七—九九頁)参照。

(9) 例えば、『西洋事情』初編巻之一に「英国の政治は三様の政治[「立君の体裁」と「貴族会議」と「共和政治」をさす—引用者注」を混同せる一種無類の制度なり」（『福沢諭吉全集』第一巻、岩波書店、一九六九年再版本、二八九頁）とあるのと対比せよ。なお、浅井清『明治立憲思想史におけるイギリス国会制度の影響』有信堂、一九六九年、参照。

（10）安川繁成の「視察功程」は、『英国議事実見録』（上中下三冊）、『英国政事概論』（前編上中下、後編上中下、計六冊）、『英国新聞紙開明鑑記』（上下二冊）の十一冊よりなる（いずれも明治八年刊、詩香堂蔵版）。

イギリスに対して岩倉使節団の考察は本文の通りであるが、帰国後の大久保利通が「立憲政体に関する意見書」（明治六年十一月）でイギリスを念頭においていること（第七章二の2参照）も合わせ考えなければならない。

（11）『実記』は次のような表現でも東西を対比して述べている。

本文にいう「西洋」の「講究力」や「刻苦力」は、「理、化、重ノ三学ヲ開キ此学術ニモトツキ、助力器械ヲ工夫シ、力ヲ省キ、力ヲ集メ、力ヲ分チ、力ヲ均クスルノ術ヲ用ヒ、其拙劣不敏ノ才智ヲ媒助シ、其利用ノ功ヲ積テ、今日ノ富強ヲ致セリ」（二）二五四頁）というのである。別言すれば、「西洋ノ人ハ、其人ヲ尽ス、農工ノ業ハ「タオリック」ヲ頼ミ、其術技ハ器械ニ恃ムヲ免レス、是《これ》其工事モ亦深ク畏ルニ足ラス、只其最モ畏ルヘキハ、其協同力ヨリ生シテ、貿易上ニ注意ノ縝密《しんみつ》ナル、能《よく》国産ヲシテ、十分ノ価ヲ失ハシメサルニアリ、夫商業ハ猶軍旅ノ如シ、天モ恃ムニ足ラス、惟人和ヲ是主トス、欧洲ノ最モ世ニ模範トナルハ、商業ヨリ最モナルハナシ」（五）二二〇—二二一頁）ということになる。

これに対し、アジアはどうか。

「是《これ》東洋南洋ノ民ハ、天然ノ化力ヲ以テ、西洋ヨリ営業力ヲ買入ルナリ、之ヲ約《ツヽ》メテ言ヘハ、人民ノ游惰ナルナリ、試ミニ之ヲミヨ、東洋ノ西洋ニ及ハサルハ、才ノ劣ナルニアラス、智ノ鈍キニアラス、只済生ノ道ニ用意薄ク、高尚ノ空理ニ日ヲ送ルニヨル」（二）二五三—二五四頁）。

つまり、アジアにおいては、「畢竟《ひっきょう》其土地ニ天産饒足シ、其人民ニ才智優長シ、物ニツキ理ヲ抽《ぬきん》テ、刻苦ノ精神ニ乏キカ故ナラスヤ、故ニ理、化、重学ノ理タル、之ヲ性理政術ノ学ニ比スレハ、平易悟リ易ク、其文ヤ循循トシテ、幼児ノ耳ヲ提《たす》クルカ如ク、其理ヤ的切ニシテ、日常ニ知ラサルヘカラサル要項《カナメノカト》ノミナレトモ、日本ノ人ハ、最モ意ヲ留メス、是其才性ノ過敏ニテ、事毎ニ功ヲ急《イソ》キ、疑款ニヨリテ、其原因ヲ討究スル力乏シキノ実証ナリ」（二）二五四頁、片仮名ルビは原文）というのである。

（12）この合理的思考を『実記』は次のようにも述べている。

「欧洲ノ人ハ、其荷担ノ力ヲ以テ、道路ノ修繕ニ用ヒテ、其馬ノ負載ニカヘルニ、車輪ノ力ヲ以テスレハナリ、車輪ヲ以テ、平滑ノ路ヲ輾《めぐ》ラシムレハ、力一ニシテ重《おもき》ヲ運スルハ十倍ス、更ニ其省力ノ方ヲ思ヒ、鋏軌ヲシキ、路線ヲ堅滑ナラシメ、方向一定スレハ、気ノ漲力モ、亦運搬ノ任ニ代ル、蒸気車是ナリ、其費少カランコトヲ欲スルニハ、下《ひく》キニ就ク水力ヲ用ヒ、舟ヲ造リ、其自重ヲ失ハシメ、風力ヲ催シテ、重物ヲ運搬スヘシ、河漕是ナリ」㈤一七二頁)。また、『実記』は第十巻において、車輪の運搬を力学的に説明し、一トンの重さのものを車に積んで路を転送する場合を比較し、「尋常ノ土路」の阻力は八分の一(二五〇ポンド)、「堅剛ニ修メタル」道路は三〇分の一(六十六ポンド半)、「鉄軌ノ上ヲ転ス」る時は二八〇分の一(七ポンド)と計算し、ここでも「其道路ノ修美ヲミレハ、政治ノ修荒、人民ノ貧富、頓ニ判然ヲ覚フナリ」㈠一九八―一九九頁)と計数を挙げて説明している。

さらに、次のような文章も注目しなければならない。

「欧洲各国、ミナ内ニ工芸ヲ競ヒ、外ニ貿易ヲ広クシ、地ニハ車、河ニハ舟、以テ船舶ヲ洋海ニ差派シ、西米、東細ヲ回リ、左右ニ視テ利ヲ謀ル、我日本ノ遼遠ナルモ、其産物ハ、数月ヲ出スシテ欧洲ノ市場ニ上ルヘシ」㈤一六九頁)。

そして、「道路ノ民業ニ切要ナルハ、人ニ動静脈アルニ譬フヘシ、脈管全身ニ周密交錯シ、滋養ヲ輸造スルニヨリ、其健全ヲ壮ニセリ、少シモ渋滞スル部分アレハ、必ス疾痛ヲ生シ、終ニ全身ノ健康ヲ疲ラスモノナリ、故ニ欧洲各国、ミナ道路ノ開修ニ力ヲ尽シ、其積成ニ因テ、全地ノ物産ミナ融通シテ、地ニ遺利少ク、物ニ価ヲ得サルナク、以テ今日ノ富強ヲ漸致セリ」㈤一七二頁)と、商品流通路としての道路の「富強」への重要性を強調している。

(13)　この叙述の前に次のような一文がおかれている。

「我邦ノ工事、多ク粗鹵《そろ》ナルハ、其原則物理、化、重ノ学、及ヒ度学ニ暗キニヨレトモ、畢竟ハ図引雛形ニ精神ヲ用ヒ、費用ヲ擲ツヲ欲セス、一念心ニ浮メハ、空ニヨリテ意想ヲ回シ、大略慮至レハ、直ニ工業ニ下手シ、成否ヲ一擲ニ試ミ、成ラスシテ家ヲ傾ルモノ、比比ミナ然リ、工ノ進マサルハ、蓋シ此ニ本ツク、学術ノ開ケサルモ、亦此ニ本ツク」㈡一四一頁)。

さきの本文と同じような日本の非体系的、非科学的な思考様式への指摘をみることができる。

ここではヨーロッパと日本を対比しているのだが、念のためにいえば、ヨーロッパに対するアジアにおいて、つねに日本と中国とを等置し、同一視しているわけではない。例えば、次の叙述をみよ。

「欧洲ノ民ハ一タヒ家ヲ建レハ、世ヲ嗣キテ之ヲ修繕シ、益其美ヲナス、清国ノ人ハ、之ヲ建ルニ甚タ心ヲ用フ、成ルノ後ハ亦掃修セス、廃圮《はいひ》スレトモ亦毀《こぼ》タス、我日本ハ両《ふたつ》ノモノニ異ナリ、之ヲ建ルニ鋭ニシテ、其工ヲ省キ、已ニ成レハ、又毀ツテ改立ス、是ヲ以テ進歩改良ノコト少シ、是豈ニ其性ノ然ル所カ、抑モ教育ノ未タ至ラサル所歟」㈡一一五頁)。

ここではヨーロッパに対するアジアの中において、中国と日本のちがいを認めているのだが、しかし、右に続いて次のように述べている点は留意してよいだろう。

「人ノ言行、其美ヲ採録シ伝フルコトナク、古今ノ進歩、之ヲ史記シテ聞カシムルコトナク、博物館以テ其目視ノ感ヲ発スルナク、博覧ノ場、其新知ヲ誘《みちび》クナク、諉《い》シテ習性ノ異ナリト謂フハ、篤論ニ非ルナリ」㈡一一五頁)。

中国と日本の相違を認めることは、ヨーロッパに対するアジアの欠を補うことにはならない、という自覚がここにはある。

(14) ここにいう「進歩」の概念は、使節団がイギリスのコンベントリ府庁《タウンホール》で、知事が従者をして左右に儀仗を捧げ持たしめ、威儀を備えて迎える場面に遭遇したとき、「西人ハ日新ヲ勉ムレトモ、亦古ヲ稽《かんが》ヘ旧ヲ愛シ、存シテ棄テサルコト、毎《つね》ニ如此ナルハ、文明ノ俗《ならわし》ト謂フヘシ」(㈡三三一頁)という感懐とも同じである。

ちなみに、博物館をめぐっては、アメリカの歴史家M・J・メイヨ氏は、博物館にみられる使節団の関心からいくつかの問題を提示している(Marlene J. Mayo: The Western Education of Kume Kunitake, 1871-6, *Monumenta Nipponica*, XXVIII, 1, 1973, 芳賀徹・斎藤恵子訳「岩倉使節の西洋研究」〈大久保利謙編『岩倉使節の研究』宗高書房、一九七六年〉所収)。

また、武田雅哉「大英博物館を見たふたつの東洋―『米欧回覧実記』と『環游地球新録』」、中野美代子「『米欧回覧実記』における動物園見学記録と動物観」(共に前掲『学際的研究』所収)など参照のこと。

(15) このような「西洋」と「東洋」の思考様式のちがいは、例えば工業生産のあり方およびそれと人民との関係の次のような相違ともなる。

すなわち、ヨーロッパにおいては、「工業ノ産物、人民ノ阜財《ふざい》利用ヲナス、目的ヲ上達スルニ従ヒ、工ノ巧拙ハ、人ノ嗜好ニ深浅ヲ生スルコト、自然ノ理ナリ、サレハ家産高等ニ位セル人ハ、上好品ヲ競求スル度ヲ進メテ、工芸美術ノ学モ従テ進歩ス、是ハ工業ニテ奢靡ヲ勧ムルニアラス、蓋シ人民ノ勉励ヲ進メテ富耀ノ栄ヲ工産ニ顕シタルナリ」(㈤二一三頁)というのに対し、アジアにおいては次のようだ、という。

「東洋人ヤ、モスレハ、人民必用品ノ工業ヲ豊足スルコトヲ遺漏シ、直ニ美術ノ工ヲ以テ、工業ノ目的トナスハ、甚タ本末ヲ失ヘリ、故ニ東洋ニテ名誉ノ工産物ヲ挙レハ、紡織ニ於テ絹帛、器皿《きべい》ニ於テ陶、銅、漆ノ美品、其他刺繡彫鏤《ちょうる》ノ工ニ富ミタレトモ、器械、器用、凡ソ一般ニ需用スル工産ハ、ミナ盛ナラス、西洋ハ之ニ反シ、工業盛大ナレトモ、手技ノ巧妙風致ト、其術ノ敏捷警奇ナルコトハ、東洋ニ及フ能ハス」(㈤二一三―二一四頁)。

(16) それはまた、次の一文とも重なる。

「西洋人ハ外交ヲ楽ム、東洋人ハ之ヲ憚ル、是鎖国ノ余習ノミニアラス、抑財産ニ用心薄ク、貿易ヲ不急ニスルニヨル、西洋人ハ外ニ出テ盤遊ヲ楽ム、是一小邑モ必公苑ヲ修ムル所ナリ、東洋人ハ室内ニアリ惰居スルヲ楽ム、故ニ家々ニ庭園ヲ修ム、是土地ノ肥《ひ》瘠《せき》ヨリ生スル気習然ルカ、西洋人ハ有形ノ理学ヲ勉ム、東洋人ハ無形ノ理学ニ篤《あつく》ス、両洋国民ノ貧富ヲ異ニシタルハ、尤此結習ヨリ生スルヲ覚フナリ」(㈠八二頁)。

(17) 『実記』は次のように述べている。

「欧洲ノ経済説」には「民業ヲ三種ニ分ツ、化形ナリ、変形ナリ、変位ナリ」と。「化形」とは「物ノ形質ヲ、造化力ニヨリテ変化サセル」ことで、例えば「土地糞培《ふんばい》」の力で種子を草木の花実に化し、秣草《まぐさ》を牛や羊に与えて「乳酪肉毛」に化し、穀果の液を醗酵させて酒に化するがごときで、「農作」がこれにもっとも適合する。「変形」は、「化形」が造化力によるのに対し、「人工ニヨル」もので、「化形ヨリ生セル物質ヲ、製作シテ種種ノ形ニ変スルノ謂」で、例えば鉄塊を機械に変じ、「織緯草ノ布糸ニ変スルカ如シ」といい、「百工製作ノコトハ、正ニ此業ニ適当ス」という。「変位」というのは、「物品ノ位地ヲ変スルナリ、化形、変形、ニヨリテ、生成セル物品ヲ、其供給ノ位地ヨリ、運搬シ、需用ノアル位地マテ輸送シ、至当ノ価ヲ生セシムルノ謂」で、ブラジルの棉花をイギリスに運んでマンチェスターで紡織し、ここで「変形」した綿糸をオランダの織房に送って木綿とし、それがジャワ人の衣料となるごときをいい、「商賈《しょうこ》ハ正ニ此業ニ適当ス」という(以上、㈤一七九―一八〇頁)。そして、「凡《およそ》人民ノ生理ハ、此三業中ニ包マル、而テ其本トナルハ化形ニアリ、化形ノ業ニ於テハ、殊ニ気候ノ関係甚タ切要ナリ」(㈤一八〇頁)としている。

また、次のようにもいう。

「凡ソ天然ノ利ハ、必ス人巧ヲ経テ、実益ヲ発ス、天産ニ人工ヲ加ヘテ、其形ヲ変化セルヲ工産トイフ、物産ヲ供給ノ地ヨリ取テ、需用ノ地ニ変位スルヲ商業ト謂フ、此両業ヲ媒介スルニ、切要ノ品ハ、地中ノ礦利ヲ以テ首トナスヘシ」(㈤一九九頁)。

(18) 例えば、信用については次のようにいう。

「貿易隆盛ナル国ハ、商業ニ於テ、毎事ニ用意ノ密ナル、寔《マコト》ニ一二ヲ以テ数ヘ難シ、貨物ヲ綑束シ荷トナスニモ、巨大ノ仕掛ヲ設クルナド〔ママ〕、東洋人ノ夢想モ及ハサル所ナリ、凡貨物ヲ仕向ケテ、商家互ニ取引ヲナスハ、目前ノ小利ヲ棄テ、永久ノ利ヲ謀ルコト、第一ノ心掛ナルヘシ、故ニ貨物ニ念ヲ入レサレハ、仕向《シム》ケニ名誉ヲ失フテ、利孔塞ル、仮令ヘ名誉ヲ全クスルモ、仕出シノトキニ念ヲ入レサレハ、運送ノ際ニ損敗シ、名誉モ亦従テ損シ、其利ヲ失フ、此ハ少シク商業ヲナスモノ、皆了知スル所ナルヘシ」(㈡一七四頁)。

(19) 次の一文はその一例である。

「壱丁堡《エデンボルグ》ノ西南ナル、「バーテレット」社中ノ、「インヂヤラハ、ゴム」製造場ニ至ル、「バーテレット」氏ハ、米利堅《メリケン》人ニテ、当場製造ノ長タリ、其下ニ「ダイレクトルス」(即チ世話役ノ頭取―原注、以下同)五人アリ、其次ニ「マネイチュス」(即チ世話役)六十人アリ、頭取ハ、一周日ニ一会議ヲナシ、製作ノ事ヲ申合ス、世話役ハ、年ニ両度ノ会議ヲナス、工社会議ノ法、一斑ヲミルヘシ」(㈡二一五頁)。

(20) 例えば、『実記』㈡二八八頁・二九二―二九四頁・三一〇頁・三三六頁・三四〇頁・三五七頁・三七〇頁等枚挙にいとまがない。なお、工場における分業と全工程、技術の専門化等の問題については、㈡二七三―二七四頁等参照。また、長谷川栄子「岩倉使節団の女性観」(『日本歴史』六四五、二〇〇二年二月)には、主題分析の前提史料として、「岩倉使節団が視察した工場、従業員数、女子の職種」の詳細な一覧表が載せられている。参照されたい。

(21) ソルテヤ(Saltaire)については、『実記』第三十五巻の明治五年九月二十三日条(㈡二八四頁以下)にふれている。

タイタス・ソルトが二十年の歳月をかけて一八七一年に完成したソルテヤは、「まさに理想的な工場村の姿であった」(小林巧「一九世紀イギリスの工場村」『経済集志』四四の三・四、同別号・合併号、一九七四年十月)といわれている。

『木戸孝允日記』明治五年九月二十三日条には、「ブラットホルドより三里、ソール《〔ママ〕》とは此製作所を起せし人の名にして、テヤー〔エア Aire河のこと—引用者注〕は当所の川の名なり、合して地となせり、人口五千余、風色亦佳」とある(なお、前掲『回顧録』下巻、三七〇—三七二頁参照)。

タイタス・ソルトは、一八〇三年、ブラッドフォードの毛織物商の子として生まれ、毛織物製造業をはじめ、三六年、イングランドにアルパカ織の製造法を導入、ブラッドフォード市長に選ばれ、この地に工場村ソルテヤを建設した。

この工場村建設によってタイタス・ソルトは一八六九年にバロネット(Baronet, 准男爵)の爵位を授けられた、という(『実記』は「サー〈爵名〉タイトル」氏と書く)。このソルテヤは村ぐるみで一八六七年のパリ万国博覧会の受賞候補に挙げられたが、タイタス・ソルトが断った、とされる(以上は前掲小林論文による)。前掲『木戸孝允日記』同日条には、「ソールトは人となり寛容にして仁恵あり、製造家中には実に稀なるものと云」と記している。

(22) この「労動権利ノ説」は、『実記』では次のように説明されている。

「其主旨ハ、政府ニ職工ヲ勧奨恵恤スヘキ、義務アルヲ推シテ、政府ハ宜ク人民ノ為メニ、其労動ヲ遂クヘキ作業ヲ与ヘテ、各人ニ生活ヲ済セシムル方法ヲ謀ルヘキコトヲ主張セリ、」(㈢八四頁)

マリーン・メイヨ氏によれば、この「労動権利ノ説」はルイ・ブラン(Charles Louis Blanc, 一八一一〜八二)の理論だろうと推測されており、使節団はこれをフランスの学者で大統領ティエールの親友でもあり、政治的傾向の一致していたモーリス・ブロック(Maurice Block, 一八一六〜一九〇一)から学んだのだろう、という(Marlene J. Mayo, The Western Education of Kume Kunitake, 1871-6, *Monumenta Nipponica*, XXVIII, 1, 1973, p. 35, pp. 29-30、芳賀徹・斎藤恵子訳「岩倉使節の西洋研究」〈前掲大久保編『岩倉使節の研究』二九〇—二九一頁・二八六頁〉)。

なお、モーリス・ブロックについては、前掲山室信一『法制官僚の時代』(二七頁以下)の随所に解説されている。また、前掲奥村功「パリの使節団」(前掲『読む』所収)九九—一〇〇頁を参照。

(23) これは使節団の副使木戸孝允が、現地にあって、「本朝今日之勢只々名利に而已開化々々と流行し、人心を維持する所におゐては丸に空物に而、米欧などの田舎までも能く教道之行とゞき居候とは、先以此本に雲泥之相違有之申候」(明治五年七月一日付、杉山孝敏宛、『木戸孝允文書』四、三六九頁)、あるいは、「本朝只開化々々と名利而已に相馳せ、友人知己も旧を忘、本を失し、軽薄を以て常となし候様之有様ニ而、一向疑ひ候ものも無之、一般之勢必竟是等は儒も仏も耶も何も無之、主として枝葉之利に移り、上以意となさゝる処より生し可申候、十年之後如何と杞憂なき能はず」(明治五年七月二日付、杉孫七郎あて、同上、三七四頁)と述べていることと相通ずる。

(24) なお、次のような指摘もある。

「東洋人ノ才性ニ、此ノ如キ[「術難キニ非ス、其刻苦ノ足ラサルナリ」—引用者注]資質ヲ欠ケルニモアラス、試ミニミヨ、三千年前ノ古代ニアリテ、東洋ノ生理、始メテ進ム頃ニハ、水、火、木、金、土、穀ヲ化治シ、正徳、利用、厚生ノ道ヲ盛ニスルヲ、政治家ノ要領トシテ、之ヲ九功トハ名ケタリ、生理僅ニ進ミシ後ハ、営業ノ精神頓《とみ》ニ息《や》ミ、五行ノ説、性理ノ談ニテ、九功ヲ五里ノ霧中ニ陥レ、余理ヲ推考スルヲ知ラス、今ニ猶迷フテ悟ラサルノミ、西洋、東洋ノ開化ハ、乾坤ヲ別ニセルニ非ス、厚生利用ノ道ハ、豈ニ東西異理ナランヤ」(二)二五五頁)。

(25) さらにつけ加えれば、「大国」と「小国」の「質」の問題を、「文明」と「野蛮」の問題へと広げてみると(本文にいう「大国」と「小国」は、たんに「大」「小」という「量」の問題ではなく、「文明」のなかでの「質」の対比である)、『実記』はどのようにとらえているだろうか。

例を軍事の問題でみると、次のような指摘がある。

「夫レ兵ハ凶器ナリ、戦ハ危事ナリ、殺伐ヲ嗜ミ、生命ヲ軽スルハ、野蛮ノ野蛮タル所ニテ、之ヲ「サウェーヂ」と謂ヒ、之ヲ「バルバリー」ト謂ヒ、文明ノ君子深ク悪《にく》ム所ナリ、然ルニ欧洲ノ文運ハ、如此《かくのごと》クニ開進シ、而テ軍備ノ設ケハ、如此クニ相競フ、英国ノ常備兵、最モ寡小ナルト謂フモ、猶十万ノ丁壮ハ、国ノ軍役ニ引挙ラレ、教ユルニ殺伐ノ事ヲ以テセラル、是其文運ノ未開ニテ、蛮俗ヲ脱スル能ハサルニヨル歟、未タ必モ然ルニアラス、文明国ノ兵ヲ講スルト、野蛮ノ民カ武ヲ嗜ムトハ、其事ハ相似テ、其主意ハ相反スルナリ、蓋シ野蛮ノ武ヲ好ムハ、自国相闘フニアリ、文明国ノ兵ヲ講スルハ、外寇ヲ防禦スルニアリ」(二)九七—九八頁)。

ここには「野蛮ノ武」と「文明国ノ兵」とが対比され、『実記』は後者に身を寄せようとしているのである。

この一節に対して宮村治雄「「シヴィル」器械」から「土木」まで—久米邦武『米欧回覧実記』再考」(『みすず』三二九、一九八八年六月)では、「岩倉使節団を支配したのは、「文明国ノ兵」に対する強烈な関心であり、それこそ、自由を「文明国ノ兵」から守ると同時に自国を「文明国」の一員へと高める鍵とする認識に外ならなかった」(三頁)と述べる。

このようにみてくると、『実記』においては、「大国」と「小国」、「文明」と「野蛮」という、当時の国際社会における国家の「量」と「質」の問題を十分認識しながら、「西洋」と「東洋」の対比がなされていた、といえるだろう。

(26) ここにいう文明「信仰」という表現は西川長夫氏から批判を受けている。いうところの文明「信仰」は、氏が「「信仰」というからには、理性的な判断ではない何か盲目的な崇拝を意味するだろう」(西川「アジアと世界の再発見」前掲『読む』三八四頁)というような意味で必ずしも用いているわけではない。それは中江兆民との対比でいえば、本文でも指摘しているように、兆民はアジアの植民地におけるヨーロッパ人の態度から文明の表裏をみてとったのに対して、『実記』は、スペイン・ポルトガル・オランダ人の「暴侮ノ挙動」を本国の文明と切り離してとらえ、あくまで文明への肯定は揺らいでいない、ということがいいたかったのである。だから、岩波文庫版(五)の「解説」(三七四頁)でも、あるいは『思想』七〇九所収論文(「岩倉使節団とその歴史的意義」)でも(そして本書でも)、「文明信仰の虚偽意識」という表現をしているのである(『学際的研究』では「虚偽意識」という語を用いなかったところに誤解を招く一因があったのかもしれない)。

右のことに通ずるのだが、問題は、むしろのちの「脱亜入欧」という概念を用いて、それに引き付け過ぎた解釈をしている文脈(解釈)の組み立て方に、もっとも批判の力点があるように思う。氏は「分析や解釈がテクスト離れを起こ」(圏点原文)し、それは「特定の歴史観」や「倫理的道徳的な要請」に因るのではないか、と厳しく批判している(前掲西川「『米欧回覧実記』と「脱亜入欧」」八二頁以下。なお、『読む』三七七頁以下、参照)。

氏がいうほど私は「特定の歴史観」や「倫理的道徳的な要請」にこだわっているつもりはない。しかし、のちのいわゆる「脱亜入欧」に引き付け過ぎて『実記』を解釈した点は謙虚に反省したい。改めて『実記』を読み直し、『実記』の「禁欲」を私も見習いたいと思う。そして、以下の本文にみるように訂正した。早くから批判を受けながら、本書の刊行まで対応の遅きに失したことをお詫びすると共にこの場を借りて謝意を表したい。なお、前掲『欧米から見た岩倉使節団』第九章参照。

(27) 松永昌三氏は、本文掲出の『近代日本思想大系3 中江兆民集』の「解説」で、次のようにいう。

「兆民は、人間同等の確信のうえに立って、ヨーロッパ諸国の〝文明〟の名によるアジア侵略をはげしく非難した。ここには、ヨーロッパの近代文明の理念で、その文明の現実を批判する視点があるが、その視底には厳然としたアジア人の眼があった。東洋の若き理学者兆民には、ヨーロッパ的自由の限界の克服とアジア人民の自由の恢復が同時的課題として、切実に意識されたにちがいない。かくして兆民にとって、帰国の旅は、〝東洋のルソー〟への船出でもあったのである」(傍点原文、四二〇頁)。

そして、氏は「〝ヨーロッパ体験〟の質が、〝アジア体験〟の内容を規定したことであろう」(同上)と述べている。

なお、松永昌三『中江兆民の思想』(青木書店、一九七〇年)、同『中江兆民評伝』(岩波書店、一九九三年)参照。

（28） ここで使節団と対比している中江兆民の文章については、その史料がいずれも明治十五年（一八八二）以降のものである点は十分留意しなければならない。

（29）『実記』における地域表示について、中野美代子「「コントラ」島小考」（前掲『学際的研究』所収）では、次のように指摘されている。

「西洋・南東洋・東南洋・東西洋・南洋・南海・東洋・印度海・支那海などの語が混在する。もとより、地域概念を示すことばは古来混乱しやすい。しかし『実記』における混乱は、久米邦武の中国古典に対するある種の偏向に起因していると思われるのである」（一九八頁）。

『実記』を読むときに留意しなければならない点である。

（30） 大久保利通も「英ノ富強ナル所以ヲ知ルニ足ルナリ」と述べた大山巌あて書簡（明治五年十一月二十日）で、「右首府々ノ貿易或ハ工作ノ盛大ナル五十年以来ノ事ナルヨシ」と述べている。もっとも、大久保はここでは、「然レハ皆蒸汽車発明アッテ后ノ義ニテ世ノ開化ヲ進メ貿易ヲ起スモ半ハ滊車ニ基スルト相見得候ナリ」という論点を引出しているのであるが……。

（31） イアン・ヒル・ニッシュ著、監訳者宮本盛太郎『日本の外交政策 1869-1942 ― 霞が関から三宅坂へ』（ミネルヴァ書房、一九九四年）は、「ヨーロッパにとって未曾有の政治的変化」のときに際会した岩倉使節団は、「大きく目を見開いて、西洋の生活の色んな側面を見たが、同時に、取捨選択の眼を働かせた。見たいものは何かは、事前に承知していたし、また、日本の現状に適していると思われるものは何かも、分っていたのである」（一三―一四頁）といい、さらに次のように述べている。

「岩倉使節を派遣したおかげで、これらの民族主義者《ナショナリスト》たちは、西洋との対比で、さらにはまた、東洋との対比で日本を評価、測定できた。彼らの判断には、西洋との比較では日本に欠点もあるとする認識も見られたけれども、東洋との比較においては、自信と力強さが見られた。岩倉は、海外から帰って来たとき、すっかり萎縮していたかというと、そうではなかった。かえって、自信をもって帰国した。というのも、彼は、日本は西洋の挑戦に中国よりもうまく対応してきたということに、気づいていたからである。日本には劣等感があったので、かえって、中国への優越感は、以前にも増して揺るぎなきものとなったのである」（二〇頁、ルビは原文）

本文とは異った観点からの叙述ではあるが、参考になろう。

第七章

（1） 旧稿にあった「近代天皇制の原型創出的な位置」という表現は、その後の研究のなかに引用としても使用されているのでそのままにしたが、若干の敷衍的な説明をつけ加えておく。

というのは、大久保政権は岩倉使節団のひとつの帰結ではあるものの、本文でみるように大久保の立憲構想はイギリス・モデルであり、大久保没後の岩倉＝伊藤（とくに後者）の路線は、それを軌道修正し、プロシア・モデルへとなっている。そうしたことは教育令とその修正（第八章一参照）でも同様である。かかる意味では、岩倉使節団の帰結は、幅広いものとしてとらえなければならない。本文でいう「原型創出的な位置」という表現は、そのような意味にとらえていただきたい。

本稿と関連して大久保政権に論及した拙著『日本の歴史24　明治維新』（小学館、一九七六年）、同『岩倉使節団』（講談社現代新書、一九七七年）、改訂版『岩倉使節団『米欧回覧実記』』（同時代ライブラリー、岩波書店、一九九四年）、同編『日本史(6)　近代1』（有斐閣新書、一九七七年、とくに序章、4章）および同『近代天皇制への道程』（吉川弘文館、一九七九年）などとは若干重複するところがあるが、あわせ参照されたい。

右の拙著等との関わりで、大久保利通を中心に「文明開化の政治指導」（佐々木論文題名）を論じた佐々木克氏の論稿（林屋辰三郎編『文明開化の研究』岩波書店、一九七九年、所収）、同『大久保利通と明治維新』（歴史文化ライブラリー、吉川弘文館、一九九八年）も参照のこと。

大久保政権をめぐっては、田村貞雄編『形成期の明治国家』（幕末維新論集8、吉川弘文館、二〇〇一年）所収の関係論文および「解説」を参照されたい。

また、比較的近年の大久保政権に関わる研究文献は、勝田政治「大久保政権と内務省」（田中彰編『近代日本の内と外』吉川弘文館、一九九九年、所収）の注(3)（同上、二〇九―二一〇頁）を参照。なお、本書校正中に刊行された勝田政治『内務省と明治国家形成』（吉川弘文館、二〇〇二年）は、岩倉使節団の米欧回覧を前提にして大久保政権（明治国家形成）を論じた最近の成果である。

（2）　この模擬裁判事件について、前掲『岩倉使節団』では長野文炳としたが（一一〇頁）、これはその後長野桂次郎であることが判明し、同書第三刷（一九八一年）ではその訂正記事を付した。この訂正および長野桂次郎については拙稿「明治維新の光と影―長野桂次郎のこと」（『本』講談社、一九八〇年一〇月号、拙著『北海道と明治維新』〈北海道大学図書刊行会、二〇〇〇年〉に加筆して所収）参照。

なお、長野桂次郎に関しては今井一良「金沢藩中学東校教師長野桂次郎伝」（『石川郷土史学会誌』第一四号、一九八一年十二月）、金井圓『トミーという名の日本人』（文一総合出版、一九七九年）、赤塚行雄『君はトミー・ポルカを聴いたか』（風媒社、一九九九年）など参照。

（3）　以上引用は『保古飛呂比』（佐佐木高行日記）五、明治四年十一月末尾の条（東京大学出版会、一九七四年、二四四―二四五頁）。この佐佐木は、「一行中忠孝ノ精神ヲ有スル者一人モナシ、只岩公及大久保ナリ、危キコトナリ」（同上、明治四年十二月末尾条、二七一頁）という。その大久保にして本文のごとくだったのである。

（4） 松原致遠編『大久保利通』（新潮社、一九一二年）所収の「第五章　欧米巡遊中の公（其一）久米邦武談」（一二三―一二四頁・一二五―一二六頁）による。なお、『久米博士九十年回顧録』下巻（早稲田大学出版部、一九三三年、四二一頁）参照。

右の『大久保利通』は、一九八〇年、大久保甲東百年記念顕彰会によって復刻されると共に『大久保利通補遺編』が同時に刊行された。この『補遺編』には原著に省略された『報知新聞』掲載の記事が収められ、大久保利謙氏の「解説」が付されている。それによると、大久保は、「小さな手帳を持つて居て、何事でも其手帳に記《と》めて置く人であつて、洋行中などは殊に珍らしい事に出逢ふことが多いので、始終手帳に記めて居られた」（松村淳蔵談「大久保公雑話」同上、二〇頁）という。

そのメモは残されていないが、本文に引用した発言は、大久保の文化衝撃を示して余りある。御教示をえた大久保利謙氏に対して、記して謝意を表する。

（5） 拙稿「岩倉使節団のアメリカ観」（和歌森太郎先生還暦記念論文集編集委員会編『明治国家の展開と民衆生活』弘文堂、一九七五年、所収）参照。

なお、『米欧回覧実記』第一編第九巻に、「米国開拓ノ情実ニハ、人ミナ感触ヲ生シ、（中略）目ノ撃《うつ》トコロ、車中ミナ開拓ノ談ナラサルハナシ」（『米欧回覧実記』岩波文庫版、㈠一八一頁、傍点引用者）とあるのに留意。

影山昇『日本近代教育の歩み』（学陽書房、一九八〇年。とくに補論Ⅱ「岩倉使節での田中不二麿文部理事官と新島襄」一三一―一七九頁）参照。

（6） 『米欧回覧実記』第二編の随所にみられる工業地帯の描写と、明治五年十月十五日付、大久保より西郷隆盛・吉井友実あての書簡（『大久保利通文書』四、四四八頁）、あるいは同上『米欧回覧実記』の「英国ノ富」に関する叙述（㈡二九頁）と、明治五年十一月二十四日付、大久保より大山巌あての書簡（同上『文書』四、四六八頁）とを対比してみよ。

（7） これは使節団のメンバーが、在英の南貞助（旧長州藩士）のすすめで、南の関係していた「ナショナル・エゼンシー」にそれぞれの手当類を預金したが、その会社の破産で預金を失った事件である（拙著『岩倉使節団『米欧回覧実記』』同時代ライブラリー、岩波書店、一〇九―一一四頁、参照）。大久保もその一人だった。『在英雑務書類』（国立公文書館蔵）には、預金を失った使節団メンバーおよび留学生への措置や「拝借金願書」などの関連史料が収められている。

（8） 明治六年一月三日付、大久保より石原近義あて（『大久保利通文書』四、四七八頁）。

（9） この「大敗北」という大久保の表現が使われているのは、明治六年六月十五日付、大久保より五代友厚あての書簡である。毛利敏彦氏はその著『明治六年政変の研究』（一九七八年、有斐閣）で「外遊の結果」を大久保がこう「自認」した、と解釈した（一五五頁。その後の著作『明治六年政変』〈中公新書、一九七九年〉でも同様である）。

しかし、この書簡は実は本文のいわゆるヘソクリ事件に関したものであることを佐々木克氏がその書評で指摘し、書簡の全文を紹介している(『日本史研究』二二四〈一九八〇年六月〉所収)。

(10) 前掲『久米博士九十年回顧録』下巻、四二一頁。

(11) 『米欧回覧実記』㈢一四一頁。

(12) 明治六年一月二十七日付、大久保より西徳二郎あて(『大久保利通文書』四、四八五頁)。

(13) 明治六年一月二十七日付、大久保(在パリ)より西徳二郎(在ロシア)あて(『大久保利通文書』四、四八四頁)。

(14) 明治六年三月二十七日付、大久保より西徳二郎あて(『大久保利通文書』四、五〇一頁)。

(15) 飛鳥井雅道氏は、「伊藤博文は、一八八一年(明治十四)のおわりごろから、急速にプロイセン・オーストリア・モデルへ傾斜していった」(前掲『立命館言語文化研究』五の一、二八頁、前掲西川・松宮編『幕末・明治期の国民国家形成と文化変容』七九頁)と述べている。

(16) 詳しくは、前掲拙稿「岩倉使節団の欧米認識と近代天皇制」、とくに一四四頁以下参照。

この点については、国際社会における「万国公法」の理念が必ずしも現実と一致しないこと、そして折あればそこで「力」が支配するということを、幕末維新期の国際関係の中で日本は体験済みであった。だから、木戸孝允はいち早く、「兵力不調ときは、万国公法も元より不可信、向弱に候ては大に公法を名として利を謀るもの不少、故に余万国公法は弱国を奪ふ一道具と云」(『木戸孝允日記』一、一三八頁、明治元年十一月八日条。句読点引用者、以下同)といい、また、岩倉具視も朝議に付した「外交之事」の中で、万国との交際において「条理」や「信義」の必要性をうたいつつも、「海外万国ハ各其自国ヲシテ他国ノ上ニ立タシメンコトヲ欲ス」という国際社会の通有性を、「海外万国ハ皆我カ皇国ノ公敵ナリ」と表現していた(明治二年二月二十八日「具視外交会計蝦夷地開拓ノ三件ヲ朝議ニ附スル事」『岩倉公実記』中巻、六九六―七〇一頁)。

こうした国際社会における「万国公法」理解は、岩倉使節団がアメリカとの条約問題交渉の過程でも、その現実の厳しさをいや応なしに痛感せしめられたところであった。

それだけに、プロシアにおけるビスマルクやモルトケの理念に対する現実の「力」の役割についての説明は、岩倉・木戸・大久保ら使節団首脳に、「小国」にして後発国たる日本の国際社会での将来に思いをはせしめたのであり、『回覧実記』をして、「頑味スヘキ言」(㈢三三〇頁)と記せしめたのである。なお、右の「力」が軍事力であることは、岩倉使節団帰国後にもかかわらず、『実記』があえて載せているモルトケの一八七四年二月の議会演説(㈢三四〇―三四二頁)に端的に示されている。

(17) 大久保利謙氏は、「薩長派の再編成」=「新薩長派」を次のように説明される。「幕末政治以来の混頓《(ママ)》とした薩長土肥雄藩政権を、ここで一応解体せしめ、改めて岩倉を軸とする大久保・木戸・伊藤の政権を新たに確立せしめた」(大久保利謙編『岩倉使節の研究』宗高書房、一九七六年、八六頁)と。

また、この「新薩長派」の特質について、氏は次のように指摘する。

「彼等が互に深刻な反目をしつつも、一年有余の間、新興日本の全権団として、米欧先進各国を回覧したことは、そこにナショナルな連帯感を生ぜしめたであろう。彼等の間には、幕末の討幕から、新国家の建設へと、かつて手を組んだ過去のつながりがあった。それはやはり消しがたいきずなである。はじめて踏む異境の地で、西洋先進文明の強圧の前に、驚異と感動を同じくしたことは、互に日本の国政を担う者として、そこに日本再建の連帯責任のようなものを感ぜしめたにちがいない。とくに留守派に対して、自分らの進歩性を自認すればするほど、彼等の間に手をにぎる連帯感がわいたであろうことも否定できない」(同上、八六頁)。

(18) 毛利敏彦『明治六年政変』(中公新書、一九七九年)九八頁・一三六頁。本章注(9)参照。なお、毛利説に対しては、家近良樹「「明治六年政変」と大久保利通の政治的意図」(『日本史研究』二三二、一九八一年十二月)がいくつかの疑問を呈示している。併せ参照されたい。

(19) 『大久保利通文書』四、五二一—五二二頁。

(20) そのことを大久保は、すでに帰国前から予想し、予告していた。使節団と別れた直後の一八七三年(明治六)四月一日付の寺島宗則(在英)あてに、次のようにいっている。

「仮令小子一人帰朝候而も何も目的も無之故、黙々トシテ一同之帰朝を待より外致方無御座候、願クハ温泉ニ而もいたし度希望にて候」(『大久保利通文書』四、五〇三頁)。

また、大久保は、八月三日、宮島誠一郎との面談に際し、相つぐ一揆の現状に対し、「此等ハ此儘ニ御差置モ相成マシ」といい、さらに、「唯政府之令朝令暮改、諸規則繁密ハ必ス人民ノ所レ不レ堪ナルヘシ云々」と語っていることが、宮島日記に記されているという(大久保利謙「内務省機構決定の経緯」〈大霞会編『内務省史』第三巻、地方財務協会、一九七一年、九五四頁〉)。失意の大久保にこうした発言はありえない。

(21) 勅旨による大久保・木戸の帰国命令に対して、木戸が使節団との同行をしきりに希望したのに対し、大久保は、使節団の当初の目的と現下の日本のおかれた国際関係を含めた政治情勢を「彼是勘考之上断然帰朝ニ相決シ」たのである(明治六年四月一日付、大久保より寺島宗則あて、『大久保利通文書』四、五〇二頁。傍点引用者。なお、同年三月二十六日付、岩倉より三条実美あて、同上、四九八頁参照)。だから、大久保は、ロシア留学中の西徳二郎に依頼していた「魯国政体規則取調」のことを「早便より御送り被下候様」と重ねて西へ頼んでいる(明治六年四月二十七日、大久保より西あて、同上、五〇〇—五〇一頁)。

（22） 前掲毛利敏彦『明治六年政変』（とくにⅡⅢ）、同『明治六年政変の研究』有斐閣、一九七八年（とくに第三章第三節）、前掲拙著『近代天皇制への道程』（第三章の二）等。
（23） 『大久保利通文書』五、五三―六四頁。
（24） 木戸孝允もこの本文にみたような認識と同じようなことをその日記に書き、「則当時の以治内政第一着とす」といっている（『木戸孝允日記』二、明治六年九月三日条〈四二〇頁〉）。
（25） 山室信一『法制官僚の時代―国家の設計と知の歴程』（木鐸社、一九八四年）は、いわゆる征韓論について、「現にある欧米の見るべきほどのことを見て来た者と、あるべき未踏の欧米に見果てぬ夢を見続ける者とのギャップ、その溝を埋めきれないまま征韓論が起こった」（三八頁）といい、さらに次のように指摘している。
「明治六年政変の背後に井上馨ら長州閥の利権問題を追いつめる江藤らと木戸、大久保らとの権力闘争があったことは否定できないとしても、法制改革を中心とした国家形成の進め方の原理をめぐっての相剋にこそ政変の意味の一端を見るべきではあるまいか。それは内地優先か否かといったレベルの争いにとどまらず、国民の権利を明確にし、民選議院を設立して政策決定過程の中に国民を組み込むか、それとも無気、無力、無識とみられた国民を排除して官僚寡頭制で進むかの理論上の競いであったとみるべきであろう」（同上）。

また、勝田政治「征韓論政変と国家目標」（『社会科学討究』一二一、一九九六年三月、所収）は、内地優先論と征韓論政変、あるいは外交政策などを検討したうえで、「内地優先論は岩倉使節団の体験から生みだされた国家目標であったのである。明治政府成立以来の至上課題である国権回復を実現する手段として、漸進主義による国政整備・民力養成を目指すことであり、外征策も含む総合的・統一的政策論として成立したものである（内地優先論が否定するのは対外戦争である―原注）」（一五五頁）といい、さらに、別の論稿では、「岩倉使節団派は国際関係と国内事情を考慮し、民力養成を資本主義化の道に導入しようとしたのである」（一五六頁）と述べている（同「大久保政権と内務省」〈田中彰編『近代日本の内と外』吉川弘文館、一九九九年、所収〉）。ちなみに、いわゆる征韓論問題をめぐる論争や文献は、田村貞雄編『形成期の明治国家』（幕末維新論集8）を参照されたい。
（26） 『木戸孝允文書』八、一一八―一二九頁、所収。木戸のこの「憲法制定の建言書」は、木戸の要請で青木周蔵（プロシア留学中）が起草した「憲法制定の理由書」をもとにしている。木戸は明治六年六月、フランスで「理由書」を青木から受取り、帰国の船中で添削して七月に帰国し、さらに那珂通高（旧盛岡藩儒者）と山田顕義（岩倉使節団メンバー）にも添削を依頼し、そのうえで「憲法制定の建言書」は提出されており、右大臣、参議への提出は、「明治六年九月中旬の頃と思う」と、坂根義久氏はいう（同著『明治外交と青木周蔵』刀水書房、一九八五年）。そうだとすると、帰国後ただちに提出という通説は訂正する必要がある。

(27)『大久保利通文書』五、一八二―二〇三頁、所収。

これは十一月十九日の閣議の結果、政体取調掛を命じられた工部卿伊藤博文、外務卿寺島宗則の参考に供するために提示されたもので、その際、大久保は「自己ノ意見ナリ」として伊藤に示した、という(同上、一八二頁)。

(28) 飛鳥井雅道「明治天皇・「皇帝」と「天子」のあいだ――世界列強への挑戦」(『立命館言語文化研究』五の一、一九九三年十月、所収、西川長夫・松宮秀治編『幕末・明治期の国民国家形成と文化変容』新曜社、一九九五年、再録)は、「大久保利通の理念型・モデルは、明らかにイギリスにあったとわたしは考えているのだが、現在までの通説は、大久保を専制主義者と規定し、プロイセン型を志向していたとしているのである」(二八頁、再録、七八―七九頁)と述べる。飛鳥井氏は、右の論稿で、「服部之総、遠山茂樹から田中彰にいたるまで」大久保＝絶対主義説だと述べて批判している(一五頁、再録、六三頁)。本書のこの章のもとになった拙稿「大久保政権論」(一九八〇年九月一日稿、八二年四月十一日補稿)は、すでに本文にあるように「大久保＝イギリス」に着目している。これは遠山茂樹編『近代天皇制の成立』(岩波書店、一九八七年)に収められ、公刊は一九八七年だから、氏がこの論稿に目を通していたかどうかは、いまとなっては確かめようもないが、大久保＝イギリス・モデル説では重なっている。

なお、前掲佐々木『大久保利通と明治維新』は、大久保の目標は、「イギリスの富強をドイツ・ビスマルクの政治力で達成することであった」(一六三頁)と述べている。

ちなみに、岩倉使節団がフランスの将官との話の中で、「デスポチックとエブソリューとの弁を問題として、実は両方共専制ではあるが、其の気質の異がある。拿破侖の如きをデスポチックと称し、普王維廉《ウヰリヤム》の如きをエブソリューといふ」として、二者の区別を聞いているのも注目してよい(前掲『久米博士九十年回顧録』下巻、四六二頁)。

(29) 以上、木戸に関する引用は『木戸孝允日記』二、明治六年十一月二十日条(四五二―四五三頁)。

ここでの木戸の「建国の大法」と「デスポチック」との関係は、制定の手続きに力点がおかれている、と私は解釈する(前掲拙著『近代天皇制への道程』一五二―一五三頁参照)。しかし、「デスポチック」な手続きによる制定は、当然権力のあり方を規定することも必然である。

また、『木戸孝允日記』二の明治六年十一月二十二日条には、「欧米の美麗なる体裁を外面而已模似するとも、人民の智愚懸隔し、今日の形情と離絶して実際に不適ときは、却て人民の不幸国の損害も生し便ならざるに付、務めて実際へ着目し、軽行卒挙を戒め、漸を以開化文明の域に進歩し、馳形て実を不誤様有之度」(四五四頁)と記している。大久保との意図の共通性をここにもみることができる。

(30)「公爵伊藤博文談話」(『大久保利通文書』五、二〇六頁)。

(31) 本節については前掲拙著『近代天皇制への道程』(とくに第三章の一)参照。
なお、田村貞雄「大久保政権の「政体」構想」(『釧路論集』第二号、一九七一年三月)を参照のこと。同氏には旧稿執筆当時、文献リストの御教示をえた。記して謝意を表する。

(32) 大霞会編『内務省史』全四巻、地方財務協会、一九七一年、とくに内務省設置の過程は、その第三巻第六章「内務省機構決定の経緯」(大久保利謙氏執筆、八九七―九九六頁)に詳しい。内務省設置のプロセスは主としてこれによる。

(33)『内務省史』第三巻、九五四頁。

(34)『大久保利通文書』三、二七四―二七七頁。

(35)『内務省史』第三巻、九六三頁。

(36) 石塚裕道『日本資本主義成立史研究』吉川弘文館、一九七三年、六四頁。

(37) 田村貞雄編『徳川慶喜と幕臣たち――十万人静岡移住その後』(静岡新聞社出版局、一九九八年)参照。とくに冒頭の田村「慶喜と旧幕臣の静岡移住」は、旧幕臣の移住数を含めた最近の史料などを解説している。

(38) のちに木戸孝允が大久保政権の政策を批判した日記の中の一文は、いみじくも大久保政権のこの基盤を指摘している。
「〔前略〕大久保内務を奉職して無益となすものは、大概の事皆判任の詮議に出て、都下に種々勧《ママ》の事を企て、数多の局を設け、大に土木を起すと雖も、真に民力の復する根本に注意するもの甚稀なり、〔下略〕」(傍点引用者。『木戸孝允日記』三、明治十年一月九日条〈四八〇―四八一頁〉)。

(39) 石塚前掲書、六七頁。

(40) 明治八年三月改正の『官員録』では、この藩閥の地方官は、長官＝鹿児島九、山口九、佐賀・長崎七、高知五、次官＝山口一三、鹿児島五、高知四、佐賀・長崎三で、薩長土肥出身の長官は全体の約四八%、次官は四〇%に当たる。開拓使を含めた地方官(長官・次官)の藩閥化は大久保政権下で進行していることがわかる。

(41) これらの府県が重要視されていたことは、『官員録』(明治八年三月改正)に、「府ニ開港市場アルハ権知事ヲ勅任トシ、県ニ開港場アルハ其令ヲ勅任トス、権令ハ其限ニ非ズ」といっていることからもわかる。

(42) 本節の叙述に関しては、拙著『日本の歴史24 明治維新』(小学館、一九七六年)二五一―二五八頁も併せ参照されたい。

(43) 例えば、升味準之輔氏は次のようにいう。「中央＝地方官僚制ぜんたいをみわたせば、中央部の頂点の一にぎりは藩閥出身者、地方官庁の下半層は地元士族、その中間部分(中央官庁の中層以下と地方官庁の上層――原文注)は諸府県出身者の入りまじった、ほとんど乱数表的出身府県分布をしめしている。これは一八七〇年代のはじめと同じ傾向である」(同著『日本政党史論』第二巻、東京大学出版会、一九六六年、二頁)。

本稿の内容に直接関わる論文には、毛利敏彦「明治初期旧佐賀藩出身政府官僚の統計的分析試論㈠」(『九州文化史研究所紀要』第二六号、一九八一年三月)、同「明治初期政府官僚の出身地—明治七年官員録の統計的分析」(『法学雑誌』三〇巻第三・四合併号、一九八四年三月)等があり、この後者の論文の批判の対象は拙著『日本の歴史24 明治維新』(小学館、一九七六年)での大久保政権の藩閥性の叙述に対してではあるけれども、「要するに、明治七年官員録所載の勅任、奏任の人員構成における藩閥性の程度は、形式的占有率からみれば田中氏の説に分があるが、実質的勢力関係に着目すれば升味・石塚両氏の説に一定の妥当性があるわけで、結局、歴史の真実は、升味・石塚両氏の見解と田中氏の見解との中間にあったとみて差支えなかろう」(四五頁)と述べられている。

また、大島美津子「大久保支配体制下の府県統治」(日本政治学会年報、一九八四年、『近代日本政治における中央と地方』岩波書店、一九八五年、所収)は史料分析において本稿と重なる部分がある。いまそのひとつ、同論文の第一三表「府県庁に地元出身者の占める割合」(五八頁)を掲げると、左表のようになっている(上記論文は再構成されて大島『明治国家と地域社会』〈岩波書店、一九九四年〉に収められているが、別掲の表は、同上書では第一七表として七一頁に所収)。

これは本稿の表7-5「明治一〇年府県長官・官員数および地元属籍者数・同比率一覧表」と比較すると、地元出身者の割合が相当くいちがっているところがみられる。これは使用した史料としての『官員録』が、片や明治十年、片や十一年で一年ずれていることにもよろうが、西南戦争という最大の、そして最後の士族反乱をはさんでいることを念頭におけば、このくいちがいのもつ意味は

府県庁に地元出身者の占める割合

府県名	地元官員／総官員	地元官員／全奏任官
東京府	38.5%	0%
京都府	33.8	0
大阪府	40.3	0
神奈川県	33.9	0
兵庫県	41.3	0
新潟県	45.9	0
長崎県	64	0
埼玉県	30	0
群馬県	25	0
千葉県	42	0
茨城県	53	0
栃木県	47	0
堺県	50	0
三重県	47	0
愛知県	28	0
静岡県	64	0
山梨県	38	0
滋賀県	69	0
岐阜県	53	0
長野県	39	0
福島県	46	0
宮城県	45	0
岩手県	30	0
青森県	36	0
秋田県	57	0
山形県	39	0
石川県	79	0
島根県	74	0
岡山県	43	0
広島県	61	50
山口県	85	50
和歌山県	51	0
高知県	66	0
愛媛県	74	0
福岡県	51	0
大分県	84	50
熊本県	48	0
鹿児島県	11	33

(明治11年3月出版『明治官員録』により作成)

今後さらに検討を要する問題を含んでいるように思われる。

　さらに板垣哲夫「大久保内務卿期における内務省官僚」(近代日本研究会『幕末・維新の日本』山川出版社、一九八一年)も関連があるし、政治思想史的な考察ではあるが、山室信一『法制官僚の時代』(木鐸社、一九八四年)は、岩倉使節団をその分析視角の射程に入れた力作である。

(44) 前掲拙著『近代天皇制への道程』一九三―一九四頁。海保嶺夫『幕藩制国家と北海道』(三一書房、一九七八年)参照。

(45) 留学生と岩倉使節団の問題は、青山英幸「留学生と岩倉使節団」(前掲『学際的研究』所収)を参照されたい。ただし、本文の開拓使の留学生のデータは、明治四〜五年の数字である。

(46) さらに、拙稿「札幌農学校と米欧文化」(『北大百年史』通史篇、ぎょうせい、一九八二年、所収。拙著『北海道と明治維新』北海道大学図書刊行会、二〇〇〇年、所収)を参照されたい。

(47) 前掲拙稿「札幌農学校と米欧文化」、札幌市教育委員会編『お雇い外国人』(さっぽろ文庫一九)北海道新聞社、一九八一年、参照。

(48) この点に関しては高倉新一郎『新版アイヌ政策史』(三一書房、一九七二年)に収められた諸史料の読みかえが是非必要である。なお、同『アイヌ研究』(北海道大学生活協同組合、一九六六年)、田端宏・桑原真人監修『アイヌ民族の歴史と文化』(山川出版社、二〇〇〇年)、前掲拙著『北海道と明治維新』、桑原真人・我部政男編『蝦夷地と琉球』(幕末維新論集9、吉川弘文館、二〇〇一年)参照。

(49) 以下、琉球＝沖縄に関しては、枚挙に遑《いとま》がないが、比嘉春潮『新稿沖縄の歴史』(三一書房、一九七〇年)、『沖縄県史』第二巻各論編一(琉球政府、一九七〇年)、同、第三巻各論編二(沖縄県、一九七三年)、新川明『異族と天皇の国家』(二月社、一九七三年)、同『琉球処分以後』上下(朝日新聞社、一九八一年)、金城正篤『琉球処分論』(沖縄タイムス社、一九七八年)、我部政男『明治国家と沖縄』(三一書房、一九七九年)、安良城盛昭『新・沖縄史論』(沖縄タイムス社、一九八〇年)、西里喜行『論集・沖縄近代史』(沖縄時事出版、一九八一年)、比屋根照夫『自由民権思想と沖縄』(研文出版、一九八二年)、前掲桑原・我部『蝦夷地と琉球』等参照。
　なお、沖縄と北海道との対比については、前掲拙著『北海道と明治維新』および拙著『明治維新』(岩波ジュニア新書、日本の歴史7)岩波書店、二〇〇〇年(とくに第五章1)参照。

(50) 『大久保利通文書』六、二三七―二三九頁・三四九―三五一頁。

(51) 右同、四四一頁。

(52) 前掲『沖縄県史』第三巻各論編二所収の表(一五一頁)によると、一八八六〜八八年(明治十九〜二十一)の三年間を除き、一八八二〜九五年(明治十五〜二十八)の国税徴収額はつねに国庫支出の県費を上回っている。

ちなみに、一八八二年でみると、その国税徴収額六〇万二一円余りに対して、国庫支出の県費は四三万一五七一円余で、差額(=収奪額)は一六万八四五〇円余となっている。なお、「旧慣温存」をめぐる論争については、前掲安良城『新・沖縄史論』および西里喜行『沖縄近代史研究』(沖縄時事出版、一九八一年)等参照。

(53) 彭澤周『明治初期日韓清関係の研究』(塙書房、一九六九年)は、江華島事件をめぐる明治政府の対外政策の中には、挑発的な薩派の強硬路線と、外交ルートによる長派の路線という「内治・外征両派、もしくは薩長両閥の対立の下に生まれた「和」「戦」の両面性をもつ外交であった」(一八〇頁)と述べている。

(54) 詳しくは前掲拙稿「岩倉使節団の欧米認識と近代天皇制」一五三頁以下参照。

(55) 本稿ではふれえなかったが、地租改正・学制・徴兵令および殖産興業政策等の大久保政権の政策の内容と評価も、本文で述べた視点から再検討する要があろう。

第八章

(1) 石附実「岩倉使節団の西洋教育観察」(『季刊日本思想史』七、一九七八年五月)、同『西洋教育の発見』福村出版、一九八五年、森川輝紀「田中不二麿の教育思想に関する一考察」(東京教育大学大学院教育学研究科『教育学研究集録』第一〇集、一九七一年)、小林哲也「『理事功程』解説」(文部省編『理事功程』復刻版、臨川書店、一九七四年、所収)、影山昇「岩倉使節での田中不二麿文部理事官と新島襄」(同著『日本近代教育の歩み』学陽書房、一九八〇年、所収)、拙稿「近代天皇制形成過程の教育問題」㈠㈡(『月報北海道教育会雑誌』第二号、一九八二年十二月十六日、第三号、一九八三年一月二十五日、文化評論社)等参照。

なお、学制との関連等については、井上久雄『学制論考』(風間書房、一九六三年、増補版、一九九一年)、同『近代日本教育法の成立』(風間書房、一九六九年)等参照。

(2) 仲新『近代教科書の成立』大日本雄弁会講談社、一九四九年、一六八頁。前掲拙著『日本の歴史24 明治維新』三〇八―三一一頁参照。

(3) 『元老院日誌』第一巻(全四巻、大日方純夫・我部政男編・解説、三一書房復刻版、一九八一年)の明治八年五月の第一二一号「議官ヲ増スノ上奏」の項には、副議長後藤象二郎の「元老院議官増スコトヲ請フノ議」が収められている。そこでは欧米各国の議会の人員を引き合いに出しつつ、日本の現状では少数の元老院議官のもとで議が決まり、もし天皇が裁可すれば、「則其法立タサルコトヲ得ス、立テ害ナキ者ハ固ヨリ可ナリ、然レトモ万々其一害ナキコト保ツ可カラス、(中略)法ハ国民遵行ノ名ナリ、故ニ立法ノ権ハ国民ト之ヲ共ニシテ君主之ヲ総攬ス、開明ノ国皆然ラサルコトナシ」(句読点・傍点引用者)と述べている。ここには元老院をして民意を反映した立法機関としての実質を備えさせ、「君民共治」の実を挙げようという意図がよみとれる。これは岩倉使節団帰国後の大久保や木戸の憲法構想と相通ずるところがある。

井田進也氏によれば、右の上奏文は元老院権少書記官中江篤介(兆民)執筆の可能性があるというのだが(「「立法者」中江兆民」『思想』六八六、一九八一年八月)、大久保政権段階の明治政府の性格の一面を示している、といえよう。

(4) その一端は大久保利通の「殖産興業に関する建議書」(明治七年五・六月頃)にみられる(『大久保利通文書』五〈覆刻版、一九六八年〉、五六一―五六六頁)。

とくにイギリスに関して、その工業と貿易が「是レ英国今日ノ富強ヲ致ス所以ノ原由ナリ」といっているが、それは、大久保のイギリス回覧中の感想と一致している(第五章二参照)。また、次のようにもいう(句読点は引用者)。

「固ヨリ時ニ前後アリ、地ニ東西アリテ風土習俗同シカラサルヲ以テ、必シモ英国ノ事業ニ拘泥シテ之ヲ模倣ス可キニアラスト雖モ、君臣一致シ、其国天然ノ利ニ基キ、財用ヲ盛大ニシテ国家ノ根抵ヲ固フスルノ偉績ニ至リテハ、我国今日大有為ノ秋ニ際シテ宜シク規範ト為スヘキナリ、況ヤ我国ノ地形及天然ノ利ハ英国ト相類似スルモノアルニ於テオヤ」。

大久保がいかにイギリスを念頭において殖産興業政策を立案しようとしていたかがわかる。

(5) 大石嘉一郎「「殖産興業」と「自由民権」の経済思想」(長幸男・住谷一男編『近代日本経済思想史』Ⅰ、有斐閣、一九六九年、四四頁)。

(6) なお、『回覧実記』の勧農会社や農学校への認識と日本における農学校の設立に関しては、拙稿「農学校と岩倉使節団」(昭和54年度科学研究費研究成果報告書『日本近代史における札幌農学校の研究』一九八〇年三月、所収)参照。また、大久保政権下に創設された札幌農学校と一八七〇年代の米欧文化との関連については、拙稿「札幌農学校と米欧文化」(北海道大学『北大百年史』通史篇、ぎょうせい、一九八二年、所収〈拙著『北海道と明治維新』北海道大学図書刊行会、二〇〇〇年、再録〉)参照。

(7) 京都・山本家文書および明治五年十一月三日「岩倉具視意見書」(『岩倉具視関係文書』五、所収)等参照。

(8) 前掲拙著『近代天皇制への道程』一三七―一三九頁、本書第七章三の5参照。

(9) 前掲拙稿「岩倉使節団の欧米認識と近代天皇制」参照。

(10) 念のため、木戸孝允「憲法制定の建言書」明治六年七月(『木戸孝允文書』八、一一八―一二九頁、所収)、大久保利通「立憲政体に関する意見書」(『大久保利通文書』五、一八二―二〇三頁、所収)参照のこと。

(11) 大久保利謙『明治憲法の出来るまで』(至文堂、一九五六年)。とくに第八章第七節(一五七―一六〇頁)参照。

なお、大塚三七雄『新版 明治維新と独逸思想』長崎出版、一九七七年、参照。

(12) 松永昌三氏は「論外交」について、次のように述べている。

「「論外交」には、対朝鮮政策について、直接にはふれるところがない。しかしこの論説が、欧米強国に追随し、アジアの弱小国を圧迫することで、アジアの〝強国〟に成り上がろうとする〝富国強兵〟政策とこれに同調し支持を与える論調に対する批判であったことは明らかであろう。しかもそれは、壬午軍乱を機に発表されたのであるから、対朝鮮政策および朝鮮認識が主題であったことは疑いえないところである」(松永昌三「解説」四三五頁、『中江兆民集』〈近代日本思想大系3〉筑摩書房、所収)。

さらに氏は、その著『中江兆民評伝』(岩波書店、一九九三年)で、「論外交」の主張の第一点は、「富国強兵政策への批判であ」り、第二点は、「平和外交策の提起である」とし、「「論外交」は、右のような論旨に立って、日本の採るべき道として、西欧列強のような軍事力による、またそれを背景として侵略・抑圧を事とする強大国への方向ではなく、道義平和を事とする小国独立の道を選ぶべきだと結んでいる」(以上、一四四―一四五頁)と述べている。

(13) 芝原拓自「天皇制成立期における国家威信と対外問題」(『大系日本国家史4 近代Ⅰ』東京大学出版会、一九七五年、所収)参照。

(14) 以上、引用は、前掲松永「解説」四三六頁(前掲同上)。

中江兆民の生涯とその思想全体については、前掲松永『中江兆民評伝』参照のこと。

(15) 『福沢諭吉全集』第八巻、岩波書店、再版、一九七〇年、二五一―二五九頁、同第十巻、同書店、同年、二三八―二四〇頁。

福沢のアジア認識をめぐっては、それを厳しく批判した安川寿之輔『福沢諭吉のアジア認識』(高文研、二〇〇〇年)を併せ参照されたい。

(16) 「脱亜論」をめぐっては、丸山真男著・松沢弘陽編『福沢諭吉の哲学』(岩波文庫、岩波書店、二〇〇一年)、とりわけ「『福沢諭吉と日本の近代化』序」を参照。

(17) 『実記』と「編修」者である久米邦武との関係において、『実記』の扱いを慎重にと批判する論者も、いざ福沢や兆民と思想の比較をするときには、『実記』イコール久米と読みかえている場合が多い。この三者の文明観やアジア観を、どのように対比してとらえるかは難しい問題である。機会を改めて論じる以外にないが、とりあえず、松永昌三『米欧回覧実記』に見られる西欧文明観とアジア観」(前掲『立命館言語文化研究』七の三、一九九六年一月)および同『福沢諭吉と中江兆民』(中公新書、二〇〇一年)を参照されたい。

(18) 拙著『明治維新観の研究』(北海道大学図書刊行会、一九八七年)第五章「明治天皇制確立期の維新観」参照。

なお、鈴木貞美編『雑誌『太陽』と国民文化の形成』(思文閣出版、二〇〇一年)参照。

岩倉使節団日程表

（陽＝陽暦、断りのない場合はすべて旧暦で示す）

年月日	発着地	岩倉使節団関係事項	日本関係事項
明治四・一一・一〇	横浜着		一一・一三‐二二 全国の県の改廃（一使三府七十二県）
一二	〃 発	（陽一八七一・一二・二三）	
一二・六	サンフランシスコ着	（陽一八七二・一・一五） 歓迎会続く。周辺諸機関・諸施設見学	
二二	〃 発	サクラメントよりロッキー越えを大雪にはばまれ、予定変更、ソルトレークへ	
二六	ソルトレーク着		
明治五・一・一四	〃 発	オマハ、シカゴを経て大陸横断	
二一	ワシントン着	（陽一八七二・二・二九）	
二五		大統領グラントに謁見（陽三・四）	
二七		議事堂見学	
二・三		条約改正交渉開始（陽三・一一）	二・一五 土地永代売買解禁
一二		全権委任状下付のため大久保、日本へ（翌日、伊藤発、日本着三・二四）	二・二八 兵部省を廃し、陸軍省・海軍省設置
三・ー		この間、アメリカ憲法等の翻訳・調査、諸機関・諸施設の見学等相つぐ	
四・ー			四・九 戸長・副戸長をおく
五・四	ワシントン発	北部地方の巡覧へ	五・一 陸奥宗光、地租改正建議
五	ニューヨーク着	ウエストポイントへ（五・六—八）	
八	ナイアガラ着	前大統領フィルモアを招待（五・九）	
一二	ボストン着	音楽会へ（五・一三—一四）	
一七	ワシントン着	この日、大久保・伊藤ら日本発	五・二三‐七・一二 天皇、近畿・中国・九州へ巡幸
六・一七		大久保・伊藤、朝、ワシントン帰着、午後、条約改正交渉打切り（陽七・二二）	

明治五・六・一九		大統領にアメリカ発の挨拶	
二二	ワシントン発		
二四	フィラデルフィア着	議事堂その他諸機関・諸施設見学	
二五	ニューヨーク着	バイブル会社その他見学	
二八	ボストン着	市中、周辺の諸機関・諸施設見学	七・一 副島外務卿、マリア・ルース号の取調べを命じる
七・三	〃 発	イギリス、リバプールへ(陽八・六)	
一三	コーブ着	同日発、リバプール経由	七・一九 西郷隆盛、陸軍元帥となる(近衛都督兼任)
一四	ロンドン着	(陽一八七二・八・一七)	
一六		グランヴィル外相と会見、ヴィクトリア女王は避暑中につき謁見延期。この間、諸機関・諸施設を見学	七・二五 大蔵省租税局に地租改正局を設置
八・一		バッキンガム宮殿見学、翌日、議会へ	八・三 学制頒布
二七	ロンドン発	パークスらの案内でスコットランドへ	八・八 山梨県で大小切騒動
〃	リバプール着	クルーへ(九・一)	
九・二	マンチェスター着	以後、各地の諸機関・諸施設見学	
八	グラスゴー着	グリーノックへ(九・九―一〇)	
一〇	エディンバラ着	諸機関・諸施設見学のほかハイランド周遊へ(九・一五―一七)	九・一二 新橋・横浜間鉄道開業式
一九	ニューカッスル着	途中、ガラシールズに寄る	九・一四 琉球藩設置
二二	ブラッドフォード着	ソルテヤの工場村等を見学	九・一三 三井組ハウス落成式
二六	シェフィールド着		
一〇・一	バーミンガム着	コベントリ(一〇・二)、ウースター(一〇・六)、チェスター州(一〇・六―八)等を周遊	一〇・二 人身売買禁止、娼妓の年季奉公廃止
九	ロンドン着	(陽一八七二・一一・九)	一〇・一四 大中少弁務使をやめ、特命全権公使・弁理公使等をおく
二二		条約改正に関する岩倉・グランヴィル第一回会談	
二七		岩倉・グランヴィル第二回会談	
二八		この前後、諸機関・諸施設見学	

一一・三		木戸孝允らは、ダブリンに至り、アイルランドの議院その他見学	
五		ヴィクトリア女王に謁見(陽一八七二・一二・五)	一一・一五 神武天皇即位の年を紀元とし、一月二十九日を祝日とする(のち二月十一日に改める)
六		岩倉・グランヴィル第三回会談、双方の意見対立で会談打切り	
一六	ロンドン発	ドーバー海峡を渡り、仏国カレーを経由	
〃	パリ着	(陽一八七二・一二・一六)	一一・一五 国立銀行条例公布
二六		フランス大統領ティエールに謁見	一一・二八 徴兵の詔書出る
明治六・一・一		日本で改暦。陰暦明治五年十二月三日に当たる日を陽暦明治六年一月一日とする。この日、新年祝賀のためヴェルサイユ宮殿へ パリ滞在中、宮殿・公園・寺院をはじめ諸機関・諸施設等を見学。パリ＝コミューンのあとを見る	明六・一・一 改暦 一・一〇 徴兵令制定
二・一七	パリ発		二・七 仇討を禁止
〃	ブリュッセル着	ベルギー皇帝レオポルド二世に謁見	二・九 教部省、国民教化の要項として「十一兼題」を制定、教導職へ配布
一八		諸機関・諸施設等を見学	
二四	ブリュッセル発	ロッテルダム経由	二・二四 キリシタン禁制の高札を撤去
〃	ハーグ着		
二五		オランダ皇帝ウィリヤム三世に謁見 ロッテルダム、ライデン、アムステルダムを巡覧。諸機関・諸施設を見学	二・二五 ウィーン万国博覧会(五・一一・二)へ佐野常民ら出発
三・七	ハーグ発	エッセン経由	三・一 高島炭坑で坑夫の暴動
九	ベルリン着		三・三 皇后、御歯黒をとり、眉墨をおとす
一一		ドイツ皇帝ヴィルヘルム一世に謁見	
一二		会議堂で皇帝のスピーチを聞く。ビスマルク以下文武百官参集。夜、帝宮にて会食。皇后・皇太子夫妻臨御、モルトケ等一五〇人	三・四 越前で一揆

明治六・三・一五		ビスマルクの招宴に臨む ベルリン滞在中、諸機関・諸施設を見学 ポツダムへ(三・二七) 大久保利通、帰朝の途につく(三・二八、マルセーユ経由、横浜着、五・二六)
二八	ベルリン発	プスコフ経由、ロシアへ
三〇	セントペートルボルク着	(セントペートルボルクは旧レニングラード、現サンクトペテルブルク)
四・三		ロシア皇帝アレクサンドル二世に謁見 帝宮はじめ諸機関・諸施設等を見学
一四	セントペートルボルク発	木戸孝允、帰朝の途につく(四・一六、マルセーユ経由、横浜着、七・二三)
一八	コペンハーゲン着	ハンブルク、キール経由
一九		デンマーク国王クリスチャン九世に謁見 王宮以下諸機関・諸施設等を見学
二三	コペンハーゲン発	マルメ経由・スウェーデンへ
二四	ストックホルム着	
二五		スウェーデン国王オスカル二世に謁見 諸機関・諸施設等を見学
二九	ストックホルム発	
五・一	ハンブルク着	北部ドイツ地方巡覧、ハノーバー、フランクフルト、ミュンヘン等を経由
七	ミュンヘン発	インスブルック、ベローナ経由
九	フローレンス着	各地の古跡、諸機関・諸施設等を見学
一〇	〃　発	
一一	ローマ着	
一三		イタリア皇帝エマヌエレ二世に謁見

- 三・一四 外国人との婚姻を許可
- 三・二〇 天皇断髪
- 三・一 散髪する者増加
- 三・三一 来朝のペルー国使節、マリア・ルース号事件の損害賠償を要求(六・一四 日本拒否)
- 四・一〇 第一大学区第一番中学を専門学校に改組、開成学校と改称
- 四・一三 軍人犯罪律を改正
- 四・一九 後藤象二郎・大木喬任・江藤新平、参議就任
- 四・一 東京上野公園設置決定
- 五・二 太政官職制を改め、正院に権力集中
- 五・五 皇居火災、太政官類焼
- 五・七 大蔵大輔井上馨ら財政改革意見を提出(五・一四 井上ら免官)

二六	ローマ発	ナポリへ(五・二〇—二三) フローレンス、ボローニャ、パドワ経由
二七	ベニス着	「アルチーフ」の古文書館等見学
六・二	〃発	
三	ウィーン着	万国博覧会開会中(五・一—一一・二)
八		オーストリア皇帝フランツ・ヨーゼフ一世に謁見
一八	〃発	ミュンヘン経由
一九	チューリッヒ着	
二〇	〃発	アール川の上流に沿うて走る
〃	ベルン着	
二一		スイス大統領セレソールに謁見 以後、ルツェルン等湖水周辺を回覧
二九	ベルン発	ローザンヌ経由
〃	ジュネーブ着	市内の諸機関・諸施設等見学
七・九		日本政府より帰国せよの電信着く。スペイン、ポルトガル訪問の予定中止
一五	ジュネーブ発	
〃	リヨン着	生糸改会所等の諸施設を見学
一七	〃発	
一八	マルセーユ着	市内・海岸等見学
二〇	〃発	郵船「アウア」号で帰国の途へ
二二	ナポリ着	上陸、同日発。メッシーナ海峡経由
二六	ポートサイド着	市内見学、二七日発。スエズ運河経由
二七	スエズ着	二八日発。紅海経由
八・一	アデン着	上陸し、船中泊。二日発
九	ガール着	セイロン島へ上陸、見学

五・二六 大久保利通帰朝
五・二六 北条県(美作)に農民一揆。この前後各地に血税一揆
六・九 大蔵省、予算を初公表
六・一六 福岡県で米価騰貴による農民一揆
六・二四 集議院廃止
六・二五 マリア・ルース号事件で日本・ペルー約定成立
六・二九 特命全権大使副島種臣、清国皇帝謁見
六・三〇 米人モルレー来日
七・一九 違式詿違条例を制定
七・二〇 日本坑法頒布(九・一施行)
七・二三 木戸孝允帰朝
七・二八 地租改正の条例・施行規則を頒布
八・三 参議西郷隆盛、征韓意見書を閣議提出

		一二日発、マラッカ海峡通過	
明治六・八・一八	シンガポール着	コレラ流行のため上陸せず。一九日発	八・一七 閣議、西郷の遣韓を内定。以後、征韓論問題尾を引く
二二	サイゴン着	上陸、市内見学。船中泊。二三日発	
二七	香港着	上陸、市内見学、ホテル泊。二九日発	
九・二	上海着	上陸、市内周辺見学、ホテル泊。四日夜、郵船「ゴルテンエン」号へ乗船。五日発	九・一 明六社第一回の集会（事実上の発足）
六	長崎着	上陸、市中回覧。夜、上船。七日発	九・五 三池炭山を官営とする
		下関海峡通過、瀬戸内海へ	
九	神戸着	上陸、宿泊。一一日発	九・— この頃、開化物の出版盛んとなる
一三	横浜着	朝、着船。一四日、岩倉具視、正院で復命	

第一表　岩倉使節団員（明治四年十一月十二日横浜港出発時）

使節団職名（官名）	氏名（出発時年齢）	生没年（享年）	出身（爵位）	備考	35	45
特命全権大使（右大臣）	岩倉具視《ともみ》（47）	一八二五—一八八三（文政八—明治一六）（59）	公家（公）	孝明天皇侍従（安政元）、和宮降嫁推進を糾弾され追放（文久二～慶応三）、副総裁・議定兼輔相（明治元）、外務卿・右大臣（四）、赤坂喰違事件遭難（七）、第十五銀行創設（一〇）	死	死
同副使（参議）	木戸孝允《たかよし》（39）	一八三三—一八七七（天保四—明治一〇）（45）	山口（侯）	尊王攘夷運動を推進（文久年間）、小松帯刀・西郷吉之助と会し、薩長連合密約（慶応二）、参議（明治三）、地方官会議議長（八）、内閣顧問（九）	死	死
同副使（大蔵卿）	大久保利通《としみち》（42）	一八三〇—一八七八（天保元—明治一一）（49）	鹿児島（侯）	精忠組結成（安政六）、公武合体政策に尽力（文久二）、参与（明治元）、大蔵卿（四）、参議（六）、内務卿兼任（六）、神風連の乱・秋月の乱・萩の乱・西南戦争鎮圧（九～一〇）	死	死
同副使（工部大輔）	伊藤博文《ひろぶみ》（31）	一八四一—一九〇九（天保一二—明治四二）（69）	山口（公）	長州藩派遣英国留学（文久三）、外国事務掛・兵庫県知事（明治元）、参議兼工部卿（六）、参議兼内務卿（一一）、憲法調査渡欧（一五～一六）、初代内閣総理大臣（一八）、枢密院議長（二二）、政友会総裁（三三）、初代韓国統監（三八～四二）	欠	死
同副使（外務少輔）	山口尚芳《ますか》（33）	一八三九—一八九四（天保一〇—明治二七）（56）	佐賀	江戸開城交渉列席（明治元）、大蔵大丞兼民部大丞・外務少輔（四）、佐賀の乱鎮圧（七）、元老院議官（八）、会計検査院長・参事院議官（一四）、勅選貴族院議員（二三）	死	死
一等書記官（外務少丞）	田辺泰一《やすかず》（41）（太一・蓮舟）	一八三一—一九一五（天保二—大正四）（85）	幕臣	池田長発横浜鎖港談判使節随行・渡仏（文久三）、パリ万国博覧会派遣使節随行（慶応三）、外務大書記官（明治一〇）、清国公使館臨時代理公使（一二）、元老院議官（一六）、勅選貴族院議員（二三）、著作『幕末外交談』	欠	欠
一等書記官（外務六等出仕）	何《が》礼之《のりゆき》（32）	一八四〇—一九二三（天保一一—大正一二）（84）	幕臣	開成所教授（慶応三）、元老院議官（明治一七）、高等法院予備裁判官、勅選貴族院議員（二四）	出	出
一等書記官（大蔵一等書記）	福地源一郎（桜痴《おうち》）（31）	一八四一—一九〇六（天保一二—明治三九）（66）	幕臣	竹内保徳（文久二）及び、柴田剛中、遣欧使節随行（慶応元）、東京日日新聞社主筆・社長（明治七～二一）、立憲帝政党を組	出	死

				織(一五)、衆議院議員(三七)、著作『幕府衰亡論』等		
二等書記官(外務少記)	渡辺洪基《こうき》(25)	一八四七—一九〇一(55)(弘化四—明治三四)	福井	幕府医学所(慶応三)、伊・墺公使館在勤(明治六〜七)、太政官大書記官兼外務大書記官(一四)、元老院議官(一五)、東京府知事(一八)、帝国大学総長(一九)、墺・瑞西両国特命全権公使(二三)、勅選貴族院議員(三〇)	死	死
二等書記官(外務七等出仕)	小松済治《せいじ》(寿盛)(25)	一八四七—一八九三(47)(弘化四—明治二六)	和歌山	兵部七等出仕(明治四)、墺国博覧会事務官兼任(六)、陸軍省七等出仕(七)、大審院判事(一一)、民事局次長(二〇)	死	死
二等書記官(外務七等出仕)	林董三郎《とうさぶろう》(董《ただす》)(22)	一八五〇—一九一三(64)(嘉永三—大正二)	幕臣(伯)	幕府派遣英国留学生(慶応二)、榎本武揚、品川沖脱走・蝦夷地へ同行(明治元)、香川(二一)・兵庫(二三)各県知事、外務次官(二四)、露・瑞典・諾威(三〇)・英(三三)各国公使、駐英大使(三八)、外務(三九)・逓信各大臣(四四)	欠	出
二等書記官(外務七等出仕)	長野桂次郎(29)	一八四三—一九一七(75)(天保一四—大正六)	幕臣	日米修好通商条約批准書交換遣米使節無給通詞見習、トミーの愛称、現地で話題(万延元)、金沢藩中学東校教師(明治初年)、工部省鉱山寮七等出仕(六)、開拓使御用掛(一一)、ハワイ移民監督(二〇)	出	欠
三等書記官(外務七等出仕)	川路寛堂《かんどう》(太郎)(28)	一八四四—一九二七(84)(弘化元—昭和二)	幕臣	祖父は聖謨、幕府派遣英国留学生(慶応二)、タイ視察(明治八)、誠之館教師(二六)、兵庫県洲本中学校教論(三六)、兵庫県組合立淡路(三六)・神戸松蔭(大正二)各女学校校長	欠	不明
四等書記官(外務大録)	安藤太郎(忠常《ただつね》)(26)	一八四六—一九二四(79)(弘化三—大正一三)	幕臣	五稜郭籠城・敗戦(明治元)、香港領事(七)、ハワイ総領事(一〇)、外務省通商局長(二四)、禁酒運動家として活動	出	欠
四等書記官(文部大助教)	池田政懋《まさよし》(寛治)(24)	一八四八—一八八一(34)(嘉永元—明治一四)	佐賀	長崎県仏学教導(明治二)、大久保利通清国差遣随行(七)、天津領事(一一)、長崎税関長(一三)	死	死
大使随行(兵庫県権知事)	中山信彬《のぶとし》(30)	一八四二—一八八四(43)(天保一三—明治一七)	佐賀	外務権大丞兼二等法政官(明治九)、大阪株式取引所頭取(一一)	不明	死
大使随行(式部助)	五辻安仲《いつつじやすなか》(27)	一八四五—一九〇六(62)(弘化二—明治三九)	公家(子)	禁門の変に長州藩支援画策(元治元)、式部助(明治四)、宮内省御用掛(一〇)、爵位局次官(二〇)	出	死
大使随行(外務大記)	野村靖《やすし》(30)	一八四二—一九〇九(68)(天保一三—明治四二)	山口(子)	入江九一(杉蔵)の弟、松下村塾入門(安政四)、七卿都落ち陪従(文久三)、幕長戦で芸州口へ出征(慶応二)、神奈川県令	出	死

第一表　岩倉使節団員

				（明治一一）、枢密顧問官（二一）、駐仏全権公使（二四）、内務（二七）・逓信（二九）各大臣		
大使随行（神奈川県大参事）	内海《うつみ》忠勝《ただかつ》（29）	一八四三―一九〇五（天保一四―明治三八）（63）	山口（男）	奇兵隊入隊・禁門の変出兵（元治元）、長崎（明治一一）・三重（一七）各県令、兵庫（一八）・長野（二二）・神奈川（二四）・大阪（二八）・京都（三〇）各府県知事、勅選貴族院議員（三二）、内務大臣（三四）、互選による貴族院議員（三七）	欠	死
大使随行（権少外史）	久米邦武（丈市《たけいち》）（33）	一八三九―一九三一（天保一〇―昭和六）（93）	佐賀	昌平坂学問所書生寮入学（文久二）、使節紀行纂輯専務心得（明治五）、修史館編修官（一二）、帝国大学文科大学教授（二一）・同非職免官（二五）、早稲田大学教授（四四）、編修『特命全権大使米欧回覧実記』等	欠	出
理事官（戸籍頭）	田中光顕《みつあき》（29）	一八四三―一九三九（天保一四―昭和一四）（97）	高知（伯）	土佐勤王党に参加（文久元）、幕長戦に従軍（慶応二）、陸軍少将兼参事院議官（明治一四）、内閣書記官長・元老院議官（一八）、警視総監（二二）、貴族院議員（二三）、宮内大臣（三一）、維新史料編纂会顧問（四四）	欠	出
随行（租税権頭）	安場《やすば》保和《やすかず》（37）	一八三五―一八九九（天保六―明治三二）（65）	熊本（男）	総督府出仕・戊辰戦争参加（明治元）、福島（五）・愛知（八）・福岡（一九）・愛知（二五）各県令・知事、勅選貴族院議員（二五）、北海道庁長官（三〇）	死	死
随行（租税権助）	若山儀一《のりかず》（32）	一八四〇―一八九一（天保一一―明治二四）（52）	東京	適塾出身、開成所教授（明治元）、租税権助（四）、保険学をはじめて日本に輸入紹介（一〇）、太政官兼農商務権大書記官・参事院議官補（一四～一八）	死	死
随行（大蔵七等出仕）	阿部潜《ひそむ》（33）	一八三九―一八九五（天保一〇―明治二八）（57）	幕臣	目付（慶応三）、陸軍頭・陸軍御用重立取扱（明治元）、沼津奉行・少参事・軍事掛（二）、沼津兵学校設立準備担当、管理・経営にあたる、帰朝後、秋田県尾去沢鉱山経営、養蚕・醬油醸造など事業を行う	死	死
随行（大蔵七等出仕）	沖探三（守固《もりかた》）（31）	一八四一―一九一二（天保一二―大正元）（72）	鳥取（男）	鳥取藩御用絵師、鳥取藩大権参事（明治二）、神奈川（一九）・長崎（二二）・滋賀（二四）・和歌山（二五）・大阪（三一）・愛知（三一）各府県知事、貴族院議員（二三）、維新史料編纂会委員（四四）	欠	出

随行	(租税権大属)	富田命保《とみたのりやす》(冬三)	(34)	一八三八—(天保九—)		幕臣		出	欠
随行	(検査大属)	杉山一成《かずなり》(秀太郎)	(29)	一八四三—一八八〇(天保一四—明治一三)	(38)	幕臣	フィラデルフィア博覧会事務官(明治八)、内務少書記官(一一)	死	死
随行		吉雄《よしお》辰太郎(永昌)				長崎	帰国(明治六)	死	死
理事官	(侍従長)	東久世通禧《ひがしくぜみちとみ》	(39)	一八三三—一九一二(天保四—明治四五)	(80)	公家(伯)	侍従(嘉永二)、国事御用掛(文久二)、八・一八の政変で西下・官位停止(文久三)、開拓長官(明治二)、侍従長(四)、元老院副議長(一五)、枢密顧問官兼任(二一)、貴族院副議長(二三)、枢密院副議長(二五)	出	死
随行	(宮内大丞)	村田経満《つねみつ》(新八、経麿)	(36)	一八三六—一八七七(天保七—明治一〇)	(42)	鹿児島	戊辰戦争で奥羽地方転戦(明治元)、宮内大丞(四)、西南戦争西郷軍二番大隊長(田原・吉次・植木方面戦線指揮)(一〇)	死	死
理事官	(陸軍少将)	山田顕義《あきよし》	(28)	一八四四—一八九二(弘化元—明治二五)	(49)	山口(伯)	禁門の変参加(元治元)、戊辰戦争参戦(明治元)、兵部大丞(二)、佐賀の乱鎮圧(七)、西南戦争鎮圧(一〇)、元老院議官・陸軍中将(一一)、司法大臣(一八)、日本法律学校(二二)・国学院(二三)設立に尽力	死	死
随行	(兵学大教授)	原田一道《かずみち》	(42)	一八三〇—一九一〇(天保元—明治四三)	(81)	幕臣(男)	池田長発横浜鎖港談判使節随行(文久三)、軍務局権判事(明治二)、陸軍兵学大教授(五)、陸軍少将(一四)、元老院議官(一九)、勅選貴族院議員(二二)、原田熊雄の祖父	出	死
理事官	(文部大丞)	田中不二麿《ふじまろ》	(27)	一八四五—一九〇九(弘化二—明治四二)	(65)	尾張(子)	藩校明倫堂監生・助教並(慶応二)、徴士(明治元)、文部大輔(七)、フィラデルフィア博覧会教育事務取調派遣(九)、司法卿(一三)、参事院副議長(一四)、伊(一七)・仏(二〇)特命全権公使、枢密顧問官(二三)、司法大臣(二四)	欠	死
随行	(文部中教授)	長与《ながよ》秉継(専斎《せんさい》)	(34)	一八三八—一九〇二(天保九—明治三五)	(65)	長崎(男)	大村藩侍医(元治元)、長崎精得館頭取(明治元)、文部省医務局長(六)、東京医学校校長(七)、内務省衛生局長(八〜)兼元老院議官(一九)、勅選貴族院議員(二三)、大日本私立衛生会会頭(二四)	欠	死
随行		中島永元《ながもと》	(28)	一八四四—一九二二	(79)	長崎	洋学校致遠館教官(慶応年間)、大学権少丞・大阪洋学校校	出	出

第一表　岩倉使節団員

(文部七等出仕)		(天保一五—大正一一)		長(明治三)、文部少丞(四)、元老院議官(二一)、勅選貴族院議員(二四)		
随行(文部中助教)	近藤鎮三(昌綱) (23)	一八四九—一八九四(嘉永二—明治二七) (46)	幕臣	一行行程中ベルリン公使館勤務	死	死
随行(文部中助教)	今村和郎《かずお》 (26)	一八四六—一八九一(弘化三—明治二四) (46)	高知	文部省出仕(明治四)、参事院議官補(一七)、法制局法政部参事官(二一)、勅選貴族院議員(二三)	死	死
随行(文部九等出仕)	内村公平《こうへい》(良蔵)	—一九一〇(—明治四三)	山形	帰朝後文部六等出仕、文部少丞(明治八)、東京外国語学校校長(九)、文部権大書記官(一八)	死	死
理事官(造船頭)	肥田《ひだ》為良《ためよし》(浜五郎) (42)	一八三〇—一八八九(天保元—明治二二) (60)	幕臣	遣米使節随行・幕艦咸臨丸蒸汽方士官(万延元)、幕府造船所設立の為オランダ派遣(慶応元)、民部省出仕(明治二)、横須賀造船所軍務総括(三)、海軍機関総監(一五)、宮内省御料局長官(一八)、第十五銀行・日本鉄道会社等創立に関与	死	死
随行(鉱山助)	大島高任《たかとう》 (46)	一八二六—一九〇一(文政九—明治三四) (76)	岩手	勘定奉行格鉄砲方(嘉永四)、小坂銀山開坑(慶応元)、釜石製鉄所設立(明治七)、工部大技長(一三)、阿仁(一六)・佐渡(一八)各鉱山局長、近代鉱山技術の先駆者	死	死
随行(鉄道中属)	瓜生《うりゅう》震《ふるう》 (19)	一八五三—一九二〇(嘉永六—大正九) (68)	福井	海援隊所属、帰朝後、工部省鉄道寮辞職(明治一〇)、高島炭坑会社長崎支店長・三菱本店営業部長・麒麟麦酒・東京海上保険・日本興業銀行等重役歴任	欠	欠
理事官(司法大輔)	佐々木高行《たかゆき》 (42)	一八三〇—一九一〇(天保元—明治四三) (81)	高知(侯)	大政奉還建白について協議(慶応三)、戊辰戦争で海援隊を率い、長崎奉行所接収(明治元)、司法大輔(四)、士族反乱で高知派遣(九〜一〇)、侍補(一一)、元老院副議長(一三)、参議兼工部卿(一四)、宮中顧問官(一八)、枢密顧問官(二一〜四三)	欠	死
随行(権中判事)	岡内重俊《しげとし》 (30)	一八四二—一九一五(天保一三—大正四) (74)	高知(男)	海援隊所属、渡欧(明治二)、大審院刑事局詰、高等法院陪席判事等歴任、元老院議官(一九)、勅選貴族院議員(二三)、政友会で活動	出	出
随行(権中判事)	中野健明《たけあき》 (28)	一八四四—一八九八(弘化元—明治三一) (55)	佐賀	パリ(明治一一)・オランダ(一二)各公使館在勤、大蔵大書記官・関税局長(一五)、一等主税官(一七)	死	死

随行(権中判事)	平賀《ひらが》義質《よしもと》 (46)	一八二六―一八八二 (57) (文政九―明治一五)	福岡	福岡藩派遣米国留学(慶応三)、函館裁判所長(明治一〇)、検事局判事(一二)	死	死
随行(権少判事)	長野文炳《ふみあきら》 (18)	一八五四―一八八二 (29) (安政元―明治一五)	大阪	判事・東京上等裁判所在勤(明治一〇)、司法省判事(一三)、大審院判事(一四)	死	死

メンバー構成は、『環瀛筆記』及び『淳正公事蹟史料(明治三・四年)』三に所収の名簿等により、確認しえたもの。年齢は数え年、備考欄は主な経歴を摘記し(括弧内の漢数字は年)、末尾の欄は明治三五年及び同四五年の「岩倉大使同行紀念会」の出欠及び死亡の表記を示す。なお、一等書記官・外務大記塩田三郎(篤信)は(第四表参照)、使節団の首脳と同時に発令されているが、現地(アメリカ)参加のためこの名簿にはない。

第一―第四表には、伝記・自伝類のほか次の諸文献を参考にした。

臼井勝美ほか編『近現代人名辞典』(吉川弘文館、二〇〇一年)、日本歴史学会編『明治維新人名辞典』(同上、一九八一年)、縮刷版『大人名辞典』(全一〇巻、六冊)平凡社、一九五七～五八年、大植四郎編著『明治過去帳』(東京美術、一九七一年)、石附実『近代日本の海外留学史』(中公文庫、一九九二年)、富田仁編『海を越えた日本人名事典』(日外アソシエーツ、一九八五年)、その他。

第二表　使節随従者

使節団との関係と留学国	氏名(出発時年齢)	生没年(享年)	出身(爵位)	備考	35	45
岩倉殿従者 右大臣嫡子	岩倉具綱《ともつな》 (30)	一八四二―一九二三 (82) (天保一三―大正一二)	公家 (公)	岩倉具視嫡子《養子》、孝明天皇近習(慶応元)、書記御用掛(慶応三)、参与(明治元)、宮内省掌典長、宮中顧問官(大正四)	欠	欠
自費随行	高辻修長《おさなが》 (32)	一八四〇―一九二一 (82) (天保一一―大正一〇)	公家 (子)	少納言兼侍従(安政五)、侍従(明治二)、宮内少書記官(一七)、特命全権大使伊藤博文随行清国派遣(一八)、皇太后宮亮兼帝室会計審査官(二四)、東宮侍従長(三〇)、宮中顧問官(三五)	欠	欠
自費随行	香川廣安 (33) (敬三)	一八三九―一九一五 (77) (天保一〇―大正四)	水戸 (伯)	退隠中の岩倉に仕え、王政復古計画参加、東山道先鋒総督大軍監として関東転戦(明治元)、兵部大丞・宮内権大丞(三)、宮内大書記官(一〇)、皇后大夫兼主殿頭(一九)、皇后宮大夫(大正元)、枢密顧問官	欠	欠
自費随行	山本復一郎 (32) (復一)	一八四〇―一九一二 (73) (天保一一―大正元)	京都	儒医、岩倉具視側近(慶応三)、修史局勤務(明治一七)、維新史料編纂会委員(四五)	欠	欠

第二表　使節随従者

米留学生	山口林之助(21)(武良)	一八五一—一九一五(65)(嘉永四—大正四)		山口仙之助(富士屋ホテル創設者)とは別人	出	出
	松方蘚助(22)(介)	一八五〇—一八七二(23)(嘉永三—明治五)	鹿児島	出発後に官費留学生となる、留学中死去	死	死
	日置《へき》兵市(兵一)		宇和島		欠	出
	福井順三		兵庫	松井へ復姓(松井順三、明治九)	欠	欠
木戸殿従者	佐々兵三(佐々木)			「池田道三」と同一人物か(注掲菅原「追考」による)	不明	不明
大久保殿従者						
大久保利通嫡男　仏	大久保彦之進(13)(利和)	一八五九—一九四五(97)(安政六—昭和二〇)	鹿児島(侯)	大蔵権少書記官・米国派遣(明治一八)、貴族院議員(二三)	欠	欠
大久保利通次男　孛	牧野伸熊《のぶあき》(11)(伸顕)	一八六一—一九四九(89)(文久元—昭和二四)	鹿児島(伯)	牧野家を嗣ぐ、外務省御用掛(明治一二)、福井(二四)・茨城(二五)各県知事、伊(三〇)・墺(三二)各公使、文部(三九)・農商務(四四)・外務(大正二)各大臣、パリ講和会議全権委員(八)、宮内大臣(一〇)、内大臣(一四~昭和一〇)	欠	出
	岩下長十郎(19)	一八五三—一八八〇(28)(嘉永六—明治一三)	鹿児島(子)	岩下方平の子、藩費留学・渡仏(慶応二)、帰国(明治七)後、陸軍大尉、横浜から小舟に乗り、後消息不明(一三)	死	死
	坂井秀之丞			酒井秀之丞と同一人物か	死	死
伊藤殿従者	山県亥三郎(15)(伊)	一八五七—一九二七(71)(安政四—昭和二)	山口(公)	山県有朋養嗣子(文久元)、外務省翻訳見習(明治一一)、徳島県知事(二九)、逓信大臣(三九)、勅選貴族院議員(四一)、枢密顧問官(大正一〇)	出	欠
	高島米八《よねはち》(13)	一八五九—一九〇一(43)(安政六—明治三四)	福井	帰国(明治七)、工部大学校入学	不明	不明
山口殿従者	山口俊太郎(9)	一八六三—一九二四(62)(文久三—大正一三)	佐賀	山口尚芳長男、帰朝後東京大学入学、巴石油株式会社専務取締役	欠	欠
	相良《さがら》猪吉《いきち》				死	死

	川村勇(13)	一八五九—一八七六(18)(安政六—明治九)	静岡	帰国(明治七)、開成学校入学	死	死

氏名と使節団との関係等は、主に『淳正公事蹟史料(明治三・四年)』三の名簿とその表記によるが、誤記は補正した。氏名の括弧は他の史料の表記や通称等を示す。その他の注記は第一表に同じ。

なお、備考欄は萱原彬州「岩倉使節団の従者と同航留学生」、同「岩倉使節団の従者と同航留学生に関する追考」により補ったところがある。この論稿では、大久保、牧野、岩下、山県、山口俊太郎、川村の六名は留学生とされている。

第三表　岩倉使節団同行留学生

留学国名(官名)	氏名(出発時年齢)	生没年(享年)	出身(爵位)	備考	35	45
英 元佐賀藩知事	鍋島直大《なおひろ》(26)	一八四六—一九二一(76)(弘化三—大正一〇)	佐賀(侯)	横浜裁判所副総督・参与(明治元)、駐伊全権公使(一三)、元老院議官兼式部頭、式部長官、宮中顧問官、貴族院議員	出	欠
同	田中覺太夫(永昌・文良)		佐賀	帰国(明治七)、石川島造船所監査役	出	出
同	松村文郎(文亮《ふみすけ》)(32)	一八四〇—一八九六(57)(天保一一—明治二九)	佐賀	中牟田倉之助弟、上海へ航海後、三重津の海軍学寮で航海術を教える(明治元)、海軍少佐兼電信少技長心得(六)、提督府出勤、春日艦長(一〇)	不明	不明
同	百武《ひやくたけ》安太郎(兼行《かねゆき》)(30)	一八四二—一八八四(43)(天保一三—明治一七)	佐賀	鍋島直大相手役(嘉永二以後、終生側近)、再渡英(明治七)、油彩画を始める(八)、渡伊、油絵を学ぶ(一三)、帰国、農商務省出仕(一五)、代表作「マンドリンを持つ少女」	死	死
同	前田利嗣《としつぐ》(14)	一八五八—一九〇〇(43)(安政五—明治三三)	金沢(侯)	再渡欧(明治一二)、鉄道・育英事業に尽力、麝香間祗候	死	死
同	堀嘉久馬(喜久馬)(29)	一八四三—(天保一四—)	金沢	(石川県貫属士族、従四位前田利嗣随行雇家扶)＊帰国(明治六)	死	死
同	關澤明清《せきざわあききよ》(清明)(29)	一八四三—一八九七(55)(天保一四—明治三〇)	金沢	藩より留学の密許、ロンドンに学び、帰国(明治元)、正院六等出仕(五)、米合衆国建国百年記念万国博派遣(九)、大日本水産会創設(一五)、水産伝習所所長(二二)、捕鯨業に尽力	死	死

第三表　岩倉使節団同行留学生

同	澤田直温（春松・直信）（30）	一八四二―（天保一三―）	金沢	（石川県貫属士族、従四位前田利嗣随行雇家従）＊帰国（明治六）	死	死
仏 元富山藩知事	前田利同《としあつ》（16）	一八五六―一九二一（安政三―大正一〇）（66）	富山（伯）	戊辰戦争で越後出兵（明治元）、富山藩知事（二）、侍従、式部官、宮中顧問官	欠	欠
同	陸原惟厚（慎太郎）		富山		出	死
英	吉川重吉《きっかわちょうきち》（13）	一八五九―一九一五（安政六―大正四）（57）	岩国（男）	岩国藩主吉川経幹の三男、ハーバード大学卒（明治一六）、同年帰朝後、外務省出仕、ドイツ公使館赴任（二一）、貴族院議員（二六）、華族会館幹事、南洋協会会頭を歴任	出	出
同	土屋静軒《せいけん》（土居静幹）（33）	一八三九―一八九五（天保一〇―明治二八）（57）	岩国	ハーバード医科大学卒、山口病院開業（明治一一）	死	死
同	田中貞吉（眞吉）（15）	一八五七―一九〇五（安政四―明治三八）（49）	岩国	アナポリス海軍兵学校卒、帰朝後、海運省出仕、東京郵便電信学校長、総督府郵便部長（明治二八）、南米探検家、ペルー移民斡旋	欠	不明
米 元福岡藩知事	黒田長知《ながとも》（34）	一八三八―一九〇二（天保九―明治三五）（65）	福岡（侯）	八・一八の政変により上洛、公武合体運動推進（文久三）、二条城にて国事意見開陳（慶応二）、福岡藩知事（明治二）、福岡藩貨幣贋造事件で知藩事罷免（四）	死	死
同	金子堅太郎（19）	一八五三―一九四二（嘉永六―昭和一七）（90）	福岡（伯）	藩校修猷館入学（文久三）、東京大学予備門教員（明治一一）、元老院出仕（一三）、総理大臣秘書官（一八）、貴族院書記官長（二三）、農商務（三一）・司法（三三）各大臣、枢密顧問官（三九）、臨時帝室編集局総裁、『明治天皇御紀』編集（昭和八完成）、維新史料編纂会総裁（～一六）	出	出
同	団琢磨《だんたくま》（14）	一八五八―一九三二（安政五―昭和七）（75）	福岡（男）	東京大学助教授（明治一二）、工部省入省、三池鉱山局御用掛（一七）、欧米炭坑視察（二〇）、三井三池炭鉱入社（二二）、三井合名会社社長（四三）、三井合名会社理事長（大正三）	欠	出
同	江川英武《ひでたけ》（19）	一八五三―一八七五（嘉永六―明治八）（23）	静岡	江川太郎左衛門の子、兵部省派遣留学生、帰朝（明治一二）、後大蔵省・内務省官吏	出	欠
同	森田忠毅（留蔵）（28）	一八四四―一九一七（弘化元―大正六）（74）	静岡	幕府派遣外国視察、滞米八年、帰国後、熱海にて牧場経営	不明	不明

米 佐々木理事官自費随行	鳥居忠文《ただぶみ》（25）	一八四七—一九一四（弘化四—大正三）	（68）	壬生（子）	壬生藩知事（明治三）、ハワイ副領事、外務書記官、貴族院議員（二三）、枢密顧問官	出	欠
英 元肥前大村藩知事	大村純熙《すみひろ》（47）	一八二五—一八八二（文政八—明治一五）	（58）	大村（伯）	長崎奉行（文久三）、戊辰戦争東征軍従軍・東北各地転戦（明治元）、大村藩知事（二）	死	死
同	松浦恕行（熙行・忠行）（28）	一八四四—（弘化元—）		大村		欠	不明
同	湯川頼《より》次郎			大村	帰国（明治六）	死	死
同 元豊浦藩知事	毛利元敏《もととし》（23）	一八四九—一九〇八（嘉永二—明治四一）	（60）	豊浦（子）	尊王攘夷運動参加、蛤御門護衛（元治元）、豊浦藩知事（明治二）、山口藩脱隊騒動鎮撫（三）、英国より帰国（八）	欠	死
魯	清水谷公考《しみずだにきんなる》（27）	一八四五—一八八二（弘化二—明治一五）	（38）	公家（伯）	侍従（文久二）、箱館裁判所総督（明治元）、旧幕軍箱館来襲・青森撤退、青森口総督（明治元）、開拓次官（二）、大阪開成所入学（二）、帰国（八）	死	死
同	坊城俊章《ぼうじょうとしあや》（25）	一八四七—一九〇六（弘化四—明治三九）	（60）	公家（伯）	侍従（安政四）、参与・弁事・外国事務局権輔（明治元）、陸軍少将（二）、山形県知事（三）、帰国（七）、台湾兵站司令官（八）、貴族院議員（三七）	出	死
同	万里小路秀麿《までのこうじひでまろ》（正秀）（14）	一八五八—一九一四（安政五—大正三）	（57）	公家（男）	帰国（明治一四）、式部寮御用掛、式部官、掌典式部主事心得、主猟官、大膳亮、大膳寮主事、大膳頭心得等歴任、露国皇族来航の際接伴員を務める	欠	欠
孛	武者小路《むしゃのこうじ》実世《さねよ》（実正）（22）	一八五〇—一八八七（嘉永三—明治二〇）	（38）	公家（子）	参事院議官補	死	死
魯	平田範静（東助）（23）	一八四九—一九二五（嘉永二—大正一四）	（77）	米沢（伯）	藩医平田家養子（安政三）、大学南校卒業、独より帰国（明治九）、伊藤博文欧州調査派遣に随行（一五）、勅選貴族院議員（二三）、法制局長官、枢密顧問官（三一）、農商務（三四）・内務（四一）各大臣、臨時外交調査会委員・臨時教育会議総裁（大正六）、内大臣（一一）	出	欠
	松崎《まつがさき》信麿（延磨・延光・万長《つむなが》）（14）	一八五八—一九二一（安政五—大正一〇）	（64）	公家（男）	皇居御造営事務局御用掛、建築局四等技師、爵位返上	不明	不明

第三表　岩倉使節団同行留学生

独	錦小路頼言《にしきのこうじよりゆき》（21）	一八五一―一八八四（嘉永四―明治一七）（34）	公家（子）	小倉輔季の第六男、錦小路を嗣ぎ、隠居（明治一三）	不明	不明
仏	河内宗一《かわちそういち》（23）	一八四九―（嘉永二―）	山口	パリ着（明治五）	不明	不明
米	日下義雄《くさかよしお》（21）	一八五一―一九二三（嘉永四―大正一二）（73）	会津	経済財政研究渡欧の井上馨随行（明治九）、駅逓局長（一九）、長崎・福島各県知事、弁理公使（二八）、愛国生命保険会社・第一銀行各監査役、岩越鉄道株式会社取締役、衆議院議員	欠	出
仏 司法省九等出仕	中江篤助（篤介・兆民）（25）	一八四七―一九〇一（弘化四―明治三四）（55）	高知	土佐藩留学生長崎遊学（慶応元）、仏蘭西学舎（後、仏学塾）開塾（明治七）、東京外国語学校校長（八）、元老院権少書記官（八～一〇）、『東洋自由新聞』主筆（一四）、民権論展開、著作『三酔人経綸問答』『民約訳解』『一年有半』等	死	死
処女五名 米	吉益《よします》阿亮（亮《りよう》）（15）	一八五七―一八八六（安政四―明治一九）（30）	東京	吉益正雄外務大録（東京府貫属、旧幕臣）娘、眼病にかかり、上田悌と共に中途帰国（明治五）、東京麻布の女子小学校英語教師に赴任（八～一三）、京橋南鍋町女子英学教授所設立（一九）	不明	不明
同	永井繁《しげ》（瓜生）（9）	一八六三―一九二八（文久三―昭和三）（66）	静岡	増田孝義（佐渡奉行属役）娘、永井家へ養女、永井久太郎（静岡県貫属）妹、バッサーカレッジ音楽専門卒業（明治一四）、東京女子高等師範学校教授（二三）・東京音楽学校教授兼任（二四）、海軍大将瓜生外吉夫人	出	出
同	津田梅（梅子）（8）	一八六四―一九二九（元治元―昭和四）（66）	東京	津田仙（仙弥、東京府貫属、旧佐倉藩士、英学を学び、幕臣津田家の養子）娘、アーチャー・インスティテュート卒業、帰国（明治一五）、華族女学校教授（一九）、渡米留学（二二）、帰国（二五）、女子英学塾（後の津田塾大学）設立（三三）、休養を兼ね渡米（四〇）、翌年帰国、再渡米（大正二）	出	出
同	山川捨松《すてまつ》（大山）（12）	一八六〇―一九一九（安政七―大正八）（60）	会津	山川尚江（青森県貫属、元会津藩郡奉行主役）娘、元帥大山巌夫人、男爵山川健次郎妹、戊辰戦争・会津鶴が城に籠城（明治元）、バッサーカレッジ卒業（一五）、鹿鳴館慈善バザー開催（一五）、女子英学塾顧問（三三）、日赤篤志看護婦人会理事、女子英学塾同窓会会長	出	欠

米	上田悌《てい》(貞) (16)	一八五六—(安政三—)	東京	上田畯外務中録(東京府貫属、新潟県士族)娘、健康を害し、中途帰国(明治五)、医師桂川甫純妻	不明	不明
独	三浦恭之進(男太郎、芳太郎)		山口		不明	不明
仏	中島精一 (21)	一八五一—(嘉永四—)	金沢	県会議員(明治一二)	不明	不明
魯	土肥百次(百之)		東京		出	死
同	来見《きたみ》甲蔵		東京	帰国(明治七)、開拓使御用掛	欠	不明
独	浅間徹之助(麻間徵三)		山口		不明	不明

名簿と留学国名は『淳正公事蹟史料(明治三・四年)』三の表記による。『環瀛筆記』等参照。備考＊印は『淳正公事蹟史料(明治五・六年)』四所収文書による。その他の注記は第一表に同じ。第二表注の菅原論文参照。

第四表　後発岩倉使節団員(現地参加を含む)

使節団職名等(官名)	氏名	生没年(享年)	出身(爵位)	備考
三等書記官	畠山義成(杉浦弘蔵)	一八四三—一八七六(天保一四—明治九) (34)	鹿児島	薩摩藩留学生として渡英後渡米、召還の命を受けたが米で使節団へ参加(明治五)、東京開成学校長兼外国語学校長(六)、東京書籍館・博物館両館長兼任(八)、再渡米・客死(九)
一等書記官 外務大記	塩田三郎(篤信)	一八四三—一八八九(天保一四—明治二二) (47)	幕臣	池田長発遣仏使節随行(元治元)、柴田剛中遣仏使節随行(慶応元)、外国奉行支配組頭(慶応三)、民部省・外務省へ出仕(明治三)、英・仏・普へ赴き、特例弁務使として伊へ(四)、ワシントンより使節団に参加、外務大丞(六)、外務少輔(一四)を歴任、中国特命全権大使(一八)

第四表　後発岩倉使節団員

外務事務取調	吉原重俊《しげとし》	一八四五—一八八七（弘化二—明治二〇）（43）	鹿児島	寺田屋事件にて捕われる（文久二）、薩摩藩派遣第二次留学生（慶応二〜明治五）、初代日本銀行総裁（明治一五）
大使随行　東京府知事	由利公正《きみまさ》	一八二九—一九〇九（文政一二—明治四二）（81）	福井（子）	五箇条の誓文原案起草（明治元）、東京府知事（四）、元老院議官（八）、勅選貴族院議員（二三）
由利公正随行　東京府二等訳官	岩見鑑造			帰国（明治六）
田中光顕理事官随行　租税寮七等出仕	長岡義之《よしゆき》	一八四〇—一八八六（天保一一—明治一九）（47）	山口	神戸税関長兼大阪税関長（明治一〇）、会計検査院検査官（一五）
司法卿江藤新平理事官随行（卿は中止）　司法少丞	河野《こうの》敏鎌《とがま》	一八四四—一八九五（弘化元—明治二八）（52）	高知（子）	土佐藩論佐幕に急転し、投獄（文久三）、待詔局出仕（明治二）、元老院議官（八）、農商務卿（一四）、立憲改進党副総理（一五）、内務・司法・農商務各大臣（二四）、文部大臣（二五）
理事官随行　明法助	鶴田皓《あきら》	一八三五—一八八八（天保六—明治二一）（54）	佐賀	会津戦争従軍（明治元）、司法省出仕（四）、検事兼元老院議官（一二）、参事院議官、元老院議官（一八）
理事官随行　権中判事	岸良《きしら》兼養《けんよう》	一八三七—一八八三（天保八—明治一六）（47）	鹿児島	司法少丞（明治五）、大検事（八）、西南戦争裁判の九州臨時裁判所に派遣（一〇）、大審院検事長兼司法省検事局長（一〇）、元老院議官（一六）
理事官随行　司法中録	井上毅《こわし》	一八四三—一八九五（天保一四—明治二八）（53）	熊本（子）	江戸遊学（慶応三）、司法省一〇等出仕（明治四）、太政官大書記官（一〇）、参事院議官（一四）、大日本帝国憲法本文及び皇室典範・教育勅語等起草（一九〜二三）、枢密顧問官（二三）、文部大臣（二六）
理事官随行　司法省八等出仕	益田《ますだ》克徳《かつのり》	一八五二—一九〇三（嘉永五—明治三六）（52）	東京	益田孝の弟、戊辰戦争幕府軍従軍（明治元）、司法省出仕（五）、王子製紙・明治生命保険・明治火災保険他株式会社取締役等重役歴任
理事官随行　司法省七等出仕	沼間《ぬま》守一《もりかず》	一八四三—一八九〇（天保一四—明治二三）（48）	東京	陸軍伝習所（慶応元）、戊辰戦争で新政府軍と対戦（明治元）、大蔵省租税寮七等出仕（五）、横浜毎日新聞社長（一二）、東京府会議長（明治一五）

理事官随行 司法省七等出仕	名《な》村《むら》泰蔵《たいぞう》	一八四〇—一九〇七（天保一一—明治四〇）	(68)	長崎	横浜製鉄所建築掛（元治元）、パリ万国博覧会御用掛（慶応二）、貴族院議員（明治二七）、播但鉄道株式会社監査役、東京建物株式会社専務取締役
理事官随行 警保助	川路《かわじ》利良《としよし》	一八三四—一八七九（天保五—明治一二）	(46)	鹿児島	鳥羽伏見の戦いに戦功、彰義隊鎮圧（明治元）、大警視（七）、陸軍少将（一〇）、渡欧（一二）
三等書記官田中不二麿理事官随行	新島七《し》五《め》三太《た》（襄）	一八四三—一八九〇（天保一四—明治二三）	(48)	安中	密航、香港から喜望峰を回り、アメリカ着（元治元〜慶応元）、米国で使節団へ参加（明治五）、同志社創立（八）
左院視察団					
各国視察少議官	高崎豊麿（正風《まさかぜ》）	一八三六—一九一二（天保七—明治四五）	(77)	鹿児島（男）	戊辰戦争征討軍参謀（明治元）、左院少議官（四）、西欧視察（五）、初代御歌所長（二一）、宮中顧問官（二二）、枢密顧問官（二八）
各国視察少議生	安川《やすかわ》繁成《しげなり》	一八三九—一九〇六（天保一〇—明治三九）	(68)	東京	蘭学修業（文久元以降）、第一回地方官会議書記官（明治八）、一等検査官兼統計院幹事（一四）、繁成山安川寺開基（一六）、会計検査院部長（一九）、日本鉄道会社検査委員、衆議院議員（東京一区）
各国視察中議官	西岡逾明	一八三五—一九一二（天保六—大正元）	(78)		モーリス・ブロックに師事し、パリで岩倉・木戸にブロックを引合わせる、判事、宮城・長崎・函館控訴院長等歴任
各国視察少議官	小《こ》室《むろ》信夫《しのぶ》	一八三九—一八九八（天保一〇—明治三一）	(60)	京都	京都等持院足利尊氏等木像梟首事件（文久三）、蜂須賀茂昭側近（明治元）、岩鼻県権知事・徳島藩大参事（二〜三）、民撰議院設立建白書（七）、北海道運輸会社設立（一五）、日本郵船会社の基礎を築く、貴族院議員（二四）
各国視察中議生	鈴木貫一			彦根	帰国（明治七）

明治五年以降使節団員に参加したものを仮に「後発団員」とした（現地参加を含む）。左院視察団も含めた。その他の注記は第一表に同じ。なお検討を要する。

主要未刊史料（一部刊行も含む）

「久米邦武関係文書」　久米美術館蔵（一部は『久米邦武文書』〈全四冊〉、吉川弘文館、一九九九～二〇〇一年刊）。

「大日本編年史」　久米美術館蔵。

「岩倉使節団関係文書」　国立公文書館蔵（一部はマイクロフィルム『国立公文書館所蔵　岩倉使節団文書』ゆまに書房、一九九四年刊）。

「自明治九年至同十六年　雑書綴込　刊行本ニ係」　国立公文書館蔵ほか。

「米欧回覧日記」（全九十三巻、十五冊）　京都府立総合資料館蔵。

「木戸孝允関係文書」（木戸家文書）　国立歴史民俗博物館蔵。

「岩倉具視関係文書」　岩倉公旧蹟保存会対岳文庫蔵　国立国会図書館憲政資料室蔵（一部は『岩倉具視関係文書』（マイクロフィルム）北泉社、一九九〇年～刊行中）。

「三条実美関係文書」　国立国会図書館憲政資料室蔵（一部は『三条実美関係文書』（マイクロフィルム）北泉社、一九九七年～刊行中）。

「本邦人ノ外国訪問関係雑件」（別冊　右大臣岩倉具視特命全権大使トシテ締盟各国ヘ派遣の件）　外務省外交史料館蔵。

「淳正公事蹟史料」（明治三・四年）　前田育英会蔵。

安川繁成『英国議事実見録』（全三冊）　詩香堂蔵版、一八七五年。

同『英国政事概論』前編（三冊）　同後編（三冊）　詩香堂蔵版、一八七五年。

同『英国新聞紙開明鑑記』（全二冊）　詩香堂蔵版、一八七五年。

右のほか未刊の関係史料は次の機関などにも保存されている。宮内庁書陵部、霞会館、鹿児島県歴史資料センター黎明館、鳥取県立博物館、鍋島報効会、前田育徳会、青山文庫、横浜開港資料館、東京大学史料編纂所、同大学史料室など。

主要刊行史料

久米邦武編修『特命全権大使　米欧回覧実記』（全五冊）　太政官記録掛刊行、博聞社、一八七八年（復刻版、宗高書房、一九七五～七六年）。

久米邦武編・田中彰校注『特命全権大使　米欧回覧実記』（全五冊、岩波文庫）　岩波書店、一九七七～八二年。

『木戸孝允日記』（全三冊）　日本史籍協会叢書、一九三二～三三年。

『木戸孝允文書』（全八冊）　四、五、八、日本史籍協会叢書、一九二九～三一年。

『大久保利通文書』（全一〇冊） 三、四、五、日本史籍協会叢書、一九二七～二九年。

『岩倉具視関係文書』（全八冊） 五、日本史籍協会叢書、一九二七～三五年。

『百官履歴』（全二冊） 日本史籍協会、一九七三年。

久米美術館『久米邦武文書』（全四冊） 吉川弘文館、一九九九～二〇〇一年。

大隈重信『大隈伯昔日譚』 立憲改進党党報局、一八九五年（復刻、新潮社、一九一四年。冨山房百科文庫、一九三八年）。

皇后職蔵版『岩倉公実記』（全三冊） 再版本、岩倉公旧蹟保存会、一九二七年。

久米美術館『久米邦武歴史著作集』（全五冊、別巻一） 吉川弘文館、一九八八～九三年。

久米美術館『特命全権大使米欧回覧実記 銅版画集』 同館、一九八五年。

田中彰編『開国』（日本近代思想大系1） 岩波書店、一九九一年。

芝原拓自・猪飼隆明・池田博編『対外観』（日本近代思想大系12） 岩波書店、一九八八年。

外務省『日本外交文書』第四巻（二冊）、第五巻、第六巻 日本外交文書頒布会。

『明治文化全集』軍事篇・交通篇（第二版） 日本評論社、一九六七年。

牧野伸顕『回顧録』上（中公文庫） 中央公論社、一九七七年。

霞会館『昭和新修華族家系大成』（全二冊） 同館、一九八二～八四年。

富田仁編『海を越えた日本人名事典』 日外アソシエーツ、一九八五年。

津田塾大学『津田梅子文書』 同大学、一九八〇年（改訂版、一九八四年）。

国際ニュース事典出版委員会・毎日コミュニケーションズ編集『外国新聞に見る日本』（①本編①原文編） 毎日コミュニケーションズ、一九八九年。

宛字外来語辞典編集委員会編『宛字外来語辞典』 柏書房、一九七九年。

久米邦武述、中野礼四郎・石井八万次郎・川副博編『久米博士九十年回顧録』（全二冊） 早稲田大学出版部、一九三四年。

『明治史論集』(二)（明治文学全集七八） 筑摩書房、一九七六年。

久米邦武『上宮太子実録』 井洌堂、一九〇五年（訂正・増補版『聖徳太子実録』丙午出版社、一九一九年）。

同 『日本古代史と神道との関係』 警醒社、一九〇七年（改版、創元社、一九三九年）。

同 『平安初期裏面より見たる日本歴史』 読売新聞社、一九一一年。

同 『時勢と英雄』 広文堂書店、一九一五年。

同 『国史八面観』（磐余朝） 磯部甲陽堂、一九一五年。同（奈良朝）、同上、一九一七年。

同 『裏日本』 公民同盟出版部、一九一五年。

久米邦武・永井柳太郎『支那大観と細観』 新日本社、一九一七年。

久米邦武述・長坂金雄編『国史講習録 国史の周囲観』 国史講習会、一九二〇年。

久米邦武執筆編述・大隈重信監修・中野礼四郎増補校訂『鍋島直正公伝』(全六編) 侯爵鍋島家編纂所、一九二〇年。

斯定筌《ステイシエン》口述、久米邦武筆記『耶蘇基督真蹟考』 岩崎重雄、一八九七年。

久米邦武『南北朝時代史』(『大日本時代史』第五巻) 早稲田大学出版部、一九〇七年。

『井上毅伝』史料篇 第一、国学院大学図書館、一九六六年。

『成島柳北・服部撫松・栗本鋤雲集』(明治文学全集四) 筑摩書房、一九六九年。

『明治政治小説集』(二)(明治文学全集六) 筑摩書房、一九六七年。

竹越与三郎(三叉)『新日本史』上・中 民友社、一八九一~九二年。

徳富猪一郎(蘇峰)『吉田松陰』 民友社、一八九三年(岩波文庫、植手通有解説、一九八一年)。

『徳富蘇峰集』(明治文学全集三四) 筑摩書房、一九七四年。

『明治文化全集』皇室篇 日本評論社、一九二八年。

『中江兆民集』(明治文学全集一三) 筑摩書房、一九六七年。

松永昌三編『中江兆民評論集』(岩波文庫) 岩波書店、一九九三年。

『マルクス=エンゲルス選集』第十一巻 大月書店、一九五四年。同第五巻、同上、一九五三年。

大霞会編『内務省史』(全四冊) 地方財務協会、一九七一年。

『自由新聞』(復刻版) 38 40 42 342 三一書房、一九七二年。

松永昌三編『中江兆民集』(近代日本思想大系3) 筑摩書房、一九七四年。

板垣退助監修、遠山茂樹・佐藤誠朗校訂『自由党史』(全三冊、岩波文庫) 岩波書店、一九五七~五八年。

『保古飛呂比』五 東京大学出版会、一九七四年。

松原致遠編『大久保利通』 新潮社、一九一二年。同『補遺編』復刻版、一九八〇年。

福地源一郎『懐往事談』 民友社、一八九四年。

小川鼎三・酒井シヅ校注『松本順自伝・長与専斎自伝』(東洋文庫) 平凡社、一九八〇年。

大日方純夫・我部政男編・解説『元老院日誌』第一巻 復刻版、三一書房、一九八一年。

大山梓編『山県有朋意見書』 原書房、一九六六年。

坂根義久校注『青木周蔵自伝』(東洋文庫) 平凡社、一九七〇年。

三宅雪嶺『同時代史』第一巻 岩波書店、一九四九年。同第四巻、同上、一九五二年。

福沢諭吉『西洋事情』(『福沢諭吉全集』第一巻)、同第八巻、第九巻、第十巻 岩波書店、一九六九年再版本。

引用・参考文献

（「主要未刊史料」「主要刊行史料」「英文参考文献」に掲出の文献は、原則として再掲を省略した。また、各章毎の「引用文献」はほぼ掲出順〈注を含む〉となっているが、「参考文献」はこの限りではない。）

序章

尾崎三良「明治四年岩倉全権大使欧米巡遊に就て」(『講演速記録』一一、維新史料編纂会、一九一六年)。

土屋喬雄「岩倉大使一行欧米巡回の維新経済史上の意義」(『政経論叢』九の四、一九三四年十月)(同『明治前期経済史研究』一巻、日本評論社、一九四四年、所収)。

尾佐竹猛『明治文化史としての日本陪審史』　邦光堂、一九二六年。

森谷秀亮「岩倉全権大使の米欧回覧」(史学会編『東西交渉史論』下巻、冨山房、一九三九年、所収)。

信夫淳平「明治初年岩倉大使遣外始末」㈠・㈡(『国際法外交雑誌』二五の七―八、一九二六年九〜十月)。

下村冨士男『明治初年条約改正史の研究』　吉川弘文館、一九六二年。

家永三郎『外来文化摂取史論』　青史社、一九四八年(復刻版、一九七四年)。

稲生典太郎『条約改正論の歴史的展開』　小峰書店、一九七六年。

石井孝『明治初期の国際関係』　吉川弘文館、一九七七年。

安岡昭男『幕末維新の領土と外交』　清文堂出版、二〇〇二年。

加藤周一「日本人の世界像」(『近代日本思想史講座』八、筑摩書房、一九六一年。同『雑種文化』講談社文庫、一九七四年。『加藤周一著作集』七〈近代日本の文明史的位置〉、平凡社、一九七九年、所収)。

芳賀徹「明治初期一知識人の西洋体験」(島田謹二教授還暦記念論文集『比較文学比較文化』弘文堂、一九六一年、所収)。

ドナルド・キーン、金関寿夫訳『続百代の過客』上(朝日選書)　朝日新聞社、一九八八年。

大久保利謙編『岩倉使節の研究』　宗高書房、一九七六年。

同　『久米邦武の研究』(『久米邦武歴史著作集』別巻)　吉川弘文館、一九九一年。

日本東欧関係研究会『日本と東欧諸国の文化交流に関する基礎的研究』〈一九八一年九月国際シンポジウム報告集〉　東欧史研究会・日本東欧関係研究会、一九八二年四月。

久米美術館『久米邦武と『米欧回覧実記』展』　同館、一九八五年。

同　『歴史家久米邦武展』　同館、一九九一年。

同　『〈新訂版〉歴史家久米邦武』　同館、一九九七年。

田中彰・高田誠二編著『『米欧回覧実記』の学際的研究』　北海

道大学図書刊行会、一九九三年(『学際的研究』と略称)。

西川長夫・松宮秀治編『『米欧回覧実記』を読む——一八七〇年代の世界と日本』法律文化社、一九九五年(『読む』と略称)。

東洋英和女学院大学『岩倉使節団の見た世界 『米欧回覧実記』の風景』同大学、一九九四年十二月。

公開シンポジウム「一八七〇年代の世界と日本——久米邦武編『米欧回覧実記』をめぐって」(立命館大学国際言語文化研究所『立命館言語文化研究』七の三、一九九六年一月)。

永井秀夫『明治国家形成期の外政と内政』北海道大学図書刊行会、一九九〇年。

第一章

大橋昭夫・平野日出雄『明治維新とあるお雇い外国人——フルベッキの生涯』新人物往来社、一九八八年。

稲生典太郎「明治初年における改正条約草案の成立過程」(同『条約改正論の歴史的展開』所収)。

家近良樹「岩倉使節の派遣をめぐる一考察」(『日本史研究』二二二、一九八一年二月)。

同「「約定書」の制定問題に関する一考察」(『文化史学』三五、一九七九年)。

石井孝『明治初期の国際関係』吉川弘文館、一九七七年。

同編『幕末維新期の研究』吉川弘文館、一九七八年。

毛利敏彦『明治六年政変の研究』有斐閣、一九七八年。

同『明治六年政変』(中公新書)中央公論社、一九七九年。

同「明治六年政変再論」(『法学雑誌』二五の三・四号、一九七九年三月)。

同「岩倉使節団の編成事情」(『季刊国際政治』六六、一九八〇年十一月)。

関口栄一「岩倉使節団の成立と大蔵省」(東北大学法学会『法学』四三の四、一九八〇年三月)。

高橋秀直「廃藩政府論」(『日本史研究』三五六、一九九二年)。

鈴木栄樹「岩倉使節団編成過程への新たな視点——研究史への批判と試論」(『人文学報』七八、一九九六年三月)(横山伊徳編『幕末維新と外交』〈幕末維新論集7〉吉川弘文館、二〇〇一年、所収)。

同「岩倉使節・視察団と留守政府」(『明治維新史学会報』三二、一九九八年五月)。

石渡隆之「大臣参議及各省卿大輔約定書について」(国立公文書館『北の丸』創刊号、一九七三年十一月)。

ジュール・ヴェルヌ、鈴木啓二訳『八十日間世界一周』(岩波文庫)岩波書店、二〇〇一年。

菅原彬州「岩倉使節団のメンバー構成」(『法学新報』九一の一・二、一九八四年六月)。

同「岩倉使節団の成立と副使人事問題」一—二(『中央大学法学新報』九七の九・一〇、一一・一二、一九九一年五〜六月)。

同「岩倉使節団の従者と同航留学生」(『中央大学百周年記念論文集(法学部)』一九八五年)。

同「岩倉使節団の従者と同航留学生に関する追考」(『法学新

報』一〇四の一、一九九七年十一月)。

田中彰『岩倉使節団』(講談社現代新書) 講談社、一九七七年(改訂版『岩倉使節団『米欧回覧実記』』〈同時代ライブラリー〉、岩波書店、一九九四年)。

岩倉翔子編著『岩倉使節団とイタリア』京都大学学術出版会、一九九七年。

福井純子「『米欧回覧実記』の成立」(『読む』所収)。

松尾正人「明治初年における左院の西欧視察団」(国際政治学会『国際政治』八一、一九八六年)。

藤田正「明治五年の司法省視察団」(日本大学史学会『史叢』三七、一九八六年)。

霞会館『岩倉使節団 内なる開国』同館、一九九三年。

同 『海外における公家大名展』同館、一九八〇年。

菅原彬州「岩倉使節団の写真」(『まげい』四、一九八二年十二月)。

石附実『近代日本の海外留学史』(中公文庫) 中央公論社、一九九二年。

渡辺実『近代日本海外留学生史』上 講談社、一九七七年。

大久保利謙「華族と「華族令」」(『日本の肖像』九、毎日新聞社、一九九〇年、所収)。

『大久保利謙歴史著作集』三(華族制の創出) 吉川弘文館、一九九三年。

鈴木栄樹「最後の彦根藩主の西洋遊学―一大名華族の西洋体験」(佐々木克編『幕末維新の彦根藩』〈彦根城博物館叢書1〉彦根市教育委員会、二〇〇一年、所収)。

吉川利一『津田梅子伝』津田塾同窓会、一九五六年。

古木宜志子『津田梅子』清水書院、一九九二年。

山崎孝子『津田梅子』吉川弘文館、一九七二年。

久野明子『鹿鳴館の貴婦人大山捨松』(中公文庫) 中央公論社、一九九三年。

森川輝紀「英国の新聞報道にみる岩倉使節団」(埼玉大学紀要、教育学部『教育科学』〈Ⅱ〉二八、一九七九年)。

萩原延寿『岩倉使節団』(遠い崖―アーネスト・サトウ日記抄9) 朝日新聞社、二〇〇〇年。

松村剛「新聞に見る岩倉使節団のパリ滞在」(東大比較文学会『比較文学研究』五五、一九八九年五月)。

富田仁『岩倉使節団のパリ―山田顕義と木戸孝允 その点と線の軌跡』翰林書房、一九九七年。

第二章

田中彰「岩倉使節団のアメリカ観」(和歌森太郎先生還暦記念『明治国家の展開と民衆生活』弘文堂、一九七五年、所収)。

大久保利謙「「本朝公信」と「大使公信」―岩倉使節雑考」(手塚豊教授退職記念論文集『明治法制史政治史の諸問題』慶応通信、一九七七年、所収)。

西川長夫「『米欧回覧実記』と「脱亜入欧」―田中彰・高田誠二編著『『米欧回覧実記』の学際的研究』をめぐって」(『立命館言語文化研究』五の一、一九九三年十月)。

佐々木克「公と私のあいだの『米欧回覧実記』」(『立命館言語文

化研究』七の三、一九九六年一月)。

田中彰「『米欧回覧実記』の各版と定価をめぐって」(『日本歴史』一九八五年六月)。

同『「脱亜」の明治維新——岩倉使節団を追う旅から』(NHKブックス)日本放送出版協会、一九八四年。

高田誠二『維新の科学精神——『米欧回覧実記』の見た産業技術』(朝日選書)朝日新聞社、一九九五年。

岡本文一「幕末・維新の日本人が見た欧米のガラス工場」(明星大学研究紀要『日本文化学部・生活芸術学科』一、一九九三年)。

勝田真人「『米欧回覧実記』における海外農業認識」(『近江歴史・考古論集』所収、一九九六年三月)。

東井金平『欧米における日本農業の研究』第一巻　農林省農林総合研究所、一九五六年。

友田清彦「岩倉使節理事官『理事功程』と日本農業」(1)(『農村研究』八三、一九九六年九月)。

海野福寿『技術の社会史』第三巻　有斐閣、一九八二年。

白幡洋一郎『近代都市公園史の研究』思文閣出版、一九九五年。

佐々木邦博「明治初期の岩倉使節団に見るパリの都市公園の捉え方」(『ランドスケープ研究』五八の五、一九九五年三月)。

俵浩三『緑の文化史』北海道大学図書刊行会、一九九一年。

菅野陽「『米欧回覧実記』の挿絵銅版画」(久米美術館『特命全権大使米欧回覧実記』銅版画集』同館、一九八五年、所収)。

気谷誠「明治銅版本の謎——転写石版をめぐって」(『月刊百科』三九〇、平凡社、一九九五年四月)。

芳賀徹「岩倉使節団の文化史的意義」(『〈新訂版〉歴史家久米邦武』久米美術館、一九九七年、所収)。

同「日本人と異国体験——『米欧回覧実記』のアメリカ」(『国文学』一九八〇年六月)。

福鎌達夫『明治初期百科全書の研究』風間書房、一九六八年。

楠井健「江戸時代に培われた技術のポテンシャル」(日本機械学会編『技術のこころ』丸善、一八八四年、所収)。

編集委員座談会「21世紀に引き継ぐ国語辞典を」(『本の窓』小学館、二〇〇〇年八月)。

伊藤史湖『岩倉使節団が見た欧米・総集編』久米美術館、一九九六年。

市岡揚一郎『新・米欧回覧実記——アメリカ一〇〇年の旅』サイマル出版会、一九八五年。

泉三郎『明治四年のアンバッサドル』日本経済新聞社、一九八四年。

同『新・米欧回覧の記——一世紀をへだてた旅』ダイヤモンド社、一九八七年。

同『「米欧回覧」百二十年の旅——岩倉使節の足跡を追って・米欧編』、同『欧亜編』図書出版社、一九九三年。

古川薫『歴史紀行　新・米欧回覧』毎日新聞社、一九九三年。

大隅和雄『事典の語る日本の歴史』そしえて、一九八八年。

桑原武夫編『フランス百科全書の研究』岩波書店、一九五四年。

ディドロ、ダランベール編、桑原武夫訳編『百科全書』(岩波文庫)岩波書店、一九七一年。

ジャック・プルースト監修・解説『フランス百科全書絵引』平凡社、一九八五年。

ジャック・プルースト、平岡昇・市川慎一訳『百科全書』岩波書店、二刷、一九八〇年。

「特命全権大使『米欧回覧実記』」(『日本橋』一五の二〈通巻一六六〉日本橋コミュニティ監修、名橋「日本橋」保存会、一九九三年)。

田中彰「『米欧回覧実記』の刊本から原稿へ」(『文学』二の二、一九九一年四月)。

第三章（本文のみ）

第四章

秋元信英「久米邦武『東海東山巡幸日記』の神社をめぐる書法」(田中彰・宮地正人編『歴史認識』〈日本近代思想大系13〉付録「月報」21、岩波書店、一九九一年四月)。

加瀬正一『わが史談』加瀬正一、一九八四年。

東京大学史料編纂所編『東京大学史料編纂所史史料集』同所、二〇〇一年。

東京国立博物館・東京大学史料編纂所編『時を超えて語るもの—史料と美術の名宝』東京大学史料編纂所、二〇〇一年。

荻野三七彦「久米邦武と「古文書学」」(大久保利謙編『久米邦武の研究』〈『久米邦武歴史著作集』別巻〉吉川弘文館、一九九一年、別巻『研究』と略称)。

鈴木貞美「明治期『太陽』に国民国家主義の変遷を読む」(同編『雑誌『太陽』と国民文化の形成』思文閣出版、二〇〇一年)。

宮地正人『天皇制の政治史的研究』校倉書房、一九八一年。

鹿野政直・今井修「日本近代思想史のなかの久米事件」(別巻『研究』所収)。

佐藤能丸『異彩の学者山脈』芙蓉書房、一九九七年。

大隅和雄「久米邦武と能楽研究」(別巻『研究』所収)。

M・B・ジャンセン、加藤幹雄訳『日本—二百年の変貌』岩波書店、一九八二年。

第五章

太田昭子「岩倉使節団のシカゴ訪問」(慶應義塾大学法学研究会『教養論叢』九六、一九九四年三月)。

同「岩倉使節団とシカゴ」(田中彰編『近代日本の内と外』吉川弘文館、一九九九年)。

川崎茂「シエラネバダ越え周辺の歴史地理—一八四六〜七〇年代」(『史学研究五十周年記念論叢』一九八〇年十月)。

シドニー・D・ブラウン「アメリカ西部の使節団」(『学際的研究』所収)。

川島第二郎『ジョナサン・ゴーブル研究』新教出版社、一九八八年。

同「ジョナサン・ゴーブルの生涯」(ジョナサン・ゴーブル訳『摩太福音書』復刻版「解説」、明石書店、一九八九年)。

山崎渾子「岩倉使節団における宗教問題」(『北大史学』一八、

一九七八年八月)。

同 「岩倉使節団と信教自由の問題」(『日本歴史』三九一、一九八〇年十二月)。

同 「久米邦武と宗教問題」(『聖心女子大学論叢』七一、一九八八年七月)。

同 「久米邦武と田中不二麿の宗教視察」(『聖心女子大学論叢』七三、一九八九年七月)。

同 「岩倉使節団の耶蘇関係書類をめぐって」(『キリシタン文化研究会会報』九四、同研究会、一九九〇年二月)。

同 「久米邦武とキリスト教」(別巻『研究』所収)。

同 「岩倉使節団における宗教問題」(『学際的研究』所収)。

同 「岩倉使節団と寺島宗則」(田中彰編『近代日本の内と外』吉川弘文館、一九九九年、所収)。

安岡昭男「岩倉使節と宗教問題」(中央大学人文科学研究所編『近代日本の形成と宗教問題』中央大学出版部、一九九二年)。

フランシスク・マルナス、久野桂一郎訳『日本キリスト教復活史』みすず書房、一九八五年。

石附実「岩倉使節団の西洋教育観察」(『季刊日本思想史』七、一九七八年五月)。

宮永孝『アメリカの岩倉使節団』筑摩書房、一九九二年。

長田豊臣「岩倉使節団の見たアメリカ」(『読む』所収)。

ウェルズ恵子「久米邦武の見たアメリカ」(『読む』所収)。

遠藤一夫「岩倉使節団と西洋技術」(『学際的研究』所収)。

吉野作造「岩倉大使日米条約談判の顚末」(『明治文化研究』五、一九二九年四月)。

ジェイムズ・ジョル、池田清訳『ヨーロッパ一〇〇年史』みすず書房、一九七五年。

北政巳『国際日本を拓いた人々―日本とスコットランドの絆』同文館、一九八四年。

坂根義久『明治外交と青木周蔵』刀水書房、一九八五年。

木村毅『日米文学交流史の研究』講談社、一九六〇年。

宮永孝『白い崖の国をたずねて―岩倉使節団の旅・木戸孝允のみたイギリス』集英社、一九九七年。

小林恵子「百聞ハ一見ニ如カズ―久米邦武の見たイギリス」(『読む』所収)。

金子六郎「岩倉使節団の見たイギリス化学工業」(『化学教育』三四の四、一九八六年)。

木村毅『西園寺公望』沙羅書房、一九四八年。

井田進也「兆民のフランス留学」(芳賀徹他編『講座比較文学5 西洋の衝撃と日本』東京大学出版会、一九七三年)。

同 『中江兆民のフランス』岩波書店、一九八七年。

松井千恵「『米欧回覧実記』を読む」㈠㈡(『白百合女子大学研究紀要』三〇―三一、一九九四年十二月~九五年十二月)。

奥村功「パリの岩倉使節団―文明都雅ノ尖点」(『読む』所収)。

今橋映子『異郷憧憬 日本人のパリ』柏書房、一九九三年。

時野谷常三郎「明治初年に於ける日独交渉の一齣」(『歴史と地理』二九の一、一九三二年一月)。

イアン・ニッシュ編、麻田貞雄他訳『欧米から見た岩倉使節団』ミネルヴァ書房、二〇〇二年。

エーリッヒ・アイク、加納邦光訳『ビスマルク伝』第六巻 ペリカン社、一九九八年。

加納邦光『ビスマルク』清水書院、二〇〇一年。

氷上英廣『ニーチェとその時代』岩波書店、一九八八年。

末川博「久米邦武にとってのプロイセン」（『読む』所収）。

石井扶桑雄「久米邦武の文明観から見たプロイセン」（『読む』所収）。

辻善夫「『米欧回覧実記』にみるドイツ像」（『読む』所収）。

宮永孝『日独文化人物交流史—ドイツ語事始め』三修社、一九九三年。

森川潤『井上毅のドイツ認識』（広島修道大学研究叢書一一五）広島修道大学総合研究所、二〇〇一年五月。

外川継男「岩倉使節団とロシア」（『学際的研究』所収）。

秋月俊幸「江戸時代における日本人のロシア観」（共同研究報告『日本とロシア』一九八七年、所収）。

奥村剋三「久米邦武の見たロシア」（『読む』所収）。

山室信一『法制官僚の時代—国家の設計と知の歴程』木鐸社、一九八四年。

松宮秀治「万国博覧会とミュージアム」（『読む』所収）。

石坂昭雄「岩倉使節団とベルギー—一八七三年の先進重工業国ベルギー」（『学際的研究』所収）。

田淵晋也「「自主ノ権」と「営業ノ力」の民」（『読む』所収）。

磯見辰典・黒沢文貴・櫻井良樹『日本・ベルギー関係史』白水社、一九八九年。

宮永孝「オランダにおける岩倉使節団」（『社会労働研究』三四の二、一九八八年一月）。

中井晶夫『初期日本＝スイス関係史』風間書房、一九七一年。

森田安一『スイス—歴史から現代へ』刀水書房、一九八〇年。

長島要一「デンマークにおける岩倉使節団—『米欧回覧実記』の歪み」（『学際的研究』所収）。

「日本・デンマーク文化交流史の一側面」（『学術国際交流参考資料集』一八八、明治大学国際交流センター、一九九四年三月）。

武田龍夫『北欧—その素顔との対話』中央公論社、一九九五年。

奥田環「岩倉使節団がみたスウェーデン—『米欧回覧実記』第六十八・六十九巻「瑞典国ノ記上・下」を読む」（『川村学園女子大学研究紀要』六の一、一九九五年三月）。

同「明治政府のスウェーデン訪問—岩倉使節団と『米欧回覧実記』」（『北欧史研究』一三、バルト＝スカンディナヴィア研究会、一九九六年五月）。

毛利敏彦「岩倉使節団の文明論—『特命全権大使米欧回覧実記』を読む」（『日本史研究』二七四、一九八五年六月）。

下川茂「小国理想化の陥穽—スイス記述の問題点」（『読む』所収）。

富永茂樹「北欧で見たこと、南欧について聞いたこと」（『読む』所収）。

日伊協会『日伊文化交渉史』同協会、一九四一年。

吉浦盛純『日伊文化史考』イタリア書房出版部、一九六八年。

小谷年司「岩倉使節団のイタリア体験」(『読む』所収)。

太田昭子「イタリアにおける岩倉使節団―現地新聞報道の分析」(東京大学教養学部『比較文化研究』二七、一九八九年三月)。

日伊協会編『幕末・明治期における日伊交流』日本放送出版協会、一九八四年。

田中彰『岩倉使節団『米欧回覧実記』』(同時代ライブラリー)岩波書店、一九九四年。

同　『吉田松陰』(中公新書)中央公論新社、二〇〇一年。

北原敦「日本におけるガリバルディ神話」(『学際的研究』所収)。

藤澤房俊『赤シャツの英雄ガリバルディ』洋泉社、一九八七年。

森田鉄郎『イタリア民族革命』近藤出版社、一九七六年。

ペーター・パンツァー/ユリア・クレイサ、佐久間穆訳『ウィーンの日本―欧州に根づく異文化の軌跡』サイマル出版会、一九九〇年。

宝木範義『ウィーン物語』(新潮選書)新潮社、一九九一年。

ペーター・パンツァー、竹内精一・芹沢ユリア訳『日本オーストリア関係史』創造社、一八八四年。

小沢弘明「日本＝オーストリア文化交流史」(前掲『日本と東欧諸国の文化交流に関する基礎的研究』所収)。

稲野強「明治初期における日本人のオーストリア・ハンガリー観」(前掲『日本と東欧諸国の文化交流に関する基礎的研究』所収)。

吉田光邦『改訂版 万国博覧会―技術文明史的に』日本放送出版協会、一九八五年。

同　編『万国博覧会の研究』思文閣出版、一九八六年。

吉見俊哉『博覧会の政治学』(中公新書)中央公論社、一九九二年。

松宮秀治「万国博覧会とミュージアム」(『読む』所収)。

渡辺雅司「メーチニコフと岩倉使節団」(『えうゐ』一三、一九八四年)。

安岡昭男「上野景範公使の西葡両国訪問」(『政治経済史学』三六四、一九九六年十月)。

小島憲之『ことばの重み―鷗外の謎を解く漢語』(新潮選書)新潮社、一九八四年。

第六章

丑木幸男『蚕の村の洋行日記―上州蚕種業者・明治初年の欧羅巴体験』国文学研究資料館編、平凡社、一九九五年。

西川長夫「統合されたヨーロッパ―ヨーロッパ洲総論」(『読む』所収)。

浅井清『明治立憲思想史におけるイギリス国会制度の影響』有信堂、一九六九年。

武田雅哉「大英博物館を見たふたつの東洋―『米欧回覧実記』と『環游地球新録』」(『学際的研究』所収)。

中野美代子「『米欧回覧実記』における動物園見学記録と動物

観」(『学際的研究』所収)。

長谷川栄子「岩倉使節団の女性観」(『日本歴史』六四五、二〇〇二年二月)。

小林巧「一九世紀イギリスの工場村」(『経済集志』四四の三・四、同別号・合併号、一九七四年十月)。

宮村治雄「「シヴィル」器械」から「土木」まで—久米邦武『米欧回覧実記』再考」(『みすず』三二九、一九八八年六月)。

西川長夫「アジアと世界の再発見」(『読む』所収)。

田中彰「岩倉使節団とその歴史的意義」(『思想』七〇九、一九八三年七月)。

松永昌三『中江兆民の思想』青木書店、一九七〇年。

同『中江兆民評伝』岩波書店、一九九三年。

中野美代子「「コントラ」島小考」(『学際的研究』所収)。

イアン・ヒル・ニッシュ、監訳者宮本盛太郎『日本の外交政策1869-1942—霞が関から三宅坂へ』ミネルヴァ書房、一九九四年。

田桓・楊暁光「岩倉使節団と日本近代化」(『UP』一三三、一九八三年一一月)。

第七章

田中彰『日本の歴史24 明治維新』小学館、一九七六年。

同『近代天皇制への道程』吉川弘文館、一九七九年。

同 編『日本史(6) 近代1』(有斐閣新書) 有斐閣、一九七七年。

同「明治維新の光と影—長野桂次郎のこと」(『本』講談社、一九八〇年十月)。

同『北海道と明治維新』北海道大学図書刊行会、二〇〇〇年。

佐々木克「文明開化の政治指導」(林屋辰三郎編『文明開化の研究』岩波書店、一九七九年)。

同『大久保利通と明治維新』(歴史文化ライブラリー) 吉川弘文館、一九九八年。

田村貞雄編『形成期の明治国家』(幕末維新論集8) 吉川弘文館、二〇〇一年。

勝田政治「大久保政権と内務省」(田中彰編『近代日本の内と外』吉川弘文館、一九九九年)。

今井一良「金沢藩中学東校教師長野桂次郎伝」(『石川郷土史学会誌』一四、一九八一年十二月)。

金井圓『トミーという名の日本人』文一総合出版、一九七九年。

赤塚行雄『君はトミー・ポルカを聴いたか』風媒社、一九九九年。

影山昇「岩倉使節での田中不二麿文部理事官と新島襄」(同『日本近代教育の歩み』学陽書房、一九八〇年、所収)。

佐々木克「毛利敏彦著『明治六年政変の研究』」〈書評と紹介〉(『日本史研究』二二四、一九八〇年六月)。

大久保利謙「内務省機構決定の経緯」(大霞会編『内務省史』第三巻、地方財務協会、一九七一年)。

家近良樹「「明治六年政変」と大久保利通の政治的意図」(『日本史研究』二三一、一九八一年十二月)。

勝田政治「征韓論政変と国家目標」(『社会科学討究』一二一、一九九六年三月)。

同『内務省と明治国家形成』吉川弘文館、二〇〇二年。

坂根義久『明治外交と青木周蔵』刀水書房、一九八五年。

飛鳥井雅道「明治天皇・「皇帝」と「天子」のあいだ――世界列強への挑戦」(『立命館言語文化研究』五の一、一九九三年十月〈西川長夫・松宮秀治編『幕末・明治期の国民国家形成と文化変容』新曜社、一九九五年、再録〉)。

田中彰「大久保政権論」(遠山茂樹編『近代天皇制の成立』岩波書店、一九八七年、所収)。

田村貞雄「大久保政権の「政体」構想」(『釧路論集』二、一九七一年三月)。

石塚裕道『日本資本主義成立史研究』吉川弘文館、一九七三年。

田村貞雄編『徳川慶喜と幕臣たち――十万人静岡移住その後』静岡新聞社出版局、一九九八年。

升味準之輔『日本政党史論』第二巻　東京大学出版会、一九六六年。

毛利敏彦「明治初期旧佐賀藩出身政府官僚の統計的分析試論」㈠(『九州文化史研究所紀要』二六、一九八一年三月)。

同「明治初期政府官僚の出身地――明治七年官員録の統計的分析」(『法学雑誌』三〇の三・四合併号、一九八四年三月)。

大島美津子「大久保支配体制下の府県統治」(日本政治学会年報、一九八四年、『近代日本政治における中央と地方』岩波書店、一九八五年、所収)。

同『明治国家と地域社会』岩波書店、一九九四年。

板垣哲夫「大久保内務卿期における内務省官僚」(近代日本研究会『幕末・維新の日本』山川出版社、一九八一年)。

海保嶺夫『幕藩制国家と北海道』三一書房、一九七八年。

青山英幸「留学生と岩倉使節団」(『学際的研究』所収)。

田中彰「札幌農学校と米欧文化」(『北大百年史』通史篇、ぎょうせい、一九八二年。同『北海道と明治維新』北海道大学図書刊行会、二〇〇〇年、所収)。

札幌市教育委員会編『お雇い外国人』(さっぽろ文庫一九)北海道新聞社、一九八一年。

高倉新一郎『新版アイヌ政策史』三一書房、一九七二年。

同『アイヌ研究』北海道大学生活協同組合、一九六六年。

田端宏・桑原真人監修『アイヌ民族の歴史と文化』山川出版社、二〇〇〇年。

桑原真人・我部政男編『蝦夷地と琉球』(幕末維新論集9)吉川弘文館、二〇〇一年。

田中彰『明治維新』(岩波ジュニア新書、日本の歴史7)岩波書店、二〇〇〇年。

比嘉春潮『新稿沖縄の歴史』三一書房、一九七〇年。

『沖縄県史』第二巻各論編一　琉球政府、一九七〇年。同第三巻各論編二、沖縄県、一九七三年。

新川明『異族と天皇と国家』二月社、一九七三年。

同『琉球処分以後』上下　朝日新聞社、一九八一年。

金城正篤『琉球処分論』 沖縄タイムス社、一九七八年。

我部政男『明治国家と沖縄』 三一書房、一九七九年。

安良城盛昭『新・沖縄史論』 沖縄タイムス社、一九八〇年。

西里喜行『論集・沖縄近代史』 沖縄時事出版、一九八一年。

同 『沖縄近代史研究』 沖縄時事出版、一九八一年。

比屋根照夫『自由民権思想と沖縄』 研文出版、一九八二年。

彭澤周『明治初期日韓清関係の研究』 塙書房、一九六九年。

田中彰「岩倉使節団の欧米認識と近代天皇制」(小西四郎・遠山茂樹編『明治国家の権力と思想』 吉川弘文館、一九七九年、所収)。

福井淳人「沖守固――御用絵師から男爵へ」(『岩倉使節団 内なる開国』 霞会館、一九九三年、所収)。

森川輝紀『教育勅語への道』 三元社、一九九〇年。

塩満郁夫「西郷に殉じた村田新八」(前掲『内なる開国』所収)。

金井圓『対外交渉史の研究』 有隣堂、一九八八年。

久野明子『鹿鳴館の貴婦人大山捨松』(中公文庫) 中央公論社、一九九三年。

第八章

石附実『西洋教育の発見』 福村出版、一九八五年。

森川輝紀「田中不二麿の教育思想に関する一考察」(東京教育大学大学院教育学研究科『教育学研究集録』一〇、一九七一年)。

小林哲也「『理事功程』解説」(文部省編『理事功程』復刻版、臨川書店、一九七四年、所収)。

田中彰「近代天皇制形成過程の教育問題」(一)(二)(『月報北海道教育会雑誌』二・三、一九八二年十二月・八三年一月、文化評論社)。

同 「農学校と岩倉使節団」(昭和54年度科学研究費研究成果報告書『日本近代史における札幌農学校の研究』一九八〇年三月、所収)。

井上久雄『学制論考』 風間書房、一九六二年、増補版、一九九一年。

同 『近代日本教育法の成立』 風間書房、一九六九年。

仲新『近代教科書の成立』 大日本雄弁会講談社、一九四九年。

井田進也「「立法者」中江兆民」(『思想』六八六、一九八一年八月)。

大石嘉一郎「「殖産興業」と「自由民権」の経済思想」(長幸男・住谷一男編『近代日本経済思想史』I) 有斐閣、一九六九年。

大久保利謙『明治憲法の出来るまで』 至文堂、一九五六年。

大塚三七雄『新版 明治維新と独逸思想』 長崎出版、一九七七年。

芝原拓自「天皇制成立期における国家威信と対外問題」(『大系日本国家史4 近代I』 東京大学出版会、一九七五年)。

安川寿之輔『福沢諭吉のアジア認識』 高文研、二〇〇〇年。

丸山真男著・松沢弘陽編『福沢諭吉の哲学』(岩波文庫) 岩波書店、二〇〇一年。

松永昌三「『米欧回覧実記』に見られる西欧文明観とアジア観」

（前掲『立命館言語文化研究』七の三、一九九六年一月)。
同　『福沢諭吉と中江兆民』(中公新書)　中央公論新社、二〇〇一年。
田中彰『明治維新観の研究』　北海道大学図書刊行会、一九八七年。
同　『小国主義』(岩波新書)　岩波書店、一九九九年。

英文参考文献

Akiko Kuno, *Unexpected Destinations, The Poignant Story of Japan's First Vassar Graduate*, Kodansha International Ltd., 1993（久野明子『鹿鳴館の貴婦人大山捨松』〈中公文庫〉中央公論社、一九九三年）。

Albert Altman, "Guido Verbeck and the Iwakura Embassy", *Japan Quarterly*, Vol. XIII, No. 1, January-March, 1966.

Andrew Cobbing, *The Japanese Discovery of Victorian Britain*, Japan Library, Curzon Press Ltd., 1998.

D. W. Authony and G. H. Healey (ed.), *The Itinerary of the Iwakura Embassy in Britain*, Centre of Japanese Studies, University of Sheffield, 1987.

Eugene Soviak, "On the Nature of Western Progress: The Journal of the Iwakura Embassy" in *Tradition and Modernization in Japanese Culture*, ed. D. H. Shively, Princeton U. P., 1971.

Ian Nish (ed.), *The Iwakura Mission in America & Europe*, Japan Library, Curzon Press Ltd., 1998（麻田貞雄他訳『欧米から見た岩倉使節団』ミネルヴァ書房、二〇〇二年）。

Leaders of the Meiji Restoration in America, ed. originally under the title: The Japanese in America, by Charles Lanman, 1872, re-ed. Yoshiyuki Okamura, Tokyo, Hokuseido Press, 1931（チャールズ・ランマン編・岡村喜之翻刻『岩倉公一行訪米始末書』北星堂書店、一九三一）。

Marlene J. Mayo, "Rationality in the Meiji Restoration: The Iwakura Embassy" in *Modern Japanese Leadership Transition and Change*, (ed.) Bernard S. Silberman and H. D. Harootunian, Tucson, University of Arizona Press, 1966.

Marlene J. Mayo, "The Western Education of Kume Kunitake, 1871-6", *Monumenta Nipponica*, 28: 1, 1, 1973（芳賀徹・斎藤恵子訳「岩倉使節の西洋研究」〈大久保利謙編『岩倉使節の研究』宗高書房、一九七六年〉）。

Marius B. Jansen, *Japan and Its World, Two Centuries of Change*, Princeton University Press, 1976（加藤幹雄訳『日本―二百年の変貌』岩波書店、一九八二年）。

The Iwakura Embassy, 1871-73, A True Account of the Ambassador Extraordinary & Plenipotentiary's Journey of Observation, Through the United States of America and Europe, Compiled by Kume Kunitake, Editors-in-Chief, Graham Healey and Chushichi Tsuzuki, The Japan Documents, Chiba, 2002.

あとがき

私の岩倉使節団（『米欧回覧実記』）研究は、一九七四年四月、『米欧回覧実記』の原本五冊を、渡米のための鞄の中に抛り込んだところから始まった、といえる。招聘による米・ハーバード大学東アジア研究センターに赴くためである。

研究には現地を踏むことの大切さをかねて痛感していたから、一年三ヵ月の滞米中と往路・復路を利用して、岩倉使節団が回覧した十二ヵ国での追跡をできるだけしてみたい、と私は考えたのである。結果的にベルギーとスウェーデンを除く十ヵ国に、かすめる程度ではあったが足を踏み入れることができたことは、その後の研究の大きなバネとなった。

帰国後、『米欧回覧実記』を校注して、岩波文庫版（五冊）として加える機会に恵まれた。その第五編（使節団の帰路の東南アジアコースを収める）の校注のとき、図らずも国際交流基金からの要請により、一年間、インドネシア大学での講義と論文指導のためにジャカルタに滞在した。その間、各地を旅行して東南アジアの土地と生活に多少なりともなじむことができたのである。そのことはアメリカやヨーロッパでの問題を改めて考える機会ともなった。こうして『実記』の国々やそれぞれの土地の雰囲気を、若干たりとも肌で感ずることができたことは、史料校訂での土地勘の有無は、必ずしも直接関係がないとはいえ、目に見えない形でプラスとなった。幸運だった、というべきだろう。

さて、本書に収めた私の岩倉使節団ないし『米欧回覧実記』の論稿は、右の岩波文庫版各冊に収めた「解説」を基本にしながら、その後の研究成果を加えて再構成し、全面的に改稿してまとめたものである。文庫版「解説」の段階では、久米邦武文書（現在は久米美術館蔵、東京都品川区上大崎二ノ二五ノ五）はまったく見ることはできなかったし、本書でふれた太政官提出の十五冊浄書本（京都府立総合資料館蔵）は、その所在さえも定かでなかった。いや、岩倉使節団のメンバーすらも確定できず、刊本の『実記』さえ、当初は奥付の同一から、すべて同時に刊行されたと思われていた。再刊以降、版を重ねていることなどは誰も夢想だにしていなかったのである。

さて、本書の基礎になった主な拙稿を各章ごとに示しておこう。

序章　岩倉使節団（『米欧回覧実記』）の研究史と本書の課題

「岩倉使節団と『米欧回覧実記』」（田中彰・高田誠二編著『『米欧回覧実記』の学際的研究』北海道大学図書刊行会、一九九三年、所収）の「一　岩倉使節団（『米欧回覧実記』）の研究史概観」に手を加え、さらに「戦後の研究」の第四期を新しく書き下ろした。

第Ⅰ部　岩倉使節団と『米欧回覧実記』

第一章　岩倉使節団をめぐって

一と二は、岩波文庫版「解説」を解体し、「岩倉使節団とその歴史的意義」（『思想』七〇八、岩波書店、一九八三年、所収）、「岩倉使節団とその後——光と影」（『岩倉使節団　内なる開国』霞会館資料第一七輯、霞会館、一九九三年、所収）および前記『学際的研究』所収の「二　岩倉使節団と『米欧回覧実記』」をもとに全面的に書き改めた。三は、「岩倉使節団と華族の海外留学」（『日本の肖像』第十二巻、毎日新聞社、一九九一年、拙著『明治維新と天皇制』吉川弘文館、一九九二年、所収）および前記「岩倉使節団とその後」のそれぞれの一部に、新たに書き加えたものである。
四は、前記「岩倉使節団と華族の海外留学」の一部に新たに手を加えた。
第二章　『米欧回覧実記』について
一、二、三は、岩波文庫版「解説」(第一冊)ならびに「三　『米欧回覧実記』をめぐって」(前掲『学際的研究』所収)をもとに、書き改めた。
うち、三は、拙稿「エンサイクロペディアとしての『米欧回覧実記』」(『日本歴史』四九一、一九八九年四月)がそのもとになっている。
四は、文庫版「解説」(第一冊)に手を加えたものである。
第三章　『米欧回覧実記』の成稿過程
「久米邦武と『米欧回覧実記』の成稿過程」(大久保利謙編『久米邦武の研究』〈『久米邦武歴史著作集』別巻〉吉川弘文館、一九九一年、所収)を一部削除し、その後の史料整理の進展に応じて改稿・補訂した。
第四章　久米邦武――「編修」者から歴史家へ
「久米邦武」(今谷明・大濱徹也・尾形勇・樺山紘一編『20世紀の歴史家たち(2)』日本編下、刀水書房、一九九九年、所収)をもとに、久米美術館編集・発行の『〈新訂版〉歴史家久米邦武』(一九九七年)所収の拙稿で補い、さらに岩波文庫版「解説」(第一冊)をも加えて書き改めたものである。

第Ⅱ部　岩倉使節団の世界と日本――『米欧回覧実記』を通して

第五章　岩倉使節団の米欧回覧
本章は岩波文庫版「解説」(第一―第五冊)をもとに、「岩倉使節団の欧米認識と近代天皇制――『米欧回覧実記』

を中心に」(小西四郎・遠山茂樹編『明治国家の権力と思想』吉川弘文館、一九七九年、所収)のごく一部および「岩倉使節団の見たウィーン万国博覧会」(『史窓余話』11〈『国史大辞典第十一巻付録〉吉川弘文館、一九九〇年、前掲『明治維新と天皇制』に所収)、さらに前掲「岩倉使節団と『米欧回覧実記』」(前掲『学際的研究』所収)の一部を加えて、全面的に改稿した。

とくに「七　イタリアとオーストリア」は、岩波文庫版「解説」(第四冊)のほかに、「岩倉使節団とイタリア――『米欧回覧実記』を中心に」(日伊協会編『幕末・明治期における日伊交流』日本放送出版協会、一九八四年、所収)および「岩倉使節団とイタリア――変革期日本と外国」(『高校教育展望』小学館、一九七六年、所収)を加えて稿を改めたものである。

第六章　岩倉使節団における「西洋」と「東洋」

「岩倉使節団における「東洋」と「西洋」――『米欧回覧実記』を通しての覚書」(『中嶋敏先生古稀記念論集』下巻、汲古書院、一九八一年、所収)および前掲「岩倉使節団とその歴史的意義」(『思想』七〇八、一九八三年、所収)の一部をもとに改稿した。とくに一、四(四には、さらに拙稿「日本のモノづくりのアイデンティティを探る」〈『Nippon Steel Monthly』新日本製鉄、一九九四年十二月・九五年一月号、所収〉を加えた)は前者、二、三、五は後者が主となっている。また、一部は岩波文庫版の「解説」(各冊)を加えて書き改めたところもある。

第Ⅲ部　岩倉使節団とその歴史的意義

第七章　大久保政権と岩倉使節団

一、二、三は「大久保政権論」(遠山茂樹編『近代天皇制の成立』岩波書店、一九八七年、所収)、四は前掲「岩倉使節団とその後」(前掲『内なる開国』、一九九三年、所収)に拠り、それぞれ補筆した。その際、三には、拙稿「岩倉使節団と大久保政権」(田中彰編著『日本史(6)』近代1、有斐閣新書、一九七七年、所収)を一部加えた。
第八章　岩倉使節団の歴史的意義
一、二とも、前掲「岩倉使節団とその歴史的意義」(『思想』七〇八、一九八三年、所収)に、岩波文庫版「解説」(第五冊)の一部を加えて全面的に書き改め、とくに二はほとんど書き下ろしである。
まとめにかえて――歴史的水脈としての「小国主義」と岩倉使節団(『米欧回覧実記』)の位相
新たに書き下ろした。

以上、本書の基礎になった既発表拙稿との関連を示したものだが、各論稿は一部に発表時の形を残しつつも、解体し、再編成し、書き改め、結果的には書き下ろしに近くなったところの方が多い。

旧稿の注や新たに付した多くの注では、本文を補い、あるいは、その後の研究の内容や文献について、可能な限りふれるようにしたが、ふれえなかったものも多々あるし、文脈上若干の重複を残さざるをえなかったことをお断りしておきたい。さらに、拙稿(拙著)への批判に対しては、謙虚に反省し、再検討を加えたつもりである。批判を寄せられた方々に、遅ればせながらこの場を借りて深謝したい。

岩波文庫版五冊の「解説」のときには、まったく不明だったものが、新たな史料や分析などによって明らかになったところも少なくない。そのときの状況ではやむをえなかったとはいえ、右の「解説」の不備は慙愧に堪えない。その後、「解説」の補訂は、技術上可能な限り逐次しているものの限界がある。本書によって多少なりともその不備を補う責を果たすことができたら望外の幸せである。

とはいえ、残された問題も少なからずある。

そのひとつを挙げれば、『実記』とほぼ時を同じうして成稿・刊行された福沢諭吉の『文明論之概略』や『学問ノススメ』などとどう関わり、どうちがうのか、あるいは多少論及はしたものの中江兆民の思想とどう関連するのか、などの「文明論」の比較の問題である。『実記』を久米邦武の思想とみすえて他と比較する言説は、若干はあるものの、『実記』を久米個人の思想と簡単に割り切ることができないことをも含めて、今後の大きな課題だろう。他日を期す以外にない。

冒頭に記したように、私が『米欧回覧実記』の刊行原本を携えて、米欧に赴いてからすでに四半世紀が経った。本書をまとめることのあまりにも遅々たることについては恥じ入るばかりである。

この間、本書に関連する拙著や史料集（編著・共編を含む）としては、次のものがある。

『日本の歴史24　明治維新』（小学館、一九六七年）、『岩倉使節団―明治維新のなかの米欧』（講談社現代新書、一九七七年）、校注・解説『特命全権大使 米欧回覧実記』全五冊（岩波文庫、一九七七〜八二年、特装版、一九八五年）、『日本人と東南アジア』（創造選書、小学館、一九八三年）、『「脱亜」の明治維新』（NHKブックス、一九八四年）、『久米邦武歴史著作集』全五巻・別巻一（共編、吉川弘文館、一九八八〜九三年）、『明治維新と天皇制』（吉川弘文館、一九九二年）、『『米欧回覧実記』の学際的研究』（共編著、北海道大学図書刊行会、一九九三年）、『岩倉使節団『米欧回覧実記』』（前記『岩倉使節団』改訂・増補版、同時代ライブラリー、岩波書店、一九九四年）、『国立公文書館所蔵　岩倉使節団文書』（監修、マイクロ版、別冊・解説、ゆまに書房、一九九四年）、『長州藩と明治維新』（とくに第五章、一九九八年）、『小国主義』（岩波新書、一九九九年）、『明治維新』（岩波ジュニア新書、〈日本の歴史7〉、二〇〇〇年）、『久米邦武文書』全四巻（共編、吉川弘文館、一九九九〜二〇〇一年、とくに第三巻は「岩倉使節団関係」二〇〇一年）、等。

とりわけ、右の『小国主義』と『明治維新』とは、岩倉使節団（『米欧回覧実記』）と明治維新の私の研究を踏まえて日本近現代史を展望したものであり、「まとめにかえて」でもふれたが、ぜひ併読していただきたいと思う。

こうしたなかにあって、研究と教育の場を与えて下さった北海道大学と札幌学院大学、さらに久米美術館をはじめとする各機関、ならびに関連する数々の学会や研究会、さらにつねに激励や批判などによってあたたかく研究を支えて下さった数多くの方々に、ここに改めて御礼を申しあげると共に、「平成七年度〜九年度科学研究費補助金基盤研究」による助成をえたことを記しておく。

最後に、本書に結実する研究の最大のきっかけをつくっていただいた古き良き友人のアルバート・M・クレイグハーバード大学名誉教授御夫妻には、この場を借りて、改めて心から尽きることのない敬意と感謝を捧げたい。また、『米欧回覧実記』の岩波文庫版刊行のとき以来、私の研究を励まし、そして今回も本書構成の示唆から刊行に至るまで、いい尽せぬ協力をいただいた岩波書店編集部の星野紘一郎氏には、表わす御礼の言葉もないほどである。氏の督励がなければ、本書は形を成すに至らなかったかもしれない。本書の校正や装丁をはじめ、出版を支えて下さった方々を含めて、ここに深甚の謝意を表し、「あとがき」に代えたい。

二〇〇二年三月二十日

田中　彰

索　引

あ 行

か　行

さ 行

た　行

な　行

は　行

ま　行

や　行

ら　行

わ　行

■岩波オンデマンドブックス■

岩倉使節団の歴史的研究

2002年6月24日　第1刷発行
2002年9月27日　第2刷発行
2015年7月10日　オンデマンド版発行

著　者　田《た》中《なか》　彰《あきら》

発行者　岡本　厚

発行所　株式会社　岩波書店
〒101-8002 東京都千代田区一ツ橋2-5-5
電話案内 03-5210-4000
http://www.iwanami.co.jp/

印刷／製本・法令印刷

ISBN 978-4-00-730230-5　　Printed in Japan